管理统计与SPSS应用

Statistics for Management and SPSS Application

主　编：沈国琪
副主编：郝建梅

中国原子能出版社
China Atomic Energy Press

图书在版编目（CIP）数据

管理统计与SPSS应用 / 沈国琪主编. —— 北京：中国原子能出版社，2020.12
　　ISBN 978-7-5221-1148-3

　　Ⅰ.①管… Ⅱ.①沈… Ⅲ.①经济统计学－统计分析－软件包－教材 Ⅳ.①F222-39

中国版本图书馆CIP数据核字(2020)第249697号

内容简介

　　本教材主要内容涉及当前管理统计的各个方面，共14章，包括统计、数据和软件应用，数据的图表展示，数据分布的特征测度，概率分布，抽样与参数估计，假设检验，分类数据分析，方差分析与实验设计，一元线性回归，多元线性回归，时间序列预测，因子分析，聚类分析，统计指数。在编写思路上，坚持以"能力培养为中心，理论知识为支撑"，将各个抽象的知识点融入实际案例中，从而激发学生的学习兴趣，寓教于乐，提高学生的动手能力、分析能力和创新能力。在内容的安排上，考虑到教材中不同知识点的衔接，使学生可以循序渐进、由浅入深地掌握统计学的相关知识。

管理统计与SPSS应用

出版发行	中国原子能出版社（北京市海淀区阜成路43号　100048）
策划编辑	高树超
责任编辑	高树超
装帧设计	河北优盛文化传播有限公司
责任校对	冯莲凤
责任印制	赵　明
印　　刷	定州启航印刷有限公司
开　　本	710 mm×1000 mm　1/16
印　　张	23
字　　数	410千字
版　　次	2020年12月第1版　　2020年12月第1次印刷
书　　号	ISBN 978-7-5221-1148-3
定　　价	89.00元

前　言

本书是在参阅了大量的国内外优秀统计学著作和教科书的基础上，紧扣我国实际的管理和经济问题的特点，结合近年来团队所承担的统计学基础实验（SPSS）以及旅游统计的教学体会编著而成的。本书较为详细地介绍了现代管理统计学的基础知识、基本理论和基本方法。书中不涉及特别高深的数学推导及其证明，将重点放在现代统计的理论和方法在管理和经济领域中的应用上，力图使初学者能够全面掌握管理领域中统计学研究问题的方法和思维方式。对于比较复杂的统计学的理论和方法，我们尽量使用通俗的语言来描述，这样可以提高初学者对统计学的学习兴趣，也可以提升学员运用统计学的基础知识和基本技能熟练解决实际问题的技巧和能力。本书注重与实际应用相结合，与统计软件技术相结合，与信息技术相结合，注重培养学生的实践能力，注重案例分析。

本书的主要内容包括两大模块，分别为理论分析和实践应用。前者主要包含描述统计、推断统计，后者主要包括预测、降维及指数编制等。具体内容如下：第 1 章，统计、数据和软件应用；第 2 章，数据的图表展示；第 3 章，数据分布的特征测度；第 4 章，概率分布；第 5 章，抽样与参数估计；第 6 章，假设检验；第 7 章，分类数据分析；第 8 章，方差分析与实验设计；第 9 章，一元线性回归；第 10 章，多元线性回归；第 11 章，时间序列预测；第 12 章，因子分析；第 13 章，聚类分析；第 14 章，统计指数。本书内容翔实生动、通俗易懂，既可以作为教材用，又可以供自学用，既适合管理学、经济学及其相关专业的学生，也适合在管理和经济及其相关领域工作的人员使用。沈国琪负责书中第 1、3、4、6、7、11、12、13、14 章内容的编写工作，郝建梅负责书中第 2、5、8、9、10 章内容的编写工作并负责校稿，沈国琪负责本书的统稿和最后定稿工作。

在本书的编写过程中，参阅了大量的统计学著作、教材和相关资料，在此特向这些作者表示深深的感谢。虽然我们花费了大量的时间和精力来完成此书的编写工作，但书中难免存在一些缺点，恳请同行专家及读者批评指正。

沈国琪

2020 年 10 月于湖州师范学院

本教材整体框架

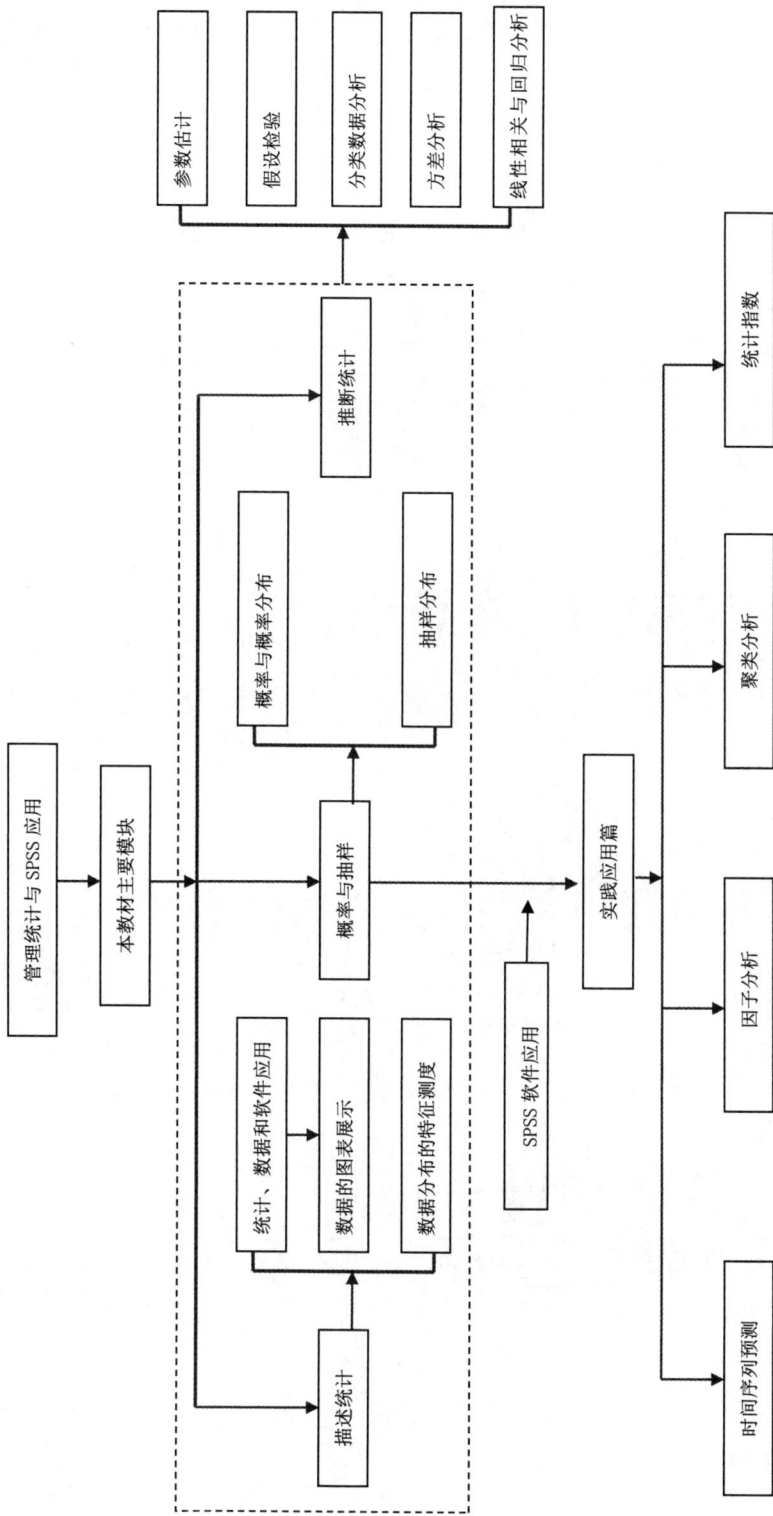

```
管理统计与SPSS应用 → 本教材主要模块
```

描述统计 分支：
- 统计、数据和软件应用
- 数据的图表展示
- 数据分布的特征测度

概率与抽样 分支：
- 概率与概率分布
- 抽样分布
- 推断统计

推断统计 →
- 参数估计
- 假设检验
- 分类数据分析
- 方差分析
- 线性相关与回归分析

实践应用篇 分支（SPSS软件应用）：
- 统计指数
- 聚类分析
- 因子分析
- 时间序列预测

目　录

第1章 统计、数据和软件应用

开篇案例：

统计就在我们身边

Facebook 广告与微博、SNS 等网络社区的用户相联系，挖掘出大量的数据，然后进行统计分析，为广告商提供更为精准的服务，该精准广告模式受到广大广告商的热捧，根据市场调研机构 eMarketer 的数据，2019 年 Facebook 年营收额超过 20 亿美元，成为美国最大的在线显示广告提供商。Hitwise 发布会上，亚太区负责人 John 曾举例说明：亚马逊 30% 的销售是来自其系统自动的产品推荐，通过客户分类、测试统计、行为建模、投放优化四步，运营客户的行为数据带来竞争优势。

（数据来源：https://www.jianshu.com/p/7c53a2804940）

此外，还有好多对数据进行统计分析而获得成功的例子。比如，在营销领域，对客户分群数据进行统计、分类等分析，可以判断客户的发展趋势；对产品的数据进行统计，可以预测销量，还能找出销量薄弱点，从而进行改善。在金融上预测股价及其波动，无不是依靠以往大量的股价及其波动数据得出的结论，总不可能是凭意念想象出来的。

例如，某公司要进行一种药一致性评价的仿制药研究，就要进行前期调研，如这个药物的专利保护期、行政保护或监测期是否有效，上市时间是什么时候，是哪一家公司研究的，在国外有没有其他公司仿制，在中国有没有该药品上市，或者其他公司在研究，如果有研究，也要查明有几家公司备案，BE 备案与通过情况。通过统计进口已获批制剂、国产已获批制剂的种类与数量，制剂 CDE 受理目录情况，为是否有市场价值提供最有力的答案。

数据统计分析之所以重要，是因为那些数据是真实的，我们对这些真实数据进行统计分析的过程就是我们对问题进行思考、分析的过程，在这个过程中，我们会发现问题，并寻找解决方法，从而得到答案。

本章介绍统计学的一些基本问题，包括统计学的含义、统计数据及其分类、统计中常用的基本概念等。

1.1 统计概念及其应用领域

1.1.1 统计概念

统计是处理数据的一门科学。人们给统计学下的定义有很多，如"统计学是收集、分析、表述和解释数据的科学""统计指的是一组方法，用来设计实验、获得数据，然后在这些数据的基础上组织、概括、演示、分析、解释和得出结论"。综合地说，统计学是关于数据的科学，它所提供的是一套有关数据收集、处理、分析、解释并从数据中得出结论的方法。

统计学研究的是来自各领域的数据。数据收集也就是取得统计数据，数据处理是将数据用图表等形式展示出来，数据分析则是选择适当的统计方法研究数据，并从数据中提取有用信息，进而得出结论。

数据分析所用的方法可分为描述统计方法和推断统计方法两类。描述统计研究的是数据收集、处理、汇总、图表描述、概括与分析等统计方法。推断统计研究的是如何利用样本数据来推断总体特征的统计方法。比如，要了解一个地区的人口特征，不可能对每个人的特征一一进行测量；对产品的质量进行检验往往是破坏性的，也不可能对每个产品进行测量。这就需要抽取部分个体（即样本）进行测量，然后根据获得的样本数据对所研究的总体特征进行推断，这就是推断统计要解决的问题。

1.1.2 统计应用领域

统计方法是适用于所有学科领域的通用数据分析方法，只要有数据的地方就会用到统计方法。随着人们对定量研究的日益重视，统计方法应用到自然科学和社会科学的众多领域，统计学已发展成为由若干分支学科组成的学科体系。可以说，几乎所有的研究领域都要用到统计方法，如政府部门、学术研究领域、日常生活、公司或企业的生产经营管理。下面给出统计在工商管理中的一些应用。

1. 企业发展战略

发展战略是一个企业的长远发展方向。制定发展战略一方面需要及时了解和把握整个宏观经济的状况及发展变化趋势，了解市场的变化，另一方面要对企业进行合理的市场定位，把握企业自身的优势和劣势。所有这些都离不开统计，需要统计提供可靠的数据，利用统计方法对数据进行科学的分析和预测，等等。

2. 风险投资

投资部经理通过对各种项目投资回报率及其风险的分析，并根据企业所处的情况，确定是否对某项目进行风险投资（这里需要用到统计学中的参数估计等方法）。

3. 产品质量管理

质量是企业的生命，是企业持续发展的基础。质量管理中离不开统计的应用。在一些知名的跨国公司，六西格玛准则成为一种重要的管理理念。质量控制成为统计学在生产领域的一项重要应用。各种统计质量控制图广泛用于监测生产过程。

4. 市场研究

企业要在激烈的市场竞争中取得优势，首先必须了解市场，要了解市场则需要做广泛的市场调查，取得所需的信息，并对这些信息进行科学的分析，以便作为生产和营销的依据，这些都需要统计的支持。

5. 财务分析

上市公司的财务数据是股民投资的重要参考依据。一些投资咨询公司主要是根据上市公司提供的财务和统计数据进行分析，从而为股民提供投资参考的。企业自身的投资也离不开对财务数据的分析，其中要用到大量的统计方法。

6. 经济预测

企业要对未来的市场状况进行预测，经济学家也常常对宏观经济或某一方面进行预测，在进行预测时要使用各种统计信息和统计方法。比如，企业要对产品的市场潜力做出预测，以便及时调整生产计划，这就需要利用市场调查取得数据并对数据进行统计分析。经济学家在预测通货膨胀时，要利用有关生产价格指数、失业率、生产能力利用率等统计数据，通过统计模型进行预测。

7. 审计查账

检查一个大公司账目的审计员会运用统计方法抽样检查公司的账目，然后根据抽样检查的结果，确定公司的账目是否有问题（这里需要用到统计学中的抽样检验方法）。

8. 考核标准

例如，公司总部希望了解设立在全国多个城市中的分公司的经营业绩是否与所在城市的 GDP 有关。如果有关，公司总部准备以分公司所在城市的 GDP 作为考核标准，对各个分公司进行绩效考核（这里需要用到统计学中的回归分析）。

当然，统计并不仅仅是为了管理，它是为自然科学、社会科学的多个领域发展起来的，为多个学科提供一种通用的数据分析方法。从某种意义上说，统计仅仅是一种数据分析的方法。与数学一样，统计是一种工具，是一种数据分析的工具。

利用统计方法可以简化繁杂的数据，如用图表展示数据建立数据模型。有人认为统计的全部目的就是让人看懂数据，其实这仅仅是统计的一个方面，统计更重要的功能是对数据进行分析，它提供了一套分析数据的方法和工具。不同的人对数据分析的理解会大不一样，曲解数据分析是常见的现象。在有些人的心目中，数据分析就是寻找支持，他们的心中可能已经有了某种"结论"性的东西，或者说他们希望看到一种符合他们需要的某种结论，而后去找些统计数据来支持他们的结论。这恰恰歪曲了数据分析的本质。数据分析的真正目的是从数据中找出规律，从数据中寻找启发，而不是寻找支持。真正的数据分析事先是没有结论的，通过对数据进行分析才能得出结论。

统计不是万能的，它不能解决你所面临的所有问题。统计可以帮助你分析数据并从分析中得出某种结论，但对统计结论的进一步解释则需要你的专业知识。比如，吸烟会使患肺癌的概率增大，这是一个统计结论，但要解释吸烟为什么能引起肺癌，这就不是统计学家能做到的，需要具备更多的医学知识才行。

1.2　数据分类及其来源

统计分析离不开数据，没有数据统计方法就成了无米之炊。数据是什么？怎样获得所需的数据？这就是本节要介绍的内容。

1.2.1　变量

观察一个企业的销售额，你会发现这个月和上个月有所不同；观察股票市场，上涨股票数今天与昨天的数量不一样；观察一个班学生的生活费支出，一个人和另一个人也不相同。

变量是说明现象某种特征的概念，其特点是从一次观察到下一次观察结果会呈现出差别或变化。如"商品销售额""受教育程度""产品的质量等级"等都是变量。变量的具体取值称为变量值。比如，商品销售额可以是 20 万元、30 万元、50 万元等，这些数字就是变量值。统计数据就是统计变量的某些取值。变量可以分为以下几种类型。

1. 分类变量

分类变量是说明事物类别的一个名称，其取值是分类数据。例如，"性别"就是一个分类变量，其变量值为"男"或"女"；"行业"也是一个分类变量，其变量值可以为"零售业""旅游业""汽车制造业"等。

2. 顺序变量

顺序变量是说明事物有序类别的一个名称，其取值是顺序数据。例如，"产品等级"就是一个顺序变量，其变量值可以为"一等品""二等品""三等品""次品"等；"受教育程度"也是一个顺序变量，其变量值可以为"小学""初中""高中""大学"等；一个人对某种事物的看法也是一个顺序变量，其变量值可以是"同意""保持中立""反对"等。

3. 数值型变量

数值型变量是说明事物数字特征的一个名称，其取值是数值型数据。例如，"产品产量""商品销售额""零件尺寸""年龄""时间"等都是数值型变量，这些变量可以取不同的数值。数值型变量根据其取值的不同，又可以分为离散型变量和连续型变量。离散型变量是只能取可数值的变量，它只能取有限个变量。连续型变量是可以在一个或多个区间上取任何值的变量，它的取值是连续不断的，不能一一列举。例如，"年龄""温度""零件尺寸的误差"等都是连续型变量。在对社会和经济问题的研究中，当离散型变量的取值很多时，也可以将离散型变量视为连续型变量来处理。

变量这一概念以后经常会用到，但多数情况下所说的变量主要是指数值型变量，大多数统计方法处理的也都是数值型变量。当然也可以从其他角度对变量进行分类，如随机变量和非随机变量、经验变量和理论变量等。经验变量描述的是周围环境中可以观察到的事物。理论变量则是由统计学家用数学方法构造出来的一些变量，如后面的有些章节中将要用到的 Z 统计量、t 统计量、χ^2 统计量、F 统计量等都是理论变量。

1.2.2 数据

1. 统计数据的类型

统计数据是对现象进行测量的结果。比如，通过对经济活动总量进行测量可以得到国内生产总值，对股票价格变动水平进行测量可以得到股票价格指数，对人口性别进行测量可以得到男或女这样的数据。下面从不同角度说明统计数据的分类。

（1）分类数据、顺序数据、数值型数据

按照所采用的计量尺度的不同可以将统计数据分为分类数据、顺序数据和数值型数据三种。

①分类数据

分类数据是只能归于某一类别的非数字型数据，是对事物进行分类的结果，数据表现为类别是用文字来表述的。例如，人口按照性别分为男、女两类，企业按行业属性分为医药企业、家电企业、纺织品企业等，这些均属于分类数据。为便于统计处理，对于分类数据，可以用数字代码来表示各个类别。例如，用1表示"男性"，0表示"女性"；用1表示"医药企业"，2表示"家电企业"，3表示"纺织品企业"；等等。

②顺序数据

顺序数据是只能归于某一有序类别的非数字型数据。虽然顺序数据也是类别，但这些类别是有序的。比如，将产品分为一等品、二等品、三等品、次品等，考试成绩可以分为优、良、中、及格、不及格等，一个人的受教育程度可以分为小学、初中、高中、大学及以上，一个人对某一事物的态度可以分为非常同意、同意、保持中立、不同意、非常不同意，等等。同样，顺序数据也可以用数字代码表示。比如，1表示"非常同意"，2表示"同意"，3表示"保持中立"，4表示"不同意"，5表示"非常不同意"。

③数值型数据

数值型数据是按数字尺度测量的观察值，其结果表现为具体的数值。现实中所处理的大多数是数值型数据。分类数据和顺序数据说明的是事物的品质特征，通常是用文字表述的，其结果均表现为类别，因而也可统称为定性数据或品质数据。数值型数据说明的是现象的数量特征，通常是用数值表现的，因此也可称为定量数据或数量数据。

（2）观测数据和实验数据

按照统计数据的收集方法可以将统计数据分为观测数据和实验数据。

①观测数据

观测数据是通过调查或观测收集到的数据，这类数据是在没有对事物人为控制的条件下得到的，有关社会经济现象的统计数据几乎都是观测数据。

②实验数据

实验数据是在实验中控制实验对象而收集到的数据。比如，对一种新药疗效的实验数据、对一种新的农作物品种的实验数据。自然科学领域的大多数数据为实验数据。

（3）截面数据和时间序列数据

按照被描述的现象与时间的关系，可以将统计数据分为截面数据和时间序列数据。

①截面数据

截面数据是在相同或近似相同的时间点上收集的数据，这类数据通常是在不同的空间获得的，用于描述现象在某一时刻的变化情况。比如，2019 年我国各地区的国内生产总值就是截面数据。

②时间序列数据

时间序列数据是在不同时间收集到的数据，这类数据是按时间顺序收集到的，用于描述现象随时间变化的情况。比如，1980—2020 年我国的国内生产总值就是时间序列数据。

区分数据的类型是十分重要的，因为对不同类型的数据需要采用不同的统计方法进行处理和分析。比如，对于分类数据，我们通常计算出各组的频数或频率、计算其众数和异众比率、进行列联表分析和 χ^2 检验等；对于顺序数据，可以计算其中位数和四分位差，计算等级相关系数等；对于数值型数据，可以用更多的统计方法进行分析，如计算各种统计量，进行参数估计和检验等。

2. 数据来源

从哪里取得所需的数据呢？对大多数人来说，亲自去做调查或实验往往是不可能的。其所使用的数据大多数是别人通过调查或科学实验得到的，对使用者来说就是二手数据。

二手数据主要是公开出版或公开报道的数据，这类数据主要来自各研究机构、国家和地方的统计部门、其他管理部门、专业的调查机构，广泛分布在报纸、杂志、图书、广播、电视传媒中。随着计算机网络技术的发展，也可以从网络上获取所需的数据，如金融产品的交易数据、官方统计网站的宏观经济数据等。利用二手数据对使用者来说既经济又方便，但使用时应注意统计数据的含义、计算口径和计算方法，以避免误用或滥用。同时，在引用二手数据时，一定要注明数据的来源，以示尊重他人的劳动成果。当已有的数据不能满足需要时，可以亲自去做调查或实验。比如，你想了解全校学生的生活费支出状况，可以从中抽出一个由 300 人组成的样本，通过对样本的调查获得数据。这里"全校所有学生生活费支出状况"是你所关心的总体，它是包含所要研究的全部个体、数据的集合。所抽取的人就是一个样本，它是从总体中抽取的一部分元素的集合。构成样本的元素的数目称为样本量，抽取 300 人组成一个样本，样本量就是 300。怎样获得一个样本呢？要在全校学生中抽取 300 人组成一个样本，如果全校学生中每一个学生被抽中与否完全是随机的，而且每个学生被抽中的概率是已知的，则这样的抽样方法称为概率抽样。概率抽样方法包括简单随机抽样、分层抽样、系统抽样、整群抽样等。

（1）简单随机抽样

简单随机抽样是从含有 N 个元素的总体中，抽取 n 个元素组成样本，使总体中的每一个元素都有相同的机会、概率被抽中。采用简单随机抽样时，如果抽取一个个体记录下数据后，再把这个个体放回到原来的总体中参加下一次抽选，这样的抽样方法叫作有放回抽样。如果抽中的个体不再放回，而从剩下的个体中抽取第二个元素，直到抽取 n 个个体为止，这样的抽样方法叫作无放回抽样。当总体数量很大时，无放回抽样可以视为有放回抽样。由简单随机抽样得到的样本称为简单随机样本。多数统计推断都是以简单随机样本为基础的。

（2）分层抽样

分层抽样也称分类抽样，是在抽样之前先将总体的元素划分为若干层类，然后从各个层中抽取一定数量的元素组成一个样本。比如，你要研究学生的生活费支出，可先将学生按地区进行分类，然后从各类中抽取一定数量的学生组成一个样本。分层抽样的优点是可以使样本分布在各个层内，从而使样本在总体中的分布比较均匀，降低抽样误差。

（3）系统抽样

系统抽样也称等距抽样，是先将总体各元素按某种顺序排列，并按某种规则确定一个随机起点，然后每隔一定的间隔抽取一个元素，直至抽取 n 个元素组成一个样本为止。比如，要从全校学生中抽取一个样本，可以找到全校学生的花名册，按花名册中的学生顺序，用随机数找到一个随机起点，然后依次抽取得到样本。

（4）整群抽样

整群抽样是先将总体划分成若干群，然后以群作为抽样单元，从中抽取部分群组成一个样本，再对抽中的每个群中包含的所有元素进行观察。比如，可以把每一个学生宿舍视为一个群，从全校学生宿舍中抽取一定数量的宿舍，然后对被抽中宿舍中的每一个学生进行调查。整群抽样的误差相对大一些。

1.3　统计软件

随着互联网和大数据时代的来临，实际统计分析中的数据量都非常大，而且有些统计方法的计算十分复杂。可以想象，若不用计算机处理数据则很难在实际中应用统计方法。

在前计算机时代，计算问题使统计的应用受到了极大限制，很多人因计算问题对统计学望而却步。然而，在计算机普及的今天，尤其是统计软件的使用，不仅促进了统计科学的发展，还使统计教学和学习发生了革命性变化，人们对统计方法的学习和应用也容易了许多。对多数学习统计的人来说，可以拿出更多的时间去理解统计方法的思想和原理，而不必过多地纠缠计算问题，只要把那些虽然繁杂但属于简单劳动的计算交给计算机就可以了。学习统计离不开计算机。大多数统计方法都可利用现成的软件来实现。对多数人而言，只要理解了统计方法的思想、原理及其适用条件，就很容易利用统计软件分析数据。本书的例题计算全部由 SPSS 软件完成，在附录部分给出了 SPSS 简介和使用的一些操作提示。下面再介绍几种常用的统计软件，供读者参考。

1.3.1　SAS

SAS 是统计分析系统 STATISTICAL ANALYSIS SYSTEM 的缩写，该系统具有十分完备的数据访问、数据管理、数据分析功能。SAS 具有强大的数据分析能力，一直是业界比较著名的应用软件，在数据处理方法和统计分析领域被誉为国际上的标准软件和最具权威的优秀统计软件包。SAS 系统中提供的主要分析功能包括统计分析、经济计量分析、时间序列分析、决策分析、财务分析和全面质量管理工具等。SAS 系统是一个具有模块组合式结构的软件系统，共有 30 多个功能模块。SAS 是用汇编语言编写而成的，使用时需要编写程序，适合统计专业人员使用，对于非统计专业人员来说较难。目前，SAS 软件对 Windows 和 UNIX 两种平台都提供支持。

1.3.2　R

R 是基于 R 语言的一款优秀统计软件。R 语言是一种优秀的统计计算语言，是贝尔实验室开发的 S 语言（S 语言是由 AT&T 贝尔实验室开发的一种用来进行数据探索、统计分析、作图的解释型语言）的一种实现。其最早由奥克兰大学的罗伯特·金特尔曼和罗斯·伊哈卡等人开发。R 语言有许多优点，如与多数统计软件相比，R 语言是免费的，其更新速度快，可以包含很多最新方法的实现方案，可以提供丰富的数据分析技术，功能强大，可以根据需求画出图形，实现可视化。从 CRAN 网站 http://www.r-project.org/ 上可以下载各种版本，包括 Windows、Linux 和 Mac OS，用户可以根据自己的平台选择相应的版本。

1.3.3　EViews

EViews 是 Econometrics Views 的缩写，通常称为计量经济学软件包。计量经济学研究的核心是设计模型、收集资料、估计模型、检验模型、运用模型进行预测、求解模型和运用模型。使用 EViews 软件包可以对时间序列数据和非时间序列数据进行分析，建立序列间的统计关系式，并用该关系式进行预测、模拟等。

1.3.4　Excel

Excel 是微软公司推出的 Office 系列产品之一，是一款功能强大的电子表格软件。特点是在表格的管理和统计图的制作方面功能强大，容易操作。Excel 虽然不是一款统计软件，但提供了常用的统计函数和数据分析工具，其中包含一些基本的统计方法，可供非专业人士做简单的数据分析。

习　题

（1）指出下列变量的类型。

①年龄。

②性别。

③汽车产量。

④员工对企业某项改革措施的态度：赞成、中立、反对。

⑤购买商品时的支付方式：现金、信用卡、支票。

（2）一家研究机构从 IT 从业者中随机抽取 1 000 人作为样本进行调查，其中 60% 的人回答他们的月收入在 5 000 元以上，70% 以上的人回答他们的消费支付方式是使用信用卡。

①这一研究的总体是什么？

②样本是什么？样本量是多少？

③"月收入"是名义值类别变量、顺序值类别变量还是数值变量？

④"消费支付方式"是名义值类别变量、顺序值类别变量还是数值变量？

（3）一项调查表明，消费者每月在网上购物的平均花费是 150 元，他们选择在网上购物的主要原因是"价格便宜"。

①这一研究的总体是什么？

②"消费者在网上购物的原因"是名义值类别变量、顺序值类别变量还是数值变量？

（4）某大学的商学院为了解毕业生的就业倾向，分别从会计专业抽 50 人，从市场营销专业抽取 30 人，从企业管理专业抽取 20 人进行调查。

①这种抽样方式是分层抽样、系统抽样还是整群抽样？

②样本量是多少？

第2章 数据的图表展示

开篇案例:

用哪些图形展示奖牌?

第31届夏季奥林匹克运动会于2016年8月5日至21日在巴西的里约热内卢举行。最终的奖牌榜按照金牌前十排名分别为美国、英国、中国、俄罗斯、德国、日本、法国、韩国、意大利和澳大利亚,如表2-1所示。

表2-1 第31届夏季奥林匹克运动会奖牌表

名 次	国 家	金 牌	银 牌	铜 牌	总 数
1	美国	46	37	38	121
2	英国	27	23	17	67
3	中国	26	18	26	70
4	俄罗斯	19	18	19	56
5	德国	17	10	15	42
6	日本	12	8	21	41
7	法国	10	18	14	42
8	韩国	9	3	9	21
9	意大利	8	12	8	28
10	澳大利亚	8	11	10	29

关于奖牌的图形展示方法有很多,可以分别以单一国家的金牌数、银牌数、铜牌数和总奖牌数等单变量进行展示,也可以将不同国家代表队与不同奖牌数等多变量结合综合展示,以便于进行比较和分析。具体可以使用的图表将在本章做详细介绍。

数据收集和处理是统计分析过程中的重要环节。所有的统计数据基本都来自调查或实验。但从使用者的角度，统计数据可以分为两种：第一种为直接来源的一手数据（primary data），即通过自己的调查或实验直接获得的；第二种为间接来源的二手数据（secondary data），即数据是别人或别的机构通过调查或实验的方法搜集的，使用者只是找到并使用。收集数据的意义在于对其进行处理和分析，使其符合我们的研究需要。无论是一手数据还是二手数据，数据处理是进行统计分析的。对数据的处理有多种方法，对不同类型的数据进行处理的方法也不同。在对数据进行整理之前，首先需要弄清数据的类型。一般来说，我们所处理的统计数据主要分为两类：定性数据和定量数据。定性数据指的是只能归入某一类而不能用数值进行测度的数据，包括定类变量和定序变量。定量数据指的是可以用具体的数值来表现观察值的数据，包括定距变量和定比变量等。对定类数据和定序数据主要做分类整理，对定距数据和定比数据则主要做分组整理。

需要注意的是，适合低层次数据的整理和显示方法也适合高层次的数据，但适合高层次数据的整理和显示方法并不适合低层次的数据。

2.1　用图表展示定性数据

定性数据主要描述的是事物的分类，因此对调查收集的繁杂数据进行整理时，除了要对数据进行分类、列出所有类别外，还要计算每一类别的频数、频率或比率，并将频数分布以表格的形式显示出来，作为对定性数据的整理结果。

2.1.1　定性数据的整理

1. 频数分布与频率分布表

频数分布（frequency distribution）指的是一组数据中取不同值的个案次数分布。频数分布的作用表现在两个方面：一是简化资料，将调查所得的原始数据以简洁的统计表形式展示出来；二是通过频数分布，可以有效地获取大量信息。频率分布（percentages distribution）指的是一组数据中不同取值的频数相对于总数的比率（以百分比的形式表达）分布情况。频率分布表与频数分布表极为相似，但也存在差异。两者的主要区别在于，频数分布表是不同类别在总体中的绝对数量分布，而频率分布表则是不同类别在总体中的相对数量分布

（相对比重）。正是基于这一特点，频率分布表除了具备频数分布表的优点外，还有一个十分重要的优势，即可以十分方便地用于不同总体或不同类别之间的比较。

【例 2-1】2008 年初在贵州展开的关于凝冻灾害危机处理的调查研究中，共发放《贵州省凝冻灾害时期媒体与信息发布问卷》3 000 份，有效回收问卷2 990 份，有效回收率为 99.7%。调查问卷选取贵州全省人民为调查总体，以所在的贵阳市、黔南州、黔东南州、铜仁等为基准，严格遵循分层和简单随机的抽样方式抽取 3 000 人为问卷调查对象，构成本次调查样本，具体情况如表2-2 所示。

表 2-2　贵州省调查样本基本情况分析

	分类项目	频数 / 人	百分比 /%
性别	男	1 646	55.1
	女	1 324	44.3
	缺失值	20	0.7
	总计	2 990	100.0
城乡比例	城市	718	24.0
	城镇	747	25.0
	农村	1 492	49.9
	缺失值	33	1.1
	总计	2 990	100.0
家庭条件	富裕	23	0.8
	比较富裕	175	5.9
	一般	1 917	64.1
	比较贫困	613	20.5
	非常贫困	242	8.1
	缺失值	20	0.6
	总计	2 990	100.0

上述频数和频率分布表（表 2-2）非常清晰、直观地展示了调查样本的基本情况。在性别上，男性 1 646 人，女性 1 324 人，分别占 55.1% 和 44.3%，

男女比例大致为 1.2∶1，大致符合人口中男女的整体比例。在城乡比例方面，城市 718 人，城镇 747 人，农村 1 492 人，分别占 24.0%、25.0% 和 49.9%，与当前的城乡比例结构基本吻合。在家庭条件上，富裕 23 人，比较富裕 175人，一般 1 917 人，比较贫困 613 人，非常贫困 242 人，分别占 0.8%、5.9%、64.1%、20.5%、8.1%。在年龄上，年龄最小的为 6 岁，最年长的为 90 岁，平均岁数为 35 岁，其中最多的为 40 岁，有 168 人，其中 14～70 岁的有 2 883 人，占总样本的 98.9%。根据我们所做的样本误差的检验，在样本允许误差为 0.02的情况下，可使样本达到 95% 的可信系数。

  2. 累积频数分布与频率分布表

  对于定类及定序数据，都可以整理成如上的频数或频率分布表。但对定序变量而言，因其对应的定序数据值有等级高低之分，频率分布表无法回到高于或低于某个等级的总频数或总频率是多少的问题，这也是定序数据中最为重要的信息之一。因此，为了更好地反映这些信息，还可以使用累计频数或频率分布表对定序数据进行加工整理，将各类别的频数或频率逐级向上或向下累加起来。

  【例 2-2】仍以 2008 年初在贵州展开关于凝冻灾害危机处理的调查数据为例，表 2-3 展示的是获取天气信息的及时性之间的关系。

表 2-3　获取天气信息的及时性

天气信息		总　计	向上累计	向下累计
及时	人数	1 321	1 321	2 852
	所占百分比 /%	46.32%	46.32%	100%
一般	人数	1 025	2 346	1 531
	所占百分比 /%	35.94%	82.26%	53.68%
不及时	人数	506	2 852	506
	所占百分比 /%	17.74%	100%	17.74%
总计	人数	2 852	2 852	2 852
	所占百分比 /%	100%	100%	100%

  用 SPSS 软件，可以相对快捷地制作出频数和频率分布表。数据分类汇总是按照指定的分类变量对数据进行分组，并对每组的各变量值计算指定的描述统计量（如频数、频率、求和和平均值等）。通过分类汇总，用户可以针对不同的组别了解每组的大致情况，从而做出比较。具体操作步骤如下：

（1）准备工作。在 SPSS 17.0 中打开数据文件 2-1.sav，执行"文件—打开"命令，将数调入 SPSS 17.0 的工作文件窗口。

（2）执行【数据（Data）】→【分类汇总（Aggregate）】命令，打开【汇总数据（Aggregate data）】对话框，如图 2-1 所示。

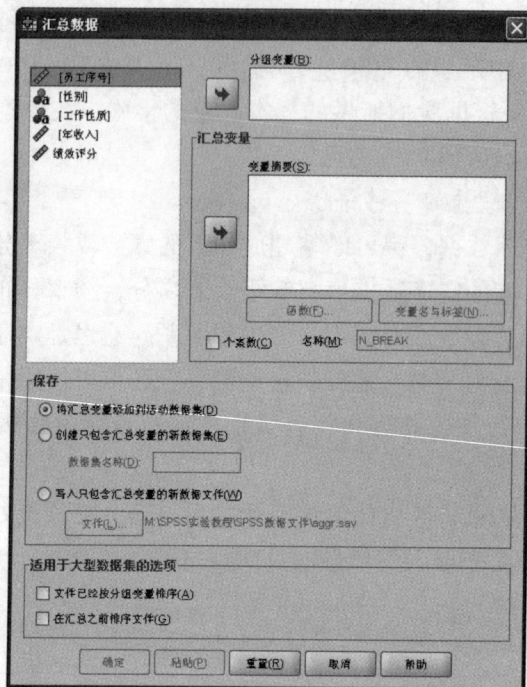

图 2-1　汇总数据窗口

（3）选择【分组变量】与【变量摘要】。本例中将【工作性质】移入分组变量，将【年收入】移入变量摘要。如果要改变系统默认的变量名，可以单击【名称】按钮，如图 2-2 所示。用户可以在对话框内输入汇总变量的名称和标签，定义完毕后，单击【继续】按钮，即可返回【汇总数据】对话框。

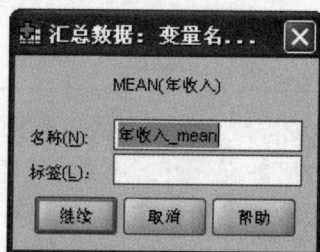

图 2-2　变量名修改窗口

（4）选择函数。函数（Function）用于定义汇总函数，计算指定的描述统计量。单击【函数（Function）】按钮，弹出【汇总函数（Aggregate Data：Aggregate Function）】对话框，如图 2-3 所示。SPSS 提供了三组函数，但每个汇总变量只能选择一个描述统计量汇总。

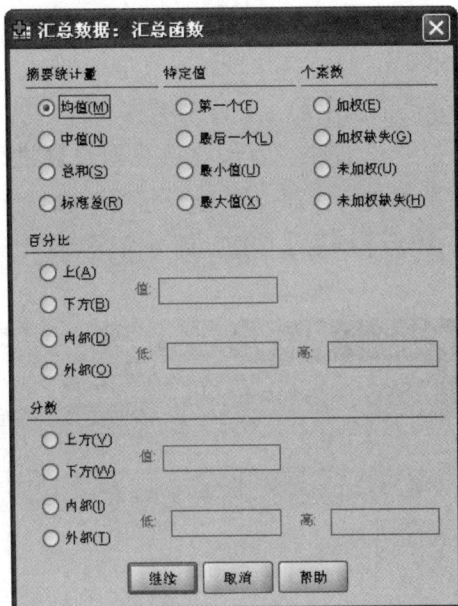

图 2-3　汇总函数窗口

（5）选择保存分类汇总的方式。分类汇总的结果既可以存入新的数据文件，也可以替换当前的数据文件。【汇总数据】对话框提供三种保存分类汇总结果方式。

①保存

将汇总变量添加到活动数据集（Add aggregated variables to active dataset）：SPSS 将自动定义一个新变量，用以储存分类汇总的结果，新变量将自动添加到当前的数据文件中。

创建只包含汇总变量的新数据集（Create a new dataset comaining only the aggregated variables）：选中该选项，可以单击【文件（File）】按钮，指定汇总文件的保存路径和文件名，SPSS 将创建只包含汇总结果的新数据文件。

写入只包含汇总变量的新数据文件（Write a new data file containing only the aggregated variables）：选中该选项，分类汇总的结果将覆盖当前数据编辑窗口中的数据，原数据将丢失。

②文件已经按分组变量排序（File is already sorted on break variable（s））

一般情况下，特别是个案个数较多的数据文件，在进行分类汇总前，用户需要将个案数据根据中断变量（即分组变量）进行排序；否则，分类汇总无法进行。如果用户已经手动完成排序，则可选择该选项，SPSS 将忽略排序的步骤，自动开始分类汇总。

③在汇总之前排序文件（Sort file before aggregating）

如果用户选择【分类汇总】前，并未对数据文件中的数据按照中断变量进行排序，也没有关系。SPSS 提供了汇总之前先对文件进行排序的功能。选择该选项，SPSS 将先对数据进行排序，再进行分类汇总。

（6）选择完毕后，单击【确定】按钮，即可实现分类汇总。实验结果如图 2-4 所示。

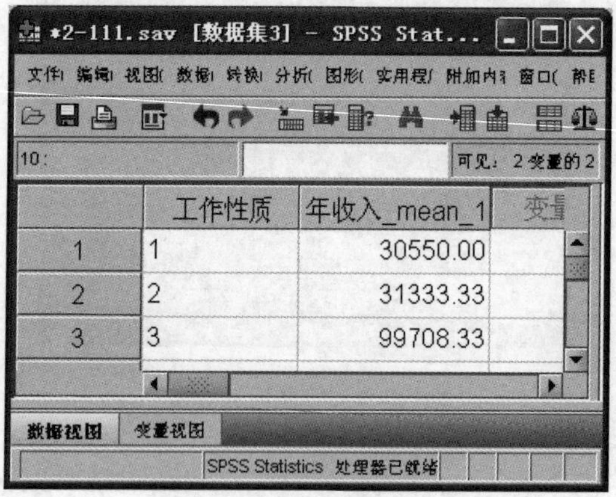

图 2-4　实验结果窗口

2.1.2　单变量定性数据的图形展示

展示单变量定性数据的图形有不少，主要的有条形图、饼图、累计频数分布图和帕累托图。其中，条形图和饼图是描述定类数据和定序数据最为常见的两种图形方法。

1. 条形图

条形图又称矩形图，主要是以宽度相等、长度不等的长条来表示不同的统计数字，如表示频数或百分比等。只有一组对象的条形图称为简单条形图；如果把两组或两组以上对象并列在一起，共同构成一个复合条形图，既可以进行每组条形间的比较，又可对各组的同类条形进行比较。

【例 2-3】仍以 2008 年初在贵州展开关于凝冻灾害危机处理的调查数据为例，图 2-5 展示的是公众获取灾害信息的网站类型（定类数据）。

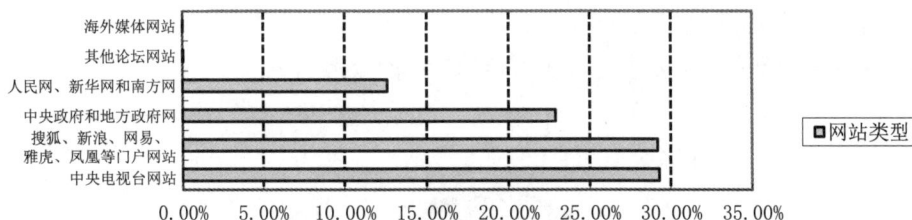

图 2-5　公众获取灾害信息的网站

图 2-5 清晰地显示出社会公众为获取灾害信息最常登陆的网站是中央电视台网站，占比为 29.3%，紧接着为搜狐、新浪、网易、雅虎、凤凰等门户网站，占比为 29.2%，中央政府和地方政府网占比为 22.9%，人民网、新华网和南方网占比为 12.6%，其他论坛网站和海外媒体网站占比仅分别为 0.05% 和 0.01%。

【例 2-4】仍以 2008 年初在贵州展开关于凝冻灾害危机处理的调查数据为例，图 2-6 展示出社会公众对媒体信息的信任程度（定序数据）。

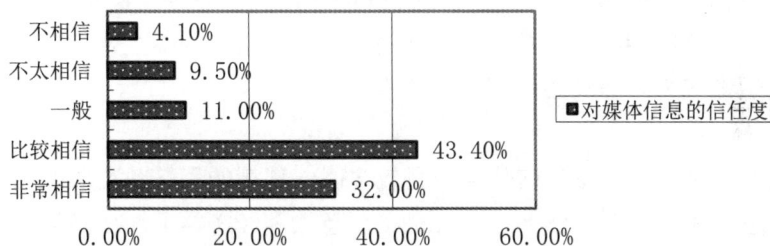

图 2-6　社会公众对媒体信息的信任度

图 2-6 显示的是本次调查中社会公众对媒体信息的信任度，明确表示非常相信媒体所报道的灾害信息的为 32.0%，比较相信的为 43.4%，一般相信的为 11.0%，不太相信的为 9.5%，不相信的为 4.1%。由此可见，明确表示对灾害信息相信的为 86.4%，大致体现出较高的媒体公信力，这成为其发挥危机舆论引导和监督职能的前提和基础。

2.饼图

饼图是以圆内不同扇形面积的大小来表示总体中不同部分所占的比例，能直观形象地反映出总体的内部结构。由于一个圆的圆心度数为 360°，用 360

乘以每一部分所占百分比，即得该部分的圆心角度数，再在圆中按这些角度画出各个不同的扇形。

【例 2-5】仍以 2008 年初在贵州展开关于凝冻灾害危机处理的调查数据为例，图 2-7 展示的是社会公众在凝冻灾害期间断电时获取信息的途径（定类数据）。

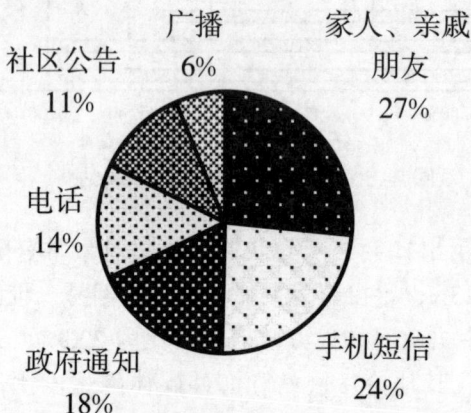

图 2-7　断电时社会公众获取信息的途径

可以看出，在断电时，社会网络发挥的作用最为重要，高达 27% 的被访者表示家人、亲戚和朋友等社会关系网络成为获取信息的最主要途径，手机短信和政府通知成为凝冻灾害信息传播的次级途径。

3. 帕累托图

当定类变量或定序变量的分类数目较多时，使用帕累托图圆形图更能直观地显示信息。帕累托图，顾名思义，是根据意大利经济学家、社会学家维弗雷多·帕累托（Vilfredo Pareto，1848—1923）命名，他提出的帕累托法则认为在任何大系统中，80% 的结果是由约 20% 的变量引起的。因此，通过帕累托图，可以从众多的分类中找到那些比较重要的分类，此图被广泛应用于过程和质量分析中，可以提供直接证据，表明应在哪些地方进行改进。

【例 2-6】在 SPSS 中，进入【图形（Graphs）】→【帕累托图（Pareto）】，出现【帕累托图】框，选择【简单帕累托图（simple）】，并定义图中显示的数据是基于【个案组的计数或和（Counts or sums for groups of cases）】，最后可得到帕累托图（图 2-8）。

图 2-8　生成帕累托图窗口

对于定性数据，在 SPSS 中，可以同时输出频数分布表和条形图。以运用数据文件 2-1.sav 对机械厂各部门职工人数进行统计为例，具体操作步骤如下：

（1）打开数据文件 2-1.sav。

（2）执行【分析（A）】→【描述统计】→【频率（F）】命令，打开【频率（F）】对话框（图 2-9）。

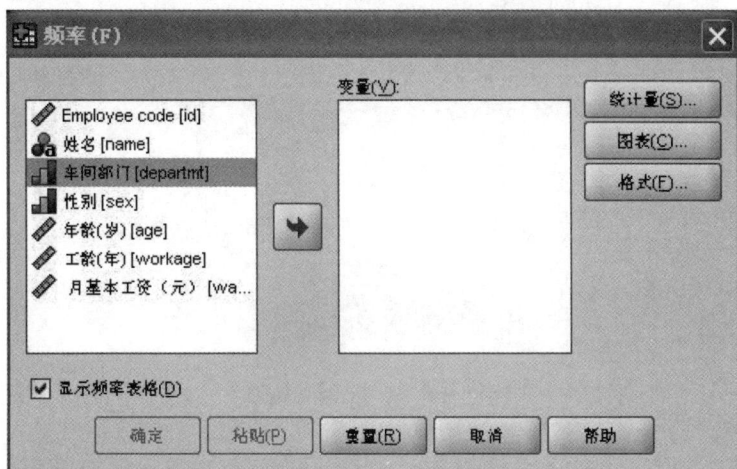

图 2-9　频率（F）窗口

（3）在【频率（F）】对话框中，从左边变量列表中选择【车间部门】移入右边的【变量（V）】下面的空白框中；选择左下方的系统默认设置，在【显示频率表格（D）】前面的空框中打"√"（图 2-10）。

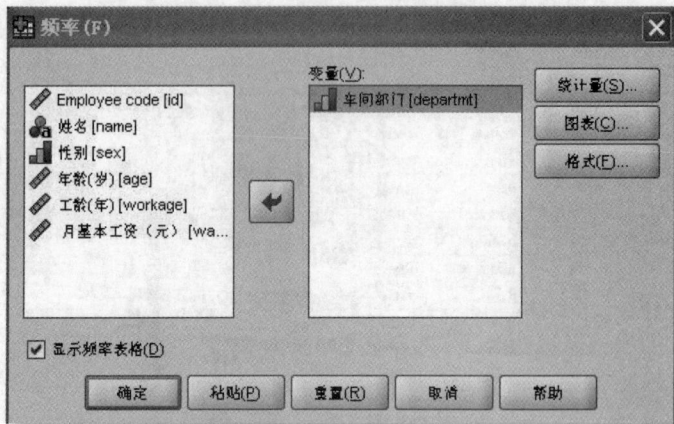

图 2-10　选择车间部门窗口

（4）在【频率（F）】对话框中点击【图表（C）】按钮，打开【频率：图表】对话框，在【图表类型】下的选项中选择【条形图（B）】，在【图表值】下面的选项中选择系统默认设置【频率（F）】，点击【继续】按钮，返回【频率（F）】对话框，如图 2-11 所示。

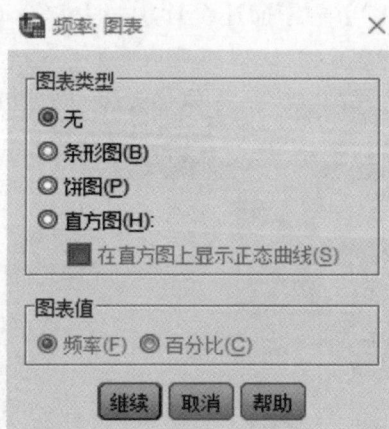

图 2-11　频率：图表窗口

（5）在【频率（F）】对话框中，单击【确定】按钮，提交系统运行。得到各部门职工人数统计的频数表（表 2-4）和条形图（图 2-12）。

表 2-4　各车间部门统计量

	频率	百分比	有效百分比	累积百分比
有效行政管理机关	44	10.3	10.3	10.3
机加工车间	126	29.4	29.4	39.6
维修车间	58	13.5	13.5	53.1

■频率

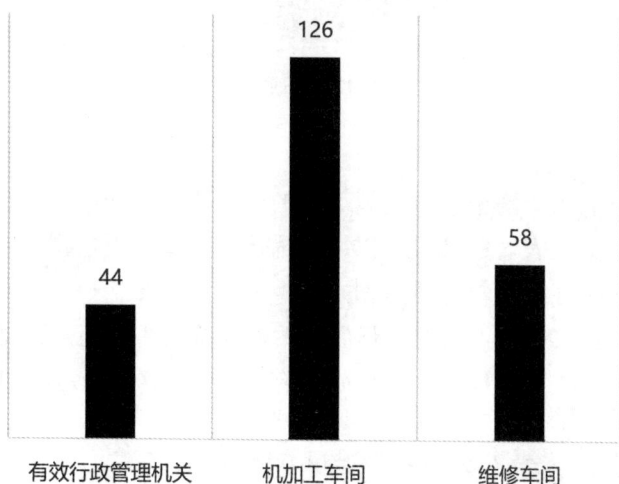

图 2-12　职工人数统计条形图

2.1.3　多变量定性数据的图形展示

在实际的社会经济管理中，不同现象或事物之间总是有联系的，不可能是独立的。因此，研究多个定性数据之间的图形展示，对深入进行统计分析，如回归分析、聚类分析和因子分析，都有重要的基础意义。可以描述展示多个定性数据之间关系的方法有很多，主要的有环形图、交叉表和多重条形图。

1. 环形图

环形图能够显示具有相同分类且问题具有可比性的多个样本或总体中各类别所占的比例，利于比较研究。需要说明的是，这种比较一般在定序数据中比较有意义，因此适用于对多个样本或总体中定序数据的描述、展示和比较。

【例 2-7】环形图与饼图最大的区别在于中间有一个"空洞"，每个样本用一个环来表示，样本中的每一部分数据用环中的一段表示，如图 2-13 所示。

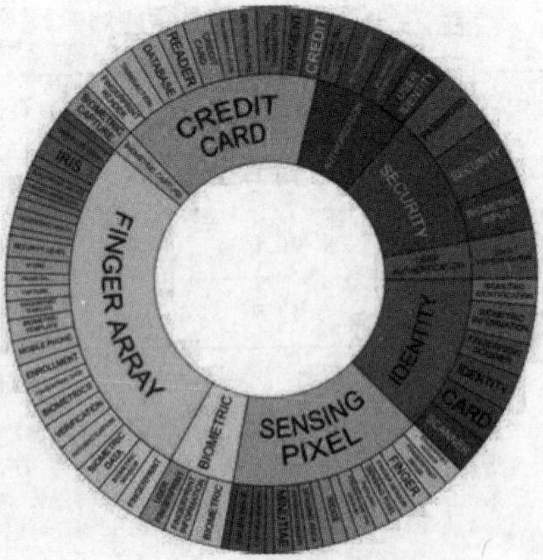

图 2-13　环形图

2. 交叉表

交叉表广泛应用于两个变量之间关系的检测中。实践中很多统计分析报告都大量地使用了交叉表。交叉表可以用于描述定类与定类数据、定类与定序数据，也可以用于定性数据与定量数据之间。

【例 2-8】仍以 2008 年初在贵州展开关于凝冻灾害危机处理的调查数据为例，表 2-5 展示出城乡结构与大众传媒拥有率之间的关系（定类和定类数据）。

表 2-5　城乡结构与大众传播媒介拥有率

家中拥有的大众传播工具		城乡结构			总计
		城市	城镇	农村	
电视	人数	792	702	1 229	2 896
	%	97.7%	96.2%	90.7%	
手机	人数	684	578	882	2 899
	%	84.3%	79.1%	65.0%	
电脑	人数	229	217	65	2 896
	%	28.2%	29.7%	4.8%	
报纸	人数	189	194	153	2 896
	%	23.3%	26.6%	10.0%	
收音机	人数	163	106	186	2 896
	%	20.1%	14.5%	13.7%	

城乡结构对信息获取的影响，首先表现在对大众传媒媒介工具的拥有率

的差异上。具体来说，城市、城镇和农村在电视、手机、电脑、报纸和收音机 5 种大众传播工具的拥有率上存在显著性的差异。其中，城市和城镇中大众传播媒介工具拥有率从高到低依次是电视、手机、电脑、报纸和收音机，分别为 97.7%、84.3%、28.2%、23.3%、20.1% 和 96.2%、79.1%、29.7%、26.6%、14.5%，城市和城镇之间相差无几，而农村中收音机拥有率则高于报纸和电脑，大众传播媒介工具拥有率从高到低依次是电视、手机、收音机、报纸和电脑，分别为 90.7%、65.0%、13.7%、10.0% 和 4.8%。由此看来，电视在城市、城镇和农村的普及率均已达到很高的水平，手机在城乡蓬勃发展，而电脑、报纸和收音机因拥有率较低，在社会公众获取信息方面亦会受到限制。

【例 2-9】仍以 2008 年初在贵州展开关于凝冻灾害危机处理的调查数据为例，表 2-6 展示出城乡结构与交通信息及时性之间的关系（定序和定类数据）。

表 2-6　城乡结构与交通信息的及时性

交通信息		城乡结构			总计
		城市	城镇	农村	
及时	人数	289	288	329	906
	%	41.5%	39.6%	23.6%	32.2%
一般	人数	329	326	626	1 281
	%	47.3%	44.8%	44.9%	45.5%
不及时	人数	78	113	438	629
	%	11.2%	15.5%	31.4%	22.3%
总计	人数	696	727	1 393	2 816
	%	100%	100%	100%	100%

从表 2-6 中可看出，对于交通信息，来自城市、城镇和农村的受访者认为交通信息获取及时的分别为 289 人、288 人和 329 人，及时率为 41.5%、39.6% 和 23.6%，不及时的分别为 78 人、113 人和 438 人，不及时率为 11.2%、15.5% 和 31.4%，双边检验 P 值为 0.000，远小于 0.05，城市、城镇和农村的城乡结构在获取凝冻灾害交通信息方面存在显著性差异，在城市和城镇约四成的获取交通信息的及时率远远高于农村，而一成多的不及时率则远低于农村约三成的不及时率。

3. 多重条形图

多重条形图展示的是两个定类或定序变量之间的关系。使用 Excel、SPSS 和 SAS 软件，基本都可以便捷地制作出来。

【例 2-10 仍以 2008 年初在贵州展开关于凝冻灾害危机处理的调查数据为例，图 2-14 展示出凝冻灾害时信息获取的途径（定类和定类数据）。

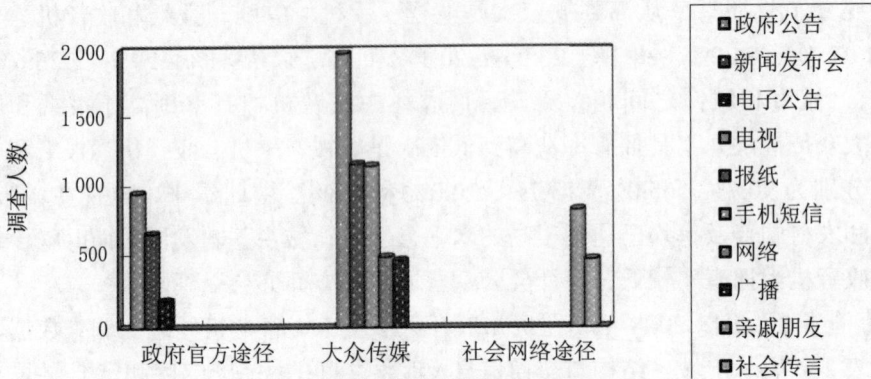

图 2-14　凝冻灾害信息获取的途径分析

图 2-14 显示，大众传媒是公众获取信息的最主要来源，其中传统平面媒电视以 66.1% 遥遥领先，报纸为 39.3%，手机短信为 38.9%，网络为 16.9%，广播为 16.0%。其次为政府官方途径，其中政府公告为 32.4%，新闻发布会为 22.6%，电子广告牌为 0.06%。最次为社会途径，亲戚朋友为 28.3%，社会传言为 16.3%。值得引起关注的是，电视在危机信息传递过程中独占鳌头的同时，手机短信的信息传递能力在突发危机情境中开始彰显出重要作用。

【例 2-11】仍以 2008 年初在贵州展开关于凝冻灾害危机处理的调查数据为例，图 2-15 展示的是城乡结构与电视无法收看之间的关系（定序和定类数据）。

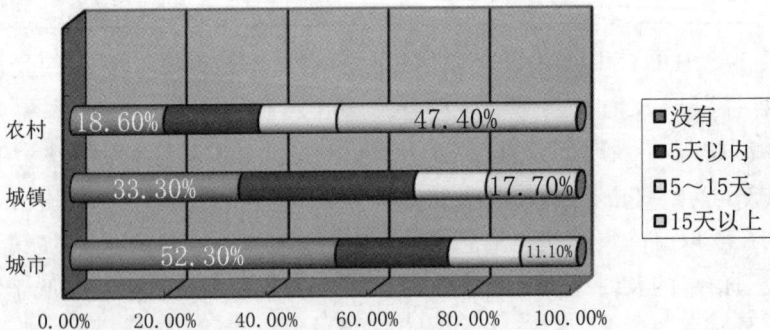

图 2-15　城乡结构与遭遇电视无法收看的关系

城市、城镇、农村在遭遇电视无法收看上具有显著性差异，分别为

47.7%、66.7%、81.4%。总体而言，农村的受访者中遭遇电视无法收看的比例最大，约八成的农村居民遭遇电视无法收看；时间最长，近五成的农村居民电视无法收看的局面达半个月以上。

在 SPSS 中，关于交叉表具体制作步骤介绍如下。先对数据文件 2–1.sav 中的雇员薪金按 ≤ 30 000、[30 001，50 000]、[50 001，80 000]、[80 001，100 000] 和 >100 000 的标准分为 1～5 级，用交叉表统计各薪级中不同性别和不同工作类别的雇员的数量。

（1）打开数据文件 2–1.sav。

（2）执行【转换（T）】→【重新编码为不同变量（R）】命令，打开【重新编码为其他变量】对话框，如图 2–16 所示。

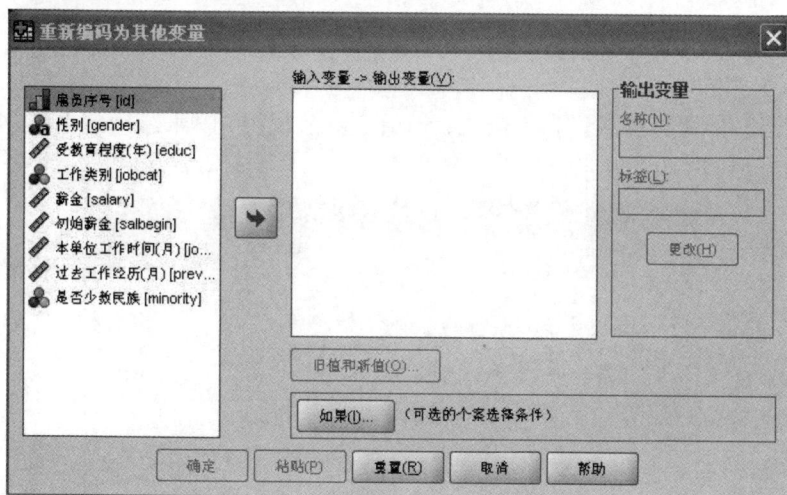

图 2–16　重新编码为其他变量窗口

在【重新编码为其他变量】对话框的源变量列表中选择【薪金】移入【输入变量】→【输出变量（V）】下面的空白框中；在【输出变量】栏下的【名称（N）】框中输入新变量名（sgrade），在【标签（L）】框中输入新变量标签（薪金等级），点击【更改（H）】按钮，如图 2–17 所示。

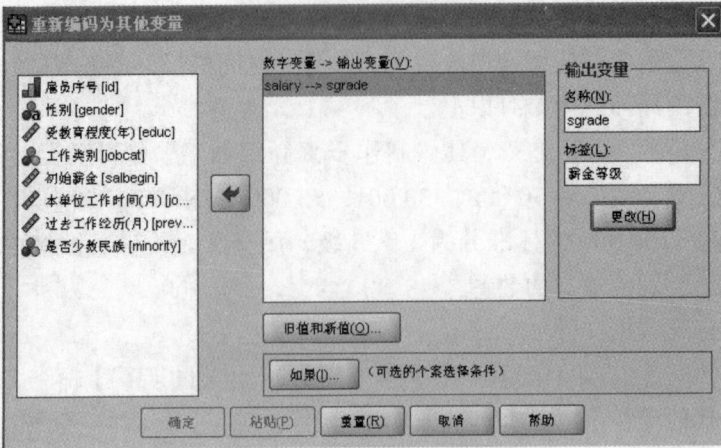

图 2-17　变量设置窗口

点击【旧值和新值（O）】按钮，打开【重新编码到其他变量：旧值和新值】对话框，如图 2-18 所示。

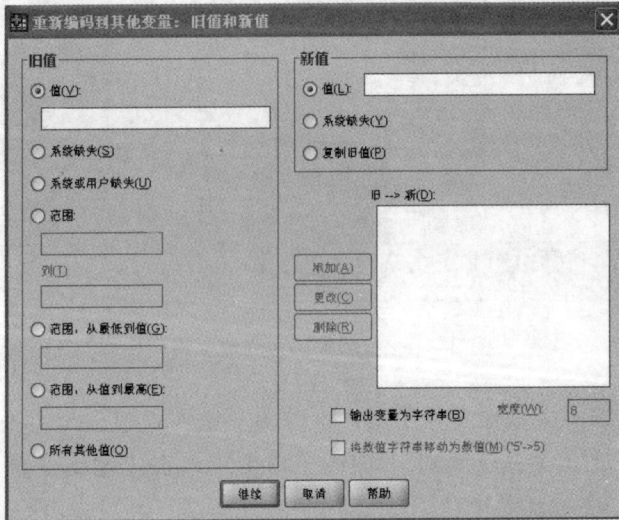

图 2-18　重新编码到其他变量：旧值和新值窗口

在【重新编码到其他变量：旧值和新值】对话框中，在左边【旧值】栏中选择相应的选项（如【范围，从最低到值（G）】），在下面的空白框中输入薪金 5 个等级区间（≤ 30 000、[30 001，50 000]、[50 001，80 000]、[80 001，100 000] 和 >100 000）的相应数字（如 "30 000"），在右边【新值】栏下的【值（L）】后的空白框中输入对应的等级数字（如 "1"）后，在【重新编码到其他变量：旧值和新值】对话框中，点击【继续】按钮，返回【重新编码到其他变量】对话框。在【重新编码到其他变量】对话框中，点击【确定】按钮，完成【薪金】变量向【薪金等级】变量的转换，如图 2-19 所示。

图 2-19 数据编辑器

（3）执行【分析（A）】→【描述统计】→【交叉表（C）】命令，打开【交叉表】对话框，如图 2-20 所示。

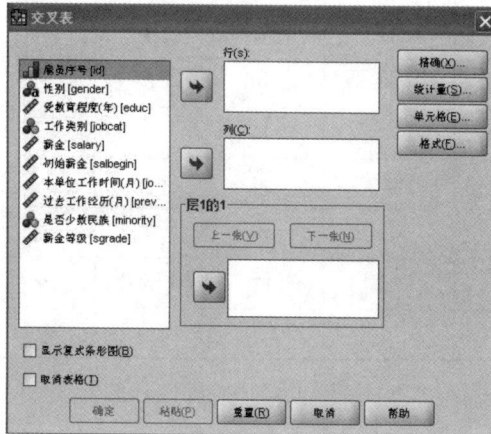

图 2-20 交叉表窗口

（4）在【交叉表】对话框中，从左边列表中选择【性别】【薪金等级】和【工作类别】，分别移入右边的【行（s）】【列（C）】和【层1的1】后面的空白框中，如图 2-21 所示。

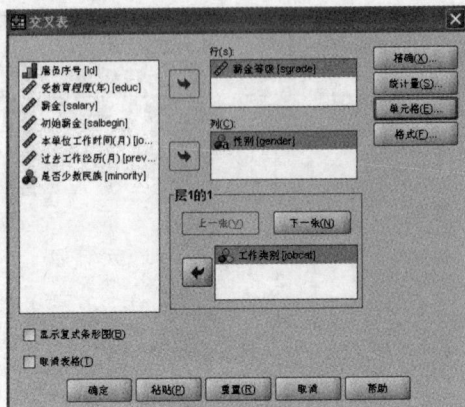

图 2-21 交叉表参考设置窗口

（5）在【交叉表】对话框中，点击【确定】按钮，提交系统运行，得出"性别 * 薪金等级 * 工作类别"三维交叉表，具体如表 2-7 所示。

表 2-7 三维交叉表

工作类别	性别	薪金等级					合 计
		1.00	2.00	3.00	4.00	5.00	
职员	女	176	28	2			206
	男	80	73	4			157
	合计	256	101	6			363
保管员	男	7	20				27
	合计	7	20				27
经理	女		6	4	0	0	10
	男		13	48	9	4	74
	合计		19	52	9	4	84

2.2 用图表展示定量数据

2.2.1 定量数据的整理

正如分类对定性数据的重要性一样，分组是对定量数据进行统计分析的主要内容之一。根据统计研究的目的和客观现象的内在特点，可以将研究总体划分为若干个不同性质的组，称为统计分组。分组有分合双重含义，分是把总体分为性质相异的若干部分，合是将性质相同的合为一组。对于定量数据来说，频数或频率分布表的编制过程主要分为四步：

第一步，选择组数。具体取决于数据本身的特点和数据量的大小。

第二步，确定组距。对于变量少的离散变量，可一个变量值一组；对于变量多的连续变量，遵循"不重不漏"的原则，可采取等距分组，也可采取不等距分组。组距一般为最大值与最小值之差，组中值为该组最大值与最小值之和的平均值。

第三步，计算频数。

第四步，编制表格。

2.2.2 单变量定量数据的图形展示

统计图是直观形象地展示定量数据初级统计结果的另一种基本工具，可用于描述数据内部结构、比较不同现象分布以及对现象变化趋势进行展示，最常用的有直方图、折线图、累积折线图、茎叶图和箱线图。

1. 直方图和折线图

直方图是定量数据的精确图形显示，是用矩形的宽度和高度来表示频数分布的图形，实际上是用矩形的面积来表示各组的频数分布。在直角坐标中，用横轴表示数据分组，纵轴表示频数或频率，各组与相应的频数形成一个矩形，直方图下的总面积等于1。

【例 2-12】仍以 2008 年初在贵州展开关于凝冻灾害危机处理的调查数据为例，图 2-22 展示的是凝冻灾害时被调查者的年龄分布（定量数据）。

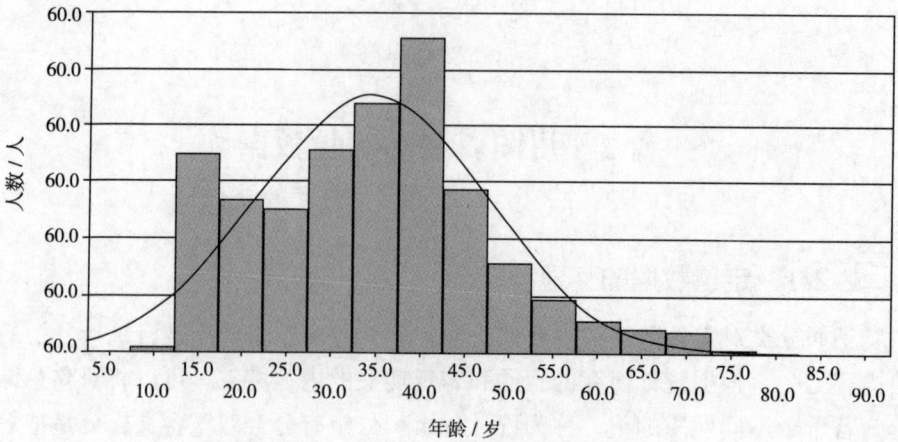

图 2-22　凝冻灾害调查样本的年龄分布

　　直方图与条形图是不同的：首先，直方图主要用于展示定量数据，条形图主要用于展示定性数据；其次，直方图的各矩形是连续排列的，由于分组数据具有连续性，条形图是分开排列的；最后，直方图是用面积表示各组频数，矩形的高度表示每组的频数或频率，宽度表示各组的组距，因此高度和宽度均有意义，而条形图条形的长度表示各类别频数多少，其宽度（表示类别）是估计的。

　　折线图（Line Chart）又称曲线图或者频数多边图，主要通过上下变化的线段来反映研究对象的变化过程和发展趋势。当组距很小且组数很多时，所绘出的折线图就会越来越光滑，逐渐形成一种光滑的曲线，反映了数据的分布规律。统计曲线在统计学中很重要，是描绘各种分布规律的有效方法。常见的频数分布曲线有正态分布曲线、偏态分布曲线、J 型分布曲线和 U 型分布曲线等。

　　【例 2-13】运用国家统计局数据，图 2-23 展示的是中国工业化率和城市化率（定量数据）。

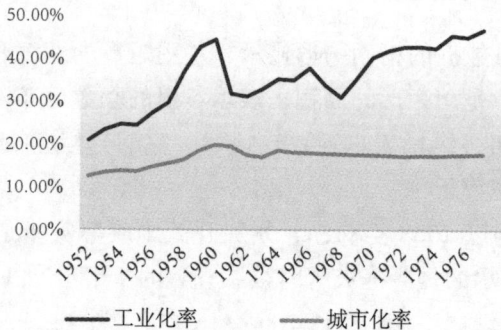

图 2-23　中国工业化率和城市化率（1952—1977）

2. 茎叶图与箱线图

直方图和折线图是对数据分组后的图形描述展示，可能会导致原始数据的失真，因此需要能够直接真实反映未分组的原始数据图形，茎叶图和箱线图正是可以反映原始数据分布的图形，也是探索性数据分析中最简单的图形。茎叶图主要由茎和叶两部分构成，其图形由数字组成。通过茎叶图，可以看出数据的分布形状及数据的离散状况，如数据是否集中、分布是否对称、是否有离散点等。绘制茎叶图的关键是设计好树茎。制作茎叶图时，首先把一个数字分为两部分，通过以该组数据高位数值为树茎，叶上仅保留该数值的最后一个数字。树茎一旦确定，树叶自然就长在相应的树茎上了。

茎叶图既能显示出数据的分布状况，又能给出每一个原始数值，保留了原始数据的信息。相比之下，直方图虽能很好地显示数据的分布，但不能保留原始数据。在应用上，茎叶图适用于小批量数据，而直方图则适用于大批量数据。

【例 2-14】图 2-24 是某机械厂男职工工龄分布描述统计图。

工龄（年） Stem-and-Leaf Plot for

sex= 男

Frequency Stem & Leaf

31.00　　0.1111111111111111222222222222233334

37.00　　0.5566666666667777777777778888888899999

60.00　　1.000000000001111111222222222222222222222222233333333333333333444

64.00　　1.5555555555555555556666777777777777788888888888888999999999999999999

58.00　　2.00000000000000001111111222222222222222233333333333344444444

28.00　　2.5555667777777777788888888999

12.00　　3.000001222344

7.00　　3.5566778

2.00　　4.00

2.00　　Extremes（>=80）

Stem width:10

图 2-24　男职工工龄分布茎叶图

箱线图由一个长方形"箱子"和两段线段组成，是根据一组数据的最大值（maximum）、两个四分位数（quartiles）、中位数（median）、最小值（minimum）这五个特征值绘制而成，主要用于反映原始数据的分布特征，可以进行多组比较。

箱线图的绘制方法：先找出一种数据的最大值（Max）、最小值（Min）、中位数和两个四分位数（分布为 75% 的上四分位数和 25% 的下四分位数）；然后，连接两个四分位数画出箱子，再将最大值和最小值与箱子相连接，中位数在箱子中间。

【例 2-15】某机械厂男职工和女职工的工龄分布进行频数分布的箱线图如图 2-25 所示。

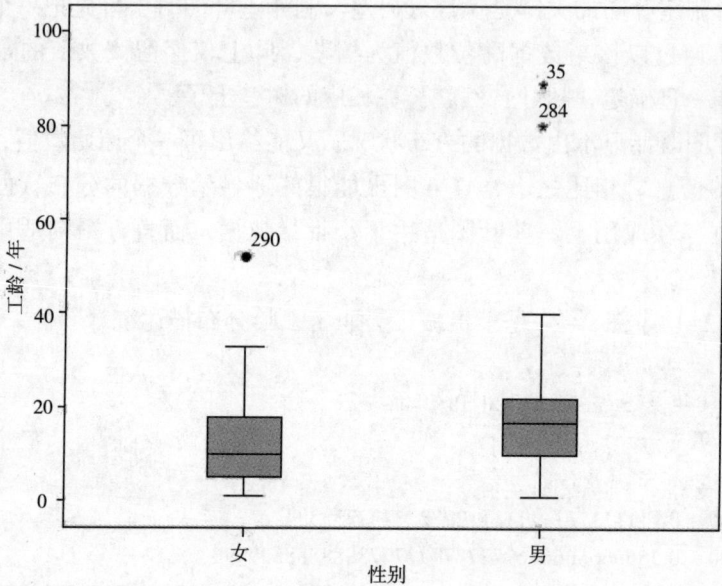

图 2-25　男女职工工龄分布箱线图

2.2.3　多变量定量数据的图形展示

以上展示的是对单变量定量数据的图形描述，但在实际中，仅对一个变量进行数据分析无法满足研究的需求或达到研究目的，需要把多个变量放在一起进行比较分析。对于多变量定量数据的图形展示方法，常见的除了线图和组箱线图，还有散点图、气泡图和雷达图等。

1. 散点图

散点图是利用二维坐标来描述两个变量之间关系的一种图形。在绘制散点图时，坐标横轴代表解释变量 x，纵轴代表被解释变量 y，每组数据在坐标系中用一个点表示，n 组数据在坐标系中形成 n 个散点，由坐标及散点组成的二维数据图称为散点图。

【例 2-16】运用中国城市统计年鉴数据研究经济增长与空气污染的关系，通过 SPSS 绘制的关于人均 GDP 与二氧化硫排放量散点图如图 2-26 所示，其中解释变量 x 为人均 GDP，被解释变量 y 为二氧化硫排放量。根据散点图，可以看出，人均 GDP 与二氧化硫排放存在正向相关关系，可以初步判断经济增长与空气污染之间的关系模型。

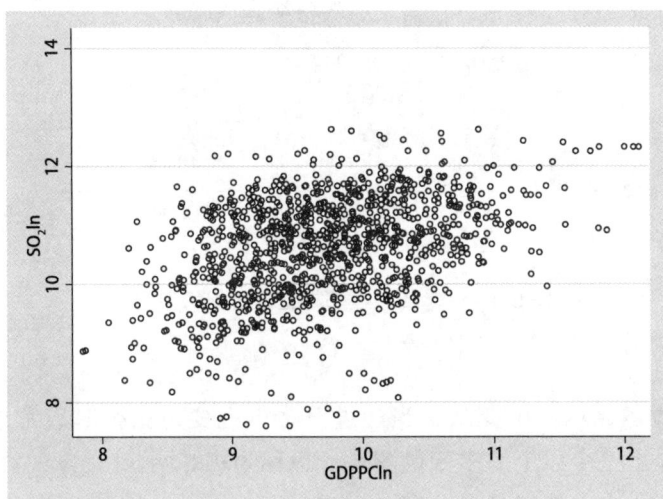

图 2-26　人均 GDP 与二氧化硫排放量散点图

2. 气泡图

气泡图可以展示三个变量之间的关系，与散点图类似，绘制时将一个变量放在横轴，另一个变量放在纵轴，第三个变量使用气泡颜色或大小来表示。

【例 2-17】在一项关于年龄、性别与上网时间的研究中，可以使用气泡图如下。横轴 x 代表年龄，纵轴为上网时间，气泡颜色不同代表性别不同，如图 2-27 所示。

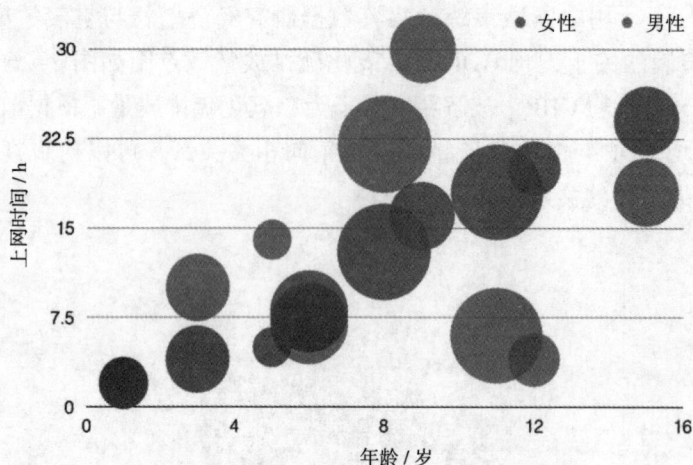

图 2-27　年龄、性别与上网时间气泡图

3. 雷达图

散点图最多显示三个变量，当超过三个以上变量指标时，常用的是雷达图，其可以显示三个以上的多变量图形，也称为蜘蛛网。

设有 n 组样本，每组样本测有 k 个观测值 x_1，x_2，…，x_k。要绘制雷达图，具体方法是，先画一个圆，然后将圆 k 等分，得到 k 个点，令这 k 个点分别对应 k 个变量，再将 k 个点与圆心连线，得到 k 个辐射状的半径，这 k 个半径分别作为 k 个变量的坐标轴，每个变量的大小由半径上的点到圆心的距离表示，再将同一样本的值在 k 个坐标上的点连线。如此，n 组样本形成的 n 个多边形就是一张雷达图了。

【例 2-18】根据水敏感城市（WSUD）七大评估指标体系绘制的墨尔本市水敏感评估雷达图如图 2-28 所示，可以看出城市 2 总体上优于城市 1，尤其在实现基本服务均等化、确保优质的城市空间和改善生态健康等指标上表现突出。

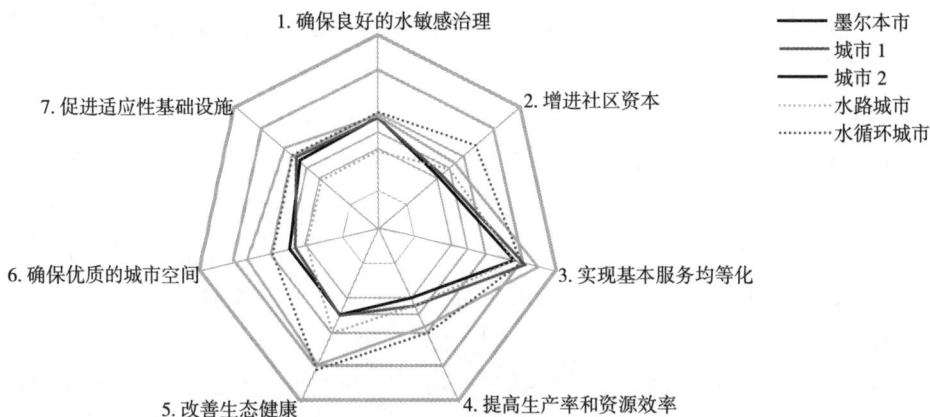

图 2-28　墨尔本市水敏感评估雷达图

2.3　合理使用图表

图表（chart）是在调查资料经过收集、整理、汇总、分组后所得结果的具体表现形式。我们在日常生活中，通过浏览或观看各种各样的新闻报道获取信息时，经常会看到大量的统计图表。图表中，最为常见和主要的数据展示方式是统计表和统计图。统计表（table）把复杂凌乱的数据清晰、有条理地展现在一张简单明了的表格内，统计图（graph）把数据直观、形象地展示出来。统计表和统计图具有一目了然、清晰易懂的特点，一般比看枯燥的数字有趣得多，也更容易掌握数据的主要特征。因此，在对某些社会或管理实际问题进行分析研究时，统计表和统计图是简化和反映调查资料的常用方法。正确、合理地使用统计表和统计图是学习统计分析方法的不可或缺的环节，也是做好统计分析的必备技能。

2.3.1　统计表的构成

在数据收集、整理、描述和分析过程中，都会使用统计表。许多原始的数据是密密麻麻、杂乱无序的，既不便于阅读和理解，又不便于分析和研究，但一旦通过统计表展示出来，就会使这些数据变得简明有序、一目了然。

统计表是简化展示数据的一种基本工具，了解统计表的构成是完成统计表制作与设计的基本要求。从统计表的结构上看，其通常由表号、总标题、行标题、列标题、数字注释和资料来源等要素构成。

表号是表的序号，一般位于表顶端左角，便于指示和查找。

总标题是表的名称，位于表的顶端，紧接在表号后面，主要用于简要说明表中的内容，指明资料的时间与空间范围等。

行标题是横行的名称，也称横标目，位于表的左侧。对于频数统计表来说，行标题一般用于统计所要说明的主题；对于交互分类统计表来说，行标题表示其中一个变量类别。

列标题是纵栏的名称，也称纵标目，位于表的最上一格。对于频数统计表来说，它指示调查指标或统计指标的名称；对于交互分类统计表来说，它表示其中一个变量类别。

数字是统计表的核心内容，是对调查资料进行汇总、整理和计算统计的具体结果体现，位于由横行标题与纵栏标题所包含的范围中。数字一般既可以是绝对数（频数），也可以是相对数（百分比）。

注释或资料来源是对表中资料的一种说明，位于表的下端。若是通过社会调查或实地研究所收集的一手资料直接整理而成的统计表，往往没有说明；而对于那些通过由转摘其他资料整理而成或直接引用其他资料的统计表，则需要进行说明，既体现出对已有成果的尊重，也能供读者查阅使用。

2.3.2 统计表的制作与设计

由于调查数据特点及研究目的的不同，统计表的设计在形式和结构上常会有较大差异，但统计表制作时，一般应遵循科学、规范、简明、实用、美观等原则。在制作过程中，按照统计表的基本构成要素进行设计，应特别注意以下几点。

（1）合理安排统计表的结构，尤其是行标题、列标题、数字资料位置安排设计合理。由于强调的主题不同，行标题和列标题有时也可以互换。统计表的横竖比例应保持适当，避免出现过长或过宽的表格形式。

（2）统计表的标题要简短明了、一目了然。表头一般要能精确概括表中数据的内容，用于表明统计数据的何种内容（what）、时间（when）和空间范围（where）。

（3）统计表的数据资料必须标明计量单位，如频数单位（人数、个数、户数、次数等）和频率单位（百分比）。若表中全部数据都是同一计量单位，可在表的右上角标明。若各变量计量单位不同，则应在每个变量后标明。

（4）统计表的行标题与列标题需准确反映变量取值的含义，排列顺序应遵循一定的逻辑结构。在统计表中，对于一般频数分布表，还应列出合计栏，以便于获取整体情况的资料，合计或总计栏一般放在表的最下一格。

（5）统计表的格式设计需规范化。统计表以横线为主，尽量不用竖线，即左右两边不封口。其中，上下两条横线一般用粗线，中间其他线要用细线，以示清晰、醒目。行标题之间不必用横线隔开，列标题之间必要时可用竖线分开，但应为开口。表中数据一般为右对齐，若有小数点，应以小数点对齐，且小数点位数应统一。对于没有数字的表格单元，一般用"—"表示，不应出现空白单元格。

2.3.3　图表可视化优劣的原则

一张精心设计的图表是表达数据的有效工具，统计表和统计图能够以可视化形式充分展示和对比多种不同的数据。图表可视化是一种以图形描绘密集复杂信息的表现形式，旨在使数据更具可读性，便于分析和研究。

数据可视化可以选择的图表类型多种多样，主要取决于数据本身的特点和展示数据的目的。如何借助计算机辅助软件 Excel 或 SPSS、Stata 等统计工具来绘出一张漂亮的图表通常是初学者最为关注的，但如果没有掌握判定图表可视化的原则，可能会在图表的修饰上花费过多时间和精力，无法真正做到合理使用图表，反倒画蛇添足。

根据爱德华·图夫特（Edward R. Tufte）（2001）提出的"图优"（Graphical Excellence）概念，图表展示（graphical displays）应该遵循以下原则：

第一，显示数据。

第二，唯有数据才能让读者关注图表的本质，而非图表的设计方法或程序。

第三，避免歪曲、误读数据。

第四，大数据简洁。

第五，着重不同数据间的比较。

第六，服务于一个清晰的目的：探索、描述、统计列表。

第七，与数据统计描述说明融为一体。

根据爱德华·图夫特关于图表展示的上述原则，图表展示可归结为应具有实用化、精确化、简洁化、清晰化、集合化等特质。图表可视化在把握真实和简明这两大原则的基础上，可以根据图表类型和展示目的不同，在形状、颜色、大小、面积、体积、长度、角度、位置、方向和密度上做相应的调整，以达到最佳效果。

习 题

（1）数据的主要类型有哪些？

（2）定性和定量的图形展示方法主要有哪些？

（3）饼图和环形图有何不同？

（4）简述直方图和条形图的异同。

（5）如何绘制茎叶图和雷达图，两者的优势是什么？

（6）统计表的主要要素是哪些？制作时需要注意哪些问题？

（7）简述评价图表优劣的准则。

（8）表 2-8 展示出杭州、宁波两个城市主要经济社会发展指标。

表 2-8　杭州和宁波主要经济社会发展指标

城　市	GDP 总量 / 亿元	人均 GDP/ 元	人均可支配收入 / 元	城市化率 / %
杭州	（15 373）	（152 465）	（59 261）	78.5
宁波	（11 985）	（143 157）	（56 982）	73.6

①请根据以上四个指标绘制出两个城市的直方图。

②请根据以上四个指标绘制出两个城市的雷达图。

（9）2020 年 9 月全国城市房价排名前 20 如表 2-9 所示。

表 2-9　2020 年 9 月全国城市房价排名前 20

排　名	区　域	省　份	城　市	单价 /(元 /m²)
1	东部	广东	深圳	74 974
2	东部	北京	北京	62 711
3	东部	上海	上海	57 055
4	东部	福建	厦门	47 121
5	东部	广东	广州	37 126
6	东部	海南	三亚	36 272

排　名	区　域	省　份	城　市	单价 /(元 /m²)
7	东部	江苏	南京	31 481
8	东部	浙江	杭州	31 070
9	东部	天津	天津	25 442
10	东部	福建	福州	25 059
11	东部	广东	珠海	22 649
12	东部	浙江	宁波	22 583
13	东部	江苏	苏州	21 417
14	东部	浙江	温州	21 335
15	东部	山东	青岛	21 188
16	东部	广东	东莞	19 041
17	东部	浙江	丽水	18 552
18	中部	湖北	武汉	18 363
19	东部	浙江	金华	17 232
20	中部	四川	成都	16 988

①请绘制不同城市单价频数分布表。

②请绘制不同城市单价的折线图。

③请按照省份出现次数绘制饼图。

④以区域和城市单价为两个变量绘制交叉表，并初步分析两者关系。

第 3 章　数据分布的特征测度

开篇案例：

怎样分析学生的考试成绩？

微观经济学是经济管理类各专业开设的一门必修课。下面是从一所大学经济管理类各专业中随机抽取的 50 名学生的微观经济学期末考试成绩：

68	70	55	85	84
75	73	91	78	73
70	92	68	81	60
84	65	73	95	76
73	78	84	70	81
60	87	81	67	88
76	90	70	82	65
81	75	69	72	78
88	66	94	80	87
92	68	76	86	93

如何分析这些数据呢？我们可以用直方图、茎叶图或箱线图等来描述考试成绩的分布状况，如分布是否对称，进而分析试卷是否合理。除此之外，还可以做哪些分析？你认为可以用哪些统计量来描述考试成绩？这些统计量的用途是什么？选择这些统计量的理由是什么？本章介绍的描述性分析方法可以用来解决这些问题。

利用图表可以得到对数据分布形状和特征的大致了解。但是，要进一步了解数据分布的一些数值特征，就需要利用统计量进行描述。一般来说，一组样本数据分布的数值特征可以从三个方面进行描述：一是数据的水平，也称为集中趋势或位置度量，反映全部数据的数值大小；二是数据的差异，反映各数据间的离散程度；三是分布的形状，反映数据分布的偏态和峰度。本章主要介绍描述样本特征值的统计量的计算方法、特点及其应用场合。

3.1　集中程度的描述

描述数据集中程度的统计量主要有平均数、分位数以及众数等。

3.1.1　平均数

平均数也称均值（mean），它是一组数据相加后除以数据的个数得到的结果。样本平均数是度量数据水平的常用统计量，在参数估计和假设检验中经常用到。设一组样本数据为 x_1，x_2，$\cdots$，x_n，样本量（样本数据的个数）为 n，则样本平均数用 $\bar{x}$ 表示，计算公式如下：

$$\bar{x} = \frac{x_1 + x_2 + \cdots + x_n}{n} = \frac{\sum\limits_{i=1}^{n} x_i}{n} \tag{3-1}$$

式（3-1）得到的平均数也称为简单平均数（simple mean）。为了说明方法，我们举一个简单的例子。实际应用时不论数据量大小，都是由软件直接计算的。

【例 3-1】2019 年 5 月上海每天的最高气温数据如表 3-1 所示，计算日最高气温的平均值。

表 3-1　2019 年 5 月上海每天的最高气温

日　期	气温 /℃	日　期	气温 /℃
5 月 1 日	25	5 月 7 日	12
5 月 2 日	25	5 月 8 日	18
5 月 3 日	15	5 月 9 日	20
5 月 4 日	12	5 月 10 日	24
5 月 5 日	10	5 月 11 日	22
5 月 6 日	12	5 月 12 日	21
5 月 13 日	11	5 月 22 日	20

日　期	气温 /℃	日　期	气温 /℃
5 月 14 日	19	5 月 23 日	20
5 月 15 日	20	5 月 24 日	24
5 月 16 日	23	5 月 25 日	28
5 月 17 日	25	5 月 26 日	27
5 月 18 日	25	5 月 27 日	31
5 月 19 日	26	5 月 28 日	31
5 月 20 日	27	5 月 29 日	24
5 月 21 日	22	5 月 30 日	26

解：根据式（3-1）有

$$\bar{x} = \frac{25 + 25 + \cdots + 24 + 26}{30} = 21.5$$

3.1.2　分位数

一组数据按从小到大排序后，可以找到排在某个位置上的数值，用该数值代表数据取值的大小。这些位置上的数值就是相应的分位数，其中有中位数、四分位数、百分位数等。

1. 中位数

中位数（median）是一组数据排序后处于中间位置上的数值，用 M_e 表示。中位数将全部数据等分成两部分，每部分包含 50% 的数据。一部分数据比中位数大，另一部分则比中位数小。中位数是用中间位置上的值代表数据的水平，其特点是不受极端值的影响，在研究收入分配时很有用。

计算中位数时，要先对 n 个数据进行排序，然后确定中位数的位置，最后确定中位数的具体数值。

设一组数据 x_1，x_2，$\cdots$，x_n 按从小到大排序后为 $x_{(1)}$，$x_{(2)}$，$\cdots$，$x_{(n)}$，则中位数就是（$n+1$）/2 位置上的值。计算公式如下：

$$M_e = \begin{cases} x_{\left(\frac{n+1}{2}\right)}, & n\text{为奇数} \\ \dfrac{1}{2}\left[x_{\left(\frac{n}{2}\right)} + x_{\left(\frac{n}{2}+1\right)}\right], & n\text{为偶数} \end{cases} \qquad (3-2)$$

【例 3-2】沿用例 3-1，计算日最高气温的中位数。

解：先将每天的温度数据排序，然后确定中位数的位置。中位数的位置是（30+1）/2=15.5，中位数是排序后的第 15 个数值（22）和第 16 个数值（23）的平均数，即 M_e=22.5。

2. 四分位数

四分位数（quartile）是一组数据排序后处于 25% 和 75% 位置上的数值。它是用 3 个点将全部数据等分为 4 部分，其中每部分包含 25% 的数据。很显然，中间的四分位数就是中位数。因此，通常所说的四分位数是指处于 25% 位置上和 75% 位置上的两个数值。

与中位数的计算方法类似，计算四分位数时，首先对数据进行排序，然后确定四分位数所在的位置，该位置上的数值就是四分位数。与中位数不同的是，四分位数位置的确定方法有多种，每种方法得到的结果可能会存在一定差异，但差异不会很大，一般相差不会超过一个位次。不同软件使用的计算方法可能不一样，因此对同一组数据用不同软件得到的四分位数结果也可能会有差异，但不会影响分析的结论。

设 25% 位置上的四分位数为 $Q_{25\%}$，75% 位置上的四分位数为 $Q_{75\%}$，SPSS 给出的分位数位置的计算公式为

$$Q_{25\% \text{位置}} = \frac{n+1}{4}, \quad Q_{75\% \text{位置}} = \frac{3(n+1)}{4} \tag{3-3}$$

【例 3-3】沿用例 3-1，计算日最高气温的四分位数。

解：首先，对 n 个数据从小到大排序，然后计算出四分位数的位置和相应的数值。$Q_{25\% \text{位置}}$=（n+1）/4=（30+1）/4=7.75，即 $Q_{25\%}$ 在第 7 个数值（18）和第 8 个数值（19）之间 0.75 的位置上。因此，$Q_{25\%}$=18+0.75×（19-18）=18.75。

$Q_{75\% \text{位置}}$=3（n+1）/4=3（30+1）/4=23.25，即 $Q_{75\%}$ 在第 23 个数值（25）和第 24 个数值（26）之间 0.25 的位置上。因此，$Q_{75\%}$=25+0.25×（26-25）=25.25。

在 $Q_{25\%}$ 和 $Q_{75\%}$ 之间大约包含了 50% 的数据。就上述日最高气温数据而言，可以说大约有一半天数的气温在 18.75 ℃和 25.25 ℃之间。

3. 百分位数

百分位数（percentile）是用 99 个点将数据分成 100 等份，处于各分位点上的数值。百分位数提供了各项数据在最小值和最大值之间分布的信息。与四

分位数类似，百分位数也有多种算法，每种算法的结果不尽相同，但差异不会很大。设 $P_{i\%}$ 为第 i 个百分位数，则第 i 个百分位数的位置：

$$P_{i\% \text{位置}} = \frac{i}{100} \times (n+1) \qquad (3\text{-}4)$$

如果是在整数的位置上，百分位数就是该位置对应的数值；如果不是在整数的位置上，百分位数等于该位置前面的数值加上按比例分摊的位置两侧数值的差值。显然，中位数就是第 50 个百分位数 $P_{50\%}$，$Q_{25\%}$ 和 $Q_{75\%}$ 就是第 25 个百分位数 $P_{25\%}$ 和第 75 个百分位数 $P_{75\%}$。

【例 3-4】沿用例 3-1，计算日最高气温的第 10 个和第 90 个百分位数。

解：根据式（3-4），有

$$P_{10\% \text{位置}} = 10/100 \times （30+1）= 3.1$$

该百分位数在第 3 个值（12）和第 4 个值（12）之间 0.1 的位置上，因此

$$P_{10\%} = 12 + 0.1 \times （12\text{-}12）= 12$$

$$P_{90\% \text{位置}} = 90/100 \times （30+1）= 27.9$$

该百分位数在第 27 个值（27）和第 28 个值（28）之间 0.9 的位置上，因此

$$P_{90\%} = 27 + 0.9 \times （28\text{-}27）= 27.9$$

其他百分位数的算法类似。

3.1.3 众数

除平均数和分位数之外，有时候也会使用众数反映数据水平。众数是一组数据中出现频数最多的数值，用 M_o 表示。一般情况下，只有在数据量较大时，众数才有意义。从分布的角度看，众数是一组数据分布的峰值点所对应的数值。如果数据的分布没有明显的峰，则众数可能不存在，如果有两个或多个峰值，也可以有两个或多个众数。

3.1.4 离散程度代表值的选择

平均数、中位数和众数是描述数据水平的三个主要统计量，要理解它们并不难，但要合理使用就需要了解它们的特点和应用场合。用哪个统计量来代表一组数据的水平呢？平均数易被多数人理解和接受，实际中用得也较多，但缺点是易受极端值的影响。对于严重偏态分布的数据，平均数的代表性较差。中位数和众数提供的信息不像平均数那样多，但它们也有优点，比如，不受极端

值的影响，具有统计上的稳健性。当数据为偏态分布，特别是偏斜程度较大时，可以考虑选择中位数或众数，此时它们的代表性比平均数好。

从分布角度看，平均数是全部数据的算术平均，中位数是处于一组数据中间位置上的值，众数则始终是一组数据分布的峰值。因此，对于具有单峰分布的大多数数据而言，如果数据的分布是对称的，则平均数、中位数和众数必定相等；如果数据呈明显的左偏分布（分布在左边有长尾），则说明数据存在极小值，必然拉动平均数向极小值一方靠拢，而众数和中位数是位置代表值，不受极值的影响，此时有 $\bar{x} < M_e < M_o$；如果数据呈明显的右偏分布（分布在右边有长尾），则说明数据存在极大值，必然拉动平均数向极大值一方靠拢，此时有 $M_o < M_e < \bar{x}$。一般来说，数据分布对称或接近对称时，建议使用平均数；数据分布明显偏斜时，可以考虑使用中位数或众数。

3.2　离散程度的描述

怎样评价平均数、中位数和众数对一组数据的代表性呢？假定有甲、乙两个地区，甲地区的平均收入为 8 000 元，乙地区的平均收入为 5 000 元，你要如何评价两个地区的收入状况呢？如果平均收入代表了该地区的生活水平，能否认为甲地区的平均生活水平就高于乙地区呢？要回答这些问题，首先需要搞清楚这里的平均收入能否代表大多数人的收入水平。如果甲地区有少数几个富翁，大多数人的收入都很低，则虽然平均收入很高，但多数人的生活水平仍然很低。相反，如果乙地区多数人的收入水平都在 5 000 元左右，虽然平均收入看上去不如甲地区，但多数人的生活水平却比甲地区高，原因是甲地区的收入差异大于乙地区。这个例子表明，仅仅知道数据取值的大小是远远不够的，还必须考虑数据之间的差异有多大。数据之间的差异用统计语言来说就是数据的离散程度。数据的离散程度越大，各描述统计量对该组数据的代表性就越差，数据的离散程度越小，各描述统计量的代表性就越好。

描述样本数据离散程度的统计量主要有极差、四分位差、方差和标准差以及测度相对离散程度的变异系数等。

3.2.1　极差和四分位差

极差（range）是一组数据的最大值与最小值之差，也称全距，用 R 表示。例如，根据例 3-1 中的数据，计算日最高气温的极差：$R=31-10=21$。极差只利用了一组数据两端的信息，因此容易受极端值的影响，不能全面反映差异状况。虽然极差在实际中很少单独使用，但它可以作为分析数据离散程度的一个参考值。

四分位差（quartile deviation）是一组数据 75% 位置上的四分位数与 25% 位置上的四分位数之差，也称内距或四分间距（inter quartile range）。用 IQR 表示四分位差，其计算公式如下：

$$IQR = Q_{75\%} - Q_{25\%} \qquad (3-5)$$

四分位差反映了中间 50% 数据的离散程度，数值越小，说明中间的数据越集中，数值越大，说明中间的数据越分散。四分位差不受极值的影响。此外，中位数处于数据的中间位置，因此四分位差的大小在一定程度上也说明了中位数对一组数据的代表程度。例如，根据例 3-3 计算得到的日最高气温的四分位差：$IQR = 25.25 - 18.75 = 6.5$。

3.2.2　方差和标准差

如果考虑每个数据 x_i 与其平均数 $\bar{x}$ 之间的差异，以此作为一组数据离散程度的度量，则结果比极差和四分位差更全面、准确。这就需要求出每个数据 x_i 与其平均数 $\bar{x}$ 离差的平均数。但 $(x_i - \bar{x})$ 之和等于 0，因此需要进行一定的处理。一种方法是将离差取绝对值，求和后再平均，这一结果称为平均离差（mean deviation）或平均绝对离差（mean absolute deviation）。另一种方法是将离差取平方后再求平均数，这一结果称为方差（variance）。方差开方后的结果称为标准差（standard deviation）。它是一组数据与其平均数相比平均相差的数值。方差（或标准差）是实际中应用最广泛的测度数据离散程度的统计量。

设样本方差为 s^2，根据原始数据计算样本方差的公式如下：

$$s^2 = \frac{\sum_{i=1}^{n}(x_i - \bar{x})^2}{n-1} \qquad (3-6)$$

样本标准差的计算公式如下：

$$s = \sqrt{\frac{\sum_{i=1}^{n}(x_i - \bar{x})^2}{n-1}} \qquad (3-7)$$

与方差不同的是，标准差具有量纲，它与原始数据的计量单位相同，其实际意义比方差更清楚。因此，在对实际问题进行分析时使用更多的是标准差。

【例 3-5】根据例 3-1 中的数据，计算日最高气温的方差和标准差。

解：根据式（3-6），求得的方差如下：

$$s^2 = \frac{(25-21.5)^2 + (25-21.5)^2 + \cdots + (26-21.5)^2}{9-1} = 33.707$$

根据式（3-7），求得的标准差如下：

$$s = \sqrt{33.707} = 5.806$$

结果表明，每天日最高气温与其平均数相比平均差 5.806。

3.2.3　变异系数

标准差是反映数据离散程度的绝对值，其数值的大小受原始数据取值大小的影响，数据的观测值越大，标准差的值通常也就越大。此外，标准差与原始数据的计量单位相同，采用不同计量单位计量的数据，其标准差的值也不同。因此，对于不同组别的数据，如果原始数据的观测值相差较大或计量单位不同，则不能用标准差直接比较其离散程度，这时需要计算变异系数。

变异系数（Coefficient of Variation）也称离散系数，是一组数据的标准差与其相应的平均数之比。变异系数消除了数据取值大小和计量单位对标准差的影响，因此可以反映一组数据的相对离散程度。其计算公式如下：

$$CV = \frac{s}{\bar{x}} \tag{3-8}$$

变异系数主要用于比较不同样本数据的离散程度。变异系数大，说明数据的相对离散程度大；变异系数小，说明数据的相对离散程度小。

【例 3-6】在奥运会女子 10 m 气手枪比赛中，每个运动员先进行每组 10枪共 4 组的预赛，然后根据预赛总成绩确定进入决赛的 8 名运动员。决赛时 8名运动员再进行 10 枪射击，最后将预赛成绩加上决赛成绩确定名次。在 2012年 8 月 10 日举行的第 30 届伦敦奥运会女子 10 m 气手枪决赛中，进入决赛的8 名运动员最后 10 枪的决赛成绩如表 3-2 所示。

表 3-2　8 名运动员 10 枪的决赛成绩　单位：环

姓　名	第1枪	第2枪	第3枪	第4枪	第5枪	第6枪	第7枪	第8枪	第9枪	第10枪
射手 1	10.0	8.5	10.0	10.2	10.6	10.5	9.8	9.7	9.5	9.3
射手 2	10.0	10.5	10.4	10.4	10.1	10.3	9.4	10.7	10.8	9.7
射手 3	9.3	10.0	8.7	8.3	9.2	9.5	8.5	10.7	9.2	9.2

姓　名	第1枪	第2枪	第3枪	第4枪	第5枪	第6枪	第7枪	第8枪	第9枪	第10枪
射手4	9.8	10.3	10.0	9.5	10.2	10.7	10.4	10.6	9.1	10.8
射手5	9.3	9.4	10.4	10.1	10.2	10.5	9.2	10.5	9.8	8.6
射手6	8.1	10.3	9.2	9.9	9.8	10.4	9.9	9.4	10.7	9.6
射手7	10.2	9.6	9.9	9.9	9.3	9.1	9.7	10.0	9.3	9.9
射手8	8.7	9.3	9.2	10.3	9.8	10.0	9.7	9.9	9.9	9.7

计算变异系数，评价运动员发挥的稳定性，同时结合箱线图（图3-1）进行分析。

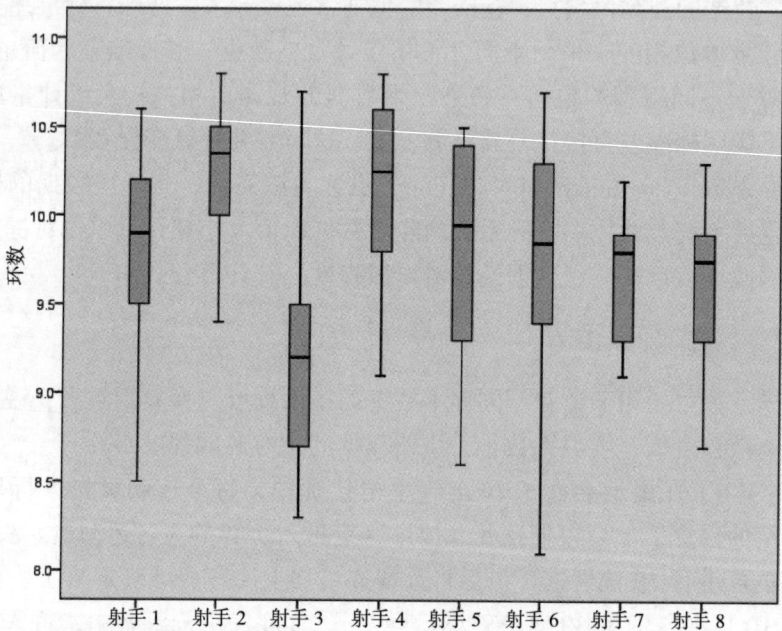

图 3-1　8 名运动员 10 枪决赛成绩的箱线图

解：如果各运动员决赛的平均成绩差异不大，则可以直接比较标准差的大小，否则需要计算变异系数。下面给出了利用 SPSS 计算变异系数的操作步骤。

用【CFVAR】函数计算个案的变异系数。

第 1 步：选择【转换】→【计算变量】。

第 2 步：在出现的对话框中，在【目标变量】框后写入要输出的变量名称，如"变异系数"。在【函数组】下点击【统计量】，在【函数和特殊变量】下双击【CFVAR】函数。

第 3 步：在【数字表达式】CFVAR（numexpr, numexpr, …）中选入要计算的个案（本例为每名运动员）的变量（本例为运动员每枪射击的成绩），个案的变量之间用逗号（,）隔开。本例函数表达式的形式如下：CFVAR（第 1枪，第 2 枪，第 3 枪，第 4 枪，第 5 枪，第 6 枪，第 7 枪，第 8 枪，第 9 枪，第 10 枪）。点击【确定】。

（注：SPSS 的【统计量】函数组中还提供了其他一些常用统计量的函数，如平均数函数 MEAN、中位数函数 MEDIAN、方差函数 VARIANCE、标准差函数 SD 等。其操作步骤与上述类似。）

3.2.4　标准得分

有了平均数和标准差之后，可以计算一组数据中每个数值的标准得分（standard score），也称标准化值或 Z 分数。它可以用于测度每个数值在该组数据中的相对位置，也可以用于判断一组数据中是否有离群点。例如，全班的平均考试分数为 80 分，标准差 10 分，而你的考试分数是 90 分，那么你的分数距离平均分有多远？显然是 1 个标准差的距离。这里的 1 就是你的考试成绩的标准得分。标准得分说的是某个数据与平均数相差多少个标准差，它是某个数据与其平均数的离差除以标准差后的值。设标准分数为 Z，其计算公式如下：

$$Z_i = \frac{x_i - \bar{x}}{s} \tag{3-9}$$

式（3-9）也就是统计上常用的标准化公式，在对多个具有不同量纲的变量进行处理时，常常需要对各变量的数据进行标准化处理，也就是把一组数据转化成平均数为 0、标准差为 1 的新数据。实际上，标准得分只是对原始数据进行了线性变换，并没有改变某个数值在该组数据中的位置，也没有改变该组数据分布的形状。

【例 3-7】根据例 3-1 中的数据，计算日最高气温的标准得分。

解：下面给出了利用 SPSS 计算标准得分的操作步骤。

第 1 步：选择【分析】→【描述统计】→【描述】。

第 2 步：在出现的对话框中，将需要标准化的变量输入【变量】，然后选中【将标准化得分另存为变量】。点击【确定】（SPSS 会将标准得分变量以"Z"开头存放在"数据视图"工作表中）。

日最高气温的标准得分如表 3-3 所示。

表 3-3　日最高气温的标准得分

日　期	气温 /℃	Z 气温	日　期	气温 /℃	Z 气温
5 月 1 日	25	0.602 8	5 月 16 日	23	0.258 4
5 月 2 日	25	0.602 8	5 月 17 日	25	0.602 8
5 月 3 日	15	-1.119 6	5 月 18 日	25	0.602 8
5 月 4 日	12	-1.636 3	5 月 19 日	26	0.775 1
5 月 5 日	10	-1.980 8	5 月 20 日	27	0.947 3
5 月 6 日	12	-1.636 3	5 月 21 日	22	0.086 1
5 月 7 日	12	-1.636 3	5 月 22 日	20	-0.258 4
5 月 8 日	18	-0.602 8	5 月 23 日	20	-0.258 4
5 月 9 日	20	-0.258 4	5 月 24 日	24	0.430 6
5 月 10 日	24	0.430 6	5 月 25 日	28	1.119 6
5 月 11 日	22	0.086 1	5 月 26 日	27	0.947 3
5 月 12 日	21	-0.086 1	5 月 27 日	31	1.636 3
5 月 13 日	11	-1.808 5	5 月 28 日	31	1.636 3
5 月 14 日	19	-0.430 6	5 月 29 日	24	0.430 6
5 月 15 日	20	-0.258 4	5 月 30 日	26	0.775 1

表 3-3 中 5 月 1 日的标准得分 0.602 8，表示该天的最高气温与平均数（21.5）相比高出 0.602 8 个标准差，5 月 3 日的最高气温与平均数相比低 1.119 6 个标准差。其余的含义类似。根据标准得分，可以判断一组数据中是否存在离群点。经验表明，当一组数据对称分布时，约有 68% 的数据在平均数加减 1 个标准差的范围之内，约有 95% 的数据在平均数加减 2 个标准差的范围之内，约有 99% 的数据在平均数加减 3 个标准差的范围之内。

可见，一组数据中在平均数 3 倍标准差范围之外的数值是很少的。也就是说，在平均数加减 3 个标准差的范围内几乎包含了全部数据，而 3 个标准差之外的数据在统计上称为离群点。经验法则适用于分布对称的数据。如果一组数据的分布不对称，则需要使用切比雪夫不等式（Chebyshev's inequality）来判别。对任意分布的数据，根据切比雪夫不等式，至少有（1-1/K^2）的数据落在平均数加减 K 个标准差的范围之内。其中，K 是大于 1 的任意值，但不一定是整数。对于 K=2，3，4，该不等式的含义如下：至少有 75% 的数据落在平均数加减 2 个标准差的范围之内，至少有 89% 的数据落在平均数加减 3 个标准差的范围之内，至少有 94% 的数据落在平均数加减 4 个标准差的范围之内。

3.3　分布形状的描述

通过直方图和茎叶图等统计图就可以看出数据的分布是否对称。对于不对称的分布，要想知道不对称的程度，则需要计算相应的描述统计量。偏度系数和峰度系数就是对分布对称程度和峰值高低的一种度量。

偏态（skewness）是指数据分布的不对称性，这一概念是由统计学家卡尔·皮尔逊于 1895 年首次提出的。测度数据分布不对称性的统计量称为偏度系数（coefficient of skewness），记作 SK。在根据原始数据计算偏度系数时，通常采用下面的公式：

$$SK = \frac{n}{(n-1)(n-2)}\sum\left(\frac{x-\bar{x}}{s}\right)^3 \qquad （3-10）$$

如果一组数据的分布是对称的，则偏度系数等于 0。偏度系数越接近 0，偏斜程度就越低，分布就越接近对称分布。如果偏度系数明显不等于 0，则表明分布是非对称的。若偏度系数大于– 0.5 或小于 0.5，则视为严重偏态分布；若偏度系数在 0.5 ～ 1 或 –1 ～– 0.5，则视为中等偏态分布；若偏度系数小于–1 或大于 1，则视为轻微偏态分布。其中，负值表示左偏分布（在分布的左侧有长尾），正值表示右偏分布（在分布的右侧有长尾）。例如，根据例 3–1 中日最高气温数据计算的偏度系数为– 0.542，表明日最高气温的分布为中等程度的左偏。

峰度（kurtosis）是指数据分布峰值的高低，这一概念是由统计学家卡尔·皮尔逊于 1905 年首次提出的。测度一组数据分布峰值高低的统计量是峰度系数（coefficient of kurtosis），记作 K。根据原始数据计算峰度系数时，通常采用下面的公式：

$$K = \frac{n(n+1)}{(n-1)(n-2)(n-3)}\sum\left(\frac{x_i-\bar{x}}{s}\right)^4 - \frac{3(n-1)^2}{(n-2)(n-3)} \qquad （3-11）$$

峰度通常是与标准正态分布相比较而言的。标准正态分布的峰度系数为 0，当 $K>0$ 时为尖峰分布，数据的分布相对集中，当 $K<0$ 时为扁平分布，数据的分布相对分散。例如，根据例 3-1 中日最高气温数据计算的峰度系数为 -0.443，表明日最高气温分布的峰值比标准正态分布的峰值略低一些。

3.4　数据的综合描述

在实际分析中，对所分析的变量通常需要一次计算出多个描述统计量，进而做出全面的描述。虽然可以使用 SPSS 的函数计算所需的某个统计量，但显然比较麻烦。实际上，利用 SPSS 的【分析】功能可以很容易地计算出各种统计量。下面给出了利用【分析】工具计算描述统计量的操作步骤。

第 1 步：选择【分析】→【描述统计—频率】。

第 2 步：将用于描述的变量选入【变量】；点击【统计量】，选择所需的描述统计量。点击【继续】回到主对话框，点击【确定】。

（注：使用【分析】→【描述统计—描述】或【分析】→【描述统计—探索】也可以得到所需的描述统计量。几种方式输出的统计量个数略有差异。）

下面通过几个例子来说明对数据进行综合描述的基本思路。

【例 3-8】随机抽取 20 名网络购物消费者，调查他们某月的网购金额。结果如表 3-4 所示。

表 3-4　20 名消费者某月的网购金额（单位：元）

234	150	154	159	161
143	228	174	198	762
187	153	156	160	163
161	166	203	152	1580

计算有关的描述统计量，并结合直方图和茎叶图对网购金额进行综合分析。你认为用哪些统计量来描述网购金额比较合适？

解：由 SPSS 的【描述统计—频率】得到的结果如表 3-5 所示。

表 3-5　20 名消费者某月网购金额的描述性统计量

统计量			网购金额 / 元
N	有效	20	
	缺失	0	
均值			283.050
中值			162.000
众数			161
标准差			337.958
方差			114 215.945
偏度			3.436
偏度的标准误			0.512
峰度			12.444
峰度的标准误			0.992
全距			1 437
极小值			143
极大值			1 580

网购金额的直方图和茎叶图分别如图 3-2 和图 3-3 所示。

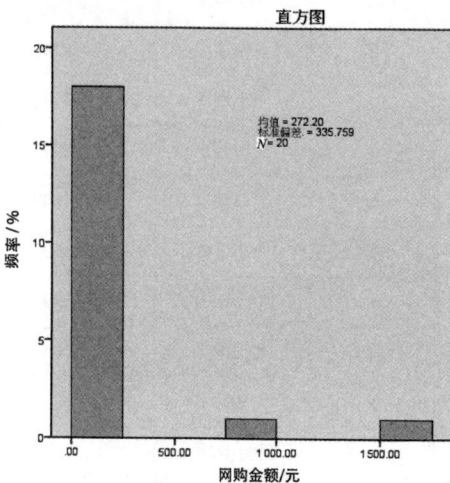

图 3-2　网购金额的直方图

网购金额 Stem-and-Leaf Plot

Frequency　Stem & Leaf

```
 1.00    1 . 4
14.00    1 . 55555566666789
 3.00    2 . 023
 2.00 Extremes    (>=762)
```

Stem width:　100.00
Each leaf:　1 case(s)

图 3-3　网购金额的茎叶图

表 3-5 中给出了本章介绍的一些主要描述统计量。从分布形态看，偏度系数为 3.436，为较大的正值，表明网购金额呈严重的右偏分布。从图 3-2 和图 3-3 也可以看出这一点。从均值和中位数看，均值远大于中位数，这表明均值由于受少数极大值的影响而被拉大。标准差和极差也都较大，表明网购金额的分布非常分散。中位数不受极端值的影响，具有稳健性，因此在网购金额分布严重右偏的情况下，用中位数来代表网购金额更为合适。

【例 3-9】在某大学随机抽取 60 名大学生，调查得到他们的性别、家庭所在地和月生活费支出数据，如表 3-6 所示。

表 3-6　60 名大学生的调查数据

性　别	家庭所在地	月生活费支出 / 元	性　别	家庭所在地	月生活费支出 / 元
女	中小城市	1 500	女	乡镇地区	1 850
男	大型城市	2 000	女	乡镇地区	2 000
男	大型城市	1 800	女	中小城市	1 700
女	中小城市	1 600	女	大型城市	1 800
女	中小城市	2 000	男	中小城市	1 860
女	大型城市	2 100	男	乡镇地区	1 950
男	大型城市	1 100	女	中小城市	1 900
男	大型城市	1 780	男	中小城市	2 000
女	中小城市	1 550	女	乡镇地区	1 870
女	乡镇地区	1 300	女	中小城市	1 900
男	大型城市	2 000	女	大型城市	2 400
男	大型城市	1 700	女	大型城市	2 000
女	中小城市	1 400	女	中小城市	2 360
女	大型城市	1 500	女	中小城市	2 050
男	大型城市	1 400	女	大型城市	2 200
男	大型城市	1 480	男	大型城市	2 000
女	中小城市	2 350	女	中小城市	1 750
女	中小城市	1 450	女	中小城市	2 250
男	大型城市	1 500	女	大型城市	2 800

性　别	家庭所在地	月生活费支出 / 元	性　别	家庭所在地	月生活费支出 / 元
男	大型城市	1 760	女	大型城市	1 900
男	中小城市	1 300	男	大型城市	2 000
男	中小城市	1 600	男	乡镇地区	1 900
女	中小城市	1 680	女	中小城市	2 200
男	中小城市	1 850	女	乡镇地区	1 800
男	乡镇地区	1 500	女	乡镇地区	1 900
女	中小城市	1 600	男	乡镇地区	1 500
男	大型城市	1 300	男	大型城市	2 000
女	大型城市	1 800	男	大型城市	1 900
女	大型城市	1 550	女	大型城市	2 300
男	中小城市	1 350	女	中小城市	1 900

对调查数据进行综合分析。

解：首先，我们画出 60 名大学生月生活费支出的直方图（图 3-4），观察月生活费支出的分布状况。从图 3-4 可以看出，大学生月生活费支出的分布基本上是对称的，也就是以均值为中心，两侧依次减少，这基本上符合大学生生活费支出的特点。

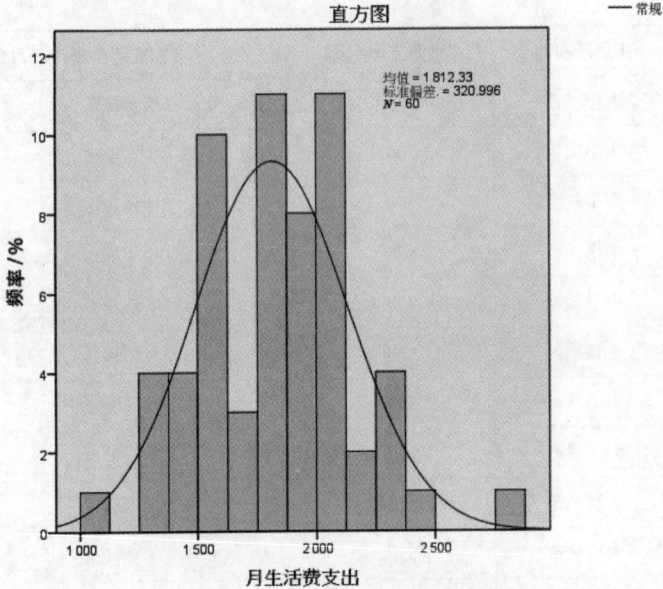

图 3-4　60 名大学生月生活费支出的直方图

其次，我们可以按性别和家庭所在地进行分类，分别描述不同性别和不同家庭所在地的大学生月生活费支出的特征，看看性别和家庭所在地对生活费支出是否有影响。

下面给出了利用 SPSS 进行分类描述的操作步骤。

用【均值】过程进行分类描述。

第 1 步：选择【分析】→【比较均值—均值】。

第 2 步：在出现的对话框中，将月生活费支出变量选入【因变量列表】；将性别和家庭所在地选入【自变量列表】，点击【选项】。将所需的描述统计量从【统计量】列表中选入【单元格统计量】，点击【继续】回到主对话框。点击【确定】。

表 3-7 和表 3-8 分别是按性别和家庭所在地分类汇总得到的一些描述统计量。

表 3-7　60 名大学生按性别汇总的描述统计量

性别	均值	N	标准差	全距	峰度	中值	偏度
男	1 701.20	25	275.489	900	−0.912	1 780.00	−0.549
女	1 891.71	35	331.152	1 500	0.267	1 900.00	0.503
总计	1 812.33	60	320.996	1 700	0.492	1 850.00	0.316

表 3-8　60 名大学生按家庭所在地汇总的描述统计量

家庭所在地	均值	N	标准差	全距	峰度	中值	偏度
大型城市	1 848.85	26	364.135	1 700	0.877	1 850.00	0.321
乡镇地区	1 757.00	10	236.034	700	−0.240	1 860.00	−1.053
中小城市	1 795.83	24	308.657	1 060	−0.774	1 800.00	0.269
总计	1 812.33	60	320.996	1 700	0.492	1 850.00	0.316

从表 3-7 可以看出男女生月生活费支出之间的差异。女生月生活费支出的均值和中位数均大于男生，女生月生活费支出的标准差和极差也都大于男生，相应的变异系数 $CV_女=0.175>CV_男=0.162$，说明女生月生活费支出的离散程度大于男生。从分布形态看，女生月生活费支出的偏度系数是 0.503，呈右偏分布，而男生的偏度系数是 − 0.549，呈左偏分布。

从表 3-8 可以看出，家庭所在地不同的大学生月生活费支出也有差异。大型城市大学生的月生活费支出均值大于中小城市和乡镇地区，但乡镇地区的中位数最大。从标准差看，乡镇地区的标准差最小。从变异系数看，$CV_{大型城市}=0.197>CV_{中小城市}=0.172>CV_{乡镇地区}=0.134$。乡镇地区大学生的月生活费支出离散程度最低，大型城市则最高。从分布形态看，乡镇地区大学生月生活费支出的偏度系数为 − 1.053，呈严重的左偏分布。大型城市和中小城市大学生的月生活费支出则呈轻微的右偏分布。

使用【分析】→【描述统计—探索】也可以得到分类汇总的描述统计量和图形。操作步骤如下。

用【探索】分析进行分类描述。

第 1 步：选择【分析】→【描述统计—探索】。

第 2 步：在出现的对话框中，将月生活费支出变量选入【因变量列表】，将性别和家庭所在地选入【因子列表】。点击【绘制】选择所需的图形，点击【确定】。

按上述步骤可以得到按性别和家庭所在地分类汇总的各描述统计量、分类茎叶图、直方图和箱线图等。为节省篇幅，这里仅列出按性别和家庭所在地分类的箱线图，分别如图 3-5 和图 3-6 所示。由图 3-5 可知，女生月平均支出高于男生，且比较分散。由图 3-6 可知，来自不同家庭所在地的学生月生活费支出的差异不大，但来自大型城市的学生的支出差异较大，而来自乡镇地区的学生的支出差异最小。

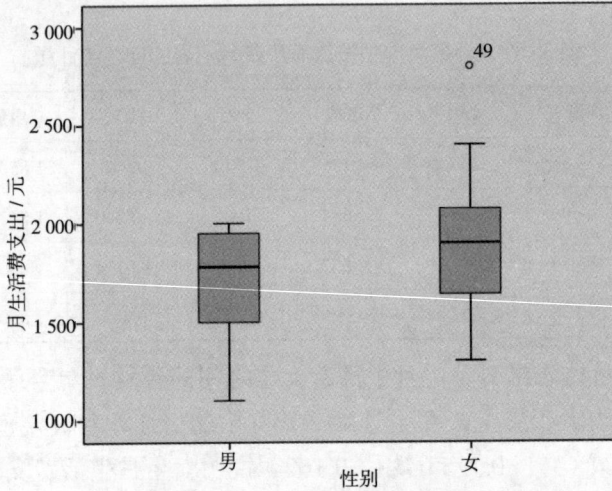

图 3-5　按性别分类的月生活费支出箱线图

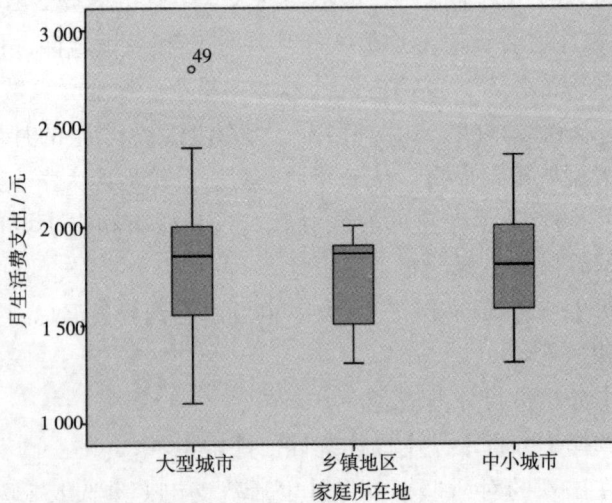

图 3-6　按家庭所在地分类的月生活费支出箱线图

习 题

（1）随机抽取 25 个网络用户，得到他们的年龄数据如表 3-9 所示。

表3-9 25 个网络用户的年龄数据统计表（单位：岁）

19	15	29	25	24
23	21	38	22	18
30	20	19	19	16
23	27	22	34	24
41	20	31	17	23

计算网民年龄的描述统计量并对网民年龄的分布特征进行综合分析。

（2）某银行为缩短顾客到银行办理业务等待的时间，准备对两种排队方式进行试验。一种是所有顾客都进入一个等待队列，另一种是顾客在 3 个业务窗口处列 3 队等待。为比较哪种排队方式使顾客等待的时间更短，从两种排队方式各随机抽取 9 名顾客，得到第一种排队方式的平均等待时间为 7.2 min，标准差为 1.97 min，第二种排队方式的等待时间（单位：min）如下：

　　　5.5　6.6　6.7　6.8　7.1　7.3　7.4　7.8　7.8

①计算第二种排队方式等待时间的平均数和标准差。

②比较两种排队方式等待时间的离散程度。

③如果让你选择一种排队方式，你会选择哪一种？试说明理由。

（3）一家公司在招聘职员时进行两项能力测试。在 A 项测试中，其平均分数是 100 分，标准差是 15 分；在 B 项测试中，其平均分数是 400 分，标准差是 50 分。一位应聘者在 A 项测试中得了 115 分，在 B 项测试中得了 425 分。与平均分数相比，该应聘者哪一项测试的成绩更为理想？

（4）一种产品需要人工组装，现有 3 种可供选择的组装方法。为检验哪种方法更好，随机抽取 15 名工人，让他们分别用 3 种方法组装产品。15 名工人分别用 3 种方法在相同的时间内组装的产品数量如表 3-10 所示。

表 3-10　相同时间内三种方法组装的产品数量统计表（单位：个）

方法 A	方法 B	方法 C
164	129	125
167	130	126
168	129	126
165	130	127
170	131	126
165	130	128
164	129	127
168	127	126
164	128	127
162	128	127
163	127	125
166	128	126
167	128	116
166	125	126
165	132	125

①你准备用哪些统计量来评价组装方法的优劣？

②如果让你选择一种方法，你会做出怎样的选择？试说明理由。

第4章 概率分布

开篇案例：

彩票中奖的概率有多大?

一名打工者半个小时内花 1 000 元钱买了 500 张即开型福利彩票，结果没撞上大奖。和他同来的小马说，他俩到北京来打工，一个月只挣 1 000 多元钱，本想买几张彩票碰碰运气，可工友却较上了劲，非要中个大奖。

曾有一位有钱的大姐玩彩票玩得更让人心惊肉跳。她全部随机选号，一下子花去了 2 万多元钱，开奖后也未中特等奖和一等奖。对于多数人来说，彩票只是一种数字游戏，是社会筹集闲散资金的一种方式，而不是一种投资，更不是赌博。虽然彩票的设注号码只有 7 位数，但排列组合可达到几百万种之多，所以一次买彩票 200 注与买 20 注的中奖概率并没有多大的差别。有人做过统计，最赚钱的彩票，中彩的概率最高是 1/5 000 000，有的甚至达到 1/10 000 000。

博彩者千万不能贪心，不要幻想一次下注就成为富翁，要认真谨慎地对待每一次投注，切不可陷入"贪心不足蛇吞象"的误区。量力而行，限额投注，用极少的资金投注，用平常心等待大奖的降临，才是真正的赢家。赢彩的人总是少数，法国就有这样的谚语，"中彩的机会比空难的还少"。懂一点概率的知识，你就不会跟彩票较劲了。

当你去购买彩票时，希望自己中大奖，但能否中奖是不确定的。当你去投资股票时，预期有较高的收益率，但你不可能确切地知道收益率。在现实生活中，有很多类似的事情，其能否成功具有不确定性。例如，一笔新投资盈利的可能性有多大，一项工程按期完成的可能性有多大，等等。这种不确定性可以用概率来度量。考虑到后面学习推断统计的需要，本章主要介绍几种常用的概率分布模型以及样本统计量的概率分布。

4.1 什么是概率

明天降水的可能性有多大？你购买的一只股票明天上涨的可能性有多大？这种对事件发生可能性大小的度量就是概率（probability）。例如，天气预报说明天降水的概率是 80%，这里的 80% 就是对降水这一事件发生的可能性大小的一种数值度量。概率是介于 0 和 1 之间的一个值。获得一个事件发生的概率有几种途径。如果事件是等可能发生的，可以通过重复试验来获得。当试验的次数很多时，事件 A 发生的概率 $P(A)$ 可以由所观察到的事件 A 发生的频率 P 来逼近。假定在相同条件下，重复进行 n 次试验，事件 A 发生了 m 次，则事件 A 发生的概率可表示为

$$P(A) = \frac{\text{事件}A\text{发生的次数}}{\text{重复试验次数}} = \frac{m}{n} = p \qquad (4-1)$$

比值 m/n 越大，表示事件 A 发生得越频繁，也就意味着在一次试验中事件 A 发生的可能性（概率）越大。事实上，随着试验次数 n 的增大，比值 m/n 将围绕某一频率上下波动。并且其波动的幅度将随着试验次数 n 的增大而减小，进而趋于稳定，这个稳定的频率 p 就是事件 A 的概率。例如，抛一枚硬币，观察其出现的是正面还是反面，如果定义事件 $A=$ 出现正面，则这一事件发生的概率 $P(A)=1/2$。这里的 $P(A)=1/2$ 并不意味着抛多次硬币恰好有一半结果正面朝上，而是指在连续多次的抛掷中，可以认为出现正面的次数接近一半。比值 1/2 是对抛一次硬币观察到正面朝上的可能性的度量。注意，抛掷完成后，其结果就是一个确定的数据，要么是正面，要么是反面，就不是概率问题了。

虽然可以将事件的概率设想成大量重复试验中该事件出现次数的比例，但有些试验是不能重复的。例如，投资 50 万元开设一家餐馆，那么这家餐馆将持续经营 5 年的概率就是个未知的值，而且不可能通过重复试验把这个概率估计出来，这个事件发生的概率是一个常数，却未知。不过，可以用已经持续经营了 5 年的类似餐馆所占的比例作为所求概率的一个近似值。在现实生活中，对于很多事情都是依据它发生的可能性大小做决策的。例如，根据自己的判断，明天这只股票上涨的可能性为 80%。这就是一个主观概率，主观概率往往是基于个人所掌握的信息、所具有的某种知识等得出的。

4.2　随机变量的概率分布

现实生活中，有时需要研究一项试验结果的某些取值。例如，抽查的 100 件产品中的次品数 X、国庆长假一个旅游景点的游客人数 X 等。这里 X 取哪些值以及 X 取这些值的概率是多少，事先都是不知道的。但是，如果知道了一个随机变量的概率分布模型，就很容易确定一系列事件发生的概率。

4.2.1　随机变量及其概括性度量

1. 什么是随机变量

在很多领域，研究工作主要依赖某些样本数据，而这些样本数据通常是由某个变量的一个或多个观测值组成的。例如，调查 500 个消费者，考察他们对饮料的偏好并记录下喜欢某一特定品牌饮料的人数 X，调查一座写字楼，记录下每平方米的出租价格 X，等等。这样的一些观察也就是统计上所说的试验。由于记录某次试验结果时事先并不知道取哪个值，因此称 X 为随机变量（random variance）。随机变量用数值来描述特定试验一切可能出现的结果，它的取值事先不能确定，具有随机性。例如，抛一枚硬币，其结果就是一个随机变量 X，因为在抛掷之前并不知道出现的是正面还是反面，若用数值 1 表示正面朝上，0 表示反面朝上，则 X 可能取 1，也可能取 0。

有些随机变量只能取有限个值，称为离散型随机变量（discrete random variable）。有些则可以取一个或多个区间中的任意值，称为连续型随机变量（continuous random variable）。将随机变量的取值设想为数轴上的点，每次试验结果对应一个点。如果一个随机变量仅限于取数轴上有限个孤立的点，那么它就是离散型的；如果一个随机变量可以在数轴上的一个或多个区间内取任意值，那么它就是连续型的。比如，在由 500 个消费者组成的样本中，喜欢某一特定品牌饮料的人数 X 只能取 0，1，2，…，500 这些数值之一，检查 100 件产品，合格品数 X 的取值可能为 0，1，2，…，100。一家餐馆营业一天，顾客人数 X 的取值可能为 0，1，2，…，这里的 X 只能取有限的数值，所以称 X 为离散型随机变量。相反，每平方米写字楼的出租价格在理论上可以取 0 到无穷多个数值中的任何一个，检测某产品的使用寿命，产品使用的时间长度 X 的取值可以为 $X \geqslant 0$，某电话用户每次通话时间长度 X 的取值可以为 $X>0$，这些都是连续型随机变量。当总体内个体数目很多时，一般近似认为简单随机抽样是有放回抽样，单独一次抽样的结果服从相同的分布；抽取的每个样本值可能是连续型随机变量，而且简单随机抽样样本值相互独立。总体通常被认为是随机变量。

若 $F(x)$ 是取非负值的函数，对于每一对常数 (a,b)，满足 $P(a \leqslant x \leqslant b)$ $= \int_a^b f(x)\mathrm{d}x$，则称 $f(x)$ 是连续型随机变量 X 的概率密度函数，易见 P $(a \leqslant x \leqslant b)$ 是概率密度函数下的面积。

2. 随机变量的概括性度量

与第 3 章介绍的均值和方差类似，对于随机变量也可以用类似的量来描述其取值水平和离散程度。描述随机变量水平的统计量称为期望值（expected value），描述其离散程度的统计量称为方差，它们是对随机变量的概括性度量。

离散型随机变量 X 的期望值是 X 所有可能取值 x_i（$i=1$，2，3，…）与其相应的概率的乘积之和，用 μ 或 $E(x)$ 表示。

$$\mu = E(X) = \sum x_i p_i \qquad (4-2)$$

离散型随机变量 X 的方差等于 $(x_i - \mu)^2 (i=1,2,\cdots)$ 与其相应的概率 $p_i(i=1,2,\cdots)$ 的乘积之和，用 σ^2 或 $D(X)$ 表示，即

$$\sigma^2 = D(X) = \sum_i (x_i - \mu)^2 p_i \qquad (4-3)$$

随机变量 X 的标准差等于其方差的平方根，用 S 或 $\sqrt{D(X)}$ 表示。

【例 4-1】一家手机制造商声称，它生产的 100 部手机中的次品数 X 及相应的概率如表 4-1 所示。

表 4-1　每 100 部手机中的次品数及概率分布

次品数（$X=x_i$）	0	1	2	3
概率（p_i）	0.75	0.12	0.08	0.05

求该手机次品数的期望值和标准差。

解：根据表 4-1 中的数据得

$$\mu = E(X) = \sum_i x_i p_i = 0 \times 0.75 + 1 \times 0.12 + 2 \times 0.08 + 3 \times 0.05 = 0.43$$

$$\sigma^2 = D(X) = \sum_i (x_i - \mu)^2 p_i$$

$$= (0 - 0.43)^2 \times 0.75 + (1 - 0.43)^2 \times 0.12 + (2 - 0.43)^2 \times 0.08 +$$

$$(3 - 0.43)^2 \times 0.05$$

$$= 0.705\,1$$

相应的标准差 σ=0.839 7。

对于概率密度函数为 $f(x)$ 的连续型随机变量，期望值如下：

$$\mu = E(X) = \int_{-\infty}^{\infty} x f(x) \mathrm{d}x \tag{4-4}$$

方差如下：

$$\sigma^2 = D(X) = \int_{-\infty}^{\infty} (x - \mu)^2 f(x) \mathrm{d}x \tag{4-5}$$

4.2.2　概率分布

随机变量取哪些值，取这些值的概率有多大？这就是随机变量的概率分布（probability distribution）。常用的离散型概率分布有二项分布（binomial distribution）、泊松分布（Poisson distribution）和超几何分布（hypergeometric distribution）等。连续型概率分布有正态分布（normal distribution）、均匀分布（uniform distribution）和指数分布（exponential distribution）等。本章主要介绍后面将会用到的二项分布和正态分布。

1．二项分布

离散型随机变量 X 只取有限个可能的值 x_1，x_2，…，而且是以确定的概率取这些值，即 $P(X=x_i)=p_i$（$i=1$，2，…）。因此，可以列出 X 的所有可能取值 x_1，x_2，…，以及取每个值的概率 p_1，p_2，…，这就是离散型随机变量的概率分布。离散型概率分布具有如下性质：① $p_i \geq 0$（$i=1,2,\cdots$）；② $\sum p_i = 1$（$i=1$，2，…）。假定知道一个离散型随机变量的概率分布，并能用一定的公式表达出来，则能根据这一分布计算出随机变量取任意一个值的概率。

二项分布建立在伯努利试验（Bernoulli experiment）的基础上。n 重伯努利试验满足下列条件：

（1）一次试验只有两个可能结果，即"成功"和"失败"。这里的"成功"是指感兴趣的某种特征。例如，产品分为"合格品"与"不合格品"。如果对"合格品"感兴趣，则"成功"就表示"合格品"。

（2）一次试验"成功"的概率为 p，"失败"的概率为 $q=1-p$，而且概率 p 对每次试验都相同。

（3）试验是相互独立的，重复进行 n 次。

这样，在 n 次试验中，"成功"的次数对应的离散型随机变量 X 的概率分布就是二项分布，记为 $X \sim B(n, p)$。n 次试验中成功次数为 x 的概率如下：

$$P(X = x) = C_n^x p^x q^{n-x}, x = 0, 1, 2, \cdots, n \qquad （4-6）$$

二项分布的期望值和方差分别如下：

$$\mu = E(X) = np, \sigma^2 = D(X) = npq \qquad （4-7）$$

【例 4-2】已知一批产品的次品率为 6%，从中有放回地抽取 5 个。求 5 个产品中：①没有次品的概率；②恰好有 1 个次品的概率；③有 3 个及 3 个以下次品的概率。

解：抽取一个产品相当于一次试验，因此 n=5。由于是有放回地抽取，故每次试验是独立的，每次抽取的次品率都是 6%。设 X 为抽取的次品数，显然有 $X \sim B(n, p)$。

下面给出了利用 SPSS 函数计算二项分布概率的操作步骤。

用【PDF.BINOM】函数计算二项分布 $P(X=x)$ 的概率。

第 1 步：选择【转换】→【计算变量】。

第 2 步：在出现的对话框中，在【目标变量】框后写入要输出的变量名称，如"概率"。在【函数组】下点击【PDF 与非中心 PDF】，在【函数和特殊变量】下选择【PDF.BINOM】函数。

第 3 步：在【数字表达式】PDF.BINOM（quant，n，prob）中输入相应参数（quant 为试验成功的次数；n 为试验总次数，prob 为每次试验成功的概率），点击【确定】。

（注：若要计算二项分布 $P(X \leq x)$ 的累积概率，则选择【CDF 与非中心 CDF】中的【CDF.BINOM（quant，n，prob）】函数，参数的含义同上。）

由 SPSS 函数【PDF.BINOM（quant，n，prob）】得

　　　　　PDF.BINOM（0，5，0.06）=0.733 904

　　　　　PDF.BINOM（1，5，0.06）=0.234 225

由 SPSS 函数【CDF.BINOM（quant，n，prob）】得

　　　　　CDF.BINOM（3，5，0.06）=0.999 938

2. 正态分布

正态分布最初是由高斯（Carl Friedrich Gauss）作为描述误差相对频数分布的模型提出的。令人惊讶的是，这条曲线竟然为许多领域的数据的相对频数

提供了恰当的模型，因而得到十分广泛的应用。在现实生活中，有许多现象都可以由正态分布来描述，甚至当一个连续总体的分布未知时，我们总尝试假设该总体服从正态分布来进行分析。其他一些分布（如二项分布）可以利用正态分布做近似计算，而且由正态分布也可以导出其他一些重要的统计分布，如 t 分布、χ^2 分布、F 分布等。

如果随机变量 X 的概率密度函数如下：

$$f(x) = \frac{1}{\sqrt{2\pi\sigma^2}} e^{-\frac{1}{2\sigma^2}(x-\mu)^2}, -\infty < x < \infty \tag{4-8}$$

则称 X 为正态随机变量，或称 X 服从参数为 μ, σ^2 的正态分布，记作 $X \sim N(\mu, \sigma^2)$。式（4-8）中，μ 是正态随机变量 X 的均值，它可为任意实数，σ^2 是 X 的方差，且 $\sigma>0$，$\pi=3.141\ 592\ 6$，$e=2.718\ 28$。

不同的 μ 值和不同的 σ 值对应于不同的正态分布，其概率密度函数所对应的曲线如图 4-1 所示。

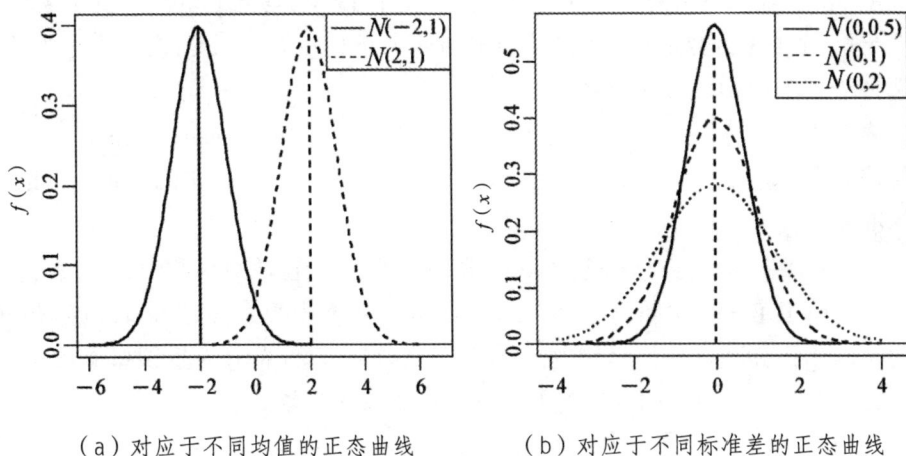

（a）对应于不同均值的正态曲线　　　　　　（b）对应于不同标准差的正态曲线

图 4-1　不同均值和标准差对正态曲线的影响

从图 4-1 可以看出正态曲线具有如下性质：

（1）正态曲线的图形是关于 $x=\mu$ 对称的钟形曲线，且峰值在 $x=\mu$ 处。

（2）正态分布的两个参数 μ 和 σ 一旦确定，正态分布的具体形态也就唯一确定，不同参数取值的正态分布构成一个完整的"正态分布族"。其中，均值 μ 可以是实数轴上的任意数值，它决定正态曲线的具体位置。标准差 σ 相同而均值不同的正态曲线在坐标轴上体现为水平位移。标准差 σ 为大于零的实数，它决定正态曲线的陡峭或扁平程度。σ 越大，正态曲线越扁平；σ 越小，正态曲线越陡峭。

（3）当 X 的取值向横轴左右两个方向无限延伸时，正态曲线的左右两个尾端也无限渐近横轴，但理论上永远不会与其相交。

（4）正态曲线下的总面积等于1。正态随机变量在特定区间上取值的概率由正态曲线下的面积给出。由于正态分布是一个分布族，对于任意一个服从正态分布的随机变量，通过 $Z = (x - \mu) / \sigma$ 进行标准化后得到的新随机变量都将服从均值为0、标准差为1的标准正态分布（standard normal distribution），记为 $Z \sim N(0, 1)$。标准正态分布的概率密度函数用 $\varphi(x)$ 表示如下。

$$\varphi(x) = \frac{1}{\sqrt{2x}} e^{-\frac{1}{2}x^2}, -\infty < x < \infty \qquad (4\text{-}9)$$

用【CDF.NORMAL】函数计算正态分布的累积概率。

第1步：选择【转换】→【计算变量】。

第2步：在出现的对话框中，在【目标变量】框后写入要输出的变量名称，如"概率"。在【函数组】下点击【CDF 与非中心 CDF】，在【函数和特殊变量】下选择【CDF.NORMAL】函数。

第3步：在【数字表达式】CDF.NORMAL（quant，mean，stddev）中输入相应参数（quant 为正态随机变量的取值；mean 为正态分布的均值，stddev 为标准差），点击【确定】。

注：若要计算正态分布左侧累积概率为给定数值时的函数值，选择【逆DF】中的【IDF.NORMAL（prob，mean，stddev）】函数，参数 prob 为正态分布的左侧累积概率。后面介绍的 t 分布、F 分布、x^2 分布等的累积概率和给定累积分布概率时函数值的计算类似，不再给出操作步骤。

由 SPSS 函数【CDF.NORMAL（quant，mean，stddev）】得

$P(X \leqslant 40) =$ CDF.NORMAL（40，50，10）$= 0.158\ 655$

$P(30 \leqslant X \leqslant 40) = P(X \leqslant 40) - P(X \leqslant 30)$

$=$ CDF.NORMAL（40，50，10）$-$ CDF.NORMAL（30，50，10）

$= 0.135\ 905$

由 SPSS 函数【CDF.NORMAL（quant，mean，stddev）】得

$P(Z \leqslant 2.5) =$ CDF.NORMAL（2.5，0，1）$= 0.993\ 790$

$P(-1.5 \leqslant Z \leqslant 2) = P(Z \leqslant 2) - P(Z \leqslant -1.5)$

$=$ CDF.NORMAL（2，0，1）$-$ CDF.NORMAL（-1.5，0，1）

$= 0.910\ 443$

由 SPSS 函数【IDF.MORMAL（prob，mean，stddev）】得

$$IDF.NORMAL（0.025，0，1）= - 1.959 964$$

经验法则总结了正态分布在一些常用区间上的概率，其图形如图 4-2 所示。

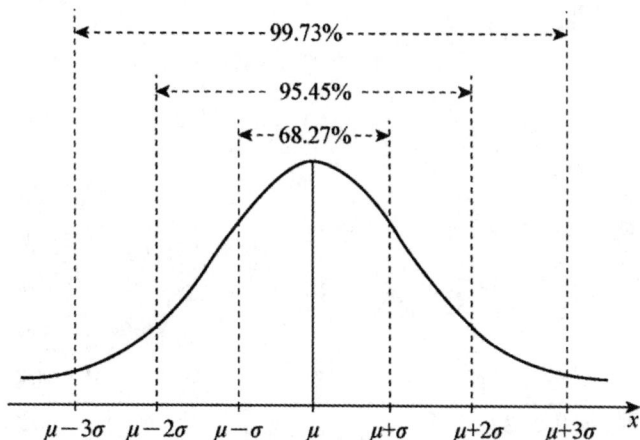

图 4-2　常用区间的正态概率值

图 4-2 表明，正态随机变量落入其均值左右 1 个标准差内的概率是 68.27%，落入其均值左右各 2 个标准差内的概率是 95.45%，落入其均值左右各 3 个标准差内的概率是 99.73%。

3. 数据的正态性评估

在后面几章中，将学习如何利用样本信息对总体进行推断。其中多数推断都是以总体近似服从正态分布这一假定为前提的。因此，在进行推断之前，确定样本数据是否来自正态分布总体是很重要的。判断数据是否服从正态分布的描述性方法之一就是画出数据频数分布的直方图或茎叶图，若数据近似服从正态分布，则图形的形状与正态曲线应该相似。一种图示方法是对数据作正态概率图（normal probability plots），包括 P–P 图和 Q–Q 图。P–P 图是根据观测数据的累积概率与理论分布（如正态分布）的累积概率的符合程度绘制的。Q–Q 图则是根据观测值的实际分位数与理论分布（如正态分布）的分位数绘制的，有时也称为分位数 - 分位数图。还有一种方法是使用非参数检验中的 Kolmogorov–Smirnov 检验。

【例 4-3】根据第 3 章例 3-9 中的数据绘制正态概率图，判断大学生的月生活费支出是否服从正态分布。

解：下面给出了利用 SPSS 绘制正态概率图的操作步骤。

第1步：选择【分析】→【描述统计】→【P-P 图】(或选择【Q-Q 图】)。
第2步：在出现的对话框中，将绘图变量选入【变量】，点击【确定】。
由 SPSS 绘制的正态概率图如图 4-3 所示。

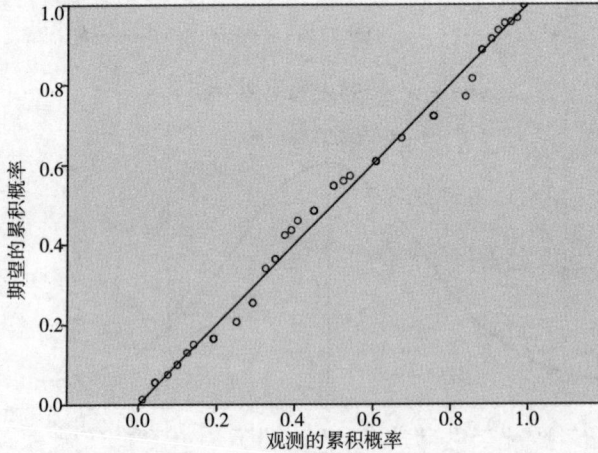

（a）月生活费支出的正态 P-P 图

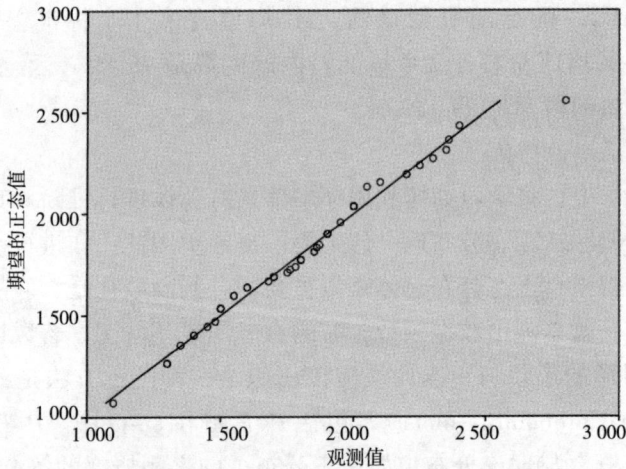

（a）月生活费支出的正态 Q-Q 图

图 4-3　大学生月生活费支出的 P-P 图和 Q-Q 图

图 4-3 中的直线表示理论正态分布线，各观测点越靠近直线，且呈随机分布，表明数据越接近正态分布。从图 4-3 可以看出，各观测点大体上围绕在一条直线周围，可以说大学生月生活费支出数据基本上服从正态分布。需要注

意的是，在分析正态概率图时，最好不要用严格的标准去衡量数据点是否在一条直线上，只要各点近似在一条直线上即可，而且样本量应尽可能大。

4.2.3　其他几个重要的统计分布

有些随机变量是统计学家为了分析的需要而构造出来的。例如，把样本均值标准化后形成一个新的随机变量 t，样本方差除以总体方差后得到一个随机变量 χ^2，两个样本方差比形成一个随机变量 F。这些随机变量用 t，χ^2 和 F 来命名是因为它们分别服从统计中的 t 分布、χ^2 分布和 F 分布。这些分布都是由正态分布推导出来的，它们在推断统计中具有独特的地位和作用。

1. t 分布

t 分布（t-distribution）的提出者是威廉·戈塞特（William Gosset），由于他经常用笔名"student"发表文章，用 t 表示样本均值经标准化后的新随机变量，因此称为 t 分布，也称为学生 t 分布（student's t）。

t 分布是类似正态分布的一种对称分布，它通常比正态分布平坦、分散。一个特定的 t 分布依赖称为自由度的参数。随着自由度的增大，t 分布也逐渐趋于正态分布，如图 4-4 所示。

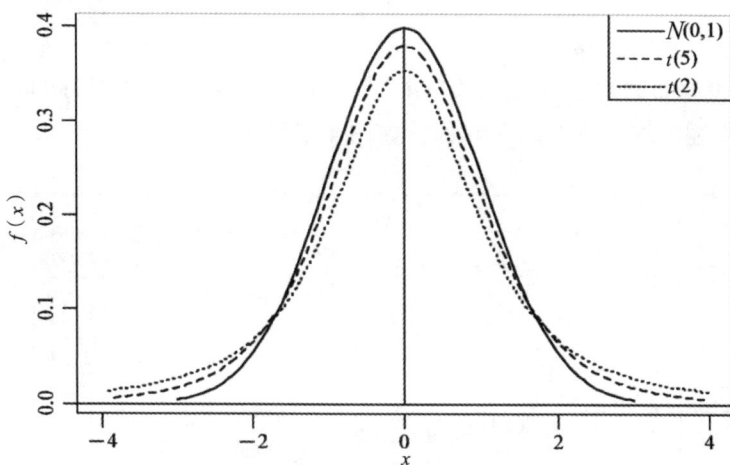

图 4-4　不同自由度的 t 分布与标准正态分布的比较

当正态总体标准差未知时，在小样本条件下对总体均值的估计和检验要用到 t 分布。t 分布的概率即为曲线下面积。利用 SPSS 函数可以计算给定 t 值和自由度 df 时 t 分布的累积概率与给定累积概率和自由度 df 时的相应 t 值。

【例 4-4】计算：（1）自由度为 10，t 小于 -2 的概率。

（2）自由度为 10，t 值大于 3 的概率。

（3）自由度为 10，t 分布双尾概率为 0.05 时的 t 值。

解：（1）由 SPSS 函数【CDF.T（quant，df）】得

$$CDF.T（-2.10）=0.036\ 694$$

（2）由 SPSS 函数【CDF.T（quant，df）】得

$$1-CDF.T（3，10）=0.006\ 672$$

（3）由 SPSS 函数【IDF.T（prob，df）】得

$$IDF.T（0.025，10）=-2.228\ 139$$

2. χ^2 分布

χ^2 分布（chi-square distribution）是由阿贝（Abbe）于 1863 年首先提出的，后来由海尔墨特（Hermert）和卡尔·皮尔逊分别于 1875 年和 1900 年推导出来。

n 个独立标准正态变量的平方和的分布称为具有 n 个自由度的 χ^2 分布，记为 $\chi^2（n）$。设总体服从一般正态分布，则 $Z=\dfrac{X-\mu}{\sigma}\sim N(0,1)$。令 $X=Z^2$，则 Y 服从自由度为 1 的 χ^2 分布，即 $X\sim\chi^2（1）$。一般地，对于 n 个独立标准正态变量 Z_1^2，Z_2^2，$\cdots$，Z_n^2，随机变量 $X=\displaystyle\sum_1^n Z_i^2$ 的分布为具有 n 个自由度的 χ^2 分布，记为 $X\sim\chi^2（n）$。

$\chi^2（n）$ 分布的形状取决于其自由度 n 的大小，通常为不对称的右偏分布，但随着自由度的增大逐渐趋于对称，如图 4-5 所示。

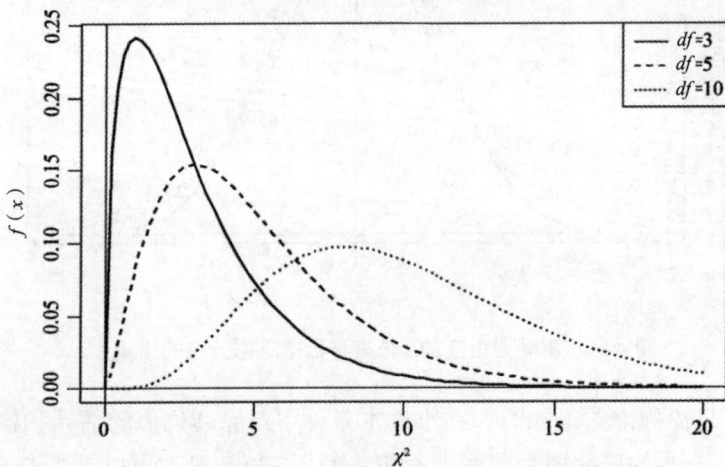

图 4-5　不同自由度的 χ^2 分布

　　在总体方差的估计和非参数检验中会用到 χ^2 分布。χ^2 分布的概率即为曲线下面积。利用 SPSS 函数，可以计算给定 χ^2 值和自由度 df 时 χ^2 分布的累积概率与给定累积概率和自由度 df 时相应的 χ^2 值。

　　【例 4-5】计算：（1）自由度为 15，χ^2 值小于 10 的概率。

　　（2）自由度为 15，χ^2 值大于 20 的概率。

　　（3）自由度为 15，χ^2 分布右尾概率为 0.05 时的反函数值（在估计和检验中称为临界值）。

　　解：（1）由 SPSS 函数【CDF.CHISQ（quant，df）】得

　　　　　　CDF.CHISQ（10，15）=0.180 260

　　（2）由 SPSS 函数【CDF.CHISQ（quant，df）】或函数【SIG.CHISP（quant，df）】得

　　　　　　1 – CDF.CHISQ（20，15）=SIG.CHISQ（20，15）=0.171 933

　　（3）由 SPSS 函数【IDF.CHISQ（prob，df）】得

　　　　　　IDF.CHISQ（0.95，15）=24.995 790

　　3. F 分布

　　F 分布（F-distribution）是为纪念著名统计学家费希尔而以其姓氏的第一个字母命名的。它是两个 χ^2 分布的比。设 U–χ^2（n_1）和 V–χ^2（n_2），且 U 和 V 相互独立，则 $F = \dfrac{U / n_1}{V / n_2}$ 服从自由度为 n_1 和 n_2 的 F 分布，记为 $F \sim F$（n_1，n_2）。

　　F 分布的图形与 χ^2 分布类似，其形状取决于两个自由度，如图 4-6 所示。

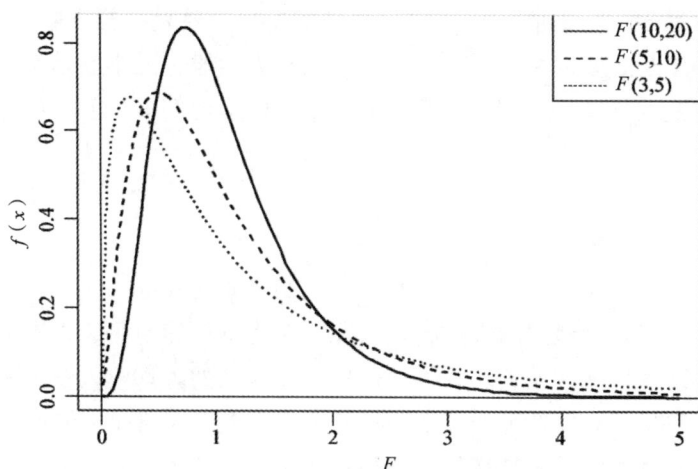

图 4-6　不同自由度的 F 分布图示

F 分布通常用于比较不同总体的方差是否有显著差异。F 分布的概率即为曲线下面积。利用 SPSS 函数，可以计算给定 F 值、自由度 df_1 和 df_2 时 F 分布的累积概率以及给定累积概率、自由度 df_1 和 df_2 时的相应 F 值。

【例 4-6】计算：（1）分子自由度为 10，分母自由度 8，F 值小于 3 的概率。

（2）分子自由度为 10，分母自由度为 8，F 值大于 2.5 的概率。

（3）分子自由度为 10，分母自由度为 8，分布累积概率为 0.95 时的 F 值。

解：（1）由 SPSS 函数【CDF.F（quant，df_1，df_2）】得

$$\text{CDF.F}（3,10,8）=0.933\ 549$$

（2）由 SPSS 函数【CDF.F（quant，df_1，df_2）】或函数【SIG.F（quant，df_1，df_2）】得

$$1-\text{CDF.F}（2.5，10，8）=\text{SIG.F}（2.5，10，8）=0.103\ 594$$

（3）由 SPSS 函数【IDF.F（prob，df_1，df_2）】得

$$\text{IDF.F}（0.95,10,8）=3.347\ 163$$

4.3　样本统计量的概率分布

你可能关心某个地区所有家庭的平均收入是多少，但你不可能去调查每个家庭的收入，只能抽取一部分家庭作为样本，获得样本家庭的收入数据，然后用样本平均收入去推断全部家庭的平均收入。当然，你也可能去推断所有家庭收入的方差是多少，低收入家庭的比例是多少。这就是抽样推断问题。那么，你做出这种推断的依据是什么？怎样才能让别人信服你的推断结果呢？你必须知道用于推断的样本统计量（如样本均值 $\bar{x}$、样本比例 p、样本方差 s^2 等）是如何分布的。

4.3.1　统计量及其分布

1. 参数和统计量

如果想了解某个地区的人均收入状况，因为不可能对每个人进行调查，所以也就无法知道该地区的人均收入。这里"该地区的人均收入"就是所关心的总体参数，它是对总体特征的某个概括性度量。参数通常是未知的，但又是我们想要了解的总体的某种特征值。如果只研究一个总体，则所关心的参数通常有总体平均数、总体标准差、总体比例等。在统计中，总体参数通常用希腊字母表示。比如，总体平均数用 μ 表示，总体标准差用 σ 表示，总体比例用 π 表

示。总体参数虽然是未知的，但可以利用样本信息来推断。例如，从某地区随机抽取 500 人组成一个样本，根据 500 人的平均收入推断该地区所有人口的平均收入。这 500 人的平均收入就是一个统计量（statistic），是根据样本数据计算的用于推断总体的某个量，是对样本特征的某个概括性度量。显然，统计量是样本的函数。统计量的取值会随样本的不同而变化，因此样本统计量是一个随机变量。但如果抽取了一个具体的样本，样本数据就是已知的，所以统计量的值总是可以计算出来。

就一个样本而言，关心的统计量通常有样本均值、样本方差、样本比例等。样本统计量通常用英文字母表示。例如，样本均值用 $\bar{x}$ 表示，样本方差用 s^2 表示，样本比例用 p 表示，等等。

2. 统计量的概率分布

总体参数虽然是未知的，但不会随着样本的不同而变化。相反，样本统计量的值完全依赖所抽取的样本。既然统计量是一个随机变量，那么它就有一定的概率分布。样本统计量的概率分布也称为抽样分布（sampling distribution），是由样本统计量的所有可能取值形成的相对频数分布。但由于现实中不可能将所有可能的样本都抽出来，统计量的概率分布实际上是一种理论分布。

既然统计量的取值是依据样本变化的，那么根据统计量来推断总体参数就必然具有某种不确定性。幸运的是，我们可以给出这种推断的可靠性，而度量这种可靠性的依据正是统计量的概率分布，并且我们确知这种分布的某些性质。因此，统计量的概率分布提供了该统计量长远而稳定的信息，它构成了推断总体参数的理论基础。

4.3.2　样本均值的分布

设总体共有 N 个元素，从中抽取样本量为 n 的随机样本，在有放回抽样条件下，共有 N^n 个可能的样本，在无放回抽样条件下，共有 $C_N^n = \dfrac{N!}{n!(N-n)!}$ 个可能的样本。把所有可能的样本均值都计算出来，由这些样本均值形成的分布就是样本均值的概率分布，或称样本均值的抽样分布。现实中不可能将所有的样本都抽出来，因此样本均值的概率分布实际上是一种理论分布，但当样本量较大时，统计学家能够证明它近似服从正态分布。下面通过一个例子说明样本均值的概率分布。

【例 4-7】设一个总体含有 5 个元素（个体），取值分别如下：$x_1=2$，$x_2=4$，

x_3=6，x_4=8，x_5=10。从该总体中采取重复抽样方法抽取样本量 n=2 的所有可能样本，写出样本均值 $\bar{x}$ 的概率分布。

解：总体为均匀分布，即 x_i 取每一个值的概率都相同。总体的均值和方差分别如下：

$$\mu = \frac{\sum\limits_{i=1}^{5} x_i}{N} = \frac{30}{5} = 6$$

$$\sigma^2 = \frac{\sum\limits_{i=1}^{5}(x_i - \mu)^2}{5} = \frac{40}{5} = 8$$

从总体中采取重复抽样方法抽取容量为 n=2 的随机样本，共有 5^2=25 个可能的样本。计算出每一个样本的均值 $\bar{x}$，结果如表 4-2 所示。

表 4-2　25 个可能的样本及其均值 $\bar{x}$

样本序号	样本元素 1	样本元素 2	样本均值
1	2	2	2
2	2	4	3
3	2	6	4
4	2	8	5
5	2	10	6
6	4	2	3
7	4	4	4
8	4	6	5
9	4	8	6
10	4	10	7
11	6	2	4
12	6	4	5
13	6	6	6
14	6	8	7
15	6	10	8
16	8	2	5

样本序号	样本元素 1	样本元素 2	样本均值
17	8	4	6
18	8	6	7
19	8	8	8
20	8	10	9
21	10	2	6
22	10	4	7
23	10	6	8
24	10	8	9
25	10	10	10

每个样本被抽中的概率相同，均为 1/25。设样本均值的均值（期望值）为 $\mu_{\bar{x}}$，样本均值的方差为 $\sigma_{\bar{x}}$。根据表 4-2 中样本均值得

$$\mu_{\bar{x}} = \frac{\sum_{i=1}^{25} \bar{x}_i}{25} = 6$$

$$\sigma_{\bar{x}}^2 = \frac{\sum_{i=1}^{25} \left(\bar{x}_i - \mu_{\bar{x}}\right)^2}{25} = 4$$

与总体均值 μ 和总体方差 σ^2 比较，不难发现，μ $\mu_{\bar{x}} = \mu = 6$，$\sigma_{\bar{x}}^2 = \sigma^2/n = 8/2 = 4$。由此可见，样本均值的均值（期望值）等于总体均值，样本均值的方差等于总体方差的 $1/n$。样本均值的频数分布表如表 4-3 所示。

表 4-3　样本均值的频数分布

有效	频率	百分比 /%	有效百分比 /%	累积百分比 /%
2	1	4.0	4.0	4.0
3	2	8.0	8.0	12.0
4	3	12.0	12.0	24.0
5	4	16.0	16.0	40.0
6	5	20.0	20.0	60.0
7	4	16.0	16.0	76.0
8	3	12.0	12.0	88.0
9	2	8.0	8.0	96.0
10	1	4.0	4.0	100.0
合计	25	100.0	100.0	

表 4-3 中的第 1 列为 $\bar{x}$ 的取值。将 $\bar{x}$ 的分布绘成图，如图 4-7 所示。通过比较总体分布和样本均值的分布，不难看出它们的区别。虽然总体为均匀分布，但样本均值的分布在形状上是近似正态的。

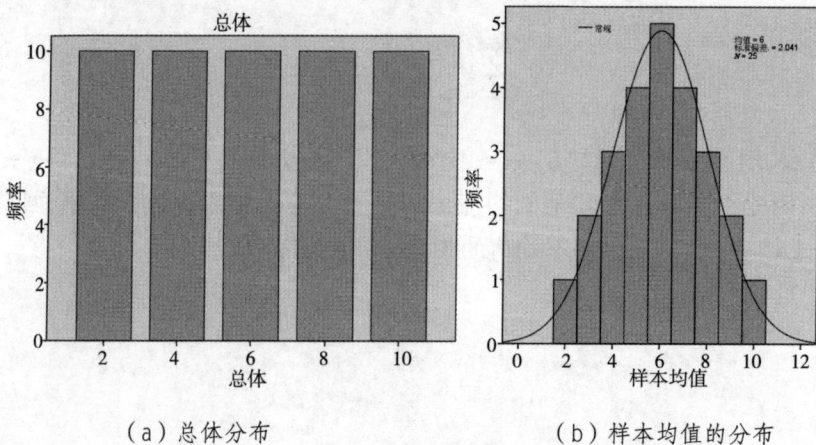

（a）总体分布　　　　　　　（b）样本均值的分布

图 4-7　总体分布与样本均值的分布的比较

样本均值的分布与抽样所依据的总体的分布和样本量 n 的大小有关。统计证明，如果总体是正态分布，那么无论样本量大还是小，样本均值的分布都近似服从正态分布。如果总体不是正态分布，就要看样本量的大小了。随着样本量 n 的增大（通常要求 $n \geqslant 30$），不论原来的总体是否服从正态分布，样本均值的概率分布都将趋于正态分布，其分布的期望值为总体均值 μ，方差为总体方差的 $1/n$。这就是统计上著名的中心极限定理（central limit theorem）。这一定理可以表述如下：从均值为 μ、方差为 σ^2 的总体中，抽取样本量为 n 的所有随机样本，当 n 充分大时，通常要求 $n \geqslant 30$，样本均值的分布近似服从均值为 μ、方差为 σ^2/n 的正态分布。即 $\bar{x} \sim N(\mu, \sigma^2/n)$。

图 4-8 可以作为中心极限定理的佐证。从 0～100 均匀分布的总体和指数分布的总体中分别抽取样本量为 2，10 和 30 的 5 000 个样本，样本均值的分布如图 4-8 所示。图中的 U 表示均匀分布，E 表示指数分布。可以看出，随着样本量的增大，样本均值的分布逐渐趋于正态分布。如果总体不是正态分布，当样本量很小时（通常小于 30），样本均值的分布不服从正态分布。样本均值的分布可以用图 4-9 来描述。

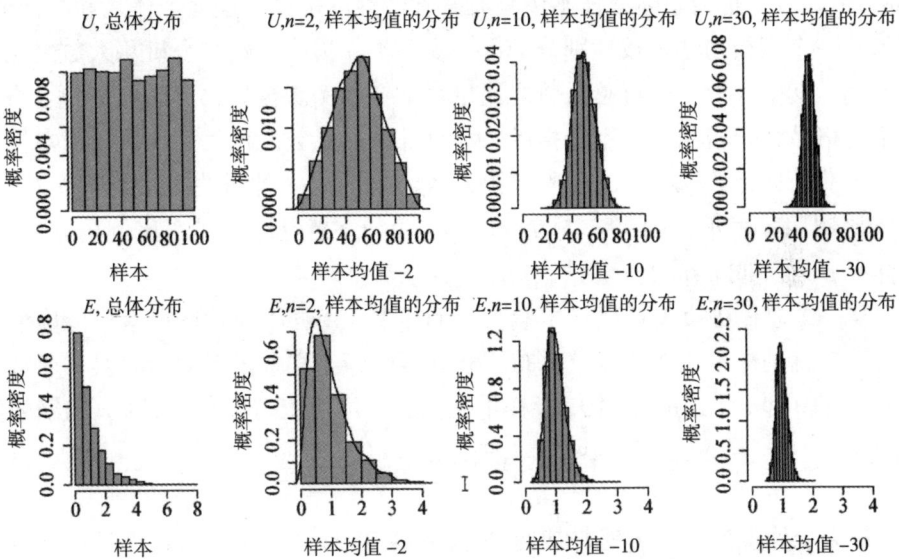

图 4-8　样本均值的分布图

81

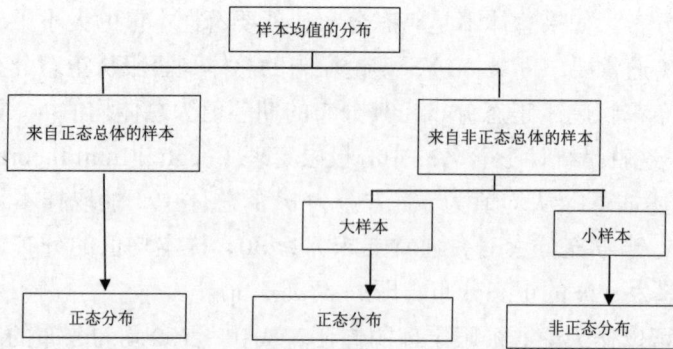

图 4-9　样本均值的分布与总体分布的关系

4.3.3　其他统计量的分布

在商务与经济管理中，许多情况下要进行比例估计。所谓比例（proportion），是指总体或样本中具有某种属性的个体与全部个体之和的比值。例如，一个班级的学生按性别分为男、女两类，男生人数与全班总人数之比就是比例，女生人数与全班总人数之比也是一个比例。再如，产品可分为合格品与不合格品，合格品（或不合格品）与全部产品总数之比就是比例。设总体有 N 个元素，具有某种属性的元素个数为 N_0，具有另一种属性的元素个数为 N_1，总体比例用 π 表示，则有 $\pi=N_0/N$ 或 $N_1/N=1-\pi$。相应地，样本比例用 p 表示，同样有 $p=n_0/n$ 或 $n_1/n=1-p$。

从一个总体中重复选取样本量为 n 的样本，由样本比例的所有可能取值形成的分布就是样本比例的概率分布。统计表明，当样本量很大的时候（通常要求 $np \geqslant 10$ 和 $n(1-p) \geqslant 10$），样本比例分布可用正态分布近似，p 的期望值 $E(p)=\pi$，方差 $\sigma_p^2=\pi(1-\pi)/n$，即 $p \sim N\left(\pi, \dfrac{\pi(1-\pi)}{n}\right)$。

作为统计量的样本方差是如何分布的呢？统计证明对于来自正态总体的简单随机样本比值 $\dfrac{(n-1)s^2}{\sigma^2}$ 服从自由度为（$n-1$）的 χ^2 分布，即 $\dfrac{(n-1)s^2}{\sigma^2} \sim \chi^2(n-1)$。如果要估计两个总体的参数，如两个总体均值之差（$\mu_1-\mu_2$）、两个总体比例之差（$\pi_1-\pi_2$）、两个总体方差比（$\sigma_1^2/\sigma_2^2$），那么推断这些参数的统计量分别是两个样本均值之差（$\overline{x_1}-\overline{x_2}$）、两个样本比例之差（$p_1-p_2$）、两个样本方差比（$s_1^2/s_2^2$）。这些样本统计量的分布也有所不同。（$\overline{x_1}-\overline{x_2}$）的分布取决于两个总体的分布和两个样本的样本量大小，(p_1-p_2) 在两个大样本的情况下近似服从正态分布，(s_1^2/s_2^2) 服从 F 分布。

4.3.4　统计量的标准误差

统计量的标准误差（standard error）也称标准误，它是样本统计量分布的标准差。标准误差用于衡量样本统计量的离散程度，在参数估计和假设检验中，它是用于衡量样本统计量与总体参数之间差距的一个重要尺度。

就样本均值而言，样本均值的标准误差用 SE 表示，计算公式如下：

$$\sigma_{\bar{x}} = \frac{\sigma}{\sqrt{n}} \tag{4-10}$$

当总体标准差 σ 未知时，可用样本标准差 s 代替计算。这时计算的标准误差称为估计标准误差（standard error of estimation）。实际应用中总体 σ 总是未知的，所计算的标准误差实际上都是估计标准误差，因此估计标准误差就简称为标准误差（统计软件中给出的都是估计标准误差）。

相应地，样本比例的标准误差可表示为

$$\sigma_p = \sqrt{\frac{\pi(1-\pi)}{n}} \tag{4-11}$$

同样，当总体比例的方差 $\pi(1-\pi)$ 未知时，可用样本比例的方差 $p(1-p)$ 代替。注意标准误差与第 3 章介绍的标准差是两个不同的概念。标准差是根据原始观测值计算的，反映一组原始数据的离散程度。标准误差是根据样本统计量计算的，反映统计量的离散程度。例如，样本均值的标准误差是根据多个样本的样本均值 $\bar{x}$ 计算的，反映样本均值的离散程度。

习　题

（1）消费者协会经过调查发现，某品牌空调器有重要缺陷的产品数出现的概率分布如表 4-4 所示。

表 4-4　某品牌空调器有重要缺陷的产品数据出现的概率分布表

X	（0）	（1）	（2）	（3）	（4）	（5）	（6）	（7）	（8）	（9）	（10）
P	（0）041	（0）130	（0）209	（0）223	（0）178	（0）114	（0）061	（0）028	（0）011	（0）004	（0）001

根据上表数据，分别计算：

①有 2～5 个（包括 2 个、5 个在内）空调器出现重要缺陷的概率。

②只有不到 2 个空调器出现重要缺陷的概率。

③有超过 5 个空调器出现重要缺陷的概率。

（2）设 X 是参数为 $n=4$ 和 $p=0.5$ 的二项随机变量。求以下概率：

① $P(x=2)$；② $P(x \leq 2)$。

（3）求标准正态分布的概率：

① $P(0 \leq Z \leq 1.2)$；② $P(-0.48 \leq Z \leq 0)$；③ $P(Z>1.33)$。

（4）由 30 辆汽车构成的一个随机样本，测得每百千米的耗油量数据（单位：升），如表 4-5 所示。

表 4-5　30 辆汽车每百千米的耗油量统计表

（9）19	（10）01	（9）60	（9）27	（9）78	（8）82
（9）63	（8）82	（10）50	（8）83	（9）35	（8）65
（10）10	（9）43	（10）12	（9）39	（9）54	（8）51
（9）70	（10）03	（9）49	（9）48	（9）36	（9）14
（10）09	（9）85	（9）37	（9）64	（9）68	（9）75

绘制正态概率图，判断该款汽车的耗油量是否近似服从正态分布。

（5）从均值为 200、标准差为 50 的总体中，抽取 $n=100$ 的简单随机样本，用样本均值 $\bar{x}$ 估计总体均值。

① $\bar{x}$ 的期望值是多少？

② $\bar{x}$ 的标准差是多少？

③ $\bar{x}$ 的概率分布是怎样的？

（6）从 $\pi=0.4$ 的总体中抽取一个容量为 500 的简单随机样本。

① p 的期望值是多少？

② p 的标准差是多少？

③ p 的分布是怎样的？

（7）设一个总体含有 4 个元素（个体），取值分别为 $x_1=1$，$x_2=2$，$x_3=3$，$x_4=4$。从该总体中采取重复抽样方法抽取样本量 $n=2$ 的所有可能样本，写出样本均值 $\bar{x}$ 的概率分布。

第5章 抽样与参数估计

开篇案例：

大学生每天上网花多长时间？

随着网络媒体的发展，网络信息的传播尤其对热点事件所形成的网络舆论越来越深刻地影响着大学生的思想乃至行为。互联网被称为继报纸、广播、电视之后的第四媒体，网络作为新兴的信息载体，越来越深刻地影响着大学生的学习与生活。为了研究、了解对大学生的上网时间、频率、内容、体验及对网络舆论的看法和参与度情况，专门进行了抽样调查。本次调查向在校本科生共发放问卷100份，回收问卷93分，其中有效问卷共90份。调查数据经整理后，得到90名学生的上网基本情况。

根据抽样结果，使用95%的置信水平得到的估计结论是，全校本科生的每天上网时间平均约为6～8个小时之间；男生每天上网平均时间约为5～7个小时，女生每天的上网平均时间为6～9个小时。

调查还对上网的内容和类型进行分析，发现高达91.67%的学生都会关注娱乐信息，66.67%的同学关注社会信息，33.33%的同学关注经济信息，25%的同学表示会关注体育信息。

由于参数能够提供刻画总体性质的重要信息，当参数未知时，我们需要利用样本对参数进行估计，从而获得总体的信息。

参数估计是推断统计的重要内容之一，根据样本统计量来推断总体参数，从而达到认识总体的未知参数的目的。本章将首先介绍参数估计的基本原理，然后分别介绍一个总体参数估计和两个总体参数的估计，最后讨论参数估计中样本量的确定问题。

5.1　参数估计的基本原理

5.1.1　估计量与估计值

从总体中抽取一部分个体进行调查，利用样本提供的信息来推断总体特征是统计分析的基本功能之一。抽样主要解决的是调查对象的选取问题，即如何从总体中选出一部分个体或对象作为总体代表的问题。

参数估计（parameter estimation）主要解决的是用样本统计量去估计总体的参数，如可以用样本均值估计总体均值，用样本比例估计总体比例，用样本方差估计总体方差。在参数估计中，用来估计总体参数的统计量称为估计量（estimator），样本均值、样本比例和样本方差等都可以是一个估计量。根据一个具体的样本计算出来估计量的数值称为估计值（estimated value）。

5.1.2　点估计与区间估计

点估计是用样本统计量的某个取值直接作为总体参数的估计值。

【例 5-1】假定要估计大学生日常支出的每月平均生活费用，根据抽出的一个随机样本计算的每月平均生活费用为 1 500 元，用 1 500 元作为大学生每月平均生活费用的一个估计值，就是点估计。

值得注意的是，虽然在重复抽样条件下，点估计的均值应等于总体真值，但由于抽样是随机的，抽出的具体样本得到的估计值未必等于总体真值。因此，在用点估计值代表总体参数值的同时，应给出点估计值的可靠性，以表明点估计值与总体参数真实值接近的程度。但一个点估计值的可靠性是由它的抽样标准误差来衡量的，这意味着一个具体的点估计值是无法给出估计的可靠性程度的，因此无法完全依赖一个点估计值，而应围绕点估计值构造总体参数的一个区间，即区间估计。

区间估计（interval estimate）是在点估计的基础上，给出总体参数估计的一个区间范围，该区间通常由样本统计量加减估计误差所得。与点估计不同的是，进行区间估计时，根据样本统计量的抽样分布可以对样本统计量与总体参数的接近程度给出概率度量。

【例 5-2】根据样本数据估计出江苏省苏州市姑苏区一居室精装的房屋总

体均价介于 40 ～ 50 万元之间，而其估计的概率为 90%，就是区间估计。

由样本均值的抽样分布可知，在重复抽样或无限总体抽样的情况下，样本均值的数学期望值等于总体均值，即 $E(\bar{x}) = \mu$，样本均值的标准误差为 $\sigma_{\bar{x}} = \sigma / \sqrt{n}$。由此可知，样本均值 $\bar{x}$ 落在总体均值 μ 的两侧各为一个抽样标准差范围内的概率为 0.682 7；落在两个抽样标准误差范围内的概率为 0.954 5；落在三个抽样标准差范围内的概率为 0.997 3；等等。

理论上，可以计算出样本均值 $\bar{x}$ 落在总体均值 m 的两侧任何一个抽样标准差范围内的概率。但在实际估计时，常常恰恰相反，样本均值 $\bar{x}$ 是已知的，总体均值 m 是未知的，是正要估计的。由于样本均值 $\bar{x}$ 与总体均值 μ 都是对称的，如果某个样本平均值 $\bar{x}$ 落在 m 的两个标准差范围内，那么 m 就被包括在以样本均值 $\bar{x}$ 为中心左右两个标准差的范围内。有 95% 的样本均值会落在 m 的两个标准差范围内，这也就意味着约有 95% 的样本均值所构造的两个标准差区间会包括 μ。

在区间估计中，由样本统计量所构造的总体参数的估计区间称为置信区间（confidence interval），区间的最小值称为置信下限，最大值称为置信上限。将置信区间的步骤重复很多次，置信区间包含总体参数真值的次数所占的比例称为置信水平（confidence level）。

【例 5-3】抽取 100 个样本，根据每个样本构造一个置信区间，那么由 100 个样本所构造的总体参数的 100 个置信区间内，有 95% 的区间包含了总体参数的真值，则 95% 这个值称为置信水平。

区间估计的具体步骤如下：

（1）确定置信水平（$1 - \partial$）。在构造置信区间内，可以使用所希望的任意值作为置信水平。实际统计推断中，常用的置信水平及正态分布曲线下右侧面为 $\partial /2$ 时的 Z 值如表 5-1 所示。

（2）根据置信水平（$1 - \partial$），查标准正太分布表确定 $Z_{\alpha/2}$ 值。

（3）根据实际抽样，计算样本均值 $\bar{x}$ 和抽样误差 $\sigma_{\bar{x}}$。

（4）确定置信区间：$\bar{x} \pm Z_{\alpha/2} \sigma_{\bar{x}}$。

表 5-1　不同置信水平下的 $Z_{\alpha/2}$ 值

$Z_{\alpha/2}$ 值	置信度 α 值	置信水平 $1 - \alpha$
2.63	0.01	99%

$Z_{\alpha/2}$ 值	置信度 α 值	置信水平 $1-\alpha$
1.96	0.05	95%
1.65	0.10	90%

值得注意的是，当样本量给定时，置信区间的宽度会随着置信系数的增大而增大，也就是说置信区间较宽时，才会使这一区间更大可能地包含总体参数的真值；当置信水平固定时，置信区间的宽度随着样本量的增大而减小，也就意味着较大样本所提供的有关总体信息比较小样本多。

5.1.3　评估参数估计的标准

参数估计是样本估计量作为总体参数的估计。一般用于估计总体参数的估计量有许多，既可以用样本均值作为总体均值的估计量，又可以用样本中位数作为总体均值的估计量，那么用样本的哪种估计量来估计总体参数才是效果最好的呢？评估参数估计的具体标准又是什么呢？统计学家认为，评估准则主要有三条：无偏性、有效性和一致性。

1. 无偏性

无偏性（unbiasedness）指的是样本估计量的数学期望应等于被估计总体参数 θ 的真值。如果 $E(\bar{\theta}) = \theta$，则称 $\bar{\theta}$ 为 θ 的无偏估计量。根据样本均值的抽样分布可知，$E(\bar{x}) = \mu$，$E(p) = \pi$，同样可以证明 $E(s^2) = \sigma^2$。因此，可以称 x，P，S 分别为总体均值 μ，总体比例 π，总体方差 σ^2 的无偏估计量。

2. 有效性

有效性（efficiency）是指对同一总体参数的两个无偏估计量，具有更小标准差的估计量更有效。这是因为无偏估计量并不意味着就非常接近被估计的参数，还必须与总体参数的离散程度比较小。换句话说，在无偏估计情况下，估计量的方差越小，估计就越有效。

【例 5-4】假定有两个用于估计总体参数的无偏估计量，分别用 $\bar{\theta_1}$ 和 $\bar{\theta_2}$ 表示，抽样分布方差分别用 $D(\bar{\theta_1})$ 和 $D(\bar{\theta_2})$ 表示，如果 $\bar{\theta_1}$ 的方差小于 $\bar{\theta_2}$ 的方差，即 $D(\bar{\theta_1})$ 小于 $D(\bar{\theta_2})$，就称 $\bar{\theta_1}$ 是比 $\bar{\theta_2}$ 更有效的一个估计量。

3. 一致性

一致性（consistency）是指样本量越增大，估计量的值就越接近被估计的总体参数。也就是说，一个大样本给出的估计量比一个小样本给出的估计量更接近总体参数。根据样本均值的抽样分布可知，样本均值抽样分布的标准差为 $\sigma_x = \sigma / \sqrt{n}$ 。由于 σ_x 与样本量大小有关，样本量越大，σ_x 的值就越小。因此，大样本量给出的估计值更接近总体均值 μ。从这个意义上说，样本均值是总体均值的一个一致估计量。

5.2　一个总体参数的区间估计

研究一个总体时，所关心的参数主要有总体均值、总体比例和总体方差。

5.2.1　总体均值的区间估计

在对总体均值进行区间估计时，需考虑总体分布（是否为正态）、总体方差（是否已知）以及用于构造估计量的样本大小（大样本 $n \geqslant 30$，小样本 $n < 30$）。

第一，正态分布，方差已知（或非正态总体），大样本。

当总体服从正态分布且方差 σ^2 已知时，或者总体不是正态分布但是大样本时，样本均值的抽样分布均为正态分布，其数学期望为总体均值 μ，方差为 σ^2 / n，而样本均值经过标准化以后的随机变量服从标准正态分布。也就是说，如果变量数据总体 $X \sim N(\mu, \sigma^2)$ 或近似地服从正态分布，那么该正态分布的均值 $\bar{X} \sim N(\mu, \dfrac{\sigma^2}{n})$。

其中，μ 和 σ 分别表示总体的均值和标准差，n 为样本容量，当总体的均值为 $\mu = \mu_0$ 时，即 Z 的计算如下：

$$Z = \frac{\bar{X} - \mu_0}{\dfrac{\sigma}{\sqrt{n}}} \tag{5-1}$$

根据上述公式和正态分布的性质可得出总体均值 μ 在 $1-\alpha$ 置信水平下的置信区间如下：

$$\bar{x} \pm Z_{\alpha/2} \frac{\sigma}{\sqrt{n}}$$

其中，$\bar{x} - Z_{\alpha/2} \dfrac{\sigma}{\sqrt{n}}$ 称为置信下限，$\bar{x} + Z_{\alpha/2} \dfrac{\sigma}{\sqrt{n}}$ 称为置信上限；α 是事先所确定的一个概率值，也称风险值，是总体均值不包括在置信区间内的概率，

$1-\alpha$ 为置信水平，是标准正态分布右侧面积 $\alpha/2$ 时的 Z 值；$Z_{\alpha/2}\dfrac{\sigma}{\sqrt{n}}$ 是估计总体均值时的估计误差，即总体均值的置信区间由点估计值和描述估计量精度的 ± 值组成，这个 ± 值称为估计误差。

如果总体服从正态分布但方差 σ^2 未知，或总体不服从正态分布，但是在大样本条件下，总体方差 σ^2 就可以用样本方差 s^2 代替，这时总体均值 μ 在 $1-\alpha$ 置信水平下的置信区间如下：

$$\bar{x} \pm Z_{\alpha/2}\frac{s}{\sqrt{n}}$$

第二，正态总体，方差未知，小样本。

如果总体服从正态分布，则无论样本量如何，样本均值 $\bar{x}$ 的抽样分布都服从正态分布，只要总体方差 σ^2 已知，即使是小样本，也可以按照上述公式建立总体均值的置信区间。但若总体方差 σ^2 未知，且是小样本，则需要用样本方差 s^2 代替总体方差 σ^2，样本均值经过标准化后的随机变量服从自由度为 $(n-1)$ 的 t 分布，需要用 t 分布来建立总体均值 μ 的置信区间，即

$$t = \frac{\bar{X} - \mu_0}{\dfrac{S}{\sqrt{n}}} \tag{5-2}$$

当总体均值为 μ_0 时，t 统计量服从自由度为 $n-1$ 的 t 分布。

t 分布是类似正态分布的一种对称分布，它通常要比正态分布平坦和分散。一个特定的 t 分布依赖称之为自由度的参数。随着自由度的增大，t 分布逐步趋于正态分布。

关于对总体均值的区间估计总结如表 5-2 所示。

表5-2 不同情况下总体均值的区间估计

总体分布	样本容量	σ已知	σ未知
正态分布	大样本（$n \geq 30$）	$\bar{x} \pm Z_{\alpha/2}\dfrac{\sigma}{\sqrt{n}}$	$\bar{x} \pm Z_{\alpha/2}\dfrac{s}{\sqrt{n}}$
	小样本（$n < 30$）	$\bar{x} \pm Z_{\alpha/2}\dfrac{\sigma}{\sqrt{n}}$	$\bar{x} \pm t_{\alpha/2}\dfrac{s}{\sqrt{n}}$
非正态分布	大样本（$n \geq 30$）	$\bar{x} \pm Z_{\alpha/2}\dfrac{\sigma}{\sqrt{n}}$	$\bar{x} \pm Z_{\alpha/2}\dfrac{s}{\sqrt{n}}$

【例 5-5】某省 2010 年 25 个旅游区的游客增长率、旅游投资、资金的投

资来源、投资类型、经济增长率等基本数据如表 5-3 所示，存于数据文件 5-3. sav 中。试分析该省 2010 年旅游投资与 2009 年旅游投资的均值 1 480 万元是否有显著性差异？

表 5-3 5 个旅游区的基本数据

旅游区号	旅游投资 / 万元	投资来源	投资类型	游客增长率 /%	经济增长率 /%
1	1 636	东部	餐饮	4.62	2.75
2	1 465	西部	餐饮	3.35	2.50
3	1 562	中部	录区设施	3.71	2.75
4	1 564	东部	景区设施	3.55	2.00
5	1 655	东部	录区设施	4.95	3.00
6	1 350	中部	餐饮	2.76	1.25
7	1 530	中部	餐饮	4.10	2.75
8	1 520	中部	餐饮	3.20	1.75
9	1 605	西部	景区设施	4.72	2.25
10	1 530	中部	景区设施	3.20	1.75
11	1 476	中部	景区设施	4.05	2.00
12	1 575	中部	策区设施	4.33	2.25
13	1 430	西部	餐饮	3.15	1.75
14	1 499	西部	餐饮	3.39	2.25
15	1 608	东部	餐饮	4.04	2.75
16	1 590	东部	餐饮	3.85	2.25
17	1 582	东部	景区设施	3.75	2.00
18	1 445	中部	景区设施	3.47	2.25
19	1 546	中部	景区设施	3.95	2.50
20	1 565	中部	餐饮	3.20	1.75
21	1 351	中部	餐饮	3.20	1.75
22	1 399	西部	餐饮	3.04	1.75
23	1 497	西部	景区设施	3.10	1.50

旅游区号	旅游投资 / 万元	投资来源	投资类型	游客增长率 /%	经济增长率 /%
24	1 450	西部	景区设施	3.30	2.50
25	1 485	中部	景区设施	3.72	2.25

（1）准备工作。在 SPSS17.0 中打开数据文件 5-3.sav，通过选择【文件】→【打开】命令将数据调入 SPSS17.0 的工作文件窗口。

（2）依次选择【分析】→【比较均值】→【单样本 T 检验】命令，打开 T 检验对话框，如图 5-1 所示。

图 5-1　打开 T 检验对话框

（3）在图 5-2 所示的【单样本 T 检验】对话框中，检验变量列表用于选择所需检验的变量，检验值用于输入检验值。

本例在图 5-2 对话框左端的变量列表将要检验的变量【旅游投资】添加到右边的检验变量列表中，检验值后面的文本框中输入 1 480。

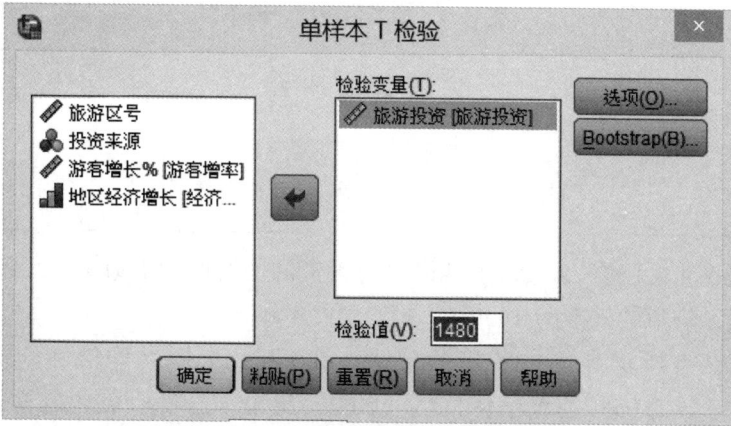

图 5-2　要检验的变量和检验值设置

（4）单击【选项】按钮定义其他选项，出现如图 5-3 所示对话框。

置信区间（C）：显示平均数与检验值差值的置信区间。

按分析顺序排除个案：剔除各分析中含有缺失值的个案。

按列表排除个案（L）：剔除含有缺失值的全部个案。

本例选择 SPSS 系统默认。

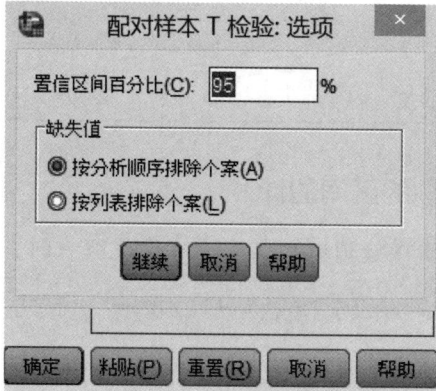

图 5-3　定义其他选项

（5）单击【继续】按钮，返回单样本 T 检验对话框，单击"确定"按钮，SPSS 自动完成计算。SPSS 结果输出窗口查看器就会给出所需要的结果，如表 5-4 所示。

表 5-4　旅游投资描述统计

	N	均　值	标准差	均值的标准误
旅游投资	25	1 516.60	82.314	16.463

由表 5-4 可以看出，25 个地区旅游投资的平均值为 1 516.6 万元，标准差为 82.314，均值的标准为 16.463。

如表 5-5 所示本例中的检验值为 1 480 万元，样本均值和检验值差为 36.600，差分的 95% 的置信区间为（2.62，70.58），表示 95% 的样本差值在该区间。计算得到的 T=2.223，相应的伴随概率 Sig.=0.036，小于显著水平 0.05，拒绝原假设，可以认为，该省 2010 年旅游投资与 2009 年旅游投资的均值 1 480 万元相比较，有显著性差异。

表 5-5　旅游投资的置信区间及其检验

	检验值 =1 480					
					差分的 95%	置信区间
	T	df	Sig.(双侧）	均值差值	下限	上限
旅游投资	2.223	24	.036	36.600	2.62	70. 58

5.2.2　总体比例的区间估计

由样本比例 p 的抽样分布可知，当样本量足够大时，样本比例 p 的抽样分布可用于正态分布。P 的数学期望为 $E(p) = \pi$；p 的方差为 $\sigma_p^2 = \dfrac{\pi(1-\pi)}{n}$，样本比例经标准化后的随机变量服从标准正态分布，即

$$z = (p-\pi) / \sqrt{\frac{\pi(1-\pi)}{n}} \sim N(0,1)$$

与总体均值的区间估计类似，在样本比例 p 的基础上加减估计误差 $z_{\alpha/2}\sigma_p$，即得总体比例 π 在 $1-\alpha$ 置信水平下的置信区间如下：

$$p \pm z_{\alpha/2}\sqrt{\pi(1-\pi)/n}$$

计算总体比例 π 的置信区间时，π 值应是已知的，但实际上，π 值是需要估计的，需要用样本比例 p 来代替 π。这时，总体比例的置信区间如下：

$$p \pm z_{\alpha/2}\sqrt{p(1-p)/n}$$

其中，α 为显著性水平，$z_{\alpha/2}$ 是标准正态分布右侧面积为 $\alpha/2$ 时的 z 值；$z_{\alpha/2}\sqrt{p(1-p)/n}$ 是估计总体比例时的估计误差。换言之，总体比例的置信区间由两部分组成：点估计值和描述估计量精度的 ± 值，这个 ± 值为估计误差。

5.2.3　总体方差的区间估计

以正态总体方差的估计问题为例，根据样本方差的抽样分布可知，样本方差服从自由度为 $n-1$ 的 x^2 分布。因此，可用 x^2 分布构造总体方差的置信区间。

建立总体方差 σ^2 的置信区间，需要找到一个 x^2 值，满足

$$x_{1-\alpha/2}^2 \leq x^2 \leq x_{\alpha/2}^2$$

由抽样分布的知识得知 $\dfrac{(n-1)s^2}{\sigma^2} \sim x^2(n-1)$，可用它来代替 x^2，于是可以得到

$$x_{1-\alpha/2}^2 \leq \frac{(n-1)s^2}{\sigma^2} \leq x_{\alpha/2}^2$$

根据上式得到总体方差 σ^2 在（$1-\alpha$）置信水平下的置信区间为

$$\frac{(n-1)s^2}{x_{\alpha/2}^2} \leq \sigma^2 \leq \frac{(n-1)s^2}{x_{1-\alpha/2}^2}$$

至此，关于一个总体参数估计的不同情形及所使用的分布已基本介绍完。一般来说，对于总体均值的区间参数估计，大样本适用于 Z 分布，小样本（正态总体方差已知）同样适用 Z 分布，小样本（但正态总体方差未知）适用于 t 分布；对于总体比例的区间估计，大样本，适用于 Z 分布；对于总体方差的区间估计，适用于自由度为 $n-1$ 的 x^2。

为了便于清晰地掌握一个总体参数估计的使用分布和计算过程，笔者简要地总结了一下，如表 5-6 所示。

表 5-6　一个总体参数的区间估计

参　数	点估计量	标准误差	（$1-\alpha$）置信区间	假定条件
总体均值 μ	$\bar{x}$	$\dfrac{\sigma}{\sqrt{n}}$	$\bar{x} \pm Z_{\alpha/2}\dfrac{\sigma}{\sqrt{n}}$	大样本（$n \geq 30$）σ 已知
			$\bar{x} \pm Z_{\alpha/2}\dfrac{s}{\sqrt{n}}$	大样本（$n \geq 30$）σ 未知

续　表

参　数	点估计量	标准误差	（1-α）置信区间	假定条件
总体均值 μ	$\bar{x}$	$\dfrac{\sigma}{\sqrt{n}}$	$\bar{x} \pm t_{\alpha/2}\dfrac{s}{\sqrt{n}}$	小样本（$n<30$）σ 未知，正态总体
总体比例 π	p	$\sqrt{\dfrac{\pi(1-\pi)}{n}}$	$p \pm z_{\alpha/2}\sqrt{\dfrac{p(1-p)}{n}}$	大样本 [$np \geq 5$，$n(1-p) \geq 5$] 二项总体
总体方差 σ^2	s^2	不要求	$\dfrac{(n-1)s^2}{x_{\alpha/2}^2} \leq \sigma^2 \leq \dfrac{(n-1)s^2}{x_{1-\alpha/2}^2}$	正态总体

5.3　两个总体参数的区间估计

对于两个总体参数的区间估计，主要为两个总体的均值之差 $\mu_1 - \mu_2$，比例之差 $\pi_1 - \pi_2$ 和方差比 σ_1^2 / σ_2^2。

5.3.1　两个总体均值之差的区间估计

假设两个总体的均值分别为 μ_1 和 μ_2，从两个总体中分别抽取样本量为 n_1 和 n_2 的随机样本，其样本均值分别为 $\bar{x}_1$ 和 $\bar{x}_2$，即两个总体均值之差 $\mu_1 - \mu_2$ 的估计量是两个样本的均值之差 $\bar{x}_1 - \bar{x}_2$。

1. 两个总体均值之差的估计：独立样本

（1）大样本估计

若两个样本是从两个总体中独立抽取的，即一个样本中的元素与另一个样本中的元素相互独立，即称为独立样本（independent sample）。

若两个总体都为正态分布，或两个总体不服从正态分布但两个样本都为大样本，根据抽样分布可知，两个样本均值之差 $\bar{x}_1 - \bar{x}_2$ 的抽样分布服从期望值为 $(\mu_1 - \mu_2)$、方差为（$\dfrac{\sigma_1^2}{n_1} + \dfrac{\sigma_2^2}{n_2}$）的正态分布，经过标准化后服从标准正态分布，即

$$z = \left[(\bar{x}_1 - \bar{x}_2) - (\mu_1 - \mu_2)\right] / \sqrt{\dfrac{\sigma_1^2}{n_1} + \dfrac{\sigma_2^2}{n_2}} \tag{5-3}$$

当两个总体的方差 σ_1^2 和 σ_2^2 已知时，两个总体均值之差 $\mu_1 - \mu_2$ 在 $1-\alpha$ 置信水平下的置信区间如下：

$$z = (\bar{x}_1 - \bar{x}_2) \pm Z_{\frac{\alpha}{2}} \sqrt{\frac{\sigma_1^2}{n_1} + \frac{\sigma_2^2}{n_2}} \qquad (5-4)$$

当两个总体的方差 σ_1^2 和 σ_2^2 均未知时，可用两个样本方差 s_1^2 和 s_2^2 来代替，即两个总体均值之差 $\mu_1 - \mu_2$ 在 $1-\alpha$ 置信水平下的置信区间如下：

$$z = (\bar{x}_1 - \bar{x}_2) \pm Z_{\alpha/2} \sqrt{\frac{s_1^2}{n_1} + \frac{s_2^2}{n_2}} \qquad (5-5)$$

（2）小样本的估计

在两个样本都为小样本的情况下，为估计两个总体的均值之差，建立在以下假定基础之上：

两个总体都服从正态分布；

两个随机样本独立地分别抽自两个总体。

在上述假定下，无论样本量大小，两个样本均值之差都服从正态分布。当两个总体方差 σ_1^2 和 σ_2^2 已知时，可建立起两个总体均值之差的置信区间。当两个总体方差 σ_1^2 和 σ_2^2 未知时，存在以下两种情况：

当两个总体方差 σ_1^2 和 σ_2^2 未知但相等时，即 $\sigma_1^2 = \sigma_2^2$，需要用两个样本方差 s_1^2 和 s_2^2 来估计，可将两个样本的数据组合在一起，以便给出总体方差的合并估计量 s^2，计算公式如下：

$$S^2 = \frac{(n_1 - 1)S_1^2 + (n_2 - 1)S_2^2}{n_1 + n_2 - 2} \qquad (5-6)$$

其中：$\bar{X}_1$ 和 $\bar{X}_2$ 分别表示第一组样本和第二组样本均值；S_1^2 和 S_2^2 分别表示第一组样本和第二组样本的方差；n_1 和 n_2 分别表示一、二组样本容量。当两个独立样本的均值无显著差异时，两个样本均值之差经过标准化后服从自由度为（$n_1 + n_2 - 2$）的 t 分布，即

$$t = \frac{\bar{X}_1 - \bar{X}_2 - (\mu_1 - \mu_2)}{S\sqrt{\frac{1}{n_1} + \frac{1}{n_2}}} \sim t(n_1 + n_2 - 2) \qquad (5-7)$$

因此，两个总体均值之差 $\mu_1 - \mu_2$ 在 $1-\alpha$ 置信水平下的置信区间为

$$(\bar{X}_1 - \bar{X}_2) \pm t_{\alpha/2}(n_1 + n_2 - 2) \sqrt{s^2 \left[\frac{1}{n_1} + \frac{2}{n_2} \right]}$$

当两个总体的方差 σ_1^2 和 σ_2^2 未知且不相等时，即 $\sigma_1^2 \neq \sigma_2^2$，可用两个样本方差 s_1^2 和 s_2^2 来代替，两个样本均值之差经过标准化后近似服从自由度为 v 的 t 分布：

$$t = \frac{\bar{X}_1 - \bar{X}_2 - (\mu_1 - \mu_2)}{\sqrt{\sigma_{12}^2}} \sim t(f)$$

其中，f 为修正的自由度。σ_{12}^2 是样本均值差的抽样分布的方差。

$$\sigma_{12}^2 = \frac{S_1^2}{n_1} + \frac{S_2^2}{n_2}$$

$$f = \frac{\left(\dfrac{S_1^2}{n_1} + \dfrac{S_2^2}{n_2} \right)^2}{\dfrac{\left(\dfrac{S_1^2}{n_1} \right)^2}{n_1} + \dfrac{\left(\dfrac{S_2^2}{n_2} \right)^2}{n_2}}$$

因此，两个总体均值之差 $\mu_1 - \mu_2$ 在 $1-\alpha$ 置信水平下的置信区间为

$$z = \left(\bar{X}_1 - \bar{X}_2 \right) \pm t_{\alpha/2} \sqrt{\frac{s_1^2}{n_1} + \frac{s_2^2}{n_2}}$$

【例 5-6】某省 2010 年 25 个旅游区的游客增长率、旅游投资、资金的投资来源、投资类型、经济增长率如表 5-7（基本数据 5-1.sav）。试分析该省 2010 年不同投资类型（餐饮、景区设置）所对应的旅游投资是否具有显著性差异？

表 5-7　某省 2010 年 25 个旅游区基本数据

旅游区号	旅游投资 / 万元	投资来源	投资类型	游客增长率 /%	经济增长率 /%
1	1 636	东部	餐饮	4.62	2.75
2	1 465	西部	餐饮	3.35	2.50
3	1 562	中部	景区设施	3.71	2.75
4	1 564	东部	景区设施	3.55	2.00
5	1 655	东部	景区设施	4.95	3.00
6	1 350	中部	餐饮	2.76	1.25
7	1 530	中部	餐饮	4.10	2.75
8	1 520	中部	餐饮	3.20	1.75

续 表

旅游区号	旅游投资 / 万元	投资来源	投资类型	游客增长率 /%	经济增长率 /%
9	1 605	西部	景区设施	4.72	2.25
10	1 530	中部	景区设施	3.20	1.75
11	1 476	中部	景区设施	4.05	2.00
12	1 575	中部	景区设施	4.33	2.25
13	1 430	西部	餐饮	3.15	1.75
14	1 499	西部	餐饮	3.39	2.25
15	1 608	东部	餐饮	4.04	2.75
16	1 590	东部	餐饮	3.85	2.25
17	1 582	东部	景区设施	3.75	2.00
18	1 445	中部	景区设施	3.47	2.25
19	1 546	中部	景区设施	3.95	2.50
20	1 565	中部	餐饮	3.20	1.75
21	1 351	中部	餐饮	3.20	1.75
22	1 399	西部	餐饮	3.04	1.75
23	1 497	西部	景区设施	3.10	1.50
24	1 450	西部	景区设施	3.30	2.50
25	1 485	中部	景区设施	3.72	2.25

（1）在 SPSSl7.0 中打开数据文件 5-1.sav，通过选择【文件】→【打开】命令将数据调入 SPSSl7.0 的工作文件窗口 。

（2）选择【分析】→【比较均值】→【独立样本 T 检验】命令，打开对话框（图 5-4）。

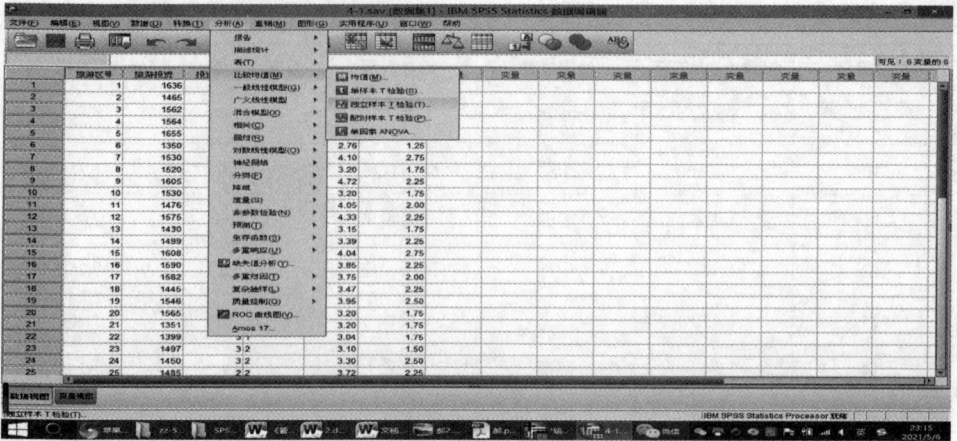

图 5-4 打开独立样本 T 检验对话框

（3）在如图 5-5 所示的独立样本 T 检验对话框中，相关内容介绍如下。

检验变量列表：用于选择所需检验的变量。

分组变量：用于选择总体标识变量。

本例在【独立样本 T 检验】对话框左端的变量列表将要检验的变量"旅游投资"添加到右边的检验变量列表中；把标识变量"投资类型"移入分组变量框中。

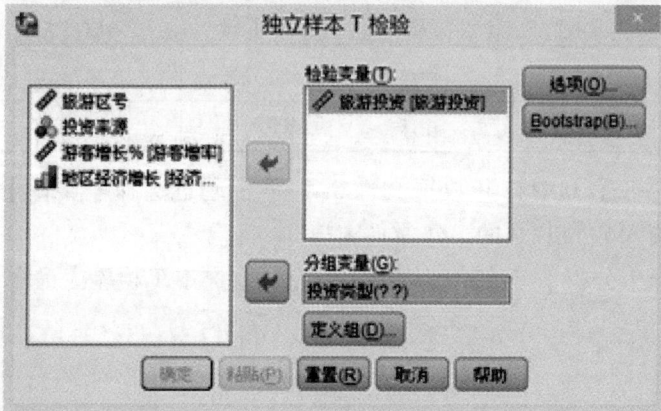

图 5-5 独立样本 T 检验对话框

（4）单击【定义组】按钮定义两总体的标识值，显示如图 5-6 所示对话框。

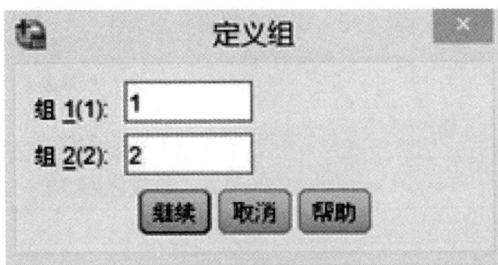

图 5-6 定义组对话框

使用指定值：表示分别输入两个对应两个不同总体的变量值（可以为小数），在组 1 和组 2 后面的文本框中分别输入这两个值，含有其他数值的个案将不参与统计分析。对于短字符型分组变量，可输入相应的字符。

割点：输出一个数值，小于该值个案对应一个总体，大于等于该值个案对应另一个总体。

本例在组 1 后面的文本框中输入 1，在组 2 后面的文本框中输入 2，单击继续按钮。

（5）单击【选项】按钮定义其他选项，出现如图 5-7 所示对话框。该对话框中的选项含义与单一样本 T 检验的相同。

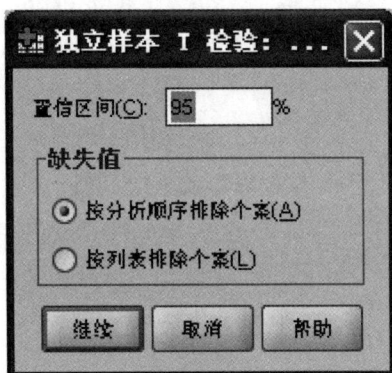

图 5-7　其他选项对话框

（6）单击【继续】按钮，返回独立样本 T 检验对话框，单击【确定】按钮，SPSS 自动完成计算。SPSS 结果输出窗口查看器中就会给出所需要的结果（表 5-8，表 5-9）。

表 5-8　投资类型的描述统计

投资类型	N	均　值	标准差	均值的标准误
1	12	1 495.25	97.488	28.142
2	13	1 536.31	62 950	17.459

表 5-9　同方差检验统计量

	方差方程的 Levene 检验		T	df	均值方程的 t 检验			差分的 95% 置信区间	
	F	Sig.			Sig.(双侧)	均值差值	标准误差值	下限	上限
假设方差相等	2.925	0.101	−1.261	23	0.220	−41.058	32.554	−108.400	26.285
假设方差不相等			−1.240	18.575	0.231	−41.058	33.118	−110.482	28.367

2. 两个总体均值之差的估计：匹配样本

对两个总体均值之差进行置信区间估计，使用完全独立的样本，可能导致样本指定的不公平带来一些潜在的弊端。配对样本（paired sample）指的是一个样本中的数据与另一个样本中的数据相对应。

使用配对样本进行估计时，在大样本条件下，两个总体均值之差 $\mu_d = \mu_1 - \mu_2$ 在 $1-\alpha$ 置信水平下的置信区间为

$$\bar{d} \pm Z_{\alpha/2} \frac{\sigma_d}{\sqrt{n}}$$

其中：d 表示两个匹配样本对应数据的差值；$\bar{d}$ 表示各差值的均值；σ_d 表示各差值的标准差。当总体标准差 σ_d 未知时，可用样本差值的标准差 s_d 来代替。

在小样本情况下，假定两个总体和差值均服从正态分布，两个总体均值之差 $\mu_d = \mu_1 - \mu_2$ 在 $1-\alpha$ 置信水平下的置信区间为

$$\bar{d} \pm t_{\alpha/2}(n-1) \frac{s_d}{\sqrt{n}}$$

【例 5-7】某公司采用问卷调查的方式，测量 20 个管理人员的素质，两套问卷的满分都是 200 分。两套问卷的测量结果如表 5-10 表示，分析两套问卷所得的结果的平均值是否有显著差异？

表 5-10　某公司意味着调查的测量结果

卷 A	147	150	152	148	155	146	149	148	151	150
卷 B	146	151	154	147	152	147	148	146	152	150
卷 A	147	148	147	150	149	149	152	147	154	153
卷 B	146	146	148	153	147	146	148	149	152	150

（1）准备工作。用“卷 A 得分”表示问卷 A 的测量分数，用“卷 B 得分”表示问卷 B 的测量分数，得到的数据表为数据文件 5-2.sav。

（2）在 SPSS17.0 中打开数据文件 5-2.sav，通过选择【文件】→【打开】命令将数据调入 SPSS17.0 的工作文件窗口，如图 5-8 所示。

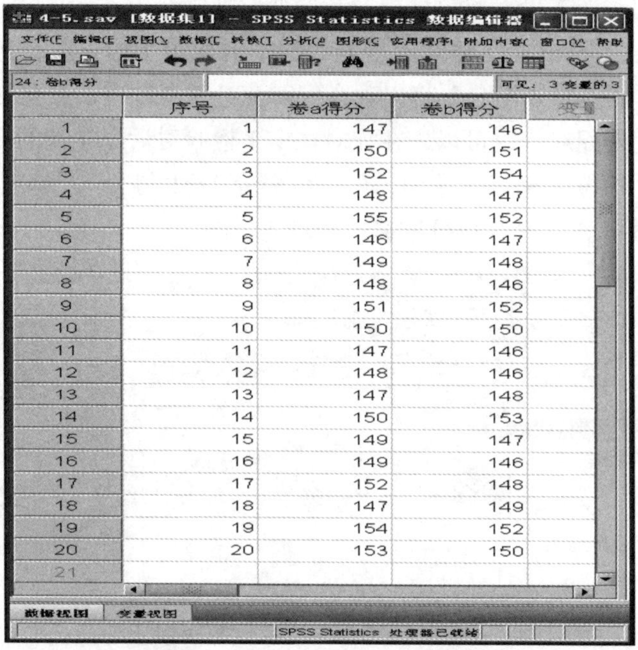

	序号	卷a得分	卷b得分
1	1	147	146
2	2	150	151
3	3	152	154
4	4	148	147
5	5	155	152
6	6	146	147
7	7	149	148
8	8	148	146
9	9	151	152
10	10	150	150
11	11	147	146
12	12	148	146
13	13	147	148
14	14	150	153
15	15	149	147
16	16	149	146
17	17	152	148
18	18	147	149
19	19	154	152
20	20	153	150

图 5-8　数据调入工作文件窗口

选择【分析】→【比较均值】→【配对样本 T 检验】命令，打开其对话框，如图 5-9 所示。

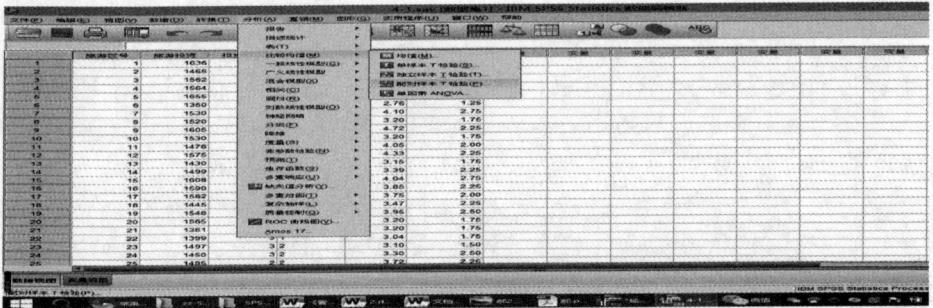

图 5-9　配对样本 T 检验对话框

（3）在如图 5-10 所示的【配对样 T 检验】对话框中，相关内容介绍如下。

配对变量列表：可以选择一对或若干对样本，每对样本分别给出 1 个 T 检验的结果。

本例在配对样本 T 检验对话框左端的变量列表选中"卷 A 得分"，这时变量"卷 A 得分"将出现在配对变量列表框中的变量 1 的下面；选中"卷 b 得分"，这时变量"卷 B 得分"将出现在配对变量列表框中的变量 2 的下面，表示将这两个变量配对。也可以先在配对样本 T 检验对话框左端的变量列表选中"卷 A 得分"，再按住 Shift 键选中另外一个变量"卷 B 得分"，单击向右的箭头，将"卷 A 得分"和"卷 B 得分"移入配对变量框。

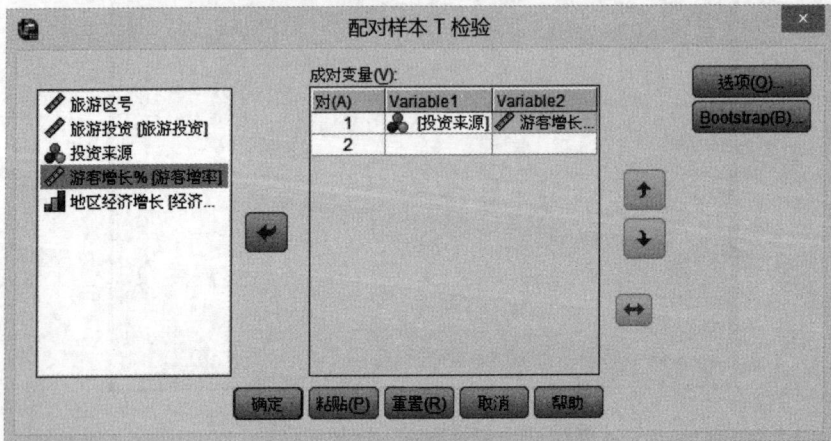

图 5-10　配对样本 T 检验对话框

（4）单击【选项】按钮定义其他选项，出现如图 5-11 所示对话框。该对话框中的选项含义与单一样本 T 检验的相同。

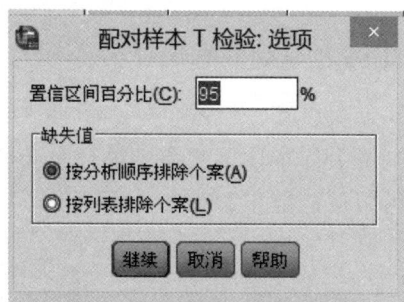

图 5-11　其他选项对话框

本例选择 SPSS 系统默认。单击【继续】按钮，返回配对样本 T 检验对话框，单击【确定】按钮，SPSS 自动完成计算（表 5-11，表 5-12，表 5-13）。

表 5-11　配对样本的描述统计

	均　值	N	标准差	均值的标准误
对 1	149.60	20	2.542	0.568
	148.90	20	2.654	0.593

表 5-12　配对样本的相关性检验

	N	相关系数	Sig.
对 1	20	0.711	0.000

表 5-13　配对样本的差分检验

	成对差分					检验统计量		
	均值	标准差	均值的标准误	差分的 95% 置信区间		T	df	Sig.(双侧)
				下限	上限			
对 1	0.700	1.976	0.442	−.225	1.625	1.584	19	0.130

5.3.2　两个总体比例之差的区间估计

根据样本比例的抽样分布可知，当两个样本量够大时，从两个二项总体中抽出两个独立的样本，则两个样本比例之差的抽样分布服从正态分布，两个样本比例之差经过标准化后服从标准正态分布，即为

$$Z = [(p_1 - p_2) - (\pi_1 - \pi_2)] / \sqrt{\frac{\pi_1(1-\pi_1)}{n_1} + \frac{\pi_2(1-\pi_2)}{n_2}}$$

在对总体参数进行估计时，两个总体比例 π_1 和 π_2 通常未知，可用样本比例 p_1 和 p_2 来代替，那么，两个总体比例之差 π_1 和 π_2 在 $1-\alpha$ 置信水平下的置信区间为

$$(p_1 - p_2) \pm Z_{\alpha/2} \sqrt{\frac{p_1(1-p_1)}{n_1} + \frac{p_2(1-p_2)}{n_2}}$$

5.3.3　两个总体方差比的区间估计

由于两个样本方差比的抽样分布服从 $F(n_1-1, n_2-1)$ 分布，因此可用 F 分布来构造两个总体方差比 σ_1^2 / σ_2^2 的置信区间。建立两个总体方差比的置信区间，就是要找到一个 F 值，使其满足

$$F_{1-\alpha/2} \leqslant F \leqslant F_{\alpha/2}$$

由于 $s_2^2 / s_1^2 \cdot \sigma_2^2 / \sigma_1^2 \sim F(n_1-1, n_2-1)$，可用其来代替 F，于是有

$$F_{1-\alpha/2} \leqslant s_2^2 / s_1^2 \cdot \sigma_2^2 / \sigma_1^2 \leqslant F_{\alpha/2}$$

根据上式，可以推导出两个总体方差比 σ_1^2 / σ_2^2 在 $1-\alpha$ 置信水平下的置信区间为

$$\frac{s_1^2}{s_2^2} \times \frac{1}{F_{\alpha/2}} < \sigma_1^2 / \sigma_2^2 < \frac{s_1^2}{s_2^2} \times \frac{1}{F_{1-\alpha/2}}$$

5.4　样本量的确定

样本量是指抽取的样本中所包含的单位数目，通常用 n 来表示。样本量的确定是抽样设计中的一个重要环节。在进行参数估计前，首先应该确定适当的样本量，考虑抽取多大的样本来估计总体参数。在抽样调查时，如果样本量很

小，抽样误差就会较大，抽样推断就会失去意义；如果样本量很大，也就意味着要增加调查成本和工作量。

样本量的确定，一般与置信区间的宽度以及对此区间设置的置信水平有一定的关系。样本量的确定方法，通常是根据所研究的具体问题，首先确定估计的置信度和允许的误差范围，然后结合经验值和抽样数据估计总体方差，再通过抽样允许的误差范围，计算公式推算所需的样本量。

5.4.1 估计总体均值时样本量的确定

总体均值的置信区间是由样本均值 $\bar{x}$ 和估计误差两部分组成的，在重复抽样或无限总体抽样条件下，估计误差为 $Z_{\alpha/2}\dfrac{\sigma}{\sqrt{n}}$，其中，$Z_{\alpha/2}$ 的值和样本量 n 共同确定了估计误差的大小。一旦确定了置信水平 $1-\alpha$，$Z_{\alpha/2}$ 的值就确定了。对于给定的 $Z_{\alpha/2}$ 值和总体标准差 σ，可以确定任一希望的估计误差所需要的样本量。令 E 代表所希望达到的估计误差，即

$$E = Z_{\alpha/2}\frac{\sigma}{\sqrt{n}}$$

由此可以推导出确定样本量的公式：

$$n = \left(Z_{\alpha/2}\right)^2 \sigma^2 / E^2$$

E 值是在给定的置信水平下可以接受的估计误差，$Z_{\alpha/2}$ 的值可直接由区间估计中所用到的置信水平确定。如果可以求出具体值，就可用上述公式计算所需的样本量。在实际应用中，若 σ 的值未知，可用以前相同或类似的样本标准差来代替；也可以用调查的方法，选择一个初始样本，以该样本的标准差作为 σ 的估计值。

根据公式可以看出，样本量与置信水平成正比，在其他不变的情况下，置信水平越大，所需的样本量就越大；样本量与总体方差成正比，总体的差异越大，所需的样本量就越大；样本量与估计误差的平方成反比，即估计误差的平方越大，所需的样本量就越小。

需要特别说明的是，如果计算出的样本量不是整数，通常将按照样本量的圆整法则，将样本量取成较大整数（将小数点后面的数值进位成整数）。

5.4.2 估计总体比例时样本量的确定

与估计总体均值时样本量的确定方法类似，在重复抽样或无限总体抽样

条件下，估计总体比例置信区间的估计误差为 $z_{\alpha/2}\sqrt{\pi(1-\pi)/n}$，$Z_{\alpha/2}$ 的值、总体比例 π 和样本量 n 共同确定了估计误差的大小。一旦确定了置信水平 $1-\alpha$，$Z_{\alpha/2}$ 的值就确定了。由于总体比例的值是固定的，所以估计误差由样本量来确定，样本量越大，估计误差就越小，估计的精度就越好。对于给定的 $Z_{\alpha/2}$ 值，可以确定任一希望的估计误差所需的样本量。令 E 代表所希望达到的估计误差，即

$$E = z_{\alpha/2}\sqrt{\pi(1-\pi)/n}$$

由此可以推导出确定样本量的公式：

$$n = \left(Z_{\alpha/2}\right)^2 \pi(1-\pi)/E^2$$

一般估计误差 E 是事先确定的，大多数情况下，取 E 的值小于 0.10 的值，可直接由区间估计中所用到的置信水平来确定。如果可以计算出 π 值，就可以用上面的公式计算所需样本量。

在实际应用中，总体比例 π 通常未知，可以采用以前相同或类似的样本比例 π 来代替，通常取使 π（$1-\pi$）最大时的值 $\pi=0.5$ 来推断。

习　题

（1）简述点估计和区间估计的不同。

（2）简述评价估计量优劣的标准。

（3）怎样理解置信区间，如何解释 90% 和 95% 的置信区间？

（4）分别简述一个总体参数估计的使用情形及分布计算公式。

（5）什么是独立样本和匹配样本？

（6）如何计算样本量？简述样本量与置信水平、总体方差、估计误差之间的关系。

（7）华东某银行计划对信用卡用户做一次调查，以便了解客户每月的平均透支额，总共抽取了 500 个客户，样本均值和标准差分别为 $\bar{x}=26\,100$ 元，$\sigma=980$ 元。

①请计算出每月透支额 95% 的置信区间。

②假设只抽取了 50 名客户，样本均值和标准差都不变，求每月平均透支额 95% 的置信区间，并与①的结果比较，说出两个置信区间不同的原因。

（8）某高校想了解有多少比例的学生会到图书馆使用电脑查阅资料，调查了 200 名学生，发现有 120 人会使用图书馆的电脑查阅资料及进行相关学习。

①估计总体比例的值。

②计算所估计比例的标准差。

③求出总体比例 95% 的置信区间。

④解释以上所求结果。

（9）总体的标准差为 60，要估计总体均值，用 95% 的置信水平，允许误差为 8，那所需的样本量大约是多少？

第6章 假设检验

前面的内容属于描述统计学（descriptive statistics）的内容，利用平均数和方差等统计数帮助我们对资料进行分析总结。从本章到第13章的内容属于推断统计学(inferential statistics)，研究的范围是统计推断（statistical inference）的方法和理论。统计推断指的是根据样本和假定模型对总体做出的概率形式结论的过程。推断统计学主要包括假设检验（hypothesis testing, test of hypothesis）和参数估计（parametric estimation）两部分内容。比如，由一个样本平均数可以对总体平均数做出估计，但样本平均数包含有抽样误差，用包含有抽样误差的样本平均数来推断总体，其结论并不是绝对正确的，因而要对样本平均数进行假设检验。

假设检验又叫显著性检验（test of significance），是统计学中一个很重要的内容。显著性检验的方法很多，常用的有 t 检验、F 检验和 χ^2 检验等。尽管这些检验方法的用途及使用条件不同，但是其检验的基本原理是相同的。本章以单样本平均数（总体标准差已知）的假设检验为例，来阐明假设检验的原理和步骤，然后介绍单样本平均数（总体标准差未知）的假设检验和两个样本的假设检验，最后介绍区间估计（interval estimation）的基本知识。

6.1 统计推断的基本知识

6.1.1 概述

在统计学上，假设（hypothesis）指关于总体的某些未知或不完全知道性质的待证明的声明（assertion）。假设可分为两类，即研究假设（research hypothesis）和统计假设（statistical hypothesis）。研究假设是研究人员根据以前的研究结果、科学文献或者经验而提出的假设。比如，人们根据许多研究报告，提出生长期肥育猪（体重 20～50 kg）的需要量为粗蛋白占日粮的比例 15%。统计假设往往是根据研究假设提出的，描述了根据研究假设进行试验结果的两种统计选择。

统计假设有两种，分别为原假设（null hypothesis，H_0；或称零假设、虚假设、解消假设）和备择假设（alternative hypothesis，H_A；或称对立假设）。原假设通常为不变情况的假设。比如，H_0 声明两个群体某些性状间没有差异，即两个群体的平均数和方差相同。备择假设 H_A，则通常声明一种改变的状态，如两个群体间存在差异。研究假设可以为两种可能之一，即没有差异和有差异。通常情况下，备择假设和研究假设相同。因此，原假设与研究者的期望相反。一般地，证明一个假设是错误的较正确的容易，因此，研究者通常试图拒绝原假设。

假设检验的定义为，假定原假设正确，检验某个样本是否来自某个总体，它可以使研究者把根据样本得出的结果推广到总体。根据样本进行的假设检验有两种结果：①拒绝 H_0，因为发现其是错误的；②不能拒绝 H_0，因为没有足够的证据使我们拒绝它。一方面，原假设和备择假设总是互斥，而且包括了所有的可能。因此，拒绝 H_0 则 H_A 正确。另一方面，证明原假设 H_0 是正确的比较困难。

我们根据概率理论和理论分布的特性进行假设检验。概率理论用来拒绝或接受某个假设。因为结果是从样本而不是整个总体得出的。因此，结果不是 100% 正确。

下面通过一个典型例子来说明假设检验的基本知识。

【例 6-1】一个刚工作的大学生在某饲料厂工作，负责购买原料。购买复合维生素时，销售商声称每袋装 10 kg。结果可能有 4 种可能：（1）他很诚实，即 $\mu=10$ kg；（2）他很保守，即 $\mu>10$ kg；（3）他是个骗子，即 $\mu<10$ kg；（4）他也是个新手，不知道每袋到底有多少，即 $\mu \neq 10$kg。为了进行检验，该大学生测量了 25 袋内容物的重量，结果每袋平均重 10.36 kg，假设已知方差为 1。

案例 1：检验销售商是否是保守的。

本题有两个假设，第一个是销售商的声明，以及根据他的声明对结果的预测，称作原假设，具体到本例，H_0 为 $\mu=10$ kg。另一个假设为备择假设，它实际上是你的看法，本例的备择假设 H_A 为 $\mu>10$ kg。

因此，本例的假设可以写为 $H_0：\mu \leq 10$ kg，$H_A：\mu>10$ kg。

这两个假设互斥，而且包括了所有可能性。因此，H_0 和 H_A 只能有一个正确，而不可能都正确。

如果原假设 H_0 正确，则我们期望 25 袋内容物的重量小于或等于 10 kg。如果备择假设 H_A 正确，则每袋内容物应该"显著（significant）"地高于 10 kg；这里的"显著"是一个统计学概念，指的是这时 H_0 发生是一个小概率（rare）事件。统计上用来确定或否定原假设为小概率事件的概率标准叫显著性水平（significance level）或检验水平（size of a test），记作 α。H_0 发生概率如果小于或等于 5%，一般认为是小概率事件，这也是统计上达到了"显著（significant）"，这时的显著水平为 5%；如果 H_0 发生的概率小于或等于 1%，则认为达到了"极显著（highly significant）"。

为了确定 H_0 发生的概率，需要找到合适的检验统计数（test statistic），使在原假设和备择假设成立时，该统计数的值有差异，从而可以使我们能够根据这个统计数的值的大小确定 H_0 发生的概率。根据前一章的第 2 节，样本平均数 $\bar{X}$ 服从正态分布，期望值等于总体平均数，方差等于总体方差与样本含量平方根的比值。由本章第 1 节例 6-1，可以构造 u 统计数：

$$u = \frac{\bar{X} - \mu}{\sigma / \sqrt{n}} = \frac{10.36 - 10.00}{1 / \sqrt{25}} = \frac{0.36}{0.20} = 1.8$$

上式中的 u 统计量又称 z 分数（z score），或临界比率（critical ratio），它是一个标准正态分布离差。这种利用 u 统计数进行假设检验的方法称为 u 检验（u test）；如果把 u 统计数写成 z 统计数，也称 z 检验（z test）。上式中 $\sigma / \sqrt{n}$ 称为平均数的标准误（standard error of the mean），为平均数的抽样标准差；它告诉我们的是未来抽样中平均数的期望变异性。请注意与标准差（σ）的区别，σ 描述的是总体，度量的是总体中个体的变异。

因此，

$P(\bar{X} \geq 10.36) = P(u \geq 1.8) = 1 - P(u < 1.8) = 1 - 0.964\ 1 = 0.035\ 9$

结果表明，如果原假设正确，则 25 袋内容物的平均重为 10.36 的概率只有 0.035 9，即 3.59%，它小于 5%。因此，认为均值 10.36 为一个小概率事件，可以拒绝 H_0，接受 H_A。这里我们通过利用统计数服从的分布，计算出统计数发生的概率大小，该概率记作 P 值（P value）。P 值是显著水平的实际观察值。许多计算机软件给出的结果为 P 值，是否拒绝或者接受 H_0 留给研究人员自己判断。如果 P 值小于事先规定的 α 值，则拒绝 H_0，否则就接受 H_0。

由相关表可知，如果 H_0 正确，则 H_A 发生 5% 时的 u 值等于 $u_\alpha = 1.645$，该值可以用来确定当假设 H_0 正确时，统计数的发生是否是一个小概率事件，u_α 称为临界值（critical value）。临界值 1.645 规定了接受区域（acceptance region, region of acceptance）为（$-\infty$, 1.645），拒绝区域（rejection region,

region of rejection）（或称临界区域或判别区域，critical region）为 [1.645, ∞)，即图 6-1 的阴影部分。本题 1.8>1.645，这时 u 发生在临界值规定的右尾区间内即拒绝区域内，即 H_A 发生的概率小于 5%，因此我们拒绝 H_0，同时接受 H_A，即每袋内容物的重量大于 10 kg。这种判断是否拒绝或接受 H_0 的方法是本书以及其他许多书中常用的方法。

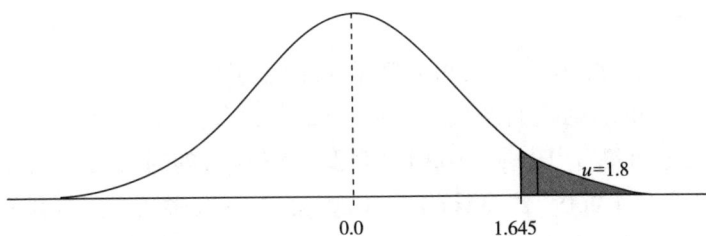

图 6-1　案例 1 的临界值和统计数

案例 2：测验销售商是否是一个骗子。

假设为 $H_0 : \mu \geq 10$ kg，$H_A : \mu < 10$ kg。

这时，实际上是与前面完全不同的问题。

同案例 1 的计算方法，得检验统计数 $u=1.8$。

我们可以计算统计数发生的概率值为

$$P(\bar{X} < 10.36)=P(u<1.8)=0.964\ 1$$

因此，我们接受 H_0，即销售商不是骗子。

查相关表以及正态分布的对称性，得 5% 显著水平的临界值为 -1.645，该临界值规定原假设的拒绝区域为 $(-\infty, 1.645]$，如图 6-2 中阴影部分。本题的 u 值不在临界值规定的左尾区间内。因此，我们不能认为，H_0 是一个小概率事件而拒绝，不能拒绝原假设。

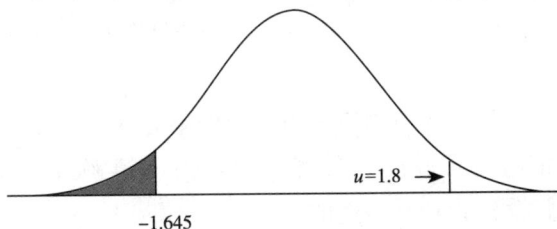

图 6-2　案例 2 的临界值和统计数

案例 3：销售商不知道每袋含量到底有多少。

这时，与前面两种案例不同，样本均数可能会高于也可能低于销售商的声明，每袋含 10 kg 维生素，即可能销售商是保守的（案例1），也可能存在欺诈（案例2），这时的备择假设为均值不等于 10 kg。

这时的假设为 $H_0 : \mu = 10 \text{ kg}$，$H_A : \mu \neq 10 \text{ kg}$。

统计数的计算与前面两种案例相同，统计数 $u=1.8$。得 P 值：

$P (\bar{X} < -10.36) + P (\bar{X} \geq 10.36) = P (u < -1.8) + P (u \geq 1.8) = 0.035\ 9 + 0.035\ 9 = 0.071\ 8$

因此，我们接受 H_0，即销售商知道每袋内容物的重量。

如果 H_0 正确，则我们期望 $\bar{X}$ 接近 10 kg，而如果 H_A 正确，则我们期望 $\bar{X}$ 显著低于或显著高于 10 kg。由相关表及正态分布的对称性，得 u 统计数的临界值为 $u_{\alpha/2} \pm 1.960$，注意该临界值规定的左尾区域和右尾区域概率都等于 2.5%。图 6-3 的阴影部分为拒绝区域，即 $(-\infty, -1.960]$ 和 $[1.960, \infty)$。u 值低于临界值，1.8<1.960，没有落在拒绝区域内，因此，不能拒绝 H_0。

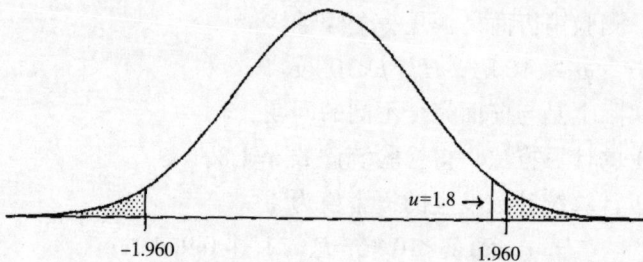

图 6-3　案例 2 临界值和统计数

该例子说明了原假设和备择假设的三种形式、统计数（u 统计数）的计算，以及如何选择需要接受和拒绝的假设。有时，即使无法拒绝 H_0，但还有一些观察值大于临界值，这时拒绝 H_0 实际上是不合适的。这类错误称为第一类错误（type I error），其大小可以由我们在进行统计分析之前确定，下面我们会专门论述。

上面的例子中，我们选择的第一类错误概率为 0.05。需要注意的是，在实际问题中，只可能有一种假设（案例1、案例2或案例3），利用同样的数据进行不同假设的假设检验是不合适的。

6.1.2　假设检验的步骤

通过前面例子，假设检验的基本步骤如下：

（1）根据题意定义 H_0 和 H_A；

（2）在原假设正确的前提下，确定检验统计数并计算统计数的估计值；

（3）计算 P 值，或确定临界值，并比较临界值与统计数值的大小；根据"小概率不可能原理"得出结论。

6.1.3 假设检验的两类错误

一般地，进行统计推断的样本为总体的一个或数个随机样本，由于抽样时的抽样误差，利用样本对总体的统计推断有时会产生关于总体的错误结论。

因为 H_0 和 H_A 是互斥而且包含所有的可能。因此，它们只能有一个正确。如果 H_0 正确，则 H_A 是错误的；如果这时的假设检验结果为接受 H_0，则结论正确；相反，如果假设检验结果为拒绝 H_0，结论就是错误的，这类错误称为第一类错误，用 α 表示。前面例子中我们确定的显著水平为 0.05，即如果 H_0 正确，对 20 个样本进行假设检验，如果有 1 次结果为拒绝 H_0，我们就怀疑 H_0 的正确性，拒绝 H_0，这时我们犯 I 类错误的概率为 5%。即

$$P（第一类错误）=拒绝一个正确原假设的概率$$

如果 H_0 是错误的，则 H_A 是正确的。这时的假设检验结果如果为拒绝 H_0，则结论正确；如果为接受 H_0，则结论错误，这类错误称第二类错误（type II error），用 β 表示，即

$$P（第二类错误）=接受一个错误原假设的概率$$

H_0 是错误的而结果为拒绝它的概率为 $1-\beta$，称为检验功效（power of a test）。如表 6-1 所示。

表 6-1　检验 H_0 的可能结果

检验结果	未知的真正情况	
	H_0 正确	H_0 错误
接受 H_0	正确结论 $1-\alpha$	第二类错误 β
拒绝 H_0	第一类错误 α	正确结论 $1-\beta$

由表 6-1 第三行可知，如果接受 H_0，则或者得出正确结论，或者犯概率为 β 的第二类错误。由表 6-1 第四行可知，如果结论为拒绝 H_0，则可能得出正确结论，也可能犯概率为 α 的第一类错误。因为假设检验时我们可以选择显著水平 α 的高低。因此，我们可以控制它的大小。当假设检验结果为拒绝

H_0 时，我们知道犯第一类错误的概率，因此我们进行假设检验时，总是希望结论为拒绝 H_0。

从以上讨论可知，我们可以控制显著水平（第一类错误，α），那么为什么推荐的显著水平为 0.05，而不是更低的第一类错误概率 0.01 或 0.001 呢？有时我们确实会选择较高的显著水平，但是，这时第二类错误 β 升高，检验功效下降。下面通过一个例子说明。

【例 6-2】假设有一个总体服从正态分布，其平均数等于 100，标准差等于 10。另一个总体也服从正态分布，平均数等于 105，标准差等于 10。我们不知道样本是从哪一个总体抽取的，只知道为其中之一。而实际上，样本来自均值等于 105 的样本。

案例 1：假定样本含量 $n=25$，$\alpha=0.05$。

假设 H_0: $m=100$，$\sigma=10$；H_A: $m=105$，$\sigma=10$。

首先，我们计算当 H_0 正确时，什么情况下会犯第一类错误。根据例 6-1，查相关表，得临界值 $u_{0.05}=1.645$，注意这时为单尾检验，即

$$1.645 = \frac{\bar{X} - 100}{10/\sqrt{25}}$$

于是得 $\bar{X} = 103.29$。如果 H_0 正确，当平均数大于 103.29 时，拒绝 H_0，第一类错误的概率为 0.05。如果 H_0 是错误的，平均数低于 103.29 会导致第二类错误，得出样本来自平均数为 100 总体的结论。图 6-4 中平均数为 100 的分布的斜影部分为第一类错误，平均数为 105 的分布的阴影部分为第二类错误。

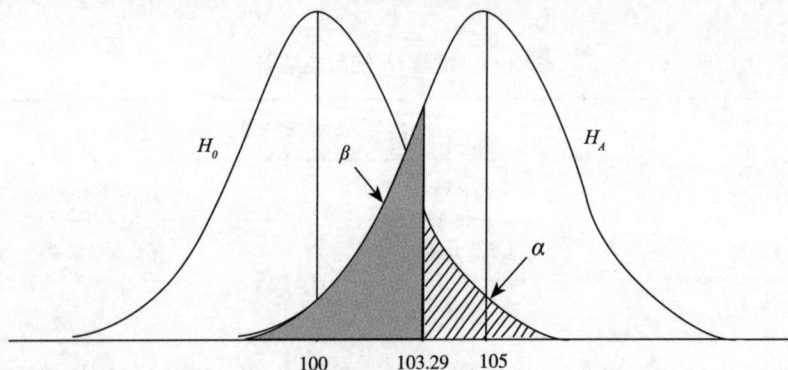

图 6-4　第一类错误和第二类错误

现在我们可以根据定义，计算第二类错误：

$$\beta = P(\bar{X} < 103.29) = P\left(u < \frac{103.29 - 105}{10/\sqrt{25}}\right) = P(u < -0.855) = 0.1963$$

这时 u 检验的检验功效等于 $1-\beta=1-0.196\,3=0.803\,7$。

案例 2：假定样本含量 $n=25$，$\alpha=0.01$。

同样地，我们先计算当 H_0 正确，什么时候会犯第一类错误。与前面的相同，查相关表，统计数临界值 $u_{0.01}=2.330$，即

$$2.330 = \frac{\overline{X}-100}{110/\sqrt{25}}$$

于是得 $\overline{X}=104.66$。第二类错误为

$$\beta = P(\overline{X}<104.66) = P\left(u<\frac{104.66-105}{10/\sqrt{25}}\right) = P(u<-0.170) = 0.432\,5$$

这时 u 检验的检验功效等于 $1-\beta=1-0.432\,5=0.567\,5$。

表 6-2 列出了三种显著水平下第二类错误和检验功效；可以看出，随着显著性水平的提高，第二类错误增大，检验功效下降；这样的后果不是我们期望的。这种现象的根本原因，是因为两个样本分布存在重叠。比如，如果一个样本的均值等于 100，而另一个为 10 000，由于两个样本分布没有重叠，第二类错误就消失了。

表 6-2　显著水平和第二类错误、检验功效的关系

α	β	检验功效
0.05	0.196 3	0.803 7
0.01	0.432 5	0.567 5
0.001*	0.719 0	0.281 0

注：*α=0.01 时，临界值 u_α=3.08。

案例 3：假定样本含量 $n=100$，$\alpha=0.05$。

$$1.645 = \frac{\overline{X}-100}{10/\sqrt{100}}$$

得 $\overline{X}=101.645$，于是，第二类错误为

$$\beta = P(\overline{X}<101.645) = P\left(u<\frac{101.645-105}{10/\sqrt{100}}\right) = P(u<-3.355) = 0.000\,4$$

检验功效等于 0.999 6。

样本含量提高后，根据中心极限定理，样本平均数的标准误下降，使样本分布间的重叠减少。因此，可以通过样本含量来提高检验功效，降低第二类错误。

一般情况下，真实的情况我们并不知道。因此，无法计算第二类错误的概率值。

6.1.4 双侧检验与单侧检验

例 6-1 是当总体方差已知时，样本平均数和总体平均数的差异显著性检验。例 6-1 案例 1 的原假设为样本平均数小于或等于总体平均数，备择假设分别是样本平均数大于总体平均数，拒绝区域为 $[u_\alpha, \infty)$，当统计数大于或等于临界值时，拒绝原假设。例 6-1 案例 2 的原假设为大于或等于总体平均数，备择假设是小于总体平均数，拒绝区域为 $[-u_\alpha, \infty)$，当统计数小于或等于临界值时，拒绝原假设。我们称这样的假设检验为单侧检验（one-sided test）或单尾检验（one-tailed test）。

而例 6-1 案例 3 的原假设为样本平均数等于总体平均数，备择假设为样本平均数不等于总体平均数，拒绝区域为 $[u_{\alpha/2}, \infty)$ 和 $(-\infty, -u_{\alpha/2}]$（假定为 $u_{\alpha/2}$ 正值），有两个临界值，无论是统计数大于 $u_{\alpha/2}$，还是统计数小于 $-u_{\alpha/2}$，我们都拒绝原假设。我们称这样的假设检验为双侧检验（two-sided test）或双尾检验（two-tailed test）。

6.1.5 假设检验应注意的问题

进行假设检验时，第一，应该注意统计显著和生物学重要性的区别。假设检验结果为差异显著，只是统计分析的结果，并不一定具有重要的生物学意义，也不表明差异非常大。比如，假如两个奶牛群的 305 d 产奶量平均数差异 10 kg，如果样本足够大，进行假设检验结果可能会达到显著。但是，对于生产实际却没有任何价值。相反，如果两个蛋鸡群的平均蛋重相差 5 g，假设检验结果可能不显著，却可能有重要的经济价值。同样地，如果假设检验结果为差异不显著，不能理解为样本间没有差异，假设检验不显著可能是因为误差太大而掩盖了真正的差异，进一步精确的试验结果的假设检验可能会得出差异显著的结果。

第二，应该注意假设检验结果的解读。根据表 6-1，无论我们是拒绝 H_0 还是拒绝 H_A，我们都有可能会犯错误。因此，我们的假设检验结果假如为 $P>0.05$，不能说"证明（prove）" H_0 是正确的，因为证明的意思为 100% 正确，但我们可以说数据（data）"支持"（support）原假设；同理，如果 $P<0.05$，我们可以说数据支持备择假设。

第三，关于显著水平的选择。根据例 6-2 的结果，随着 α 值的下降，第二类错误上升，检验功效下降。一般地，取 $\alpha=0.05$ 比较合适。有时，犯第一类错误有严重后果，而且由于某些研究的特点决定了容易犯第一类错误，如遗传学中的 QTL（数量性状座位）定位研究，需要利用较低的显著水平，这时可以根据研究中染色体的数量校正显著水平的大小；关于假设检验时，α 值的取值校正方法超出了本书的范围，读者可以参考有关的统计学专著。有时，需要利用较高的显著水平，如后面章节中的多重回归分析（多个自变量、一个依变量的线性回归分析）中，自变量选择时 α 值可以选择 0.15，目的是提高回归方程的拟合度（即实际观察值和）。由于样本容量升高可以提高检验功效，因此，如果条件允许，试验设计时应该尽量使各组样本容量大一些。后面的章节中，我们会讲述如何确定合适的样本容量。

第四，关于假设检验时是采用单侧检验还是双侧检验，要根据不同问题的要求和专业知识来决定，一般在试验设计时就已经确定。如果事先不知道假设检验的结果，分析的目的是处理间有无差异，则进行双侧检验；如果根据专业知识或前人的结果，A 处理的平均数比 B 处理的平均数高（或相反），假设检验的目的是处理 A 的平均数是否高于处理 B 的平均数（或差），则进行单侧检验。由上可知，如果对同一资料同时进行双侧检验和单侧检验，假设检验的结果是不同的，即单侧检验在显著水平 α 时显著，相当于双侧检验的 2α 水平显著。双侧检验显著的，单侧检验结果一定显著；而单侧检验显著的，双侧检验结果不一定显著。

第五，假设检验时要根据样本分布理论选择合适的检验统计数，每种检验统计数都有其适用条件。比如，从本章下面两节可以知道，单样本的假设检验有 u 检验和 t 检验之分，我们要注意应用的条件不同。

第六，"显著"针对的是样本而不是总体，我们只能说"样本 A 和样本 B 平均数间存在显著差异"，而不能说"总体 A 和总体 B 的平均数差异显著"。

6.2 单样本平均数的假设检验

在实际工作中，我们往往需要检验一个样本平均数与已知的总体平均数是否有显著差异，即检验该样本是否来自某一总体。已知的总体平均数一般为一些公认的理论数值、经验数值或期望数值，如畜禽正常生理指标、怀孕期、家禽出雏日龄以及生产性能指标等，可以用样本平均数与之比较，检验差异显著性。这类检验的假设共有 3 种，与例 6-1 的 3 种相似。由第 5 章第 2 节可知，我们可以用 t 统计数进行假设检验，称为 t 检验（t test）。

$$t = \frac{\bar{x} - \mu_0}{S_{\bar{x}}} \quad df = n-1 \quad\quad (6-1)$$

式中，n 为样本含量，$S_{\bar{x}} = S / \sqrt{n}$ 为样本平均数差的标准误。

【例 6-3】母猪的怀孕期为 114 天，今抽测 10 头母猪的怀孕期分别为 116、115、113、112、114、117、115、116、114、113（天），试检验所得样本的平均数与总体平均数 114 天有无显著差异？

根据题意，本例应进行双侧 t 检验。

（1）假设为 $H_0: \mu=114$，$H_A: \mu \neq 114$。

（2）统计数的计算。

经计算得 $\bar{x}$ =114.5，S=1.581。所以，

$$t = \frac{\bar{x} - \mu_0}{S_{\bar{x}}} = \frac{114.5 - 114}{1.581 / \sqrt{10}} = \frac{0.5}{0.5} = 1.000, \quad df = n-1 = 10-1 = 9$$

（3）统计推断。由 df=9，查 t 值表得双侧 $t_{0.05(9)}$ =2.262，因为 $|t|$<2.262，所以 P>0.05，故不能拒绝 H_0，表明样本平均数与总体平均数差异不显著，可以认为，该样本取自母猪怀孕期为 114 天的总体。

【例 6-4】按饲料配方规定，每 1 000 kg 某种饲料中维生素 C 含量大于 246 g，现从工厂的产品中随机抽测 12 个样品，测得维生素 C 含量如下（g/1 000 kg）：255、260、262、248、244、245、250、238、246、248、258、270，若样品的维生素 C 含量服从正态分布，问此产品是否符合规定要求？

按题意，此例应采用单侧检验。

（1）假设为 $H_0: \mu \leq 246$，$H_A: \mu$>246。

（2）统计数的计算。经计算得 $\bar{x}$ =252，S=9.115。所以，

$$t = \frac{\bar{x} - u}{S_{\bar{x}}} = \frac{252 - 246}{9.115 / \sqrt{12}} = \frac{6}{2.631} = 2.280, \quad df = n-1 = 12-1 = 11$$

（3）统计推断。因为 $|t|$> 单侧 $t_{0.05(11)}$=1.796，而单侧 $t_{0.01(11)}$=2.718，所以，0.01<P<0.05，否定 $H_0: \mu \leq 246$，接受 $H_A: \mu$>246，表明样本平均数与总体平均数差异显著，可以认为，该批饲料维生素 C 含量符合规定要求。

t 检验假设样本服从正态分布，但是，当样本中等程度偏离正态分布时，不会影响 t 检验的可靠性（validity），统计术语称 t 检验为稳健的（robust）。

6.3　两个样本平均数差异的假设检验

在实际工作中，我们还经常会遇到推断两个样本平均数差异是否显著的问题，以了解两样本所属总体的平均数是否相同。对于两样本平均数差异显著性检验，因试验设计不同，一般可分为两种情况：一是两独立样本（independent samples）平均数的差异假设检验；二是配对样本（paired samples）平均数的假设检验。

6.3.1　两独立样本平均数差异的假设检验

两独立样本指两样本为分别独立地从两个总体抽取的，两个样本间相互独立。在动物科学中，利用完全随机设计（completely randomized design，CRD）进行只有两个处理的试验设计时，将独立的试验单位完全随机地分成两个组，然后对两组随机施加一个处理，即得两独立样本。两独立样本数据资料的一般格式如表 6-3 所示。

表 6-3　非配对设计资料的一般形式

处　理	观测值 x_{ij}	样本含量 n_i	平均数 $\bar{x}$	总体平均数
1	x_{11} x_{12} ... x_{1n_1}	n_1	$\bar{x}_1 = \Sigma x_{1j} / n_1$	μ_1
2	x_{21} x_{22} ...x_{2n_2}	n_2	$\bar{x}_2 = \Sigma x_{2j} / n_2$	μ_2

假设两样本所属总体均为正态分布，分别记为 $N(\mu_1, \sigma^2)$ 和 $N(\mu_2, \sigma^2)$。一般地，检验假设为

$H_0 : \mu_1 = \mu_2$，$H_A : \mu_1 \neq \mu_2$。

当 H_0 成立时，检验统计数：

$$t = \frac{\bar{x}_1 - \bar{x}_2}{S_{\bar{x}_1 - \bar{x}_2}} \sim t(n_1 + n_2 - 2) \qquad (6-2)$$

其中，$S_{\bar{x}_1 - \bar{x}_2}$ 为两样本差的标准误，

$$S_{\bar{x}_1 - \bar{x}_2} = \sqrt{S_P^2 \left(\frac{1}{n_1} + \frac{1}{n_2} \right)}$$

$$S_p^2 = \frac{\sum (x_1 - \bar{x}_1)^2 + \sum (x_2 - \bar{x}_2)^2}{(n_1 - 1) + (n_2 - 1)}$$

$$= \frac{\left[\sum x_1^2 - \frac{\left(\sum x_1\right)^2}{n_1}\right] + \left[\sum x_2^2 - \frac{\left(\sum x_2\right)^2}{n_2}\right]}{(n_1-1)+(n_2-1)} = \frac{(n_1-1)S_1^2+(n_2-1)S_2^2}{(n_1-1)+(n_2-1)} \qquad (6\text{-}3)$$

S_p 为合并标准差，n_1、n_2 分别为样本 1 和样本 2 的样本含量，$\bar{x}_1$、$\bar{x}_2$ 分别为样本 1 和样本 2 的平均数，S_1^2、S_2^2 分别为样本 1 和样本 2 的样本方差。

【例 6-5】某种猪场测定了某基因的基因型，发现仅有两种基因型；两种基因型第一胎长白猪的初生仔猪平均重如表 6-4 所示。问这两种基因型第一胎长白猪的初生仔猪平均重有无显著差异？

表 6-4　不同基因型第一胎长白猪初生仔猪平均重量

基因型	头　数	背膘厚度 /cm										
Ⅰ	12	1.73	1.62	1.43	1.80	1.44	1.28	1.36	1.90	1.41	1.31	1.17	1.25
Ⅱ	11	1.73	1.51	1.17	1.36	1.49	1.21	1.11	1.34	1.23	1.43	1.73	—

此例 $n_1=12$、$n_2=11$，经计算得 $\bar{x}_1=1.475$，$S_1^2=0.0547$，$\bar{x}_2=1.3918$，$S_2^2=0.0445$。

（1）假设为 $H_0: \mu_1=\mu_2$，$H_A: \mu_1 \neq \mu_2$。

（2）统计数计算。

$$S_p^2 = \frac{(n_1-1)S_1^2+(n_2-2)S_2^2}{(n_1-1)+(n_2-1)} = \frac{11\times0.0547+10\times0.0445}{(12-1)+(11-1)} = 0.0498$$

$$t = \frac{\bar{x}_1-\bar{x}_2}{\sqrt{S_p^2\left(\frac{1}{n_1}+\frac{1}{n_2}\right)}} = \frac{1.4750-1.3918}{\sqrt{0.0499\left(\frac{1}{12}+\frac{1}{11}\right)}} = \frac{0.0832}{0.0932} = 0.8927$$

$$df=(n_1-1)+(n_2-1)=(12-1)+(11-1)=21$$

（3）统计推断。

当 $df=21$ 时，查临界值得双侧 $t_{0.05(21)}=2.080$，$|t|<2.080$，$P>0.05$，不能拒绝 H_0，表明这两种基因型长白猪第一胎母猪的仔猪初生重差异不显著。

【例 6-6】某家禽研究所对粤黄鸡进行饲养对比试验，试验时间为 60 天，增重结果如表 6-5 所示，问两种饲料对粤黄鸡的增重效果有无显著差异？

表 6-5　粤黄鸡饲养试验增重

饲 料	n_i	增 重 /g							
A	8	720	710	735	680	690	705	700	705
B	8	680	695	700	715	708	685	698	688

此例 $n_1 = n_2 = 8$，经计算得 $\bar{x}_1 = 706.625\ 0$、$S_1^2 = 288.839\ 3$，$\bar{x}_2 = 696.125\ 0$、$S_2^2 = 138.125\ 0$

（1）假设为 $H_0 : \mu_1 = \mu_2$，$H_A : \mu_1 \neq \mu_2$。

（2）统计数计算。

$$S_p^2 = \frac{(n_1 - 1)S_1^2 + (n_2 - 2)S_2^2}{(n_1 - 1) + (n_2 - 1)} = \frac{8 \times 288.839\ 3 + 8 \times 138.125\ 0}{(12 - 1) + (11 - 1)} = 213.482\ 1$$

$$t = \frac{\bar{x}_1 - \bar{x}_2}{\sqrt{S_p^2 \left(\frac{1}{n_1} + \frac{1}{n_2} \right)}} = \frac{705.620 - 288.839}{\sqrt{213.482\ 1 \left(\frac{1}{8} + \frac{1}{8} \right)}} = 1.300\ 4$$

$$df = (n_1 - 1) + (n_2 - 1) = (8 - 1) + (8 - 1) = 14$$

（3）统计推断。当 $df = 14$ 时，查临界 t 值得双侧 $t_{0.05(14)} = 2.145$，$|t| < 2.145$，$P > 0.05$，故不能否定原假设，表明两种饲料饲喂粤黄鸡的增重效果差异不显著，可以认为，两种饲料的增重效果没有差异。

两独立样本平均数的差异显著性检验中，若总的试验单位数（$n_1 + n_2$）不变，则两样本含量相等比两样本含量不等有较高检验效率，因为此时使两平均数差异的标准误最小，从而使 t 的绝对值最大。

两个独立样本 t 检验假定两样本的方差或标准差的差异不显著，称为方差齐性（homogeneity），可以利用 F 检验（F test）、Levene 检验（Levene's test）进行检验。如果经过检验发现两个独立样本的方差不相等，可以通过校正使统计数的自由度下降，从而提高临界值，其中最常用的为 Welch 近似法；还可以利用非参数检验法，即威尔科克森秩和检验（Wilcoxon's rank sum test; 又称曼 – 惠特尼 u 检验，Mann–Whitney u test）进行假设检验。本书没有涉及方差齐性检验和两样本方差不相等时两样本平均数的假设检验，但读者可以在许多参考书中找到，利用 SAS 进行分析时会自动给出 Welch 近似法的假设检验结果。当两个样本含量相等时，两样本方差相等的假设可以不用考虑。因此，我们在实际研究中，一般都尽量使两样本含量相等。统计学中称 t 检验的这一特性为样本含量相同时的稳健性。

6.3.2 两配对样本平均数的差异显著性检验

完全随机设计要求试验单位尽可能一致。如果试验单位（experiment unit）变异较大，如试验动物的年龄、体重相差较大，若采用上述方法就有可能使处理效应受到系统误差的影响而降低试验的准确性与精确性。为了消除试验单位不一致对试验结果的影响，减少系统误差，降低试验误差，提高试验的准确性与精确性，可以利用局部控制（local control）的原则，采用随机配对设计（randomized paired design）（或称配对设计，paired design）。

随机配对设计是指先根据配对的要求将试验单位两两配对，然后将配成对子的两个试验单位随机地分配到两个处理组中。配对的要求是，配成对子的两个试验单位的初始条件尽量一致，不同对子间试验单位的初始条件允许有差异，每一个对子就是试验处理的一个重复。配对的方式有两种：自身配对与同源配对。

（1）自身配对：指同一试验单位在两个不同时间分别随机地接受前后两次处理，用其前后两次的观测值进行自身对照比较；或同一试验单位的不同部位的观测值或不同方法的观测值进行自身对照比较。例如，观测某种病畜治疗前后临床检查结果的变化；观测用两种不同方法对畜产品中毒物或药物残留量的测定结果变化等。

（2）同源配对：指将来源相同、性质相同的两个个体配成一对，如将畜别、品种、窝别、性别、年龄相同，体重相近的两头试验动物配成一对，然后对配对的两个个体随机地实施不同处理。

随机配对试验资料可称为配对资料（paired-matched data），这两个样本称为配对样本（paired samples）。在随机配对设计中，由于各对试验单位间相互独立（independent），对内两个试验单位存在相互依赖（dependent），所以样本又称为相依样本（dependent samples）。配对设计试验资料的一般形式，如表 6-6 所示。

表 6-6 配对设计试验资料的一般形式

处　理	观测值 x_{ij}				样本含量	样本平均数	总体平均数
1	x_{11}	x_{12}	$\cdots$	x_{1n}	n	$\bar{x}_1 = \sum x_{1j}/n$	μ_1
2	x_{21}	x_{22}	$\cdots$	x_{2n}	n	$\bar{x}_2 = \sum x_{2j}/n$	μ_2
$d_j = x_{1j} - x_{2j}$	d_1	d_2		d_n	n	$\bar{d} = \bar{x}_1 - \bar{x}_2$	$\mu_d = \mu_1 - \mu_2$

两配对样本平均数的差异假设检验的假设为 $H_0: \mu_d = 0$，$H_A: \mu_d \neq 0$。其中，μ_d 为两样本配对数据差值 d 总体平均数，它等于两样本所属总体平均数 μ_1 与 μ_2 之差，即 $\mu_d = \mu_1 - \mu_2$。所设原假设、备择假设相当于 H_0：$\mu_1 = \mu_2$，H_A：$\mu_1 \neq \mu_2$。

原假设成立时，可以用配对 t 检验（paired t test）进行分析，计算 t 统计数的公式为

$$t = \frac{\bar{d}}{S_{\bar{d}}}, \quad df = n - 1 \tag{6-4}$$

上式中，$S_{\bar{d}}$ 为差异标准误，计算公式为

$$S_{\bar{d}} = \frac{S_d}{\sqrt{n}} = \sqrt{\frac{\sum(d - \bar{d})^2}{n(n-1)}} = \sqrt{\frac{\sum d^2 - \left(\sum d\right)^2 / n}{n(n-1)}} \tag{6-5}$$

d 为两样本各对数据之差：$d_j = x_{1j} - x_{2j}$，$(j = 1, 2, \ldots, n)$；$\bar{d} = \sum d_j / n$；S_d 为 d 的标准差；n 为配对的对子数，即试验的重复数。

【例 6-7】用家兔 10 只试验某批注射液对体温的影响，测定每只家兔注射前后的体温，如表 6-7 所示。设体温服从正态分布，问注射前后体温有无显著差异？

表 6-7　10 只家兔注射前后的体温

兔　号	1	2	3	4	5	6	7	8	9	10
注射前体温 /℃	37.8	38.2	38.0	37.6	37.9	38.1	38.2	37.5	38.5	37.9
注射后体温 /℃	37.9	39.0	38.9	38.4	37.9	39.0	39.5	38.6	38.8	39.0
$d = x_1 - x_2$	−0.1	−0.8	−0.9	−0.8	0	−0.9	−1.3	−1.1	−0.3	−1.1

（1）假设为 $H_0: \mu_d = 0$，即假定注射前后体温无差异；$H_A: \mu_d \neq 0$，即假定注射前后体温有差异。

（2）计算统计数。经过计算得 $\bar{d} = -0.73$，$S_{\bar{d}} = S_d / \sqrt{n} = 0.445 / \sqrt{10} = 0.141$

$$t = \frac{\bar{d}}{S_{\bar{d}}} = \frac{-0.73}{0.141} = -5.189, \quad df = n - 1 = 10 - 1 = 9$$

（3）统计推断。由 $df = 9$，查 t 值表得双侧 $t_{0.01(9)} = 3.250$，$|t| > t_{0.01(9)}$，$P < 0.01$，否定 $H_0: \mu_d = 0$，接受 $H_A: \mu_d \neq 0$，表明家兔注射该批注射液前后体温差异极显著，注射该批注射液可使体温极显著升高。

【例 6-8】现从 8 窝仔猪中每窝选出性别相同、体重接近的仔猪两头进行饲料对比试验，将每窝两头仔猪随机分配到两个饲料组中，时间 30 天，试验结果如表 6-8 所示。问两种饲料喂饲仔猪增重有无显著差异？

表 6-8 仔猪饲料对比试验（单位：kg）

窝 号	1	2	3	4	5	6	7	8
甲饲料（x_1）	10.0	11.2	11.0	12.1	10.5	9.8	11.5	10.8
乙饲料（x_2）	9.8	10.6	9.0	10.5	9.6	9.0	10.8	9.8
$d=x_1-x_2$	0.2	0.6	2.0	1.6	0.9	0.8	0.7	1.0

（1）假设为 $H_0: \mu_d = 0$，即假定两种饲料饲喂仔猪平均增重无差异；$H_A: \mu_d \neq 0$，即假定两种饲料饲喂仔猪平均增重有差异。

（2）计算统计数。计算得 $\bar{d} = 0.975$，$S_{\bar{d}} = S_d / \sqrt{n} = 0.5726 / \sqrt{8} = 0.2025$

$$t = \frac{\bar{d}}{S_{\bar{d}}} = \frac{0.975}{0.2025} = 4.815, \quad df = n-1 = 8-1 = 7$$

（3）统计推断。由 $df=7$，查 t 值表得双侧 $t_{0.01(7)} = 3.499$，$|t| > 3.499$，$P < 0.01$，表明甲种饲料与乙种饲料喂饲仔猪平均增重差异极显著，这里表现为甲种饲料喂饲仔猪的平均增重极显著高于乙种饲料喂饲的仔猪平均增重。

一般来说，相对于非配对设计，配对设计能够提高试验的精确性。两种方法估计误差的公式为

非配对设计（$n_1=n_2=n$）：

$$S_{\bar{x}_1-\bar{x}_2} = \sqrt{S_p^2 \left(\frac{1}{n} + \frac{1}{n} \right)} = \sqrt{\frac{\sum(x_1-\bar{x}_1)^2 + \sum(x_2-\bar{x}_2)^2}{n(n-1)}}$$

配对设计：$S_{\bar{d}} = \sqrt{\dfrac{\sum(d-\bar{d})^2}{n(n-1)}}$

两式中分母相同。

因为 $\sum(d_j-\bar{d})^2 = \sum\left[(x_{1j}-x_{2j}) - (\bar{x}_1-\bar{x}_2)\right]^2 = \sum\left[(x_{1j}-\bar{x}_1) - (x_{2j}-\bar{x}_2)\right]^2$

$= \sum(x_{1j}-\bar{x}_1)^2 + \sum(x_{2j}-\bar{x}_2)^2 - 2\sum(x_{1j}-\bar{x}_1)(x_{2j}-\bar{x}_2)$

在配对设计中，$(x_{1j}-\bar{x}_1)$ 和 $(x_{2j}-\bar{x}_2)$ 有同时为正或同时为负的倾向。因此，

$\sum(x_{1j}-\bar{x}_1)(x_{2j}-\bar{x}_2)$ 常大于 0，$\sum(d_j-\bar{d})^2$ 常小于 $\sum(x_{1j}-\bar{x}_1)^2 + \sum(x_{2j}-\bar{x}_2)^2$，

这样 $S_{\bar{d}}$ 常小于 $S_{\bar{x}_1-\bar{x}_2}$。但并非所有 $\sum\left(x_{1j}-\bar{x}_1\right)\left(x_{2j}-\bar{x}_2\right)$ 恒大于零，故有时 $S_{\bar{d}}$ 大于 $S_{\bar{x}_1-\bar{x}_2}$，也就是说，并非所有的配对设计的试验误差都小于非配对设计的试验误差。这就要求我们在进行配对设计时，配成对子的两个试验单位必须真正符合配对条件，若试验单位不具备配对条件，不要勉强采用配对设计。

此外，要注意，因为配对设计误差自由度为非配对设计（$n_1=n_2=n$）误差自由度的一半，使配对设计的临界 t 值大于非配对设计的临界 t 值，于是配对设计只有因 $S_{\bar{d}}$ 的减小而使计算的 t 的绝对值增大的程度超过因自由度减小而使临界 t 值增大的程度，才能比非配对设计更有效地发现两样本间的真实差异。

在进行两样本平均数差异显著性检验时，亦有双侧与单侧检验之分。关于单侧检验，只要注意问题的性质、备择假设 H_A 的建立和临界 t 值的查取就行了，具体计算与双侧检验相同。

6.4　样本频率的假设检验

在第 4 章介绍二项分布时曾指出：由具有两个属性类别的质量性状利用统计次数法得来的次数资料进而计算出的百分数资料，如成活率、死亡率、孵化率、感染率、阳性率等是服从二项分布的。这类百分数的假设检验应按二项分布进行。当样本含量 n 较大，p 不过小，且 np 和 nq 均大于 5 时，可以近似地利用正态分布进行假设检验。适用于近似地采用 u 检验所需的二项分布百分数资料的样本含量 n 如表 6-9 所示。

表 6-9　适用于近似地采用 u 检验所需要的二项分布百分数资料的样本含量

$\hat{p}$（样本百分数）	$n\hat{p}$（较小百分数的次数）	n（样本含量）
0.5	15	30
0.4	20	50
0.3	24	80
0.2	40	200
0.1	60	600
0.05	70	1 400

6.4.1 单个样本频率的假设检验

在实际工作中，有时需要检验一个服从二项分布的样本百分数与已知的二项总体百分数差异是否显著，其目的在于检验一个样本百分数 $\hat{p}$ 所在二项总体百分数 p 是否与已知二项总体百分数 p_0 相同，换句话说，检验该样本百分数 $\hat{p}$ 是否来自总体百分数为 p_0 的二项总体。这里所讨论的百分数是服从二项分布的，但 n 足够大，p 不过小，np 和 nq 均大于 5，如上所述，可近似地采用 u 检验法来进行显著性检验；若 np 或 nq 小于或等于 30 时，应对 u 进行连续性矫正。

一般地，假设为 $H_0 : p=p_0$，$H_A : p \neq p_0$。

根据中心极限定理，$p \sim N[p_0, p_0(1-p_0)/n]$。因此，$u$ 值的计算公式为

$$u = \frac{\hat{p} - p_0}{S_{\hat{p}}} \tag{6-6}$$

当 np 或 nq 小于或等于 30 时，矫正 u 值 u_c 的计算公式为

$$u_c = \frac{|\hat{p} - p_0| - 0.5/n}{S_{\hat{p}}} \tag{6-7}$$

其中，$\hat{p}$ 为样本百分数，p_0 为总体百分数，$S_{\hat{p}}$ 为样本百分数标准误，计算公式为

$$S_{\hat{p}} = \sqrt{\frac{p_0(1-p_0)}{n}} \tag{6-8}$$

根据相关资料，u 检验的临界值分别等于 1.96（$\alpha=0.05$）和 2.58（$\alpha=0.01$）。

【例 6-9】据往年调查某地区的乳牛隐性乳腺炎一般为 30%，现对某牛场 500 头乳牛进行检测，结果有 175 头乳牛凝集反应阳性，问该牛场的隐性乳腺炎是否比往年严重？

此例总体百分数 p_0 =30%，样本百分数 $\hat{p}$ =175÷500=35%，因为 np_0 =500×30%=150>30，不需进行连续性矫正。

（1）假设 $H_0 : p = 30\%$，$H_A : p \neq 30\%$。

（2）计算统计数。

$$S_{\hat{p}} = \sqrt{\frac{p_0(1-p_0)}{n}} = \sqrt{\frac{0.3 \times (1-0.3)}{500}} = 0.020\,5$$

$$u = \frac{\hat{p} - p_0}{S_{\hat{p}}} = \frac{0.35 - 0.30}{0.0205} = 2.439$$

（3）统计推断。因为 $1.96<u<2.58$，$0.01<p<0.05$，因此拒绝 H_0，可认为样本百分数 $\hat{p}=35\%$ 与总体百分数 $p_0=30\%$ 差异显著，该奶牛场的隐性乳腺炎比往年严重。

6.4.2　两个样本频率的假设显著性检验

在实际工作中，有时需要检验服从二项分布的两个样本百分数差异是否显著。其目的在于检验两个样本百分数 $\hat{p}_1$、$\hat{p}_2$ 所在的两个二项总体百分数 p_1、p_2 是否相同。当两样本的 np、nq 均大于 5 时，可以把两个二项分布的分布近似看成正态分布。根据正态分布的性质，两个正态分布的和或差仍然服从正态分布。因此，可以近似地采用 u 检验法进行检验，但在 np 和（或）nq 小于或等于 30 时，需作连续性矫正。

一般地，假设为 H_0：$p_1=p_2$，H_A：$p_1 \neq p_2$。

根据中心极限定理，$p_1-p_2 \sim N\left[p_1-p_2, p_1(1-p_1)/n_1+p_2(1-p_2)/n_2\right]$，当原假设成立时，$p_1-p_2 \sim N\left[0, \bar{p}(1-\bar{p})(1/n_1+1/n_2)\right]$，其中 $\bar{p}$ 为合并样本百分数，$\bar{p}=\dfrac{n_1\hat{p}_1+n_2\hat{p}_2}{n_1+n_2}=\dfrac{x_1+x_2}{n_1+n_2}$。于是，统计数可以这样计算：

$$u=\frac{\hat{p}_1-\hat{p}_2}{S_{\hat{p}_1-\hat{p}_2}} \tag{6-9}$$

$$u_c=\frac{|\hat{p}_1-\hat{p}_2|-0.5/n_1-0.5/n_2}{S_{\hat{p}_1-\hat{p}_2}} \tag{6-10}$$

其中，$\hat{p}_1=x_1/n_1$，$\hat{p}_2=x_2/n_2$ 为两个样本百分数，$S_{\hat{p}_1-\hat{p}_2}$ 为样本百分数差异标准误，计算公式为

$$S_{\hat{p}_1-\hat{p}_2}=\sqrt{\bar{p}(1-\bar{p})\left(\frac{1}{n_1}+\frac{1}{n_2}\right)}$$

这时 u 检验的临界值仍分别等于 1.96（$\alpha=0.05$）和 2.58（$\alpha=0.01$）。

【例 6-10】某养猪场第一年饲养杜长大商品仔猪 9 800 头，死亡 980 头；第二年饲养杜长大商品仔猪 10 000 头，死亡 950 头，试检验第一年仔猪死亡率与第二年仔猪死亡率是否有显著差异？

此例，两样本死亡率分别为

$$\hat{p}_1=\frac{x_1}{n_1}=\frac{980}{9\,800}=10\% \quad \hat{p}_2=\frac{x_2}{n_2}=\frac{950}{10\,000}=9.5\%$$

合并样本死亡率约为

$$\bar{p} = \frac{x_1 + x_2}{n_1 + n_2} = \frac{980 + 950}{9\,800 + 10\,000} = 9.747\%$$

因为 $n_1\bar{p} = 9\,800 \times 9.747\% = 955.206$

$$n_1\bar{q} = n_1(1 - \bar{p}) = 9\,800 \times (1 - 9.747\%) = 8\,844.794$$
$$n_2\bar{p} = 10\,000 \times 9.747\% = 974.7$$
$$n_2\bar{q} = n_2(1 - \bar{p}) = 10\,000 \times (1 - 9.747\%) = 9\,025.3$$

即 n_1p、n_1q、n_2p、n_2q 均大于 5，并且都大于 30，可利用 u 检验法，不需做连续矫正。检验基本步骤是

（1）假设 $H_0 : P_1 = P_2$，　$H_A : P_1 \neq P_2$。

（2）计算统计数。因为

$$S_{\hat{p}_1 - \hat{p}_2} = \sqrt{\bar{p}(1 - \bar{p})\left(\frac{1}{n_1} + \frac{1}{n_2}\right)}$$

$$= \sqrt{9.747\% \times (1 - 9.747\%) \times \left(\frac{1}{9\,800} + \frac{1}{10\,000}\right)}$$

$$= 0.004\,22$$

于是

$$u = \frac{\hat{p}_1 - \hat{p}_2}{S_{\hat{p}_1 - \hat{p}_2}} = \frac{10\% - 9.5\%}{0.004\,22} = 1.186$$

（3）统计推断。由于 $u < 1.96$，$p > 0.05$，不能拒绝 H_0，表明第一年仔猪死亡率与第二年仔猪死亡率差异不显著。

需要说明的是，样本频率的假设检验也可以利用 χ^2 检验。关于 χ^2 检验，请参阅第 7 章。

6.5　总体参数的区间估计

参数估计是统计推断的另一重要内容。所谓参数估计就是用样本统计数来估计总体参数，有点估计（point estimation）和区间估计（interval estimation）之分。将样本统计数直接作为总体相应参数的估计值叫点估计。点估计只给出了未知参数估计值的大小，没有考虑试验误差的影响，也没有指出估计的可靠程度。区间估计是在一定概率保证下指出总体参数的可能范围，所给出的可能

范围叫置信区间（confidence interval, CI; confidence region），给出的概率保证称为置信度（degree of confidence）（或置信概率，confidence probability；或置信水平，confidence level）。本节介绍正态总体平均数 μ 和二项总体百分数 P 的区间估计。

6.5.1 正态总体平均数 μ 的置信区间

设有一来自正态总体的样本，包含 n 个观测值 x_1, x_2, $\cdots$, x_n，样本平均数 $\bar{x} = \sum x / n$，标准误 $S_{\bar{x}} = S / \sqrt{n}$，总体平均数为 μ。

因为 $t = (\bar{x} - \mu) / S_{\bar{x}}$ 服从自由度为 $n-1$ 的 t 分布。双侧检验的显著水平为 α 时，有

$$P(-t_\alpha \leq t \leq t_\alpha) = 1 - \alpha$$

也就是说，t 在区间 $[-t_\alpha, t_\alpha]$ 内取值的可能性为 $1-\alpha$，即

$$P\left(-t_\alpha \leq \frac{\bar{x} - \mu}{S_{\bar{x}}} \leq t_\alpha\right) = 1 - \alpha$$

对 $-t_\alpha \leq \dfrac{\bar{x} - \mu}{S_{\bar{x}}} \leq t_\alpha$ 变形得

$$\bar{x} - t_\alpha S_{\bar{x}} \leq \mu \leq \bar{x} + t_\alpha S_{\bar{x}} \tag{6-11}$$

亦即 $P\left(\bar{x} - t_\alpha S_{\bar{x}} \leq \mu \leq \bar{x} + t_\alpha S_{\bar{x}}\right) = 1 - \alpha$

（6-11）式称为总体平均数 μ 置信度为 $1-\alpha$ 的置信区间，为总体平均数的区间估计（interval estimator），表示总体参数 μ 在该区间的概率为 $1-\alpha$。其中，$t_\alpha S_{\bar{x}}$ 称为置信半径（confidence radius）；$\bar{x} - t_\alpha S_{\bar{x}}$ 和 $\bar{x} + t_\alpha S_{\bar{x}}$ 分别称为置信下限（lower confidence limit; confidence lower limit）和置信上限（upper confidence limit，confidence upper limit）；置信上、下限之差称为置信距，置信距越小，估计的精确度就越高。

常用的置信度为 95% 和 99%，故由（6-11）式可得总体平均数 μ 的 95% 和 99% 的置信区间如下：

$$\bar{x} - t_{0.05} S_{\bar{x}} \leq \mu \leq \bar{x} + t_{0.05} S_{\bar{x}} \tag{6-12}$$

$$\bar{x} - t_{0.01} S_{\bar{x}} \leq \mu \leq \bar{x} + t_{0.01} S_{\bar{x}} \tag{6-13}$$

【例 6-11】试求例 6-3 母猪怀孕期总体平均数 μ 的置信区间。

经计算得 $\bar{x} = 114.5$，$S_{\bar{x}} = 0.500$，由 $df = n-1 = 10-1 = 9$，查 t 值表得 $t_{0.05(9)} = 2.262$，$t_{0.01(9)} = 3.250$，因此

95% 置信半径为 $t_{0.05(df)}S_{\bar{x}} = 2.262 \times 0.500 = 1.131$

95% 置信下限为 $\bar{x} - t_{0.05(df)}S_{\bar{x}} = 114.5 - 1.130\,9 = 113.369\,1$

95% 置信上限为 $\bar{x} + t_{0.05(df)}S_{\bar{x}} = 114.5 + 1.130\,9 = 115.630\,9$

所以母猪怀孕期总体平均数 μ 的 95% 置信区间为

$$113.369\,1 （天） \leqslant \mu \leqslant 116.630\,9 （天）$$

99% 置信半径为 $t_{0.01(df)}S_{\bar{x}} = 3.250 \times 0.500 = 1.625$

99% 置信下限为 $\bar{x} - t_{0.01(df)}S_{\bar{x}} = 114.5 - 1.625 = 112.875$

99% 置信上限为 $\bar{x} + t_{0.01(df)}S_{\bar{x}} = 114.5 + 1.625 = 116.125$

所以母猪怀孕期总体平均数 μ 的 99% 置信区间为

$$112.875\,1 （天） \leqslant \mu \leqslant 116.124\,9 （天）$$

根据置信区间，我们也可以进行单样本的假设检验。本例 95% 置信区间下限低于总体平均数，上限高于总体平均数，即该置信区间包括了总体平均数，说明样本平均数与总体平均数差异不显著，接受无效假设。

6.5.2　两正态总体平均数差 $\mu_1 - \mu_2$ 的置信区间

若两样本为正态分布而且两样本的方差相等，则 $\mu_1 - \mu_2$ 的置信区间为

$$(\bar{x}_1 - \bar{x}_2) - t_\alpha S_{\bar{x}_1 - \bar{x}_2} \leqslant \mu_1 - \mu_2 \leqslant (\bar{x}_1 - \bar{x}_2) + t_\alpha S_{\bar{x}_1 - \bar{x}_2}$$

其中，

$$S_{\bar{x}_1 - \bar{x}_2} = \sqrt{S_P^2 \left(\frac{1}{n_1} + \frac{1}{n_2} \right)}, \quad df = n_1 + n_2 - 1$$

【例 6-12】试计算例 6-6 中两种饲料饲喂粤黄鸡增重差总体的 95% 置信区间。

已知 $\bar{x}_1 - \bar{x}_2 = 9.5$，$S_{\bar{x}_1 - \bar{x}_2} = 7.305\,5$，$df = 7 + 7 = 14$，$t_{0.05(14)} = 2.145$

95% 置信半径 $t_{0.05(14)}S_{\bar{x}_1 - \bar{x}_2} = 2.145 \times 7.305\,5 = 15.670\,3$

95% 置信下限为 $\bar{x} - t_{0.05(df)}S_{\bar{x}} = 9.5 - 15.668\,7 = -6.168\,8$

95% 置信上限为 $\bar{x} + t_{0.05(df)}S_{\bar{x}} = 9.5 + 15.668\,7 = 25.168\,8$

所以两种饲料喂粤黄鸡增重查总体平均数 $\mu_1 - \mu_2$ 的 95% 置信区间为

$$-6.168\,8 （g） \leqslant \mu_1 - \mu_2 \leqslant 26.168\,8 （g）$$

该置信区间包括 0，因此两种饲料饲喂粤黄鸡的增重差异不显著。

6.5.3　二项总体百分数 P 的置信区间

样本百分数 $\hat{P}$ 只是总体百分数 P 的点估计值。百分数的置信区间则是在一定置信度下对总体百分数做出区间估计。求总体数的置信区间有两种方法：正态近似法和查表法。当样本含量较小，不符合正态近似要求时，可以利用二项分布或泊松分布求频率 P 值的置信区间。这里仅介绍正态近似法。

当样本符合的正态近似要求时，总体 P 的 95%、99% 置信区间为

$$\hat{P} - 1.96 S_{\hat{p}} \leqslant P \leqslant \hat{P} + 1.96 S_{\hat{p}} \tag{6-14}$$

$$\hat{P} - 2.58 S_{\hat{p}} \leqslant P \leqslant \hat{P} + 2.58 S_{\hat{p}} \tag{6-15}$$

其中，$\hat{P}$ 为样本百分数，$S_{\hat{p}}$ 为样本百分数标准误，$S_{\hat{p}}$ 的计算公式为

$$S_{\hat{P}} = \sqrt{\frac{P_0(1-P_0)}{n}} \tag{6-16}$$

【例 6-13】试计算例 6-9 奶牛隐性乳腺炎比例的 95% 置信区间。

已知 $np_0 = 30\% \times 500 = 150 > 30$，$\hat{P} = 175 \div 500 = 35\%$，采用正态分布近似法求置信区间。

$$S_{\hat{P}} = \sqrt{\frac{P_0(1-P_0)}{n}} = \sqrt{\frac{0.3 \times (1-0.3)}{500}} = 0.020\,5$$

该牛场奶牛隐性乳腺炎患病率 P 的 95% 置信半径为 $1.96 S_{\hat{p}} = 0.040\,2$

95% 置信下限为 $\bar{x} - t_{0.05(df)} S_{\bar{x}} = 35\% - 4.02\% = 30.98\%$

95% 置信上限为 $\bar{x} + t_{0.05(df)} S_{\bar{x}} = 35\% + 4.02\% = 39.02\%$

该牛场奶牛乳腺炎患病率 P 的 95% 置信区间为 $30.98\% \leqslant P \leqslant 39.02\%$

该 95% 置信区间不包括 30%。因此，说明该牛场奶牛隐性乳腺炎并不比往年严重。

6.5.4　两个样本频率差的置信区间

当样本符合第四节（二）中的 u 检验要求时，两样本频率差的 95% 和 99% 置信区间可以这样计算：

$$\left(\hat{p}_1 - \hat{p}_2\right) - 1.96 S_{\hat{p}_1 - \hat{p}_2} \leqslant p_1 - p_2 \leqslant \left(\hat{p}_1 - \hat{p}_2\right) + 1.96 S_{\hat{p}_1 - \hat{p}_2}$$

$$\left(\hat{p}_1 - \hat{p}_2\right) - 2.58 S_{\hat{p}_1 - \hat{p}_2} \leqslant p_1 - p_2 \leqslant \left(\hat{p}_1 - \hat{p}_2\right) + 2.58 S_{\hat{p}_1 - \hat{p}_2}$$

【例 6-14】试计算例 6.10 中两年仔猪死亡率差异的 95% 置信区间。

已知 $S_{\hat{p}_1 - \hat{p}_2} = 0.042\,2$，$\hat{p}_1 - \hat{p}_2 = 0.5\%$。

95% 置信区间的置信半径为 $1.96 \times S_{\hat{p}_1 - \hat{p}_2} = 0.00826$

95% 置信下限为 $\left(\hat{p}_1 - \hat{p}_2\right) - 1.96 S_{\hat{p}_1 - \hat{p}_2} = 0.5\% - 0.826\% = -0.326\%$

95% 置信上限为 $\left(\hat{p}_1 - \hat{p}_2\right) + 1.96 S_{\hat{p}_1 - \hat{p}_2} = 0.5\% + 0.826\% = 1.326\%$

该置信区间包括 0。因此，说明两年仔猪死亡率差异不显著。

习 题

（1）为什么在分析试验结果时需要进行假设检验？检验的目的是什么？

（2）什么是统计假设？统计假设有哪几种？各有何含义？

（3）什么是显著水平？根据什么确定显著水平？假设检验的基本步骤是什么？

（4）什么是统计推断？为什么统计推断的结论有可能发生错误？有哪两类错误？如何降低两类错误？

（5）什么是双侧检验、单侧检验？各在什么条件下应用？两者有何关系？

（6）进行假设检验应注意什么问题？如何理解显著性检验结论中的"差异不显著""差异显著""差异极显著"？

（7）11 只 60 日龄的雄鼠在 X 射线照射前后之体重数据如表 6-10 所示（单位：g）。检验雄鼠在照射 X 射线前后体重差异是否显著？计算差异值总体的 95% 置信区间。

表 6-10　雄鼠在 X 射线照射前后体重数据

编 号	1	2	3	4	5	6	7	8	9	10	11
照射前	26.7	24.4	21.1	26.2	26.4	23.8	21.5	22.9	23.1	26.1	29.5
照射后	22.5	23.2	20.6	23.4	26.4	20.4	20.6	21.9	22.6	23.5	24.3

（8）分别测定了 10 只大耳白家兔、11 只青紫蓝家兔在停食 18 h 后正常血糖值如表 6-11 所示（单位：mmol/L），问该两个品种家兔的正常血糖值是否有显著差异？计算血糖差值的 95% 置信区间。

表 6-11　家兔在停食 18 h 后正常血糖值

大耳白	57	120	101	137	119	117	104	73	53	68	—
青紫蓝	89	36	82	50	39	32	57	82	96	31	88

第7章　分类数据分析

开篇案例

泰坦尼克号的死亡记录告诉了我们什么?

1912 年 4 月 15 日, 豪华巨轮泰坦尼克号与冰山相撞沉没。1985 年, 泰坦尼克号的沉船遗骸被发现。美国探险家洛维特在船舱里发现了一幅画, 102 岁高龄的罗丝声称她就是画中的少女。罗丝开始叙述她当年的故事: 1912 年 4 月 10 日, 被称为"世界工业史上的奇迹"的泰坦尼克号从英国的南安普敦出发驶往美国纽约。富家少女罗丝与母亲及未婚夫卡尔一道上船。不羁的少年画家杰克靠在码头上的一场赌博赢得了船票。罗丝不愿嫁给卡尔打算投海自尽, 却被杰克抱住。很快, 美丽活泼的罗丝与英俊开朗的杰克相爱了。然而, 悲剧发生了, 泰坦尼克号与冰山相撞。杰克把生存的机会让给了爱人罗丝, 自己则在海中被冻死。老态龙钟的罗丝把那串价值连城的珠宝沉入海底, 让它陪着杰克和这段爱情长眠于海底。我们后来看到的电影《泰坦尼克号》就是根据罗丝的回忆拍摄的。

据记载, 当时船上有 1 316 名乘客和 892 名船员, 共计 2 208 人, 事故发生后, 幸存 718 人, 2/3 的人在海难中丧生。2 208 人中, 按性别划分, 男性 1 738 人, 女性 470 人; 按年龄划分, 成年人 2 099 人, 儿童 109 人; 按所在舱位划分, 一等舱 325 人, 二等舱 285 人, 三等舱 706 人, 船员舱 892 人。在幸存的 718 人中, 按性别划分, 男性 374 人, 女性 344 人; 按年龄划分, 成年人 661 人, 儿童 57 人; 按所在舱位划分, 一等舱 203 人, 二等舱 118 人, 三等舱 178 人, 船员舱 219 人。

以上都是分类数据。数据是枯燥的, 但讲述的问题却是鲜活的。死亡与性别是否有关? 与年龄是否有关? 与所在舱位是否有关? 如何解释这些关系? 当时人们的价值观念和对待死亡的态度有什么联系? 通过本章的学习, 可以掌握对定类数据进行分析的方法。

135

7.1   拟合优度的卡方检验

本节将介绍可用来描述定类数据总体的另一种检验方法。第一种方法在
5.1 节中曾做过介绍，在那一节中，我们讨论了用来检验关于总体比例的假设
的统计步骤。在该检验中，定类变量的值可以假设为两种仅有的可选值中的
一个，即要么成功，要么失败。我们的检验针对的是关于整个总体数据中成功
的比例的假设。我们回顾一下，在该检验中生成数据的试验被称为二项试验。
本节我们将引入多项试验（multinomial experiment），它是对二项试验的扩展，
每次试验都可能会产生两个或两个以上的结果。

多项试验具有以下特征：

（1）试验由固定次数为 n 的多次试验组成；

（2）每次试验的结果可以被归为 k 类集合中的一个，称为单元；

（3）每次试验结果落入单元 i 的概率 p_i 为常量，并且 $p_1+p_2+ \cdots +p_k=1$；

（4）每次试验之间相互独立。

当 $k=2$ 时，多项试验和二项试验是完全相同的。正如我们在二项试验中计
算成功与失败的数目一样（我们将成功数目记为 x），在多项试验中，我们将
计算每次试验中落入单元 k 的试验结果的数目。用这种方法我们可以观测到一
系列频数 $f_1, f_2, \cdots, f_k$，其中 f_i 是落入单元 i 的频数，$i=1, 2, \cdots, k$。由于
整个试验由 n 次单个试验组成，而每次的结果必定落入某个单元，所以

$$f_1+f_2+\cdots+f_k=n$$

与用成功的次数 x（通过计算样本比例 p 得到，$p=x/n$）来推断成功的概率
p 类似，在多项试验中，我们也将利用观测到的频数来推断相应单元出现的概
率。我们将采用到目前为止已经标准化了的步骤：首先建立假设，然后生成检
验统计量，得出其抽样分布。我们可以用下面的例子对这个过程进行说明。

【例 7-1】检验市场份额：A 公司最近开展了一项针对性很强的广告活动，
借以维持或增加它在柔顺剂市场上的市场份额（当前为 45%）。它的主要竞争
者——B 公司的市场份额为 40%，其他竞争者占剩下的 15%。为了判断在广告
攻势后市场份额是否发生了变化，市场分析人员随机抽取了 200 名柔顺剂的消
费者，对他们选择柔顺剂的偏好进行了市场调查。其中，102 名接受调查者偏
好 A 公司的产品（品牌 A），82 名接受调查者偏好 B 公司的柔顺剂（品牌 B），

而剩下的 16 名则偏好其他竞争者中的某种产品。分析人员能否据此推断，在 5% 的显著性水平下，消费者行为在广告攻势发起后发生了变化？

解：在这个问题中，总体由所有柔顺剂消费者的品牌偏好组成。数据是定类数据，因为每个受调查者都会选择这三个可选项中的一个：A 产品、B 产品或者其他。如果只有两类，或者说如果我们只对一个公司的顾客人数所占的比例感兴趣（我们将其定义为成功，而将其他公司的顾客定义为失败），那么我们可以采用对 p 进行 z 检验的方法来判别。但是在这个试验中，我们感兴趣的是所有类别的比例，所以这是一个多项试验，相应地，应该采用卡方拟合优度检验（chi-squared goodness-of-fit test）。

为了获得市场份额是否发生了变化，我们将广告攻势之前的市场份额定义为原假设，

$$H_0 : p_1=0.45, \ p_2=0.40, \ p_3=0.15$$

备择假设试图回答我们提出来的问题，即"市场份额是否发生了改变"，从而，$H_1 : p_1$ 至少有一个 p_i 不等于它的原值。

7.1.1　检验统计量

如果原假设成立，那么选择品牌 A、品牌 B 和其他品牌的顾客的预期数量应该是原假设所定义的比例的 200 倍。即

$$e_1=200 \times 0.45=90$$
$$e_2=200 \times 0.40=80$$
$$e_3=200 \times 0.15=30$$

概括起来，各单元的期望频数（expected frequency）由下式给定：

$$e_i=np_i$$

这个表达式是由二项试验中随机变量的期望值公式推导出来的，该公式最初见于 4.2 节。图 7-1 中的条形图（由 Excel 输出）比较了实际频数和期望频数。

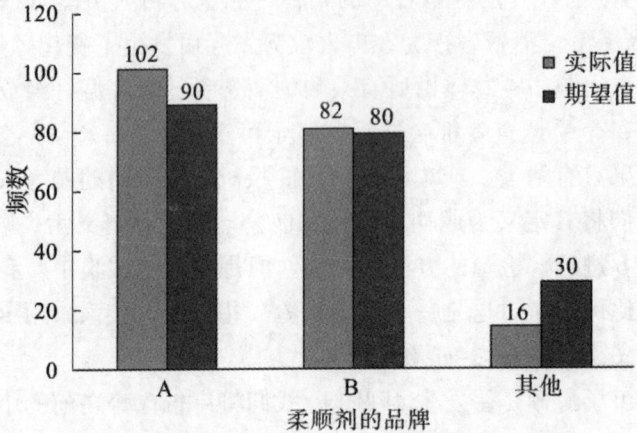

图 7-1　例 7-1 的条形图

如果期望频数 e_i 和试验中的观测频数（observed frequencies）f_i 差异显著，我们就可以据此推断原假设不成立，从而拒绝原假设。而如果期望频数和观测频数接近，我们就不能拒绝原假设。表 7-1 中定义的检验统计量就是用来测量期望频数与观测频数之间的差异的统计量。

χ^2 分布的拟合优度检验统计量：

$$\chi^2 = \sum_{i=1}^{k} \frac{(f_i - e_i)^2}{e_i}$$

在样本容量足够大的情况下，该检验统计量的抽样分布大致服从自由度为 $v=k-1$ 的卡方分布。后面我们将专门讨论这个必要条件。（在 4.2 节中，我们已经介绍过卡方分布。）下表是对该检验统计量的计算过程的一个总结。从中可知，该例中卡方统计量的值为 $\chi^2=8.18$。和往常一样，我们通过确定拒绝域或者确定 P 值来判断检验统计量的大小。

表 7-1　A 和 B 公司卡方检验值

公　司	观测频数	期望频数	$(f_i - e_i)$	$\dfrac{(f_i - e_i)^2}{e_i}$
A	102	90	12	1.60
B	82	80	2	0.05
其他	16	30	−14	6.53
总计	200	200	0	$\chi^2 = 8.18$

当原假设为真时，观测频数和期望频数应该是近似相等的，此时检验统计量的值比较小。因此，较小的检验统计量的值就能支持原假设。如果原假设非真，有些观测频数和期望频数的值就不相等，检验统计量的值将会比较大。于是，当 x^2 的值大于 $x^2_{\alpha,\,k-1}$ 时，我们将拒绝原假设，即拒绝域为

$$x^2 > x^2_{\alpha,\,k-1}$$

在例 7-1 中，$k=3$，于是拒绝域为

$$x^2 > x^2_{\alpha,\,k-1} = x^2_{0.05,2} = 5.99$$

因为检验统计量为 $x^2 = 8.18$，所以我们拒绝原假设。该检验的 p 值为

$$p\text{值} = P(x^2 > 8.18)$$

但是，依据相关资料不能进行这个计算（除非进行插补近似计算）。p 值必须由计算机算得。图 7-2 画出了该抽样分布、拒绝域和 p 值。

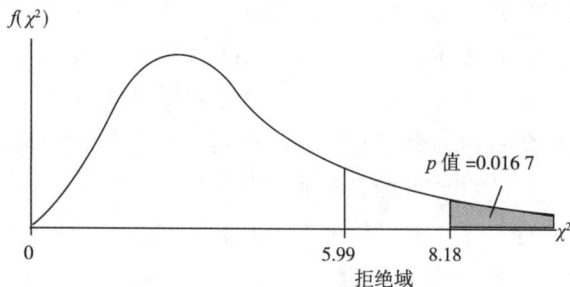

图 7-2 例 7-1 的抽样分布

解释：有足够的证据可以推断，在 5% 的显著性水平下，广告大战之后各公司的市场占有率发生了改变。如果抽样是合理的，那么我们可以对这个结论有较大的信心。这个方法只有一个必要条件，而且这个必要条件已经满足了（见下面的分析）。判断发生这种变化的本质和原因是很有必要的，这个分析结果将会决定其他广告大战的设计和实施的时间。

7.1.2 必要条件

上面定义的检验统计量的抽样分布是离散的，但是只要样本容量足够大，我们就可以将它近似看成服从卡方分布，其必要条件与在一个总体的抽样分布中，我们用正态分布来近似表示二项分布的必要条件类似。在用正态分布近似二项分布时，我们要求 np 和 $n(1-p)$ 都大于等于 5。卡方分布同样有类似的要求，即样本容量必须足够大，使每个单元的期望值大于等于 5。如果需要的话，应该将单元合并起来以满足这个条件。

识别卡方分布的拟合优度检验的因素。

（1）目标：描述一个总体；

（2）数据类型：定类数据；

（3）种类数量：两个或两个以上。

7.2 列联表的卡方检验

之前，我们提到过交叉分组表（cross-classification table）是用图表展示两个定类变量之间关系的第一步。当时我们的目标是判断是否两个变量之间存在相关关系。在本章中，我们将这种方法扩展到了统计推断。在这一部分，我们介绍另一种卡方检验，这种检验可以满足两种不同的问题目标。列联表的卡方检验（chi-squared test of a contingency table）可以用来确定是否有足够的证据表明两个定类变量之间有关联，还可以用来推断两个或两个以上的定类变量的总体之间是否存在差异。为了实现这两个目标，首先必须按照两种不同的标准将项目分类。为了说明，请看下面的例子。

【例 7-2】大学学位与 MBA 专业之间的关系：MBA 计划经常会遇到课程安排的问题。学生对于专业和选修课的需求每一年都很不一样。某一年，学生可能想选营销课程，而另一年会计学或金融学课程可能非常流行。无可奈何之下，某商学院的院长求助于一个统计学教授。统计学教授认为，也许是学员学术背景的差异以及大学学位影响了专业的选择。于是，教授首先随机抽取了一个去年的 MBA 学员的样本并且记录下他们的大学学位和他们在研究生时选择的专业。大学学位有文学学士、工学学士、管理学学士以及其他学位。对于 MBA 学员来说，有 3 种可供选择的专业：会计、金融和营销。统计结果整理在一张被称为列联表或交叉分组表的表格中，如表 7-2 所示。该统计学教授能不能得出大学学位会影响 MBA 专业选择的结论呢？

表 7-2 MBA 专业学生入学前学科样本

大学学位	MBA 专业			总　计
	会　计	金　融	营　销	
文学学士	31	13	16	60
工学学士	8	16	7	31

续　表

大学学位	MBA 专业			总　计
	会　计	金　融	营　销	
管理学学士	12	10	17	39
其他学位	10	5	7	22
总计	61	44	47	152

解：一种解决问题的方法就是考虑列联表中出现的两个变量，即大学学位和 MBA 专业。两个都是定类变量。大学学位的取值有文学学士、工学学士、管理学学士和其他学位，MBA 专业的取值有会计、金融和营销。问题的目标是分析两个变量之间的关系。特别地，我们想知道一个变量是否会影响另一个变量。

另一种解决问题的方法是确定文学学士、工学学士、管理学学士和其他学位之间是否存在差异。换句话说，就是把获得不同大学学位的学生看作独立的总体。每一种总体的 MBA 专业都有 3 种可能的取值。这里，问题的目标是比较这 4 个总体。（我们同样可以把 MBA 专业当作总体，把大学学位当作随机变量的取值。）很快会发现，两个目标的检验是一样的。因此，我们同时来解决这两个目标。原假设为两个变量之间没有关系。用以下方式表述为，

H_0：两个变量是相互独立的。

备择假设为一个变量会影响另一个变量，可以这样表示，

H_1：两个变量是相互依赖的。

7.2.1　图示方法

图 7-3 描述了在第 2 章中介绍的用于展示两个定类变量之间关系的图示方法。该条形图展示的数据是样本数据。从图 7-3 中我们可以看出，这两个定类变量之间确实存在相关关系。然而，为了对 MBA 学生的总体进行推断，我们需要使用推断方法。

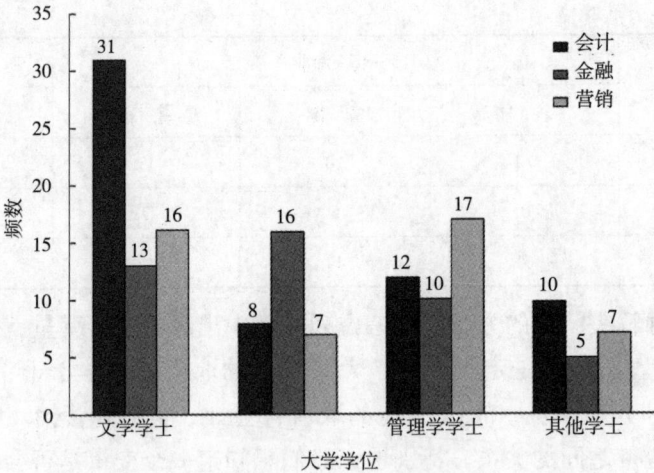

图 7-3　例 7-2 的条形图

7.2.2　检验统计量

检验统计量和在检验比例的拟合优度检验中使用的一样。也就是说，检验统计量的公式为

$$\chi^2 = \sum_{i=1}^{k} \frac{(f_i - e_i)^2}{e_i}$$

式中，k 表示列联表的单元格的个数。如果看一下在拟合优度检验中描述的原假设以及上面描述的原假设，就会发现一个很大的区别。在拟合优度检验中，原假设列出了概率 p_i 的取值；在列联表的卡方检验中，原假设仅仅表明两个变量是相互独立的，但是我们需要用概率估算出期望值 e_i，再用期望值计算出检验统计量的值（表中的记录是观测值 f_i）。问题马上就产生了：我们可以从哪里得到概率呢？答案是，它们来自在原假设为真的前提下得出的数据。

在第 4 章中，我们曾经介绍过独立事件的概念。如果两事件 A 和 B 独立，那么 A 和 B 的联合概率就等于 $P（A）$ 和 $P（B）$ 的乘积，即

$$P(AB)=P(A) \times P(B)$$

本例中的事件是两个定类数据可以假定的值。但是，我们没有 A 和 B 的概率值。所幸我们可以通过数据来估计这些概率。根据相对频数表，我们得到 MBA 专业概率的估计值。

$$P(\text{会计})=61/152$$

$$P(\text{金融})=44/152=11/38$$
$$P(\text{营销})=47/152=0.309$$

我们估计大学学位的概率如下：

$$P(\text{文学学士})=60/152=15/38$$
$$P(\text{工学学士})=31/152$$
$$P(\text{管理学学士})=39/152$$
$$P(\text{其他学位})=22/152=11/76$$

假设原假设是正确的，我们就可以计算出联合概率的估计值了。为了计算期望值，我们需要将联合概率的估计值乘以样本量 $n=152$。期望值的计算结果列在下面的表 7-3 列联表（contingency table）中，之所以被称为列联表就是因为得到的期望值的计算结果是建立在原假设正确的前提下的。

表 7-3　MBA 专业学生入学前学科分布期望频数

大学学位	MBA 专业			总　计
	会　计	金　融	营　销	
文学学士	24.08	17.37	18.55	60
工学学士	12.44	8.97	9.59	31
管理学学士	15.65	11.29	12.06	39
其他学位	8.83	6.37	6.80	22
总计	61	44	47	152

注意，期望值是通过每行的总数乘以每列的总数，再除以样本容量得来的。例如，大学学位为文学学士、MBA 专业为会计的单元格的期望值为

$$152 \times 60/152 \times 61/152 = 60 \times 61/152 = 24.08$$

类似地，我们可以得到其他单元格的期望值。

列联表的期望频数：

i 行 j 列的单元格的期望频数为

$$e_{ij} = \frac{\text{行} i \text{总数} \times \text{列} j \text{总数}}{\text{样本容量}}$$

这些期望频数显示在表 7-4 的圆括号内。如同在拟合优度检验中一样，每个单元格的期望频数都要满足至少为 5 的条件。

表 7-4　MBA 专业学生入学前学科分布观察频数与期望频数

大学学位	MBA 专业		
	会　计	金　融	营　销
文学学士	31（24.08）	13（17.37）	16（18.55）
工学学士	8（12.44）	16（8.97）	7（9.59）
管理学学士	12（15.65）	10（11.29）	17（12.06）
其他学位	10（8.83）	5（6.37）	7（6.80）

现在我们可以计算出检验统计量的值：

$$\chi^2 = \sum_{i=1}^{k} \frac{(f_i - e_i)^2}{e_i} = \frac{(31-24.08)^2}{24.08} + \frac{(13-17.37)^2}{17.37} + \frac{(16-18.55)^2}{18.55}$$

$$+ \frac{(8-12.44)^2}{12.44} + \frac{(16-8.97)^2}{8.97} + \frac{(7-9.59)^2}{9.59}$$

$$+ \frac{(12-15.65)^2}{15.65} + \frac{(10-11.29)^2}{11.29} + \frac{(17-12.06)^2}{12.06}$$

$$+ \frac{(10-8.83)^2}{8.83} + \frac{(5-6.37)^2}{6.37} + \frac{(7-6.80)^2}{6.80}$$

$$= 14.70$$

注意，虽然应该用两个下标分别表示行和列，但是在检验统计量的公式中，我们仍然使用一个下标。我们相信，每个单元格都很清楚，我们需要计算的是观测频数与期望频数的平方差再除以期望频数。我们认为，使用正确的数学符号会带来不必要的复杂性。

7.2.3　拒绝域与 p 值

为了确定拒绝域，我们需要知道与卡方统计量相关的自由度的值。一个有 r 行和 c 列的列联表的自由度为 $v=(r-1)(c-1)$。在这个例子中，自由度为 $v=(r-1)(c-1)=(4-1) \times (3-1)=6$。

如果我们使用的置信水平为 5%，则拒绝域为

$$\chi^2 > \chi^2_{a,v} > \chi^2_{0.05,6} = 12.6$$

由于 $\chi^2=14.70$，所以我们拒绝原假设，并且得出大学学位和 MBA 专业之间存在关系的结论。该检验统计量的 p 值为

$$P(\chi^2 > 14.70)$$

遗憾的是，我们不能手工算出 p 值。

使用软件测算：

Excel 可以从已经计算好概率的列联表或未经处理的数据中计算出卡方统计量。对未经处理的数据，我们建立了文件 Xm15-02，其中包含了用以下代码表示的原始数据（表 7-5）。

表 7-5　学位及专业赋值

第 1 列（大学学位）	第 2 列（MBA 专业）
1= 文学学士 2= 工学学位 3= 管理学学士 4= 其他学位	1= 会计 2= 金融 3= 营销

Excel 计算（表 7-6）。

表 7-6　应用 Excel 计算分类检验卡方值

	A	B	C	D	E	F
1		情形分析表				
2						
3		程度				
4		MBA 专业	1	2	3	合计
5		1	31	13	16	60
6		2	8	16	7	31
7		3	12	5	17	39
8		4	10	5	7	22
9		合计	61	44	47	152
10						
11						
12		卡方统计			14.70	
13		df			6	
14		假定值			0.022 7	
15		卡方临界值			12.591 6	

计算机命令（原始数据）：

（1）将频数输入相邻的两列中或打开文件 Xm15-02，代码必须为正整数。

（2）点击【Add-Ins】（加载项）→【DataAnalysisPlus】（数据分析加载项）→【ContingencyTable（RawData）】[列联表（原始数据）]。

（3）指定【InputRange】（输入范围）（A1 ： B153）和 α 的值（0.05）。

计算机命令（已完成的表格）：

（1）在相邻的列中输入数据。

（2）点击【Add-Ins】（加载项）→【DataAnalysisPlus】（数据分析加载项）→【ContingencyTable】（列联表）。

（3）指定【InputRange】（输入范围），如果输入范围的第 1 行或第 1 列包含类别名，点击【Labels】（标签），指定 α 的值（0.05）。

解释：有足够的证据可以推断，大学学位和 MBA 专业是相关的。这表明该院长可根据每种大学学位的 MBA 学生的人数来预估各选修课的选课人数。我们可以看到，文学学士倾向于选择会计，工学学士倾向于选择金融，管理学学士则倾向于选择营销，其他学士没有明显的偏好。

如果原假设是正确的，大学学位和 MBA 专业是独立的。这就意味着对于一个 MBA 学生来说，不管他的大学学位是什么，都不会影响他对 MBA 专业的选择。因此，大学毕业生的 MBA 专业的选择之间是没有差异的。如果备择假设是正确的，那么大学学位就会影响 MBA 专业的选择。因此，四种大学学位的 MBA 专业的选择之间是有差异的。

7.2.4 数据格式

在例 7-2 中，数据被储存在两列中，一列包含一个定类变量的值，另一列包含另一个定类变量的值。数据也可以使用其他方式储存。在例 7-2 中，也可以将数据记录为三列，每一列代表不同的 MBA 专业，每列中包含大学学位对应的编码值。同样地，我们也可以将数据记录为四列，每一列代表不同的大学学位，每列中包含 MBA 专业对应的编码值。在每种方式中，我们必须计算每一个值的数量，并且使用该数量构建列联表。Excel 能够根据列联表计算卡方统计量和相应的 p 值。我们将通过解答下面的例题来说明该方法（具体数据如表 7-7 所示）。

社会综合调查——自 2006 年起对杀人犯执行死刑的支持率变化了吗？

问题的解识别：

问题的目标是比较四个不同年份的公众观点。变量是定类的，因为其值是支

持和反对，分别由编码 1 和 2 代表。适合采用的方法是列联表的卡方检验。即假设是，

H_0：两个变量是相互独立的。

H_1：两个变量是相互依赖的。

在这个应用中，两个变量分别是年份（2006 年、2008 年、2010 年和 2012 年）和社会综合调查所提问题的回答（支持和反对）。与例 7-2 不同，数据并没有储存为两列。为了计算统计量，我们需要计算在四个年份美国人中支持的人数和反对的人数。通过计算每年中 1 和 2 的个数可以得到表 7-7、表 7-8。

表 7-7　不同年份调查中美国人支持和反对的人数

	年　份			
	2006	2008	2010	2012
支持	1 885	1 263	1 297	1 183
反对	930	639	624	641

Excel 计算：

表 7-8　Excel 计算的分类检验结果

	A	B	C	D	E	F
1	情形分析表					
2						
3		2006	2008	2010	2012	合计
4	赞成	1 885	1 263	1 297	1 183	5 628
5	反对	930	639	624	641	2 834
6	合计	2 815	1 902	1 921	1 824	8 462
7						
8	卡方			3.379		
9	df			3		
10	假定值			0.336 8		
11	X 平方			7.814 7		

解释：p 值是 0.336 8，没有充分的证据表明这两个变量是独立的。因此，我们没有充分的理由得出对杀人犯执行死刑的支持率逐年变化的结论。

以下是关于何时使用列联表 χ^2 检验方法的一个小结。注意，这种统计过程适用于两种问题的目标。

识别列联表卡方检验的因素，①目标：分析两变量之间的关系，比较两个或两个以上的总体。②数据种类：定类数据。

7.3 定类数据检验小结

到目前为止，我们已经介绍了数据是定类的时可供选择的四种检验：p 的 z 检验、p_1-p_2 的 Z 检验、卡方拟合优度检验、列联表的卡方检验。

在介绍这些方法的过程中，集中讨论一种方法及其所针对的问题类型是必要的。然而，这种方法有时候会和我们希望的、强调统计推断"何时"成立的目标产生矛盾。在本节中，我们总结了可以对定类数据进行的统计检验，保证相关人员能选择正确的方法。当数据是定类数据时，确定所使用的检验方法时要考虑两个重要因素：第一，问题的目标；第二，定类变量所采用类别的数量。表 7-9 可帮助人们选择正确的方法。

表 7-9 定类数据的统计方法

问题的目标	类别的数量	统计方法
描述一个总体	两个	P 的 Z 检验或卡方拟合优度检验
描述一个总体	两个以上	卡方拟合优度检验
比较两个总体	两个	P_1-P_2 的 Z 检验或列联表的卡方检验
比较两个总体	两个以上	列联表的卡方检验
比较两个或多个总体	两个或者两个以上	列联表的卡方检验
分析两个变量之间的关系	两个或者两个以上	列联表的卡方检验

注意，当我们描述的定类数据的总体恰好有两个类别时，可以用 P 的 z 检验或者卡方拟合优度检验这两种方法中的任何一种。这两种检验是等效的，因为如果只有两个类别，多项试验实际上就变成了二项试验（一个结果记为成功，另一个结果记为失败）。数理统计学家已经证明，如果我们将 P 的 z 检验

统计量的值平方，就得到了 χ^2 统计量的值，即 $z^2=\chi^2$。因此，如果我们想对总体比例进行双尾检验，就可以使用上述两种方法中的任何一种。然而，卡方拟合优度检验只能用来确定假设的 P_1 值（记为 P）和 P_2 值（称为 $1-P$）是否与它们被给定的值不相等。相应地，对总体比例进行单尾检验时，我们必须用 P 的 z 检验。（在第 14 章也讨论过这个问题，指出可以用 $\mu_1-\mu_2$ 的 t 检验或者方差分析检验确定两个总体均值是否存在差异）。

当检验由只有两种类别的定类数据构成的两个总体之间的差异时，我们同样可以使用 P_1-P_2 的 z 检验（情况 1）和列联表的卡方检验中的任何一个。再次说明，我们可以用两种方法中的任何一个对 P_1-P_2 进行双尾检验（对统计量 z 的值进行平方可以得到统计量 χ^2 的值）。然而，单尾检验必须使用 P_1-P_2 的 z 检验。表中剩余部分就十分简单明了了。注意，当我们需要比较两个总体且它们的数据有两个以上的类别时，就要用列联表的卡方检验。

图 7-4 给出了本书中介绍的对定类数据进行检验的方法的另外一个小结。一共有两组检验：一组是对一个总体的假设进行检验；另一组是对检验总体之间的差异或者检验总体的独立性。第一组包括 P 的 z 检验，它可以用卡方拟合优度检验代替；第二组适用于总体数据有两个以上类别的情况。

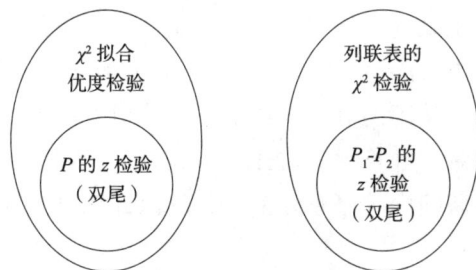

图 7-4　χ^2 检验分类

为了检验两总体比例之间的差异，我们可以采用 P_1-P_2 的 z 检验，也可以用列联表的卡方检验代替 P_1-P_2 的 z 检验。列联表的卡方检验可以用于其他许多问题。

表 7-1 和图 7-4 总结了处理定类数据的方法。首先，要确定每种类型的频数，并用这些频数计算检验统计量。其次，计算出 z 统计量所需要的比例，或者用这些频数计算 χ^2 统计量。因为把服从标准正态分布的随机变量平方就可以得到服从卡方分布的变量，所以 z 统计量和 χ^2 统计量都可以用来对差异进行检验。因此，当在本书（以及其他基础性应用统计学书籍）描述的问题中遇到此类数据时，第一步最符合逻辑的做法就是确定合适的方法，要么应用 z

统计量,要么应用 χ^2 统计量。但是,还有其他一些统计方法也可以用来处理定类数据,只是本书中没有对它们进行介绍。

7.4　正态分布的卡方检验

我们可以通过另一种方式应用 7.1 节中提到的拟合优度检验,据此来确定数据是否源于服从某类分布的总体。这种检验过程最常用于检验正态分布。在 7.1 节的例子和习题中,原假设中的概率值都是由题目给出的。比如,在例 7–1 中,概率 P_1,P_2,P_3 是做广告之前各公司的市场份额。为了检验其是否服从正态分布(或者任何其他分布),首先必须按照假定的分布计算概率值 P。回收报纸是有利可图的。如果每周从每家住户收集的报纸平均值超过 2.0 磅,公司就可以获利。为了研究开一家回收厂的可行性,从一个比较大的社区中随机抽取 148 家住户,记录每家每周丢弃的可回收的报纸的重量,并计算平均值及相应标准差(平均值为 2.18,样本标准差为 0.981)。问这些数据是否提供了足够的证据证明开一家回收厂是有利可图的。在此例中,用学生分布(t 分布)检验每家丢弃的报纸的平均数量。这样做的必要条件是数据必须服从正态分布。为了确定样本中的 148 个观测值是否确实源于一个服从正态分布的总体,必须在假设总体服从正态分布的情况下计算出概率值。为此,必须首先计算出样本均值和标准差,计算得 $\bar{x}$ =2.18,s=0.981。然后,应确定若干个区间,并计算观测值落在各区间内的概率。例如,可以计算以下区间的概率。

区间 1:$X \leqslant 0.709$

区间 2:$0.709 < X \leqslant 1.69$

区间 3:$1.69 < X \leqslant 2.67$

区间 4:$2.67 < X \leqslant 3.65$

区间 5:$X > 3.65$

对于为何这样选择区间,我们将在以后讨论。用正态分布以及 μ 和 σ 的估计值 $\bar{x}$ 和 s 计算概率。由于已经计算了样本均值 $\bar{x}$ =2.18,样本标准差 s=0.981,于是

$$P(X \leqslant 0.709) = P\left(\left|\frac{X-\mu}{\sigma} \leqslant \frac{0.709-2.18}{0.981}\right|\right) = P(Z \leqslant -1.5) = 0.0668$$

$$P(0.709 < X \leqslant 1.69) = P\left(\left|\frac{0.709-2.18}{0.981} < \frac{X-\mu}{\sigma} \leqslant \frac{1.69-2.18}{0.981}\right|\right)$$
$$= P(-1.5 < Z \leqslant -0.5) = 0.2417$$

$$P(1.69 < X \leqslant 2.67) = P\left(\left|\frac{1.69-2.18}{0.981} < \frac{X-\mu}{\sigma} \leqslant \frac{2.67-2.18}{0.981}\right|\right)$$
$$= P(-0.5 < Z \leqslant 0.5) = 0.3829$$

$$P(2.67 < X \leqslant 3.65) = P\left(\frac{2.67-2.18}{0.981} < \frac{X-\mu}{\sigma} \leqslant \frac{3.65-2.18}{0.981}\right)$$
$$= P(0.5 < Z \leqslant 1.5) = 0.2417$$

$$P(X > 3.65) = P\left(\left|\frac{X-\mu}{\sigma} \leqslant \frac{3.65-2.18}{0.981}\right|\right) = P(Z > 1.5) = 0.0668$$

检验正态分布就是要检验以下假设：

H_0: p_1=0.0668，p_2=0.2417，p_3=0.3829，p_4=0.2417，p_5=0.0668

H_1：至少有一个 P_i 与给定值不相等

用于 7.1 节中相同的方法进行检验，唯一不同的地方在于卡方统计量的自由度是区间数减 1，再减去估计的参数的个数。在此例中估计参数的个数为 2（我们估计了总体均值 μ 和总体标准差 σ），于是本例的自由度为 k–1–2=5–1–2=2。期望值为

$e_1 = nP_1 = 148 \times 0.0668 = 9.89$

$e_2 = nP_2 = 148 \times 0.2417 = 35.78$

$e_3 = nP_3 = 148 \times 0.3829 = 56.67$

$e_4 = nP_4 = 148 \times 0.2417 = 35.77$

$e_5 = nP5 = 148 \times 0.0668 = 9.89$

观测值即为落入每个区间的数据的个数，即

$f_1 = 10$

$f_2 = 36$

$f_3 = 54$

$f_4 = 39$

$f_5 = 9$

卡方统计量为

$$x^2 = \sum_{i=1}^{k} \frac{\left(f_i - e_i\right)^2}{e_i} = \frac{(10-9.89)^2}{9.89} + \frac{(36-35.78)^2}{35.78} + \frac{(54-56.67)^2}{56.67}$$

$$+ \frac{(39-35.78)^2}{35.78} + \frac{(9-9.89)^2}{9.89} = 0.50$$

在 $\alpha=5\%$ 的显著性水平下，拒绝域为

$$x^2 > x^2_{\alpha,\ k-3} = x^2_{0.05,2} = 5.99$$

因此，没有证据表明这些数据不服从正态分布。

7.4.1 划分区间

事实上，区间可以随意选取。我们选择上述区间是为了便于计算正态比例。选择区间数量时要求满足"5"规则，即每一区间的期望值必须是 5 或者 5 以上。因为自由度为 $k-3$，所以区间数最小值为 $k=4$。

使用计算机进行 Excel 计算（表 7-10）。

表 7-10　Excel 计算结果

	A	B	C	D
1	正态卡方检验			
2				
3		报纸		
4	平均值	2.18		
5	方差	0.981		
6	观察	148		
7				
8	间隔	概率	预期	观察
9	$(z \leqslant -1.5)$	0.066 8	9.89	10
10	$(-1.5 < z \leqslant -0.5)$	0.241 7	35.78	36
11	$(-0.5 < z \leqslant 1.5)$	0.382 9	56.67	54
12	$(0.5 < z \leqslant 1.5)$	0.241 7	35.78	39
13	$(z > 1.5)$	0.066 8	9.89	9

14				
15				
16	卡方检验	0.50		
17	*df*	2		
18	假定值	0.779 2		
19	X 平方	5.991 5		

利用 Excel 计算检验统计量的值，需要保证期望值至少为 5（在可能的情况下）、区间数最少为 4。因此，如果样本容量大于 220，区间和相应概率如表 7-11 所示。

表 7-11 样本容量大于 220 时的区间和相应概率

区　间	概　率
$Z \leqslant -2$	0.022 8
$-2 < Z \leqslant -1$	0.135 9
$-1 < Z \leqslant 0$	0.341 3
$0 < Z \leqslant 1$	0.341 3
$1 < Z \leqslant 2$	0.135 9
$Z > 2$	0.022 8

如果样本容量小于等于 220 且大于 80，区间和相应概率分别如表 7-12 所示。

表 7-12 样本容量小于等于 220 且大于 80 的区间和相应概率

区　间	概　率
$Z \leqslant -1.5$	0.066 8
$-1.5 < Z \leqslant -0.5$	0.241 7
$-0.5 < Z \leqslant 0.5$	0.382 9
$0.5 < Z \leqslant 1.5$	0.241 7
$Z > 1.5$	0.066 8

如果样本容量小于等于 80，我们就用规定的最小区间数 4。如果样本容量小于 32，那么至少有一个期望值会小于 5，区间和相应概率分别如表 7–13 所示。

表 7–13　样本容量小于 32 且至少有一个期望值会小于 5 时的区间和相应概率

区　间	概　率
$Z \leqslant -1$	0.158 7
$-1 < Z \leqslant 0$	0.341 3
$0 < Z \leqslant 1$	0.341 3
$Z > 1$	0.158 7

计算机命令如下：

（1）在任一列中输入数据。

（2）点击 "Add 9 Ins"（加载项）— "Data Analysis Plus"（数据分析加载项）— "Chi 9 Squared Test of Normality"（正态分布的卡方检验）。

（3）确定 "Input Range"（输入范围）（A1 ： A149）和 α 的值（0.05）。

7.4.2　解释正态分布的卡方检验的结果

在上面的例子中，我们发现，没有足够的证据得出丢弃的报纸数量不服从正态分布的结论。然而，即便有足够的证据能够证明非正态性，也并不是说我们在本例中进行的 t 检验是无效的。正如我们在本章中所提到过的，均值的 t 检验是稳健的，除非变量严重非正态或者样本量非常小，我们才会怀疑这种方法得到的结论。这里的问题是，如果样本量很大并且变量也只是表现出了轻微的非正态性，那么在大多数情况下，正态分布的卡方检验会得到变量非正态的结论。然而，如果样本量很大且变量严重非正态，则 t 检验仍然是有效的。虽然很多时候我们需要知道变量是否是正态的，但我们一般通过判断直方图的形状是否偏离钟形（如偏态很大或者双峰）的方法来判断大部分统计方法所要求的正态性条件是否得到了满足。

习　题

（1）一个多项试验中 $k=5$，每一试验结果分别用 1 ～ 5 表示。检验并确定是否有足够的证据可以推断每个结果的比例是相同的。

（2）进行一个 $k=4$ 的多项试验，每次试验的结果被记为 1 ～ 4 的整数。在 5% 的显著性水平下检验以下假设：

$$H_0: p_1=0.15, \ p_2=0.40, \ p_3=0.35, \ p_4=0.10$$

H1：至少有一个 p_i 与给定的值不相等。

（3）为了确定一个骰子是不是均匀的，用这个骰子掷了 600 次。在 5% 的显著性水平下，是否有足够的证据可以推出这个骰子不是均匀的？

（4）一个经济学教授在前几年中给学生打的分数服从一个对称分布：有 5% 的学生得 A，25% 的学生得 B，40% 的学生得 C，25% 的学生得 D，5% 的学生得 F。抽取今年的 150 个分值进行调查。记录分数（1=A，2=B，3=C，4=D，5=F）。在 5% 的显著性水平下，能否得出今年的分数分布同以往不同的结论？

（5）帕特·斯塔斯杜德（PatStatsdud）正准备参加一个只有多项选择题的考试，但是，同往常一样，他基本上什么都不知道。于是他打算对 5 个答案进行猜测，选出一个作为最后的答案。帕特手上有一套该老师以前出的试题，并且上面记录着正确答案。记录正确的选项，其中 1=（a），2=（b），3=（c），4=（d），5=（e）。请帮助帕特判断该老师是不是非随机地将正确答案分布到这 5 个选项上。如果这个结论是正确的，那么这会对帕特猜题有什么影响？

（6）检验并确定 L 和 M 是否相互独立，使用所附列联表里的数据（ $\alpha=0.05$ ）。

	M_1	M_2
L_1	28	68
L_2	56	36

（7）检验并确定 R 和 C 是否独立，使用所附列联表里的数据（$\alpha=0.10$）。

	C_1	C_2	C_3
R_1	40	32	48
R_2	30	48	52

（8）大选时应怎样解决经济萧条呢？（该问题在将来的大选中很有可能还会出现）。尤其是，政府应该减少支出、提高税率、使经济膨胀（通过发行更多货币），还是应该什么都不做，让赤字继续增加？和许多其他问题一样，政治家需要知道哪部分选民支持这些观点。假设对随机抽取的 1 000 人做了一次调查，询问他们支持哪一个观点以及他们的政治立场。政治立场的可能回答是民主党、共和党和无党派（包括许多政治游说者）。反馈结果总结在下表中。在 1% 的显著性水平下，从这些结果中是否可以推出政治立场对经济观点会产生影响。

经济观点	政治立场		
	民主党	共和党	无党派
减少投资	101	282	61
提高税率	38	67	25
使经济膨胀	131	88	31
让赤字增加	61	90	25

（9）一个管理行为分析家正在研究工作场所中男性／女性监督结构与员工的工作满意度之间的关系。最近一项调查的结果列示在下表中。是否有足够的证据推断工作满意度取决于老板／员工的性别。

满意度	老板／员工			
	女性／男性	女性／女性	男性／男性	男性／女性
满意	21	25	54	71
一般	39	49	50	38
不满意	31	48	10	11

（10）有人估计，每年员工旷工对北美公司造成的损失超过 1 000 亿美元。为了了解员工旷工的费用为什么逐年上升，某大公司人事部门记录了在过去几个月中旷工的 362 名员工的实际工作日。这些数据能说明旷工的情况在某些工作日比较严重吗？

工作日	星期一	星期二	星期三	星期四	星期五
矿工人数	87	62	71	68	74

第8章 方差分析与实验设计

开篇案例：

不同运动队的平均成绩之间是否有显著差异？

2017 年 8 月 27 日，全国第十三届运动会在天津召开，据不完全统计，截至 9 月 8 日全运会落幕时，来自山东、浙江、广东、江苏、上海的运动代表队分别以金牌 40、28.5、27.5、21 和 19 获得全运会排行榜前五名。由上述数据可以看出，各个运动队的成绩存在差异，方差也有差别，那么不同运动队之间的平均成绩之间是否存在显著差异？这就需要进行方差分析。方差分析的基本思想就是弄清楚影响因变量取值的误差来源，以判断是否是分类自变量对因变量产生影响。

方差分析（Analysis of Variance，ANOVA）目前广泛用于心理学、生物学、生物工程和医药领域的实验数据分析研究，是在 20 世纪 20 年代发展起来的一种统计方法，是由英国统计学家、生物进化学家罗纳德·艾尔默·费希尔（Ronald Aylmer Fisher，1890—1962 年）在进行实验设计时为解释实验数据而首先引入的。从形式上看，方差分析是比较多个总体的均值是否相等，但其本质上是研究变量之间的相互关系。

方差分析是检验多个总体均值是否相等的统计方法，本质上是用于研究一个或多个分类自变量对数值因变量的影响，包括变量之间是否存在关系，以及关系的强度如何。方差分析是通过检验各总体的均值是否相等来判断分类型自变量对数值型因变量是否有显著影响的。

在方差分析中，所要检验的对象称为因子（Factor），因子的不同表现称为水平（Treatment），在每个因子水平下得到的样本数据称为观测值。在方差分析中，涉及两个重要变量：分类型自变量和数值型因变量。根据所要分析的分类自变量多少，方差分析可分为单因素方差分析（One-way Analysis of Variance）和双因素方差分析（Two-way Analysis of Variance）。

8.1　方差分析的基本原理

8.1.1　图形描述

分析分类型自变量对数值型因变量的影响，可以通过散点图来观察不同的自变量对因变量的影响是否存在明显差异。

8.1.2　误差分析

仅仅根据散点图还不能提供充分的证据证明不同运动队的平均成绩存在显著差异，因为这种差异也许是抽样的随机性造成的，能够更准确来检验这种差异是否显著的为方差分析。方差分析（ANOVA）是通过对数据误差来源的分析来判断不同总体的均值是否相等，进而分析自变量对因变量是否有显著影响。因此，进行方差分析时，首先需要考察数据误差的来源。在上述数据中，各组数据的误差主要来源于以下几个部分：

首先，即使是同一组的数据，样本的观测值也是不同的，这是因为运动队是随机抽取的，因此他们之间的差异可以看作是随机因素的影响造成的，或者说是由抽样的随机性造成的，这种来自水平内部的误差为组内误差。显然，组内误差只含有随机误差。组内误差反映的是一个样本内部的离散程度。

其次，不同组的观测值也是不同的。来自不同水平之间的误差称为组间误差，这种差异可能来自抽样本身形成的随机误差，也可能来自因子本身造成的系统性误差。因此，组间误差包含两个方面，即随机误差和系统误差。组间误差反映的是不同样本之间数据的离散程度。

在方差分析中，数据的误差是用平方和来表示。反映全部数据误差大小的平方和称为总平方和，记为 SST（Sum of Squares for Total）。反映组内误差大小的平方和称为组内平方和，也称为误差平方或残差平方和，记为 SSE（Sum of Squares for Error）。反映组间误差大小的平方和称为组间平方和，也称为因素平方和，记为 SSA（Sum of Squares for Factor A）。

最后，总误差为组内误差与组间误差之和，这样就把造成因变量差异的误差分解成组内误差和组间误差，即总误差 = 组内误差 + 组间误差。如果组内误差与组间误差相差太大，说明组间误差存在很大成分的系统误差，就可以认为各水平均值显著不等。

方差分析中所用到的概率分布为 F 分布，F 分布的命名正是为纪念英国统计学家罗纳德·艾尔默·费希尔于 1924 年首次提出这一非对称分布。因素水平间方差和因素水平内方差之比服从 F 分布，也就是说，$F=$ 因素水平间方差 / 因素水平内方差。

8.2　单因素方差分析

单因素方差分析（One-way Analysis of Variance）研究的是一个分类型自变量对一个数值型因变量的影响。

8.2.1　单因素方差分析的步骤

为检验单一分类自变量对因变量是否有显著影响，首先提出"两个变量在总体中没有关系"的原假设，然后构造一个用于检验的统计量来检验这一假设是否成立。具体步骤主要包括提出假设、构造检验的统计量和做出统计决策等。

1. 建立原假设和备择假设

单因素方差分析首先要建立原假设（Null Hypothesis）和备择假设（Alternativel Hypothesis）。原假设是各个因素水平间的均值相等，而备择假设则是各个因素水平间的均值不全相等。

H_0：$\mu_1 = \mu_2 = \mu_3 = \mu_i = \cdots = \mu_k$（自变量对因变量无显著影响）

H_1：$\mu_1, \mu_2, \mu_3, \mu_i, \cdots, \mu_k$ 不全相等（自变量对因变量有显著影响）

式中，μ_i 为第 i 个总体的均值。

如果接受原假设，则没有证据表明自变量对因变量有显著影响，即自变量与因变量之间有显著关系；如果拒绝原假设，则意味着自变量对因变量有显著影响，即自变量与因变量之间有显著关系。

2. 构造检验的统计量

为检验原假设 H_0 是否成立，需要确定检验的统计量。

第一步，计算误差平方和。总离差平方和 SST 等于组间平方 SSA 和与组内平方和 SSE 之和，即 SST=SSA + SSE。总离差平方和 SST 的计算公式为

$$SST = \sum_{i=1}^{k}\sum_{j=1}^{n_i}(x_{ij}-\bar{x})^2 \qquad （8-1）$$

式中：x_{ij} 为第 i 个水平的第 j 个样本值；$\bar{x}$ 为总平均值；n_i 是第 i 个水平的样本容量；K 为水平数。

组间平方和 SSA 反映不同水平对观测变量的影响，为各组均值与总均值的误差平方和，反映各样本均值之间的差异程度，因此又称为因素平方和，计算公式为

$$SSA = \sum_{i=1}^{k} n_i(\bar{x}_i-\bar{x})^2 \qquad （8-2）$$

式中，$\bar{x}_i$ 为第 i 个水平的样本平均值。

组内平方和 SSE 反映抽样误差，是每个水平或组的各样本数据与其组均值的误差平方和，反映每个样本各观测值的离散状况，也反映了随机误差的大小，计算公式为

$$SSE = \sum_{i=1}^{k}\sum_{j=1}^{n_i}(x_{ij}-\bar{x}_i)^2 \qquad （8-3）$$

SSA 是随机误差和系统误差大小的度量，反映了自变量对因变量的影响，也称为自变量效应或因子效应；SSE 是随机误差大小的度量，反映出除自变量对因变量的影响之外其他因素对因变量的总影响，因此 SSE 也被称为残差变量，它所引起的误差称为残差效应；SST 是对全部数据总误差程度的度量，反映了自变量和残差变量的共同影响，等于自变量效应和残差效应之和。

第二步，计算单因素方差分析的检验统计量。由于各误差平方和的大小与观测值的多少有关，为了消除观测值多少对误差平方和大小的影响，需要将其平均，将各平方和除以对应的自由度，则得到相应的均方（Mean Square），也称为方差。

SST 的自由度为 $n-1$，SSA 的自由度为 $k-1$，SSE 的自由度为 $n-k$。其中，n 为全部观测值的个数，k 为因素水平（总体）的个数。SSA 的均方也称为组间均方或组间方差，记为 MSA；SSE 的均方称为组内均方或组内方差，记为 MSE。将上述 MSA 和 MSE 进行对比，得到所需要的检验统计量 F。当原假设 H_0 为真时，两者的比值服从分子自由度为 $k-1$，分母自由度为 $n-k$ 的 F 分布，即 F 的计算公式为

$$F = \frac{SSA/(k-1)}{SSE/(n-k)} = \frac{MSA}{MSE}$$

$$MSE = SSE / (n - k)$$
$$MEA = SSA / (k - 1)$$

（8-4）

3. 做出统计决策

如果原假设成立，则表明没有系统误差，组间方差 MSA 与组内方差 MSE 的比值差异就不会太大；若组间方差显著大于组内方差，说明各水平（总体）之间的差异不仅有随机误差，还有系统误差。也就是说，可以根据组间方差与组内方差之间的差异大小，判断因素的水平对观测值是否有显著影响。通过计算出大的检验统计值 F 与给定的显著性水平 α 下的临界值 F 进行比较，从而对原假设做出决策。

根据给定的显著性水平 α，在 F 分布表中查找与分子自由度为 $df_1 = k - 1$，分母自由度为 $df_2 = n - k$ 相对应的临界值 $F(k-1, n-k)$。

若 $F > F_\alpha$，拒绝 H_0，表明自变量对因变量有显著影响。

若 $F \leq F_\alpha$，接受 H_0，表明自变量对因变量有显著影响。

4. 方差分析表

为了使计算过程更加清晰明了，一般可将上述过程的内容列在一张表内，即方差分析表，形式如表 8-1 所示。

表 8-1　方差分析表

1	误差来源	平方和 SS	自由度 df	均方 MS	F 值	F 临界值
2	组间（因素影响）	SSA	$k-1$	MSA	MSA/MSE	
3	组内（误差）	SSE	$n-k$	MSE		
4	总和	SST	$n-1$			

8.2.2　关系强度的测量

通过方差分析结果可以得知自变量对因变量是否存在显著影响。根据方差分析表和统计量 F 的计算公式，实际上，只要组间平方和（SSA）不等于零，就表明两个变量之间有关系（只是是否显著的问题）。当组间平方和 SSA 比组内平方和 SSE 大，而且大到一定程度时，就意味着两个变量之间的关系显著，大得越多，表明它们之间关系就越强；反之，当组间平方和 SSA 比组内平方和 SSE 小时，就意味着两个变量之间的关系不显著，小得越多，表明它们之间的关系越弱。

那么，如何度量自变量和因变量之间的关系强度呢？可以用组间平方和 SSA 占总离差平方和 SST 的比例大小来反映，这一比例可即为 R^2，即

$$R^2 = \frac{\text{SSA}}{\text{SST}}$$

其平方根 R 就可以用来测量两个变量之间的关系强度。

8.2.3　方差分析中的多重比较

如果要进一步了解究竟是哪些均值之间不相等，就需要使用多重比较方法。多重比较分析旨在了解自变量的不同水平对因变量的影响程度如何，通过对总体均值之间的配对比较来检验到底哪些均值之间存在差异。

多重比较的方法较多，常用的还是费希尔（Fisher）提出的最小显著差异方法（Least Significant Difference），简写为 LSD，是检验水平间的均值是否存在显著差异，适用于各总体方差相等的情况。具体步骤如下：

第一步：提出假设：H_0：$\mu_i = \mu_j$　　H_1：$\mu_i \neq \mu_j$

第二步，计算检验统计量 t

$$t = \frac{\bar{X}_i - \bar{X}_j - (\mu_i - \mu_j)}{\sqrt{\text{MSE}(\frac{1}{n_1} + \frac{1}{n_2})}} \sim t(n-k) \tag{8-5}$$

第三步，根据显著性水平 α，做出决策。如果 $t > 1$，则拒绝 H_0；若 $t < 1$，则接受 H_0。

【例 8-1】单因素方差分析由 SPSS17.0 的比较均值过程过程中的单因素 ANOVA 子过程实现。下面以案例说明单因素方差分析的单因素 ANOVA 子过程的基本操作步骤。

（1）准备工作。在 SPSS17.0 中打开旅游投资数据文件 8-1.sav，通过选择【文件—打开】命令将数据调入 SPSS17.0 的工作文件窗口，结果如图 8-1 所示。

图 8-1　工作文件窗口

（2）选择【分析—比较均值—单因素 ANOVA】命令，打开单因素方差分析对话框。

（3）在图所示的单因素 ANOVA 对话框中，相关内容介绍如下。

①因变量列表：用于选择观测变量。

②因子：用于选择控制变量。控制变量有几个不同的取值就表示控制变量有几个水平。本例在单因素 ANOVA 对话框左端的变量列表中将变量【旅游投资】添加到右边的因变量列表中，选择【投资来源】变量移入因子框中，如图 8-2 所示。

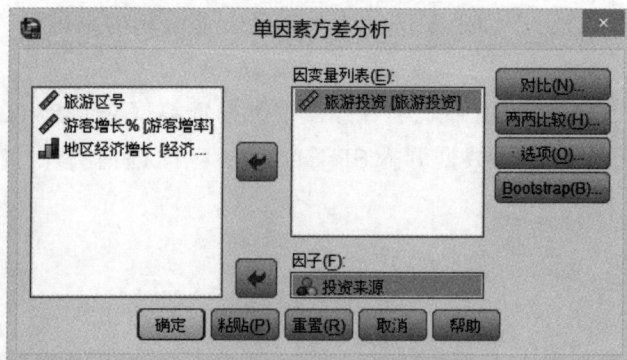

图 8-2　投资来源方差分析

（4）单击【选项】按钮，出现如图 8-3 所示对话框，该对话框用来对方差分析的前提条件进行检验，方差分析的前提是各个水平下的总体服从方差相等的正态分布，其中对于方差相等的要求比较严格，因此必须对方差齐性进行检验。另外，该对话框还用来指定输出其他相关统计量和对缺失值如何进行处理。

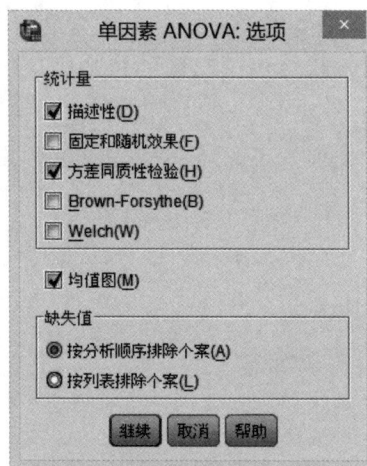

图 8-3　单因素 ANOVA：选项窗口

①统计量框：用来指定输出相关统计量。

②描述性：输出观测变量的基本描述统计量，包括样本容量、平均数、标准差、均值的标准误差、最小值、最大值、95% 的置信区间。

③固定与随机效应：显示标准离差和误差检验。

④方差齐性检验：计算分组方差齐性检验的 Levene 统计量。SPSS 的运行结果中就会出现关于方差是否相等的检验结果和伴随概率。

⑤ Brown-Forsythe：布朗均值检验，输出分组均值相等的 Brown-Forsythe 统计量。

⑥ Welch：维茨均值检验，输出分组均值相等的 Welch 统计量。

⑦均值图：表示输出各水平下观测变量均值的折线图。

⑧缺失值选框：提供了两种缺失值的处理方法。

⑨按分析排序排除个案：剔除各分析中含有缺失值的个案。

⑩按列表排除个案：剔除含有缺失值的全部个案。

（5）单击【对比】按钮，出现如图 8-4 所示对话框，该对话框用来实现先验对比检验和趋势检验。

①多项式：将组间平方和分解为多项式趋势成分，即进行趋势检验。选中多项式选型，其后的度菜单将被激活，变为可选。

②度：在下拉菜单中可以设定多项式趋势的形式，可选择线性、二次多项、三次多项、四次多项、五次多项式。

③对比：用来实现先验对比检验。

④系数：为多项式指定各组均值的系数，因素变量有几组就输入几个系数。

⑤系数总计：在大多数程序中，系数的总和应该等于 0，否则就会出现警告信息。

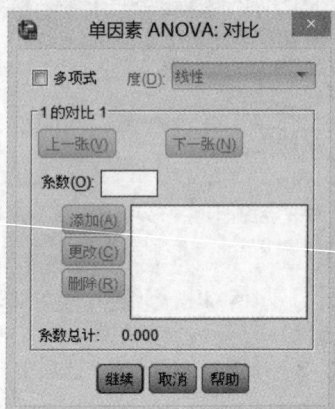

图 8-4　单因素 ANOVA：对比窗口

（6）单击【两两比较】按钮，出现如图 8-5 所示对话框，该对话框用来实现多重比较检验。

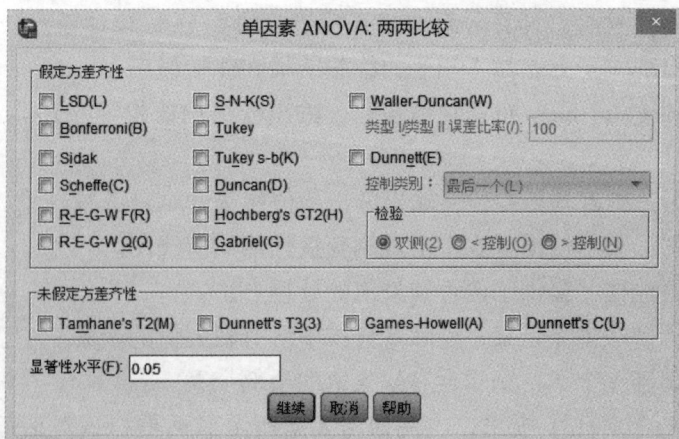

图 8-5　单因素 ANOVA：两两比较窗口

①定方差齐性：适合于各水平方差齐性的情况。在该条件下有 14 种比较均值的方法可供选择。

LSD：最小显著差异法，用 t 检验完成各组均值之间的两两比较。

Bonferroni：修正最不显著差异法，用 t 检验完成各组均值之间的配对比较。

Sidak：Sidak 法，根据 t 统计量进行配对多重比较，调整多重比较的显著性水平。

Scheffe：塞弗检验法，对所有可能的组合进行同步进入的配对检验。

R–E–G–WF：Ryan–Einot–Gabriel–Welsch F 法，根据 F 检验的多重下降过程。

R–E–G–WO：Ryan–Einot–Gabriel–Welsch Q 法，根据 Student 极差的多重下降过程。

S–N–K：Student–Newman–Kenls 法，用 Student 极差分布对所有均值进行配对检验。

Tukey：可靠显著差异法，用 Student 极差统计量对所有组间进行配对比较。

Tukey's–b：用 Student 极差统计量对所有组间进行配对比较。

Duncan：修复极差法，使用 SNK 检验进行逐步配对比较。

Hochberg's GT2：使用 Student 最大模数的多重比较及极差检验。

Gabriel：使用 Student 最大模数的多重比较试验。

Waller–Duncan：根据 t 统计量使用 Bayesian 过程的多重比较试验。

Dunnett：用配对多重比较 t 检验与一个对照组的均数进行比较。

②未假定方差齐性：适合于各水平方差不齐性的情况。选择以下 4 种方法。

Tamhane's T2：根据 t 检验的保守配对比较。

Dunnett's T3：根据 Student 最大模数的配对比较试验。

Games–Howell：Games–Howell 法，使用较为灵活。

Dunnett's C：根据 Student 极差的配对检验。

③ Significance level：显著性水平，系统默认值为 0.05。

本例选择方差齐性栏下的 LSD 法、Bonferroni 法、Scheffe 法、S–N–K 进行多重比较检验。单击继续按钮，返回单因素方差分析对话框。

单击"确定"按钮，SPSS 自动完成计算。SPSS 结果输出窗口查看器中就会给出所需结果（表 8-2、图 8-6）。

表 8-2 输出信号

	N	均 值	标准差	标准误	均值的 95% 置信区间		极小值	极人值
					下限	上限		
1	7	1 595.00	42.485	16.058	1 555.71	1 634.29	1 530	1 655
2	11	1 491.36	80.509	24.274	1 437.28	1 545.45	1 350	1 575
3	7	1 477.86	66.369	25.085	1 416.48	1 539.24	1 399	1 605
总数	25	1 516.60	82.314	16.463	1 482.62	1 550.58	1 350	1 655

Levene 统计	df_1	df_2	显著性
1.350	2	22	0.280

	平方和	df	均 方	F	显著性
组间	60 538.597	2	30 269.299	6.524	0.006
组内	102 075.403	22	4 639.791		
总数	162 614.000	24			

	投资来源	N	$\alpha= 0.05$ 的子集	
			1	2
纽曼 – 科伊尔斯检验 [a,b]	3	7	1 477.86	
	2	11	1 491.36	
	1			1 595.00
	显著性		0.696	1.000
检验 [a,b]	3	7	1 477.86	
	2	11	1 491.36	
	1			1 595.00
	显著性		0.925	1.000

	(I) 投	(J) 投	均值差			95% 置信区间	
	资来源	资来源	(I−J)	标准误	显著性	下限	上限
检验	1	2	103.636*	32.934	0.017	17.21	190.06
		3	117.143*	36.410	0.014	21.59	212.69

续　表

	(I) 投 资来源	(J) 投 资来源	均值差 (I–J)	标准误	显著性	95% 置信区间	
						下限	上限
	2	1	–103.636*	32.934	0.017	–190.06	–17.21
		3	13.506	32.934	0.920	–72.92	99.93
	3	1	–117.143*	36.410	0.014	–212.69	–21.59
		2	–13.506	32.934	0.920	–99.93	72.92
LSD	1	2	103.636*	32.934	0.005	35.34	171.94
		3	117.143*	36.410	0.004	41.63	192.65
	2	1	–103.636*	32.934	0.005	–171.94	–35.34
		3	13.506	32.934	0.686	–54.79	81.81
	3	1	–117.143*	36.410	0.004	–192.65	–41.63
		2	–13.506	32.934	0.686	–81.81	54.79
校正	1	2	103.636*	32.934	0.014	18.30	188.97
		3	117.143*	36.410	0.012	22.80	211.49
	2	1	–103.636*	32.934	0.014	–188.97	–18.30
		3	13.506	32.934	1.000	–71.83	98.84
	3	1	–117.143*	36.410	0.012	–211.49	–22.80
		2	–13.506	32.934	1.000	–98.84	71.83

注：*. 均值差的显著性水平为 0.05。

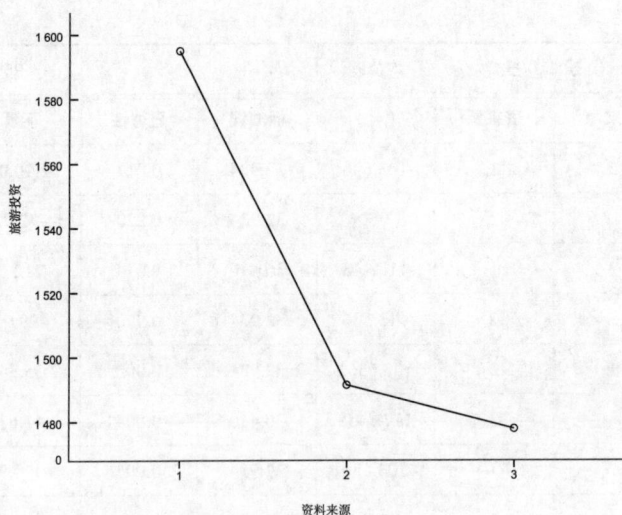

图 8-6 所需结果输出图

8.3 双因素方差分析

单因素方差分析值考虑一个分类自变量对数值型因变量的影响。但在实际问题的研究中，往往需要考虑几个因素对因变量的影响。例如，在分析影响收入的因素时，需要考虑受教育程度、性别和职业等多个因素的影响。当方差分析涉及两个分类型自变量时，称为双因素方差分析（Two-way Analysis of Variance）。

关于双因素方差分析，由于有两个影响因素，根据两个因素间是否存在交互作用（Interaction），可以分为无交互作用的方差分析（Two-factor without Replication）和有交互作用的方差分析（Two-factor with Replication）。

8.3.1 无交互作用和有交互作用的方差分析

在双因素方差分析中，由于有 A、B 两个影响因素，因此在获取数据时，应将一个因素安排在"行"的位置，称为行因素；另一个因素安排在"列"的位置，称为列因素。设行因素有 k 个水平：行 1，行 2，…，行 k；列有 r 个水平：列 1，列 2，…，列 r。行因素和列因素的每一个水平都可以配为一组，观察它们对于因变量的影响。可以共抽取 kr 个观察数据，如表 8-3 所示。

表 8-3 双因素方差分析的数据结构

	A	B	C	D	E	F	G
1	列因素（j）		列 1	列 2	$\cdots$	列 r	行平均值
2							
3	行因素（i）	行 1	X_{11}	X_{12}	$\cdots$	X_1r	X_1
4		行 2	X_{21}	X_{22}	$\cdots$	X_2r	X_2
5		$\cdots$	$\cdots$	$\cdots$	$\cdots$	$\cdots$	$\cdots$
6		行 k	X_{k1}	X_{k2}	$\cdots$	X_{kr}	X_k
7	列平均值		X_1	X_2	$\cdots$	X_r	总平均值

双因素方差分析的步骤与单因素方差分析类似，也包括提出假设、构造检验的统计量、做出统计决策等步骤。

第一步，提出假设。为了检验两个因素的影响，需对两个因素提出如下假设。

对行因素 A 提出的假设为

H_0：$\mu_1 = \mu_2 = \mu_3 = \mu_i = \cdots = \mu_k$ （行因素自变量对因变量无显著影响）

H_1：$\mu_i(i=1,2,\cdots,k)$ 不全相等（行因素自变量对因变量有显著影响）

其中，μ_i 是第 i 个总体的均值。

对列因素 B 提出的假设为

H_0：$\mu_1 = \mu_2 = \mu_3 = \mu_i = \cdots = \mu_k$ （列因素自变量对因变量无显著影响）

H_1：$\mu_j(i=1,2,\cdots,r)$ 不全相等（列因素自变量对因变量有显著影响）

其中，μ_j 是第 j 个总体的均值。

如果接受原假设，则没有证据表明自变量对因变量有显著影响，即自变量与因变量之间有显著关系；如果拒绝原假设，则意味着自变量对因变量有显著影响，即自变量与因变量之间有显著关系。

第二步，构造检验统计量。

在双因素方差分析中，A 和 B 表示两个不同的因素，A 有 k 个水平，B 有 r 个水平，SSA 和 SSB 表示因素 A 和 B 独立作用影响的变差，SSE（Residual）为随机误差。

如果不考虑因素 A 与 B 的交互作用：

$$\text{SST=SSA+SSB+SSE}$$

若考虑因素 A 与 B 之间的交互作用，以 SSAB 表示因素 A 和 B 两两交互作用引起的变差，通常将 SSA+SSB+SSAB 称为主效应（Main Effect）。

$$SST=SSA+SSB+SSAB+SSE$$

$$其中，\quad SST = \sum_{i=1}^{k}\sum_{j=1}^{n_i}(x_{ij}-\overline{x})^2$$

$$SSA = \sum_{i=1}^{k}\sum_{j=1}^{r}n_{ij}(\overline{x}_i^{A}-\overline{x})^2$$

$$SSB = \sum_{i=1}^{k}\sum_{j=1}^{r}n_{ij}(\overline{x}_j^{B}-\overline{x})^2$$

$$SSE = \sum_{i=1}^{k}\sum_{j=1}^{r}\sum_{k=1}^{n_{ij}}(x_{ijk}-\overline{x}_{ij}^{AB})^2$$

$$SSAB = SST - SSA - SSB - SSE$$

式中，$\overline{x}_i^{A}$ 为因素 A 第 i 个水平的平均值；$\overline{x}_i^{B}$ 为因素 B 的第 j 个水平的平均值，$\overline{x}_{ij}^{AB}$ 表示因素 A 的第 i 个水平与因素 B 的第 j 个水平交互作用的平均值。

第三步，计算统计量。

如果不考虑因素 A 与 B 的交互作用：SST=SSA+SSB+SSE

检验统计量为

$$F_{A} = \frac{SSA/(k-1)}{SSE/(k-1)(r-1)} = \frac{MSA}{MSE}$$

$$F_{B} = \frac{SSB/(r-1)}{SSE/(k-1)(r-1)} = \frac{MSB}{MSE}$$

当因素 A 与 B 的各水平的影响无显著差异时，上面的 F 统计量服从 F 分布。

如果考虑因素 A 与 B 之间的交互作用：$SST=SSA+SSB+SSAB+SSE$

$$F_{A} = \frac{SSA/(k-1)}{SSE/kr(l-1)} = \frac{MSA}{MSE}$$

$$F_{B} = \frac{SSB/(r-1)}{SSE/kr(l-1)} = \frac{MSB}{MSE}$$

$$F_{AB} = \frac{SSAB/(k-1)(r-1)}{SSE/kr(l-1)} = \frac{MSAB}{MSE}$$

SST 的自由度为 $kr-1$；SSA 的自由度为 $k-1$，其中 k 为因素水平的个数；SSB 的自由度为 $r-1$；SSE 的自由度为（$k-1$）（$r-1$）。

第四步，做出统计决策。

计算出检验统计量后，根据给定的显著性水平 α 和两个自由度，查 F 分

布表得到临界值 $F_\alpha[k-1,(k-1)(r-1)]$ 和 $F_\alpha[r-1,(k-1)(r-1)]$，比较后，做出统计决策。

如果 $F_A > F_\alpha[k-1,(k-1)(r-1)]$，则拒绝原假设，表明行因素 A 各水平之间存在显著差异，即行因素 A 对因变量有显著影响。

如果 $F_A < F_\alpha[k-1,(k-1)(r-1)]$，则接受原假设，表明行因素 A 各水平之间不存在显著差异，即没有证据证明行因素 A 对因变量有显著影响。

如果 $F_B > F_\alpha[r-1,(k-1)(r-1)]$，则拒绝原假设，表明列因素 B 各水平之间存在显著差异，即列因素 B 对因变量有显著影响。

如果 $F_B < F_\alpha[r-1,(k-1)(r-1)]$，则接受原假设，表明列因素 B 各水平之间不存在显著差异，即没有证据证明列因素 B 对因变量有显著影响。

8.3.2　无交互作用和有交互作用的方差分析表

为了使计算过程更加清晰，将上述关于无交互作用和有交互作用的内容列成方差分析表，分别如表 8-4 和 8-5 所示。

表 8-4　无交互作用的双因素方差分析表

1	误差来源	平方和 SS	自由度 df	均方 MS	F 值	F 临界值
2	行因素	SSA	$k-1$	MSA	MSA/MSE	
3	列因素	SSB	$r-1$	MSB	MSB/MSE	
4	误差	SSE	$(k-1)(r-1)$	MSE		
5	总和	SST	$kr-1$			

表 8-5　无交互作用的双因素方差分析表

1	误差来源	平方和 SS	自由度 df	均方 MS	F 值	F 临界值
2	行因素	SSA	$k-1$	MSA	MSA/MSE	
3	列因素	SSB	$r-1$	MSB	MSB/MSE	
4	交互作用	SSAB	$(k-1)(r-1)$	MSAB	MSAB/MSE	
5	误差	SSE	$kr(l-1)$	MSE		
6	总和	SST	$n-1$			

8.3.3 关系强度的测量

在双因素方差分析中，如何度量自变量和因变量之间的关系强度呢？行平方和 SSA 度量了行因素自变量对因变量的影响，列平方和 SSB 度量了列因素自变量对因变量的影响，这两个平方和之和则度量了两个自变量对因变量的联合效应。联合效应占总平方和 SST 的比例大小来反映，这一比例可即为 R^2，即

$$R^2 = \frac{SSA + SSB}{SST}$$

其中，平方根 R 就可以用来测量两个变量联合起来与因变量之间的关系强度。一般来说，对于两个自变量，进行双因素方差分析要优于分布对两个因素进行单因素方差分析。

【例 8-2】某车间 3 台机器（用 A、B、C 表示）生产同一种产品，下表 8-6 给出了 4 名个人操作机器 A、B、C 生产的产品的产量（数据文件 8-2.sav），问机器之间、工人之间在产量上是否存在显著差异。

表 8-6　4 名工人产品量

机器类型	1	2	3	4
A	50	47	47	53
B	63	54	57	58
C	52	42	41	48

（1）准备工作。在 SPSS17.0 中打开数据文件 8-2.sav，通过选择"文件—打开"命令将数据调入 SPSS17.0 的工作文件窗口。

（2）选择【分析——般线性模型—单变量】命令，打开【一般线性模型：单变量】对话框（图 8-7）。

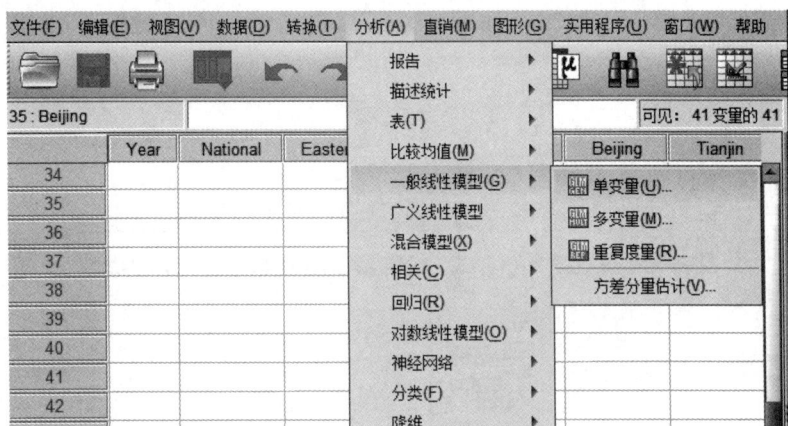

图 8-7 一般线性模型：单变量对话框

（3）在如图 8-8 所示多变量对话框中，相关内容介绍如下。

①因变量列表：用于选择观测变量。

②固定因子栏：用于指定固定效应的控制变量。

③随机因素栏：指定随机效应的控制变量。

④协变量栏：指定作为协变量的变量。

⑤WLS 权重栏：放入加权变量作最小二乘法（WLS）分析。

本例在单变量对话框左端的变量列表将要检验的变量【产量】添加到右边的因变量中，将变量【机器】和【工人】移入固定因子栏。

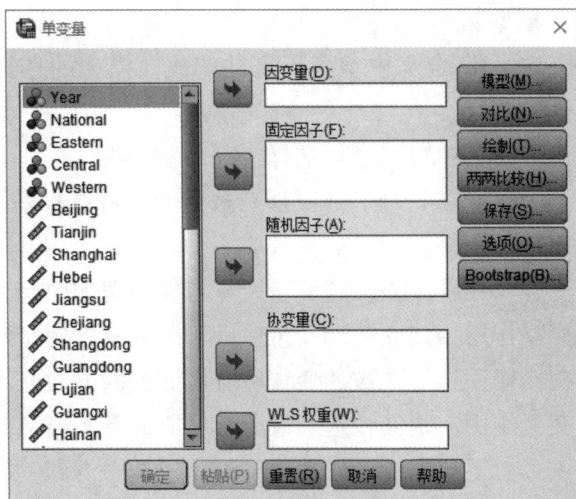

图 8-8 单变量窗口

（4）单击【模型】按钮，如图 8-9 所示对话框，该对话框可以选择建立多因素方差模型的种类。

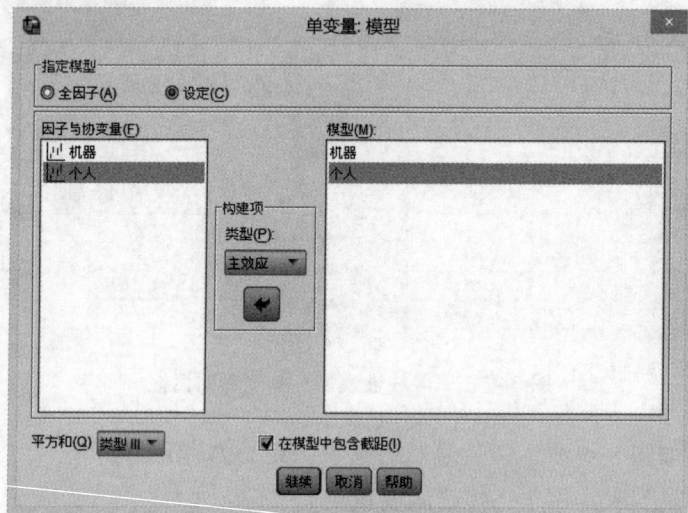

图 8-9　单变量：模型窗口

①指定模型：第一，全因子模型，SPSS 默认选项，包括所有因素主效应、协变量效应以及因素间的交互效应；第二，设定模型，即建立非饱和模型。点击激活因子与协变量和模型项。

②因子与协变量栏：列出源因素，显示固定因素（F）和协变量（C），R 表示随机因素指定模型。

③模型列表：放入自定义模型各因素的构成，模型的选择取决于数据的性质。

④构建项：由下拉菜单可以进行选择。

⑤交互效应：SPSS 默认选项，建立所有被选变量最高水平的交互效应。

⑥主效应：建立每个被选变量的主效应。

⑦所有二阶交互作用：建立被选变量所有可能的两方向交互效应。

⑧所有三阶交互作用：建立被选变量所有可能的三方向交互效应。

⑨所有四阶交互作用：建立被选变量所有可能的四方向交互效应。

⑩所有五阶交互作用：建立被选变量所有可能的五方向交互效应。

⑪平方和选项：由下拉列表可以选择下列任一类平方和：类型 I 常用于平衡数据方差分析模型，任何一级交互效应之前的主效应，二级交互效应之前的一级交互效应等；多项式回归模型，任何高次项之前的低次项；完全嵌套模

型，第二指定效应嵌套的第一指定效应等。类型 II 常用于平衡数据方差分析模型，任何仅包含主效应的模型、回归模型和完全嵌套设计。类型 III SPSS 默认选项，适合于一类、二类平方和适用的所有模型，无缺失值的所有平衡与不平衡数据模型最为常用。类型 IV 适用于一类、二类平方和适用的所有模型，有缺失值的平衡或不平衡数据模型。

（5）单击【两两比较检验】按钮，如图 8-10 所示对话框，该对话框用来实现多重比较检验。

①因子：列出固定因素。

②两两比较检验：选择将做两两比较的因素。

③假定方差齐性的两两比较方法：在该条件下有 14 种比较均值的方法可供选择，各种方法的含义与第一节单因素方差分析相同。

④未假定方差齐性的两两比较方法：在该条件下有 4 种方法，各种方法的含义与前述单因素方差分析相同。

本例选择【机器】变量和【工人】变量添加到【两两比较检验】框中，选择 S-N-K 比较检验法。单击【继续】按钮，返回单变量对话框。

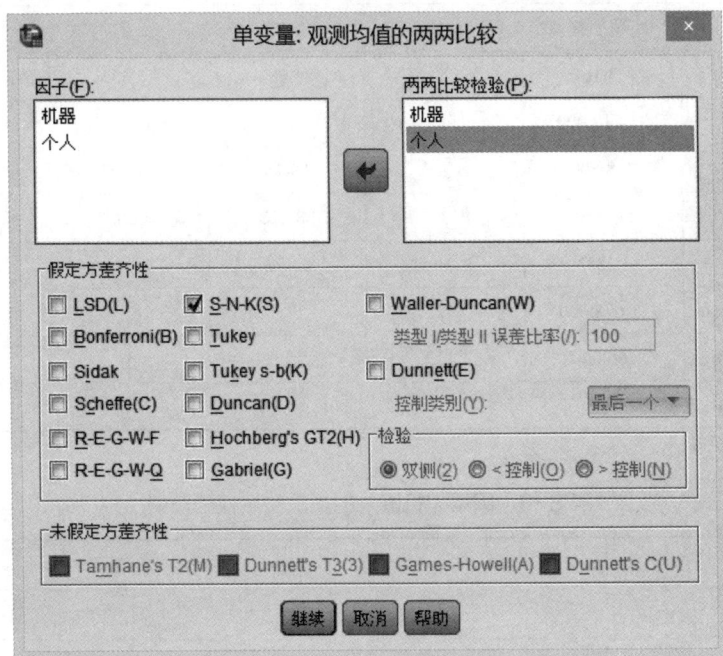

图 8-10　单变量：观测均值的两两比较窗口

（6）单击【确定】按钮，SPSS 自动完成计算，结果如表 8-6～表 8-8 所示。

表 8-6　组间因素

		N
机器	1	4
	2	4
	3	4
工人	1	3
	2	3
	3	3
	4	3

表 8-7　主体间效应的检验

因变量					
源	III 型平方和	df	均方	F	Sig.
校正模型	433.167[a]	5	86.633	15.831	0.002
截距	31 212.000	1	31 212.000	5 703.716	0.000
机器	318.500		159.250	29.102	0.001
工人	114.667	3	38.222	6.985	0.022
误差	32.833	6	5.472		
总计	31 678.000	12			
校正的总计	466.000	11			

a. $R^2=0.930$（调整 $R^2=0.871$）

表 8-8　因素"机器"的多重验后检验产量

	N	子集	
		1	2
2	3	47.67	
3	3	48.33	
4	3	53.00	53.00

1	3		55.00
Sig.		0.070	0.335

基于观测到的均值，误差项为均值方（错误）为 5.472。

使用调和均值样本大小为 3.000 ： α = 0.05。

多因素方差分析不仅需要分析每个控制变量独立作用对观测变量的影响，还要分析多个控制变量交互作用对观测变量的影响，以及其他随机变量对结果的影响。

多因素方差分析只能得到多个控制变量的不同水平是否对观测变量有显著影响。如要进一步研究究竟是哪个组（或哪些组）和其他组有显著的差别，则需要再对各个样本进行多重比较检验。

8.4　方差分析的假定及其检验

8.4.1　方差分析的基本假定

在方差分析中，有三个基本假定，分别如下：

一是正态性，要求每个总体都服从正态分布。就是说，对于因素的每一个水平，其观测值是来自正态分布总体的简单随机样本。

二是独立性，样本是独立的随机样本。

三是方差齐性，要求各个总体的方差 σ^2 必须相同。就是说，各组观察数据是从具有相同方差的正态分布中抽取的。可以对控制变量不同水平下各观测变量总体方差是否相等进行检验。控制变量不同水平下观测变量总体方差无显著差异是方差分析的前提要求。若不满足，便不能认为各总体分布相同。

在上述假设成立的前提下，要分析自变量对因变量是否有影响，在形式上也就转化为检验自变量的各个水平（总体）的均值是否相等。尽管不知道总体的均值，但可以使用样本数据来检验它们是否相等。如果总体均值相等，可以期望样本的均值也会接近。事实上，样本的均值越接近，推断总体均值相等的证据就越充分；反之，样本均值越不同，推断总体均值不同的证据就越充分。换句话说，样本均值变动越小，越支持 H_0 ；样本均值变动越大，越支持 H_1 。

8.4.2 方差分析的检验

设因素有 k 个水平，要检验 k 个水平（总体）均值是否相等，需要提出以下假设：

假设 H_0：$\mu_1 = \mu_2 = \mu_3 = \mu_i = \cdots = \mu_k$ （自变量对因变量无显著影响）

假设 H_1：$\mu_1, \mu_2, \mu_3, \mu_i, \cdots, \mu_k$ 不全相等（自变量对因变量有显著影响）

如果原假设为真，则意味着每个样本都来自均值为 μ、方差为 σ^2 的同一个正态总体。由样本均值的抽样分布可知，来自正态总体的一个简单随机样本的样本均值服从均值为 μ、方差为 σ^2 / n 的正态分布。

如果备择假设为真，则意味着样本分别来自均值不同的 k 个正态总体，因此会有 k 个不同的抽样分布。

8.5 实验设计初步

实验设计是由英国统计学家费希尔提出的，是通过研究实施实验方案，对一个过程或输入的自变量做一些有目的改变，以能观察和识别出引起因变量变化的缘由。实验就是试验，一个设计的实验可能包括一个试验或一系列的试验。实验设计就是设计实验的过程，通过提高实验效果，缩小随机误差的影响，将实验观察收集到的数据用于统计分析，以得出有效和客观的结论。在实验研究中，研究一个或多个因素可以被控制，从而使数据可以按照因素如何影响变量来获得。实验设计可以基本分为以下三类。

8.5.1 完全随机化设计

将 k 种处理随机地指派给试验单元的设计，称为完全随机化设计。收集样本数据的过程称为实验。收集样本数据的计划称为实验设计。接受处理的对象或实体称为实验单元。完全随机化设计适合单因素方差分析。

8.5.2 随机化区组设计

随机化区组设计是先按一定规则将实验单元划分为若干同质组，称为区组，然后再将各种处理随机地指派给各个区组，比较适合无重复双因素方差分析。

8.5.3 因子设计

因子设计也叫析因实验，即为两个或多个因素的搭配实验设计，适合重复多因素方差分析。

习　题

（1）简述方差分析的含义以及研究目的。

（2）方差分析主要包括哪些类型？它们之间有何区别？

（3）方差分析有哪些基本假定？方差分析的基本原理是什么？

（4）简述方差分析的基本步骤。

（5）在方差分析中，多重比较的作用是什么？

（6）在方差分析中，如何解释自变量对因变量的关系强度？

（7）比较无交互和有交互作用的双因素方差分析异同。

（8）上海某三所大学教授人数的随机抽样数据如表 8-9 所示，检验三所大学是否存在显著差异。

表 8-9　随机抽样数据

A 大学	B 大学	C 大学
15	20	18
30	18	20
25	32	28
10	12	9

请写出原假设和备择假设，根据给定显著性水平 $\alpha = 0.05$，确定 F 临界值。

计算三个离差平方和 SST、SSA、SSE，完成方差分析表，并给出检验结论。

若原假设被拒绝，用 95% 置信水平检验哪两所大学存在显著差异。

学会利用 SPSS 进行单因素方差分析，以及无交互作用和有交互作用的双因素方差分析，并判断变量之间的关系形态，建立回归方程，解释回归系数意义，检验回归系数的显著性。

第9章　一元线性回归

开篇案例:

子代与父代一样吗?

英国探险家、人类学家、心理学家、统计学家弗朗西斯·高尔顿(Francis Galton, 1822—1911)被誉为现代相关技术和回归关系的创始人。他是英国生物学家、进化论之父查尔斯·罗伯特·达尔文(Charles Robert Darwin, 1809—1882)的表弟,也是首位运用相关和回归等统计学工具来研究人类智力发展的心理学家,被誉为"优生学之父"。

1875 年,高尔顿开展了一项关于研究豌豆遗传规律的实验。在实验中,他挑选了 7 组不同尺寸的豌豆,每组 10 颗,并说服不同地区的朋友分别种植,然后将原始的豌豆种子(父代)与新长的豌豆种子(子代)进行尺寸比较。当分析研究结果时,发现豌豆并非尺寸大的豌豆后代尺寸大、尺寸小的豌豆后代尺寸小,而是具有一种不同的趋势,即尺寸大的豌豆趋向于得到尺寸更小的子代,而尺寸小的豌豆趋向于得到尺寸更大的后代。高尔顿把这一现象称为"返祖",后来又称为"向平均值回归"。

为了研究父代与子代身高的关系,高尔顿搜集了 1 078 对父亲及其儿子的身高数据。他发现这些数据的散点图大致呈直线状态,也就是说,总的趋势是父代的身高增加时,子代的身高也倾向于增加。但是,对试验数据进行深入的分析后,他发现当父代高于平均身高时,子代身高比他更高的概率要小于比他更矮的概率;当父代矮于平均身高时,子代身高比他更矮的概率要小于比他更高的概率。即子代身高有向父代平均身高回归的趋势,这反映了一种规律:总体上使人类身高的分布相对稳定而不产生两极分化,也就是回归效应。

一个总体中在某一时期具有极端特征(高于或低于总体均值)的个体在未来的某一时期将减弱它的极端性,这一趋势被称为"回归效应"(regression effect)。"回归效应"的应用非常广泛,日常生活中的例子并不少见。正如高尔顿在研究人类遗传规律时的发现，子代和父代的身高之间并非完全一样，而是存在某种关联，当父代身高很高时，子代往往没有那么高；但当父代身高很低时，子代身高往往比父代高。

　　本章主要介绍数值型自变量和数值型因变量之间关系的统计分析方法，称为相关与回归分析，尤其是两个变量之间的关系，即简单相关与一元回归分析。

9.1　变量间的关系

9.1.1　变量相关的概念

　　简单来说，变量之间的关系主要有两种：函数关系和相关关系。在统计学中主要研究的是变量间的相关关系。

1. 函数关系

　　设有两个变量 x 和 y，变量 y 随着变量 x 一起变化，并完全依赖 x，当变量 x 取某个数值时，y 依照确定的关系取相应的值，则称 y 是 x 的函数，记为 $y=f(x)$，其中 x 称为自变量，y 称为因变量。

　　值得注意的是，变量间的函数关系是一一对应的确定关系。

2. 相关关系

　　在社会经济与管理中，不确定的变量关系更为普遍。比如，收入（y）与教育程度（x）之间的关系，商品销售额（y）与人口（x_1）、广告费（x_2）的关系。

　　相关关系的特点是变量之间存在关系，但不是一一对应的。也就是说，一个变量的取值不是由另一个变量唯一确定的，这种不确定的变量关系及其规律正是相关与回归分析的重要核心内容。

9.1.2　相关关系的描述与测度

　　相关关系是对变量间关系的描述与测度，主要包括以下问题：

　　（1）变量间是否存在关系？

　　（2）如果存在关系，关系的方向是什么样的，强度如何？

　　（3）样本所反映变量之间的关系能否代表总体变量间的关系？

　　因此，在进行相关分析时，对总体存在以下两个假定：

第一，两个变量之间是线性关系；第二，两个变量都是随机变量。

在进行相关分析时，首先绘制散点图来判断变量之间的关系类型，如果根据散点图看出两个变量之间没有关系，就不必再建立模型或进行回归。如果是线性关系，可以进一步利用相关系数来测度两个变量之间的关系强度，最后对相关系数进行显著性检验，以判断样本所反映的变量间关系是否能够代表总体变量间关系。

在完成相关分析后，回归分析是进一步研究变量之间相关关系的一种统计方法。其用意在于研究因变量（被解释变量）与自变量（一个或多个解释变量）之间的相关关系。

1. 散点图

散点图（scatter diagram）是描述变量间关系的最直观方式，可以大体看出变量间是否存在关系及关系方向。通过观察或实验获得的数据，以两个变量 x 和 y 为例，可以记为（x_i，y_i）（i=1，2，3，…，n），用坐标的横轴代表变量 x，纵轴代表变量 y，每组数据（x_i，y_i）在坐标系中用一个点表示，n 组数据在坐标系中形成的 n 个点称为散点，由坐标及散点形成的二维数据图就称为散点图。

按照分类标准的不同，相关关系具有不同的类型。按相关程度的不同，可以分为完全相关、不相关、不完全相关。完全相关是指一种现象的数量变化完全由另一种现象的数量变化所确定，在相关图中，表现为所有观察点都落在直线或曲线上，此时相关关系就转化为函数关系；不相关是指两个变量彼此互不影响，变量的观测点很分散，其数量变化各自独立，无任何规律；不完全相关是指两个现象之间的关系介于完全相关和不相关之间，在统计学中，相关与回归分析主要研究的是不完全相关现象。

按依存关系的表现形式不同，相关关系可分为线性相关、非线性相关。线性相关是指两种相关现象之间的关系近似地表现为一条直线，在这种关系中，两个变量的变动幅度近似地保持一定的比例，如人均收入与人均消费水平；非线性相关是指当一个变量发生变动时，另一个变量的变动在数值上不是均等的，在相关图中，二者之间形成的坐标点的分布趋势呈曲线形态，如二次抛物线、指数曲线、双曲线等。相对而言，非线性关系的研究较线性关系的研究更为复杂，故一般是先开展线性关系学习，然后再涉及非线性关系学习。

按相关的方向不同，相关关系可分为正相关、负相关。正相关是指当一个变量的数值增加（或减少）时，另一个变量的数值也随之增加（或减少），即同方向变化，如收入与受教育水平之间的关系；负相关是指当一个变量的数值增加（或减少）时，另一个变量的数值却呈减少（或增加）趋势变化，即反方向变化，如利润和成本之间的关系。

按研究变量的多少，相关关系可分为单相关、复相关。单相关是指所研究的相关关系中的变量仅有两个，也就是研究一个变量和另外一个变量之间的关系；复相关是指所研究的相关关系中的变量包含三个及三个以上，也就是研究一个变量和其他多个变量之间的关系，如研究收入受到诸如受教育水平、性别、职业等因素的影响。

2. 相关系数

散点图可以直观地判断出两个变量之间是否存在相关关系，以及对变量间关系的方向进行大致的描述，但无法准确反映出变量之间的关系强度。

相关系数（coefficient of correlation）是准确度量两个变量之间密切关系强度的度量。若相关系数是根据总体全部数据计算的，称为总体相关系数，记为 ρ；若相关系数是根据样本数据计算的，称为样本相关系数（又称 Pearson 相关系数），记为

$$r = \frac{\sum_{i=1}^{n}(x_i - \bar{x})(y_i - \bar{y})}{\sqrt{\sum_{i=1}^{n}(x_i - \bar{x})^2 \sum_{i=1}^{n}(y_i - \bar{y})^2}} \qquad (9-1)$$

式中：n 为样本容量，且 |r| 越趋于 1，相关程度就越好。|r|=1 时，两变量为完全相关。r=1，完全正相关；r=-1，完全负相关；r=0 时，两变量不存在线性相关关系；$-1 \leqslant r < 0$ 时，两变量为负相关；$0 < r \leqslant 1$ 时，两变量为正相关。简言之，绝对值越大，相关性越强。

Pearson 相关系数 r 描述的是线性相关关系的强度，由两个变量的样本取值计算而得，取值范围为 [-1, 1]。当两个变量之间有很强的线性相关时，相关系数接近于 1 或 -1；当两个变量间关系不那么线性相关时，相关系数会接近 0。

关于相关系数 r，需要注意的有两点：一是相关系数 r 会受到样本量的影响。当样本量 n 较小时，相关系数的波动较大，但不足以说明两变量之间的密切关系；当样本量 n 较大时，相关系数的绝对值容易偏小。二是相关系数 r 只用于描述线性关系，不能用于描述非线性关系。就是说 r=0 只表示两个变量之间没有线性相关关系，并不说明两个变量之间没有其他非线性关系，因为当两个变量间的非线性相关程度较大时，也可能导致 r=0。

3. 对相关系数的显著性检验

一般情况下，总体相关系数 ρ 是未知的，常常将样本相关系数 r 作为总体相关系数的近似估计值。但因 r 是根据样本数据计算出来的，会受到抽样的影响。抽取样本不同，r 的取值也相应不同，因此 r 是一个随机变量。根据样本相关系数 r，能否推断出总体的相关程度呢？这就需要考察样本相关系数 r 的可靠性，也就是显著性检验。

对相关系数的显著性检验，一般采用的是费希尔（Ronald Aylmer Fisher，1890—1962）提出的 t 检验，该检验可以用于小样本，也可以用于大样本。检验的具体步骤如下：

第一步，提出假设。假设 H_0: $\rho = 0$（总体相关系数为 0）；假设 H_1: $\rho \neq 0$（总体相关系数不为 0）。

第二步，计算检验的统计量 t。

$$t = \frac{r\sqrt{n-2}}{\sqrt{1-r^2}} \sim t(n-2)，其中（n-2）为自由度。$$

第三步，确定显著性水平 α，并进行决策。

若 $|t| > t_{\alpha/2}$，拒绝 H_0；若 $|t| \leq t_{\alpha/2}$，接受 H_0。

【例 9-1】某大学一年级 12 名女生的胸围（cm）和肺活量（L）数据如表 9-1 所示。试分析胸围与肺活量两个变量之间的相关关系。

表 9-1　胸围与肺活量关系

学生编号	胸　围 /cm	肺活量 /L	身　高 /m
1	72.5	2.50	1.60
2	83.8	3.12	1.68
3	78.3	1.91	1.61
4	78.6	3.27	1.65
5	77.2	2.82	1.69
6	81.7	2.86	1.64
7	78.4	3.17	1.63
8	74.8	1.91	1.59
9	73.6	2.97	1.66

学生编号	胸 围 /cm	肺活量 /L	身 高 /m
10	79.4	3.28	1.70
11	85.8	3.42	1.68
12	72.5	2.78	1.62

（1）绘制散点图，以判断两个变量之间有无线性相关趋势，如图 9-1 所示。

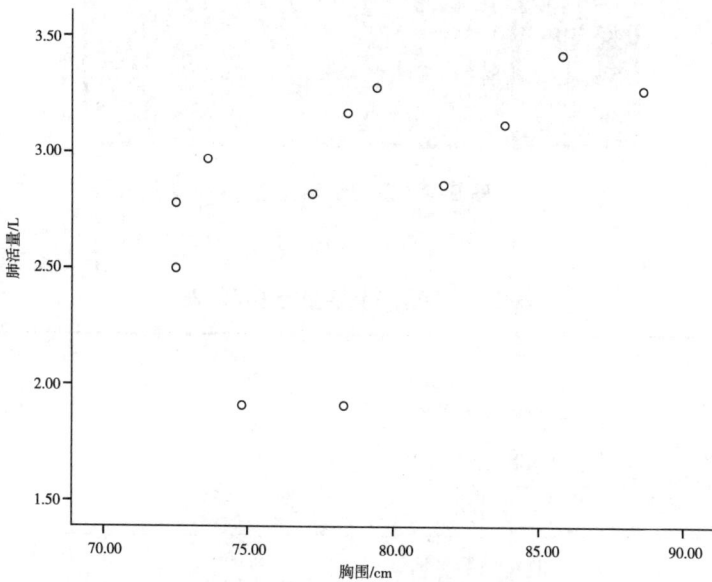

图 9-1 相关散点图

（2）从菜单上依次选择【分析—相关—双变量（二元相关）】命令，打开对话框。选择【胸围】【肺活量】到变量框；选择【相关系数 –Psearson】【显著性检验 – 双侧检验】【标记显著性相关】。单击【确定】按钮。如图 9-2 和表 9-2 所示。

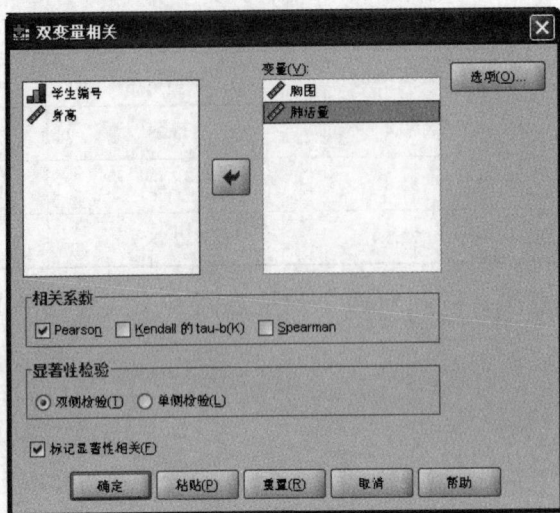

图 9-2　双变量相关窗口

表 9-2　胸围—肺活量相关系数表

		胸围	肺活量
胸围	Pearson 相关性	1	0.549
	显著性（双侧）		0.064
	N	12	12
肺活量	Pearson 相关性	0.549	1
	显著性（双侧）	0.064	
	N	12	12

　　由表 9-2 可知，变量间相关系数是用 2×2 方阵形式出现的。每一行和每一列的两个变量对应的单元格就是这两个变量相关分析结果，有三个数字，分别为 Pearson 相关性、显著性（双侧）、N（样本量）。胸围与肺活量的 Pearson 相关系数为 0.549，显著性检验为 0.064，样本量为 12。单从相关系数可以看出两者是正相关的而且具有中等相关性。但是，显著性检验 0.064 > 0.05，接受原假设，所以 Pearson 相关系数为 0.549 的值没有通过显著检验。根据这 12 个小样本来推断该大学一年级女生胸围与肺活量之间没有线性相关性。

9.2 一元线性回归模型的估计和检验

相关分析的目的在于测度变量之间的关系强度，所使用的测度工具是相关系数。回归分析的目的在于考察变量之间的数量关系，并通过一定的数学表达式将这种关系描述出来，进而确定自变量（一个或几个变量）的变化对因变量（另一个特定变量）的影响程度。简言之，回归分析要解决的具体问题如下：

一是根据样本数据，确定变量之间的数学关系式。

二是对这些关系式的可靠性进行各种统计检验，从影响因变量的诸多自变量中找出哪些变量的影响是显著的，哪些变量的影响是不显著的。

三是利用所确定的关系式，根据自变量（一个或几个变量）的取值来估计或预测因变量的取值，并给出这种估计或预测的可靠程度。

9.2.1 一元线性回归模型

1855 年，高尔顿和他的学生卡尔·皮尔逊（Karl Pearson）发表了《遗传的身高向平均数方向的回归》一文，通过观察 1 078 对夫妇的身高数据，以每对夫妇的平均身高作为自变量，取他们的一个成年儿子的身高作为因变量，分析儿子身高与父母身高之间的关系，发现父母的身高可以预测子女的身高，两者近乎一条直线。当父母越高或越矮时，子女的身高会比一般儿童高或矮，他将儿子与父母身高的这种现象拟合出一种线形关系，分析出儿子的身高 y 与父亲的身高 x 大致可归结为以下关系：

$y=33.73+0.516x$（单位为 in）

根据换算公式 1 in=0.025 4m，1 m=39.37 in。单位换算成 m 后：

$Y=0.856 7+0.516X$（单位为 m）

假如父母辈的平均身高为 1.75m，则预测子女的身高为 1.759 7m。这种趋势及回归方程表明父母身高每增加一个单位时，其成年儿子的身高平均增加 0.516 个单位。这便是回归一词最初在遗传学上的含义。

从高尔顿的研究可以看出，在回归分析研究中，首先要明确区分自变量和因变量。自变量（independent variable）又称为影响因素或解释变量，用 x 表示；因变量（dependent variable）又称为被影响因素或被解释变量，用 y 表示。在回归分析中，自变量可以有一个或多个，因变量只能有一个。只涉及一个自变量的回归称为一元回归，描述两个具有线性关系的变量之间关系的方程称为回归模型（regression model）。一元线性回归模型（linear regression model）可表示为

$$y = \beta_0 + \beta_1 x + \varepsilon \tag{9-2}$$

式中：β_0 和 β_1 为模型的参数；ε 为误差项。在一元线性回归模型中，y 是 x 的线性部分加上误差项。$\beta_0 + \beta_1 x$ 反映的是由于 x 的变化而引起的 y 的变化。误差项 ε 是随机变量，是不能由 x 和 y 之间的线性关系所解释的变异性，反映除 x 和 y 之间的线性关系之外的随机因素对 y 的影响。误差项 ε 是一个服从正态分布的随机变量，是独立的，即 $\varepsilon \sim N\left(0, \sigma^2\right)$，表示 ε 的期望值为 0，即 $E(\varepsilon) = 0$。独立性意味着一个特定的 x 值所对应的 ε 与其他 x 值对应的 ε 不相关。对于任何一个给定的 x 值，它所对应的 y 值与其他 x 值所对应的 y 值也不相关。

描述 y 的平均值或期望值如何依赖 x 的方程称为回归方程。一元线性回归方程的公式为 $E(y) = \beta_0 + \beta_1 x$

一元线性回归方程的图示是一条直线，其中 β_0 是回归直线在 y 轴上的截距，是 $x=0$ 时 y 的期望值；β_1 是直线的斜率，也称回归系数，表示 x 每变动一个单位时，y 的平均变动值。

总体回归参数 β_0 和 β_1 是未知的，必须利用样本数据去估计。用样本估计量 b_0 和 b_1 代替回归方程中的未知参数 β_0 和 β_1，就得到了简单线性回归中估计的回归方程：

$$y = b_0 + b_1 x \tag{9-3}$$

式中：b_0 为估计的回归直线在 y 轴上的截距；b_1 为直线的斜率，表示 x 每变动一个单位时 y 的平均变动值的估计值。

9.2.2　参数的最小二乘估计

最小二乘估计（least squares estimation）是一种数学优化技术，通过最小化误差的平方和寻找数据的最佳函数匹配。利用最小二乘估计法可以简便地求得未知的数据，并使这些数据与实际数据之间误差的平方和为最小。

德国天文学家、数学家约翰·卡尔·弗里德里希·高斯（Johann Carl Friedrich Gauss，1777—1855）曾于 1809 年在《天体运动论》中提出最小二乘法，成为最早提出可以利用垂直方向的离差平方和来估计未知参数的数学家之一。用最小化垂直方向的离差平方和来估计参数的方法称为最小二乘法，也

称为最小平方法（method of least squares），是一种通过使因变量的观测值与估计值之间的离差平方和达到最小来估计参数 β_0 和 β_1 的方法。回归分析的最初目的在于估计模型的参数以达到对数据的最佳拟合，在决定最佳拟合的不同标准中，用最小二乘法拟合的优势较为突出。首先，根据最小二乘法得到的回归直线可以使离差平方和达到最小，虽然无法保证是拟合数据的最佳直线，但毕竟是一条与数据拟合良好的直线；其次，由最小二乘法求得的回归直线可知参数估计量 β_0 和 β_1 的抽样分布；最后，在某些条件下，β_0 和 β_1 的最小二乘估计量同其他估计量相比，其抽样分布具有较小的标准差。正是基于此，最小二乘法广泛用于回归模型参数的估计。

设一元线性回归模型

$$Q(\beta_0, \beta_1) = \sum_{i=1}^{n} (y_i - E(y_i))^2 = \sum_{i=1}^{n} (y_i - \beta_0 - \beta_1 x_i)^2 \qquad （9\text{-}4）$$

最小二乘估计是寻找未知参数 β_0 与 β_1 的估计值 $\hat{\beta}_0$ 与 $\hat{\beta}_1$，使上式的值达到最小。即

$$Q(\hat{\beta}_0, \hat{\beta}_1) = \sum_{i=1}^{n} (y_i - \hat{\beta}_0 - \hat{\beta}_1 x_i)^2 = \min_{\beta_0 \beta_1} \sum_{i=1}^{n} (y_i - \beta_0 - \beta_1 x_i)^2 \qquad （9\text{-}5）$$

求极值解得：
$$\begin{cases} \hat{\beta}_1 = \dfrac{L_{xy}}{L_{xx}} = \dfrac{n\sum xy - \sum x \sum y}{n\sum x^2 - (\sum x)^2} \\ \hat{\beta}_0 = \bar{y} - \beta_1 \bar{x} \end{cases} \qquad （9\text{-}6）$$

用最小二乘法拟合的直线来代表 x 和 y 之间的关系，它与实际数据的误差比其他任何直线都小。

9.2.3　回归直线的拟合优度

回归直线一定程度上描述了变量 x 与 y 之间的数量关系，根据回归直线方程，可以依据自变量 x 的取值来估计或预测因变量 y 的取值。但估计或预测的精度如何，取决于回归直线对观测数据的拟合程度。各观测点越紧密围绕回归直线，说明直线对观测数据的拟合程度越好，反之越差。

回归直线与各观测点的接近程度称为回归直线对数据的拟合优度（goodness of fit）。要说明回归直线的拟合优度，需要计算判定系数。

1. 判定系数

判定系数是对估计的回归直线方程拟合优度的度量。因变量 y 的取值是不同的，y 的取值的波动称为变差，它来自两个方面：一是 x 的取值不同造成的；

二是除 x 以外的其他因素的影响。对于一个具体的观测值来说，变差大小可以用实际观测值 y 与其均值 $\bar{y}$ 之差（$y-\bar{y}$）来表示，而 n 次观测值的总变差可用这些离差的平方和来表示，称为总离差平方和，记为 SST。总离差平方和 SST 可以分解为回归平方和 SSR 和残差平方和 SSE。线性回归方程判定系数的数学表达式。

$$R^2 = \frac{\text{SSR}}{\text{SST}} = 1 - \frac{\text{SSE}}{\text{SST}} \qquad (9\text{-}7)$$

式中：SST= $\displaystyle\sum_{i=1}^{n}(y_i - \bar{y})^2$ 为总离差平方和，反映的是因变量的 n 个观察值与其均值的总离差；SSR= $\displaystyle\sum_{i=1}^{n}(\hat{y}_i - \bar{y})^2$ 为回归平方和，反映的是自变量 x 的变化对因变量 y 取值变化的影响，即为可解释的平方和；SSE= $\displaystyle\sum_{i=1}^{n}(y_i - \hat{y}_i)^2$ 为残差平方和，反映的是除 x 以外的其他因素对 y 取值的影响，也称为不可解释的平方和。根据 SST=SSR+SSE，即三个公式满足等式：

$$\sum_{i=1}^{n}(y_i - \bar{y})^2 = \sum_{i=1}^{n}(\hat{y}_i - \bar{y})^2 + \sum_{i=1}^{n}(y_i - \hat{y}_i)^2 \qquad (9\text{-}8)$$

回归直线拟合的好坏取决于 SSR 及 SSE 的大小，或者说取决于回归平方和 SSR 占总离差平方和 SST 的比例大小。各观测点越是靠近直线，则 SSR/SST 越大，说明回归直线拟合得越好。回归平方和占总离差平方和的比例称为判定系数，也可称为拟合优度，用 R^2 来表示，以此判断统计模型的解释力。

判定系数 R^2 可测度回归直线对观测数据的拟合程度。若所有观测点都落在直线上，残差平方和 SSE=0，则 R^2 =1，拟合是完全的；如果 y 的变化与 x 无关，则 R^2 =0。可见 R^2 的取值范围是 [0, 1]。R^2 越接近 1，表明回归平方和占总离差平方和的比例越大，回归直线与各观测点就越接近，拟合优度就越好；反之，R^2 越接近 0，拟合优度就越差。

需要注意的是，在一元线性回归中，相关系数 r 实际上是判定系数 R^2 的平方根。因此，不仅可以根据相关系数来直接计算判定系数，还可以进一步理解相关系数的意义，也就是说，相关系数 r 也能在一定程度上反映回归直线的拟合优度。但因为 r 的值总是大于 R^2 的值，当 r=0.5，表面上看相关程度似乎接近一半，但 R^2=0.25，就是只能解释总变差的 25%，所以用相关系数 r 来说明拟合优度尚需慎重。

2. 估计标准误差

相关系数和判定系数均可用度量回归直线的拟合程度，而残差平方和可以说明实际观测值 y 与回归估计值之间的差异程度。估计标准误差（standard error of estimate）是指因变量各实际观测值与其回归估计值之间的平均差异程度，反映实际观察值在回归直线周围的分散状况，即反映回归估计值各实际观察值代表性的强弱，其值越小，回归方程的代表性越强，用回归方程估计或预测的结果就越准确。

估计标准误差是均方残差 MSE 的平方根，用 s_e 表示，其公式为

$$s_e = \sqrt{\frac{\text{SSE}}{n-2}} = \sqrt{\text{MSE}} \qquad (9\text{-}9)$$

在回归分析中，估计标准误差越小，表明实际观测值越紧靠回归估计值，回归模型拟合优度越好；反之，估计标准误差越大，则说明实际值对估计值越分散，回归模型拟合越差。

9.2.4　显著性检验

统计学中，显著性检验是统计假设检验的一种，显著性检验是通常用于检测科学研究中实验组与对照组之间是否有差异以及差异是否显著的办法。要很好地使用显著性检验就需了解显著性检验的背景（统计假设检验）。"统计假设检验"意味着"显著性检验"的前提条件是"统计假设"，也就是"无假设，不检验"。在使用显著性检验之前，必须清楚研究假设是什么，否则显著性检验便无法进行。一般来讲，显著性检验的步骤是先确定研究假设，再检验假设是否为真。通常把要检验的假设称为原假设，记为 H_0；把与 H_0 相对应（相反）的假设称为备择假设，记为 H_1。

如果原假设为真，而检验的结论却要放弃原假设，则把这种错误称为第一类错误。通常把第一类错误出现的概率记为 α。如果原假设不真，而检验的结论却不放弃原假设，则把这种错误称为第二类错误。通常把第二类错误出现的概率记为 β。通常只限定犯第一类错误的最大概率 α，不考虑犯第二类错误的概率 β。把这样的假设检验称为显著性检验，概率 α 称为显著性水平。显著性水平是约定俗成的，一般有 $\alpha=0.05$，0.025，0.01 三种情况，代表显著性检验的结论错误率必须低于 5% 或 2.5% 或 1%（统计学中，通常把在现实世界中发生概率小于 5% 的事件称为"不可能事件"）。

回归分析的目的是根据所建立的估计方程用自变量 x 来估计和预测因变量 y 的取值。由于估计回归方程是根据样本数据得到的，是否能反映变量 x 和

y 的关系，还需要检验才能证实。在实际统计分析中，有些回归模型虽然被建立，但不一定可以通过检验，如此就不能利用这样的回归模型进行预测和决策，否则将对实际工作产生相反作用。为避免使用一个回归效果较差的模型进行预测，有必要在模型建立之后对其进行各种检验。

回归分析的显著性检验主要包括两方面：一是线性关系的检验；二是回归系数的检验。

1. 线性关系的检验

线性关系的显著性检验是检验自变量 x 与因变量 y 之间的线性关系是否显著，或者说能否用线性回归模型 $y = \beta_0 + \beta_1 x + \varepsilon$ 来描述二者的关系。为检验两个变量之间的线性关系是否显著，需要构造用于检验的统计量。该统计量的构造是以回归平方和（SSR）和残差平方和（SSE）为基础的。以 SSR 除以其相对应的自由度（SSR 的自由度为自变量的个数 k，一元线性回归中自由度为 1）的结果为均方回归，记为 MSR；以 SSE 除以其相对应的自由度【SSE 的自由度为（$n-k-1$），一元线性回归中自由度为（$n-2$）】的结果为均方残差，记为 MSE。在原假设 H_0 成立的情况下，MSR 与 MSE 之比服从分子自由度为 1、分母自由度为（$n-2$）的 F 分布。

当原假设 H_0：$\beta_0 = 0$ 成立时，MSR/MSE 的值应接近 1，但如果原假设不成立，则 MSR/MSE 的值将变得无穷大，较大的 MSR/MSE 值将导致拒绝原假设。这样即可断定自变量 x 与因变量 y 之间存在显著的线性关系。线性关系检验的具体步骤如下：

第一步，提出假设。假设 H_0：$\beta_1 = 0$（两个变量之间的线性关系不显著）。

第二步，计算检验的统计量。$F = \dfrac{SSR/1}{SSE/(n-2)} = \dfrac{MSR}{MSE} \sim F(1, n-2)$。

第三步，确定显著性水平 α，并进行决策。

若 $F > F_\alpha$，拒绝 H_0，表明两个变量之间的线性关系是显著的；

若 $F < F_\alpha$，不拒绝 H_0，没有证据表明两个变量之间的线性关系是显著的。

2. 回归系数的检验

回归系数的显著性检验是检验自变量 x 与因变量 y 的影响是否显著，即检验一元线性回归模型 $y = \beta_0 + \beta_1 x + \varepsilon$ 的回归系数 β_1 是否等于 0。如果 $\beta_1 = 0$，则回归线是一条水平线，表明因变量 y 的取值不依赖自变量 x，即两个变量之间没有线性关系；如果 $\beta_1 \neq 0$，也无法得出两个变量之间存在线性关系的结论，要看这种关系是否具有统计意义上的显著性。

因此，回归系数的显著性检验就是检验回归系数 β_1 是否等于 0。为检验原假设 H_0：$\beta_1 = 0$ 是否成立，需要构造用于检验的统计量，为此需要研究回归系数的抽样分布 t 检验。

一元线性回归系数的估计值 $\hat{\beta}_1 \sim N(\beta_1, \dfrac{\sigma^2}{\sum\limits_{i=1}^{n}(x_i - \overline{x})^2})$，服从正态分布，当方

差 σ^2 未知时，用 $\hat{\sigma}^2 = \dfrac{1}{n-2}\sum\limits_{i=1}^{n}(y_i - \hat{y}_i)^2$ 代替。如果回归系数 $\hat{\beta}_1$ 与 0 无显著差异，

则检验统计量为

$$t = \frac{\hat{\beta}_1}{\dfrac{\hat{\sigma}}{\sqrt{\sum\limits_{i=1}^{n}(x_i - \overline{x})^2}}} \sim t(n-2) \qquad （9\text{-}10）$$

回归系数检验的具体步骤如下：

第一步，提出假设。

H_0：$\beta_1 = 0$（没有线性关系）；

H_1：$\beta_1 \neq 0$（有线性关系）。

第二步，计算检验的统计量 t，其中（n-2）为自由度。

第三步，确定显著性水平 α，并进行决策。

若 $|t| > t_{\alpha/2}(n-2)$，拒绝 H_0；若 $|t| \leq t_{\alpha/2}(n-2)$，接受 H_0。

【例 9-2】表 9-3 给出了 1960—1972 年的美国制造业的每百名雇员的辞退率与失业率。试分析失业率 X 和辞退率 Y 的线性关系。

表 9-3　失业率与辞退率相关数据表

年 份	1960	1961	1962	1963	1964	1965	1966	1967	1968	1969	1970	1971	1972
Y	1.3	1.2	1.4	1.4	1.5	1.9	2.6	2.3	2.5	2.7	2.1	1.8	2.2
X	6.2	7.8	5.8	5.7	5.0	4.0	3.2	3.6	3.3	3.3	5.6	6.8	5.6

（1）进入线性回归分析的对话框。选择【分析—回归—线性】命令。弹出回归分析对话框。

（2）选择分析变量。将【辞退率】送入因变量分析框；将【失业率】送入自变量分析框（图 9-3）。

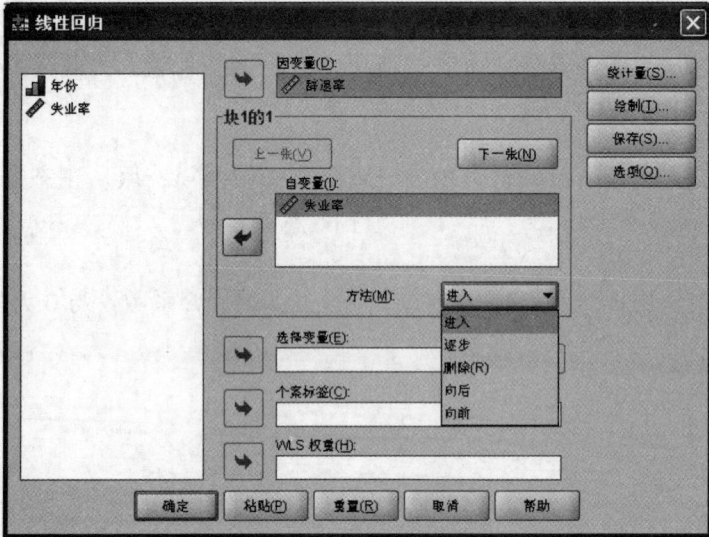

图 9-3　线性回归窗口

（3）在方法【M】框中回归分析方法。

进入法：所选择的自变量全部进入回归模型，该选项是默认方式。

逐步回归法：它是向前选择法与向后剔除法的结合。根据在选项【O】对话框中的设定，首先根据方差结果选择符合要求的自变量且对因变量贡献最大的进入方程。然后根据向后剔除法，将模型中 F 值最小的且符合剔除要求的变量剔除出模型，重复进行，直到回归方程中的自变量均符合进入模型，模型外的自变量都不符合进入模型要求为止。

消去法：建立回归方程时，根据设定的要求剔除部分自变量。

后向剔除法：先建立全模型，根据在选项【O】对话框中的设定，每次剔除一个最不符合要求的变量，直到回归模型中不再含有不符合要求的自变量为止。

向前选择法：从模型中无自变量开始，根据在选项【O】对话框中的设定，每次将一个最符合的变量进入模型，直至所有符合要求的变量都进入模型为止。第一个进入模型的变量应该与因变量间的相关系数绝对值最大。如果指定的依据是 F 值，则每次将方差分析的 F 值最大的进入模型。

（4）选择分析统计量。单击统计量【S】按钮，弹出对话框，如图 9-4所示。

第一，回归系数选择项。

估计（E）选项：输出回归系数的标准误、标准化回归系数 β、对回归系数进行检验的 t 值、t 值的双侧检验的显著性水平。

置信区间（Confidence Intervals）选项：显示每个回归系数或协方差矩阵指定置信度的置信区间。

协方差矩阵（Convariance Matrix）选项：输出非标准化回归系数的协方差矩阵、各变量的相关系数矩阵。

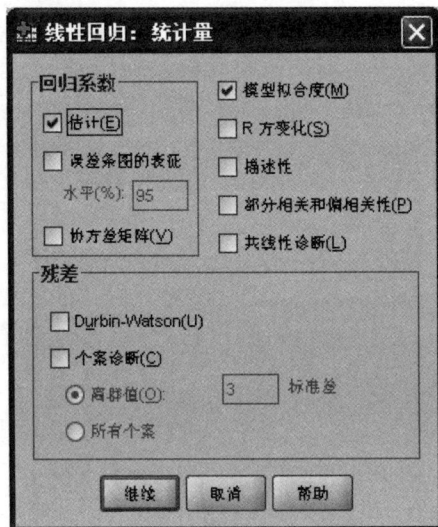

图 9-4　线性回归：统计量窗口

第二，与模型拟合及其拟合效果有关的选择项。

模型拟合度（Model Fit）选项：输出复相关系数 R 及其修正值、估计值的标准误、ANOVA 方差分析表、引入模型和从模型中剔除的变量。这是系统默认选择项。

R^2 变化（R Squared Chang）选项：由于添加或删除自变量而产生的 R^2 统计量的变化。如果较大，说明进入和从方程中剔除的变量有可能是一个较好的回归变量。

第三，与模型拟合及其拟合效果有关的选择项。

部分相关和偏相关性（Part and Partial Correlation）选项：输出部分相关系数（表明当一个自变量进入回归方程后，R^2 增加了多少）、偏相关系数（表示排除其他自变量对因变量的影响后，与因变量的相关程度）、零阶相关系数（变量之间的简单相关系数）。

共线性诊断（Collinearity Diagnostics）选项：共线性（或多重共线性）指

一个自变量是其他自变量的线性函数。输出用来诊断各变量共线性问题的各种统计量和容限值。

第四，有关残差（Residuals）分析的选择项。

杜宾－沃森（Durbin-Watson）选项：输出 Durbin-Watson 统计量以及可能是奇异值的观察量诊断表。

个案诊断（Case Diagnostics）选项：输出观测量诊断表。

离群值（Outliers and Standard Deviation）选项：设置奇异值的判据，默认值为≥ 3。所有观测量选项，输出所有观察量的残差值。

（5）选择分析（O）选项，如图 9-5 所示。

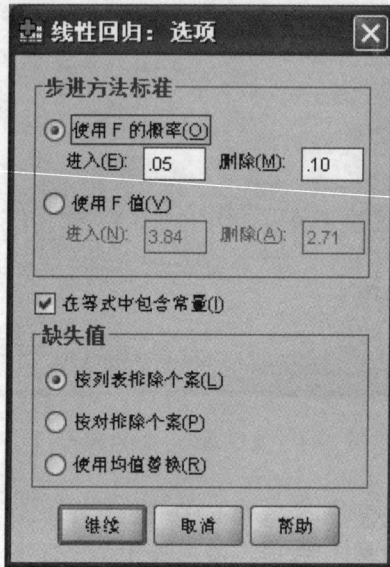

图 9-5　线性回归：选项窗口

步进方法标准：设置变量进入模型或从模型中剔除的判据。

使用 F 的概率选项：以 F 检验的概率作为变量进入模型或从模型中剔除的判据。系统默认值为 0.05。当一个变量的特征值≤ 0.05 时，该变量进入回归方程；当一个变量的特征值≥ 0.10 时，该变量从回归方程中删除。可以在其后的编辑框中输入自定义值，但是进入值要小于删除值。

使用 F 值选项：以 F 值作为变量进入模型或从模型中剔除的判据。系统默认进入 F 值≥ 3.84，F 值≤ 2.71 时从模型中删除该变量。

在等式中包含常量（Include Constant in Equation）选项：在回归方程中包含常数项，这是默认选择项。

本例选择 SPSS 系统默认。单击【继续】按钮。

（6）选择绘制（T）选项，弹出绘制对话框。图可以帮助检验数据的正态性、线性和方差相等的假设，还可以帮助识别离群值、异常观察值和有影响的观测量等非常正数据（图 9–6）。

散点图可以绘制以下各项中的任意两种：DEPENDNT（因变量）、*ZPRED（标准化预测值）、*ZRESID（标准化残差）、*DRESID（剔除残差）、*ADJPRED（调整的预测值）、*SRESID（学生化的残差）、*SDRESID（学生化的已删除残差）。针对标准化预测值绘制标准化残差，以检查线性关系和等方差性。

产生所有部分图（P）选项：输出每一个自变量的残差相对于因变量残差的散点图。要生成部分图，方程中必须至少有两个自变量。

标准化残差图选项：可以获取直方图，输出带有正态曲线的标准化残差的直方图；标准化残差的正态概率图，即 P—P 图，检查残差的正态性。

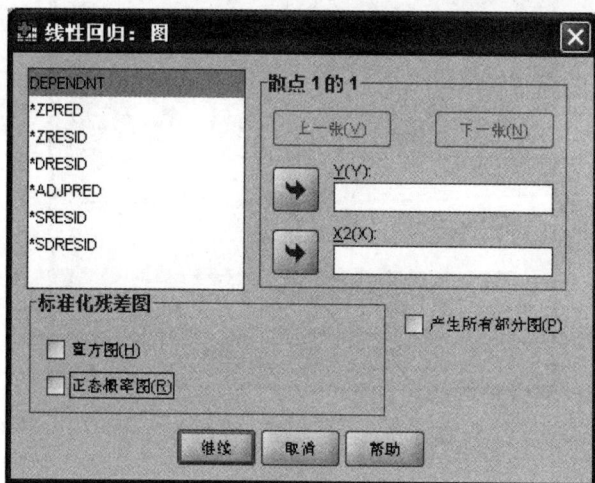

图 9–6 线性回归：图窗口

（7）单击保存（S）选项，弹出保存变量对话框，如图 9–7 所示。

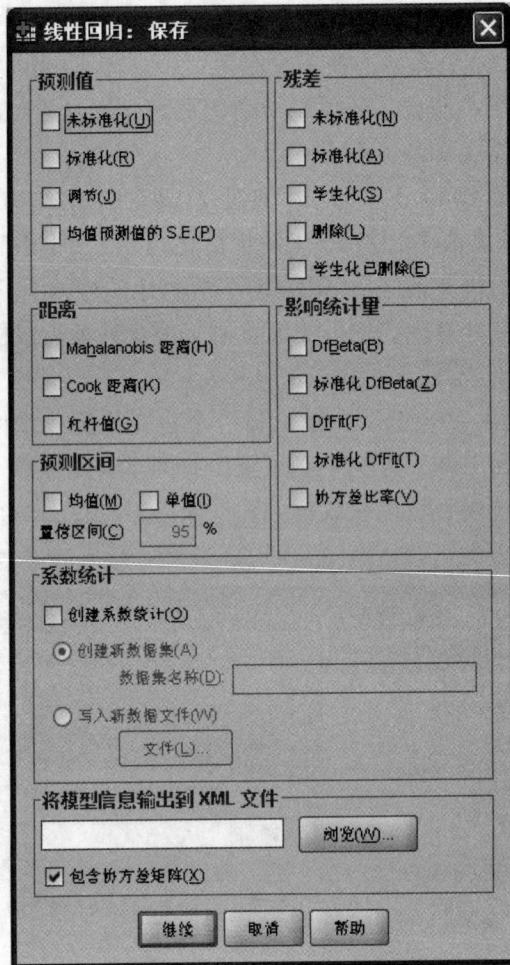

图 9–7 线性回归：保存窗口

第一，预测值（Predicted Values）选项。

未标准化（U）：非标准化，模型为因变量预测的值。

标准化（R）：每个预测值转换为其标准化形式。

调节（J）：当某观测量从回归系数的计算中排除时观测量的预测值。

均值预测值的 S.E.（P）：预测值的标准误，对于自变量具有相同值的观测量所对应的因变量的均值的标准差的估计。

第二，残差。

未标准化（N）：未标准化残差，因变量的实际值与模型预测值之间的差。

标准化（A）：标准化残差，残差除以其标注差的估计。标准化残差也称为 Pearson 残差，它的均值为 0，标准差为 1。

学生化（S）：学生化残差，残差除以其随观测量变化的标准差的估计，这取决于每个观测量的自变量值与自变量均值之间的距离。

删除（L）：剔除残差，当某个观测量从回归系数的计算中排除时该观测量的残差，是因变量的值和经调整的预测值之差。

学生化已删除（E）：学生化剔除差，一个观测量的剔除残差除以其标准误。

第三，距离。

Mahalanobis 距离（H）：马哈拉诺比斯距离，简称为马氏距离，是一个测量自变量观测值中有多少观测值与所有观测值均值不同的测度，把马氏距离数值大的观测值视为极端值。

Cook 距离（K）：库克距离，表示如果一个特殊的观察值被排除在回归系数的计算之外时，库克距离用于测量所有观测量的残差将会有多大的变化。当将库克距离数值大的观测量排除在回归分析的计算时，会导致回归系数发生根本变化。

杠杆值（G）：用于度量某个点对回归拟合的影响。集中的杠杆值范围为从 0（对拟合无影响）到（$N-1$）$/N$。

第四，预测区间（Prediction Intervals）。

均值（M）：均值预测区间的上下限。

单值（I）：因变量的单个观测量的预测区间。

置信区间（C）：预测区间的置信概率，在小框中输入 1 ～ 99.99 的值。

标准化 DiFit（T）：标准化的 DiFit 值。如果此值大于其临界值的绝对值，则可以认定此观测量为影响点。

协方差比率（V）：剔除一个影响点的协方差矩阵与全部观测量的协方差矩阵的比率。如果比率接近 1，则说明被排除的观测量不能显著改变协方差矩阵。

第五，系数统计。

将回归系数保存到数据集或数据文件。可以在同一会话中继续使用数据集，但不会将其另存为文件，除非在会话结束前将其保存为文件。数据集名称必须符合变量名命名规则。

第六，将模型信息输出到 XML 文件。

将参数估计值及其协方差导出到指定的 XML 格式的文件。

这里不保存任何值，然后单击"继续"命令返回。

（8）SPSS 结果如表 9-4～表 9-6 所示。

表 9-4　模型汇总

模型	R	R^2	调整 R^2	标准估计的误差
1	0.808[a]	0.653	0.622	0.322 4

a. 预测变量：（常量），失业率。
b. 因变量：辞退率。

表 9-5　方差分析表（Anova）

模型	平方和	df	均方	F	Sig.
1（回归）	2.153	1	2.153	20.715	0.001[a]
残差	1.144	11	0.104		
总计	3.297	12			

a. 预测变量：（常量），失业率。
b. 因变量：辞退率。

$$\hat{Y}_i = 3.366 - 0.286X_i \qquad （9-11）$$

表 9-6　模型系数表

模型	非标准化系数		标准系数		
	B	标准误差	试用版	t	Sig.
1（常量）	3.366	0.331		10.167	0.000
失业率	−0.286	0.063	−0.808	−4.551	0.001

a. 因变量：辞退率。

9.3　利用回归方程进行预测

建立回归模型的目的是应用，因此回归模型经过各种检验并证实符合预定要求后，预测就成为最重要的应用。所谓预测（predict），就是通过自变量 x 的值来预测因变量 y 的取值。

9.3.1　点估计

利用估计的回归方程，对于 x 的一个特定值，求出 y 的一个估计值就是点估计。点估计主要有两种：平均值的点估计和个别值的点估计。平均值的点估计是利用估计的回归方程，对 x 的一个特定值 x_0，求出 y 的平均值的一个估计值 $E(y_0)$。个别值的点估计是利用估计的回归方程，对 x 的一个特定值 x_0，求出 y 的一个个别值的估计值 y_0。值得注意的是，在点估计中，对于同一个特定值，平均值的点估计和个别值的点估计结果是一样的，但在区间估计有所不同。

另外，点估计无法给出估计的精度，因为点估计值与实际值之间是有误差的，因此更希望能给出一个预测值的范围来掌握预测的精度，对误差范围做出测定，即区间估计。

9.3.2　区间估计

利用估计的回归方程，对于 x 的一个特定值，求出 y 的一个估计值的区间就是区间估计。区间估计可分为两种：置信区间估计和预测区间估计。

1. y 的平均值的置信区间估计

置信区间估计是利用估计的回归方程，对自变量 x 的一个给定值 x_0，求出 y 的平均值 $E(y_0)$ 的估计区间，这一区间称为置信区间。用公式表示自变量 x 的一个给定值 x_0，因变量 y 的平均值 $E(y_0)$ 在 $(1-\alpha)$ 置信水平下的置信区间为：

$$\hat{y} \pm t\frac{\alpha}{2}s_e\sqrt{\frac{1}{n} + \frac{(x-\bar{x})^2}{\sum x^2 - \dfrac{\left(\sum x\right)^2}{n}}} \qquad (9\text{-}12)$$

2. y 的个别值的预测区间估计

预测区间估计是利用估计的回归方程，对自变量 x 的一个给定值 x_0，求出 y 的一个个别值 y_0 的估计区间，这一区间称为预测区间。通常来讲，预测区间要比置信区间宽一点。

y_0 在 $(1-\alpha)$ 置信水平下的预测区间为：

$$\hat{y} \pm t\frac{\alpha}{2}s_e\sqrt{1 + \frac{1}{n} + \frac{(x-\bar{x})^2}{\sum x^2 - \dfrac{\left(\sum x\right)^2}{n}}} \qquad (9\text{-}13)$$

9.4 用残差检验模型的假定

回归模型 $y = \beta_0 + \beta_1 x + \varepsilon$ 的假定之一是 ε 是期望值为 0、方差相等且服从正态分布的一个随机变量。如果假定不成立，后面的检验、估计和预测也就无从谈起。确定有关 ε 的假定是否成立的方法之一就是进行残差分析（residual analysis）。

9.4.1 残差与残差图

残差（residual）是因变量的观测值 y_i 与根据回归方程求出的预测值 $\hat{y}_i$ 之差，用 e 表示，反映了用估计的回归方程去预测 y_i 而引起的误差。第 i 个观测值的残差可以表示为 $e_i = y_i - \hat{y}_i$。

可以通过分析残差图来判断对误差项 ε 的假设是否成立，残差图包括关于 x 的残差图、关于 $\hat{y}$ 的残差图、标准化残差图等。关于 x 的残差图，横轴为 x 的值，纵轴为残差 $e = y - \hat{y}$，每个 x 的值与对应的残差用图上的一个点来表示。如果对所有的 x 值，ε 的方差都相等，则残差图中所有的点应落在一条水平带中间；如果对所有 x 的值，ε 的方差不同，较大的 x 值对应较大的残差，就违背了 ε 的方差相等的假设，表明所选择的回归模型不合理，应考虑曲线回归或多元回归模型。

9.4.2 标准化残差

标准化残差（standardized residual）是残差除以它的标准差后得到的数值，也称为 Pearson 残差，用 z_e 来表示。第 i 个观察值的标准化残差为：

$$z_{ei} = e_i / s_e = y_i - \hat{y}_i / s_e \qquad (9-14)$$

如果误差项 ε 服从正态分布这一假定成立，那么标准化残差的分布也应服从正态分布，在下面的标准化残差图中，大约有 95% 的标准化残差为 $-2 \sim 2$，表明假定成立。

习　题

（1）简述相关关系的含义以及相关分析的基本假定。

（2）什么是相关系数，为什么要对相关系数进行显著性检验？

（3）什么是回归，并分别解释一元回归模型、回归方程和估计的回归方程含义。

（4）什么是判定系数？简述其含义和应用。

（5）简述在一元回归分析中，F 检验和 t 检验的异同以及各自的作用。

（6）表 9-7 展示的是 2020 年 9 月全国城市房价排名前 20 及人口规模数据：

表 9-7　2020 年 9 月全国城市房价排名前 20 及人口规模数据

排　名	城　市	单　价 / (元·m⁻²)	人口规模 / 万人
1	深圳	74 974	1 252
2	北京	62 711	2 153
3	上海	57 055	2 418
4	厦门	47 121	452
5	广州	37 126	1 865
6	三亚	36 272	79
7	南京	31 481	880
8	杭州	31 070	1 204
9	天津	25 442	1 556
10	福州	25 059	821
11	珠海	22 649	230
12	宁波	22 583	1 026
13	苏州	21 417	1 229
14	温州	21 335	930
15	青岛	21 188	950

排　名	城　市	单　价 / (元·m⁻²)	人口规模 / 万人
16	东莞	19 041	627
17	丽水	18 552	221
18	武汉	18 363	1 140
19	金华	17 232	562
20	成都	16 988	1 872

据此绘制散点图，说明城市房价与人口规模之间的关系形态，并计算线性相关系数，用人口规模作自变量，城市住房单价作因变量，建立估计的回归方程，并解释回归系数的意义。

检验回归系数的显著性（ α =0.05 ）；

如果城市人口规模为 1 000 万和 2 000 万，分别估计城市住房单价；

求城市人口规模 1 000 万时，城市单价 95% 的置信区间和预测区间。

（7）学会利用 SPSS 绘制散点图，并判断变量之间的关系形态，建立回归方程，解释回归系数的意义，并检验回归系数的显著性。

第10章　多元线性回归

开篇案例：

身高受哪些因素影响？

身高是人类的重要特征之一，也是最多变的特征之一。高尔顿在研究人类遗传规律时，发现子代的身高会受到父代身高的影响。实际上，身高的影响因素一直是科学家比较关注的话题。

首先，遗传基因直接影响身高，也就是身高 70% 由遗传基因 DNA 决定。这是因为人从胚胎发育开始就一直受遗传基因的控制。遗传因素造成了不同人种成人的身高差异，也造成了同一种族不同个体成人身高的差异；遗传因素可以影响人体内分泌系统，使每个人青春期开始的时间和形式不同，以致同一种族和同一家庭中孩子的身高也有差别。不过，虽然遗传因素对生长发育起着决定性作用，但是这种作用必须有适当的后天环境才能表现出来。

其次，每个人的身高都会直接受到生活环境中各种因素的影响。后天环境的因素可以弥补先天的不足，也可能影响生长发育，既有地域、气候等自然生长环境因素，也有睡眠、营养、运动、内分泌和疾病等因素。比如，身高的增长非常依赖于睡眠的质量，睡眠的时间有保障，晚上分泌的生长激素可以很好地作用于人体的骨骼，使人体增高；营养物质特别是蛋白质、钙、铁等要补充充分，为身体增长提供原料；运动对儿童身高的影响非常明显，运动可以直接促进生长激素的分泌，促进食欲，还能反过来促进健康的睡眠等。

总之，如果研究影响身高的根源，可以将身高当作因变量，但影响身高的自变量不止一个，既有遗传、地域、气候，也有睡眠、营养、运动、内分泌和疾病等，这便需要掌握多元回归分析的基本知识。

10.1　多元线性回归模型

在实际分析中，影响因变量的因素通常不止一个，而是由若干个重要因素共同作用才导致事物的发展变化，这就要求我们不能只建立一元线性回归模型，而应考虑多元回归分析。

在一元线性回归分析中，回归模型只包括两个变量，即一个自变量和一个因变量。之所以称其为一元回归，是因为其只包含一个自变量。界定线性回归是否为多元，主要看自变量的个数，若自变量个数在两个及以上，则称为多元线性回归。研究一个因变量和多个自变量之间相互关系的统计分析方法，称为多元回归分析。进一步，描述因变量如何依赖多个自变量和误差项 ε 的方程，则称为多元回归模型。多元线性回归的基本原理和一元线性回归基本相同，但自变量个数的增加，使模型参数的估计变得较为复杂，通常需要借助计算机来完成。

10.1.1　多元回归模型与回归方程

设因变量为 y，n 个自变量分别为 x_1，x_2，x_3，$\cdots$，x_n，描述因变量 y 如何依赖于自变量和误差项 ε 的方差的多元回归模型可表示为

$$Y = \beta_0 + \beta_1 x_1 + \beta_2 x_2 \ldots + \beta_n x_n + \varepsilon \tag{10-1}$$

写成矩阵形式为：

$$Y = XB + \varepsilon \tag{10-2}$$

$$Y = \begin{pmatrix} y_1 \\ y_2 \\ \vdots \\ y_n \end{pmatrix}, \quad X = \begin{pmatrix} 1 & x_{11} & \cdots & x_{1p} \\ 1 & x_{21} & \cdots & x_{2p} \\ \vdots & \vdots & & \vdots \\ 1 & x_{n1} & \cdots & x_{np} \end{pmatrix}, \quad B = \begin{pmatrix} \beta_0 \\ \beta_1 \\ \vdots \\ \beta_p \end{pmatrix}, \quad \varepsilon = \begin{pmatrix} \varepsilon_1 \\ \varepsilon_2 \\ \vdots \\ \varepsilon_n \end{pmatrix} \tag{10-3}$$

$$\text{假设条件：} \begin{cases} E(\varepsilon) = 0 \\ Var(\varepsilon) = \sigma^2 \end{cases} \quad \varepsilon \sim N(0, \sigma^2 I_n) \tag{10-4}$$

式中：β_0，β_1，β_2，$\cdots$，β_n 为模型的参数；ε 为误差项。在多元线性回归模型中，y 是 x 的线性部分加上误差项 ε。$\beta_0 + \beta_1 x_1 + \beta_2 x_2 + \ldots + \beta_n x_n$ 反映的是由于 x 的变化而引起的 y 的变化。误差项 ε 是随机变量，是不能由 x 和 y 之间

的线性关系所解释的变异性，反映除 x 和 y 之间的线性关系之外的随机因素对 y 的影响。误差项 ε 是一个服从正态分布的随机变量且独立，即 $\varepsilon \sim N(0, \sigma^2)$，表示 ε 的期望值为 0，即 $E(\varepsilon)=0$。独立性意味着一个特定的 x 值所对应的 ε 与其他 x 值对应的 ε 不相关。正态性意味着对于任何一个给定的 x 值，因变量 y 是一个服从正态分布的随机变量。

根据回归模型的假定多元线性回归方程的公式为：

$$E(y) = \beta_0 + \beta_1 x_1 + \beta_2 x_2 + \ldots + \beta_n x_n \qquad （10-5）$$

一元线性回归方程的图示在二维空间中，但多元回归方程就很难做到。以二元回归方程 $E(y) = \beta_0 + \beta_1 x_1 + \beta_2 x_2$ 为例，在三维空间中二元回归方程是一个平面。

回归方程中的参数 β_0，β_1，β_2，$\cdots$，β_n 是未知的，必须利用样本数据去估计。用样本估计量 b_0，b_1，b_2，$\cdots b_n$ 代替回归方程中的未知参数 β_0，β_1，β_2，$\cdots$，β_n，就得到了多元线性回归中估计的回归方程：

$$\hat{y} = b_0 + b_1 x_1 + b_2 x_2 + \ldots + b_n x_n \qquad （10-6）$$

式中：b_0，b_1，b_2，$\cdots b_n$ 为 β_0，β_1，β_2，$\cdots$，β_n 的估计值，称为偏回归系数，$\hat{y}$ 是 y 的估计值。

10.1.2　参数的最小二乘估计

回归方程中的参数 b_0，b_1，b_2，$\cdots b_n$ 仍然是根据最小二乘法求得的，也就是使偏差平方和最小。求解方程组枯燥而费时，要用矩阵运算，因此可以借助计算机软件解出参数。

10.2　拟合优度和显著性检验

与一元线性回归模型的检验类似，多元线性回归模型也可用拟合优度系数去检验其回归效果。在一元回归中曾介绍过因变量离差平方和的分解方法，对多元回归分析中因变量离差平方和的分解也一样。检验思想也是从对被解释变量 y 取值变化的成因分析入手。被解释变量 y 的变化可由两部分解释：第一，由 k 个解释变量 x 的变化引起的 y 的变化部分；第二，由其他随机因素引起的 y 的变化部分。由第一部分引起的 y 的变化的离差平方和记为 SSR，称为回归平方和；由第二部分随机因素引起的 y 的变化的离差平方和记为 SSE，称为残差平方和；SST 称为总离差平方和，其中有 SST=SSR+SSE。线性回归方程判定系数的数学表达式为：

$$R^2 = \frac{\text{SSR}}{\text{SST}} = 1 - \frac{\text{SSE}}{\text{SST}} \qquad (10-7)$$

其中，R^2 既是拟合优度系数，又称为可决系数或判定系数。拟合优度系数取值范围为 [0，1]，其取值越接近 1，表明各实际样本点离样本线越近，拟合优度越高；反之，其取值越接近 0，则拟合优度越差。

10.2.1　拟合优度

多重判定系数（multiple coefficent of determination）是多元回归中的回归平方和占总平方和的比例，它是度量多元回归方程拟合程度的一个统计量，反映因变量 y 的变差中被估计的回归方程所解释的比例。

需要注意的是，自变量个数增加将影响因变量的变差中被估计的回归方程所解释的比例。在应用过程中，如果在模型中增加一个解释变量，会使预测误差变得较小，从而减少残差平方和 SSE。当 SSE 减少时，SSE/SST 就会减小，R^2 往往会增大，这就给人一个错觉，即要使模型拟合得好，只要增加解释变量即可。但是，现实情况往往是，由增加解释变量个数引起的 R^2 的增大与拟合好坏无关。如果模型中增加一个自变量，即使这个自变量在统计上并不显著，R^2 也会变大。在样本量一定的情况下，增加解释变量必定会使自由度减少。为避免增加自变量而高估 R^2，统计学提出用样本量和自变量个数去调整 R^2，计算出调整的多重判定系数（adjusted multiple coefficient of determination），即为 $\bar{R}^2$，主要将残差平方和与总离差平方和分别除以各自的自由度，以剔除变量个数对拟合优度的影响。$\bar{R}^2$ 的数学表达式为：

$$\bar{R}^2 = 1 - \frac{\dfrac{\text{SSE}}{n-p-1}}{\dfrac{\text{SST}}{n-1}} = 1 - \frac{n-1}{n-p-1}(1-R^2) \qquad (10-8)$$

式中：n 为样本容量；p 为解释变量即自变量的个数；$n-p-1$ 和 $n-1$ 分别为 SSE 和 SST 的自由度。

$\bar{R}^2$ 的解释与 R^2 类似，不同的是，$\bar{R}^2$ 考虑了样本量和模型中自变量个数的影响，这就使其值永远小于 R^2，且不会由于模型中自变量个数的增加而越来越接近 1。因此，在多元回归分析中，通常用的是调整的多重判定系数。

同一元线性回归一样，多元回归中的估计标准误差也是误差项 ε 的方差 σ^2

的一个估计量，它在衡量多元回归方程的拟合优度方面起着重要作用。在多元回归分析中，估计标准误差越小，表明实际观测值越紧靠回归估计值，回归模型拟合优度越好；反之，估计标准误差越大，则说明实际值对估计值越分散，回归模型拟合越差。

多元回归中对标准误的解释也与一元回归类似。由于标准误所估计的预测误差的标准差，也就是根据自变量 x_0，x_1，x_2，$\cdots$，x_n 来预测因变量 y 时的平均预测误差。

10.2.2　显著性检验

在一元线性回归中，线性关系的检验（F 检验：对整体回归方程显著性的检验，即所有变量对被解释变量的显著性检验）与回归系数的检验（t 检验：对单个变量系数的显著性检验）是等价的。但在多元回归中，这两种检验不再等价。

线性关系检验的是因变量与多个自变量的线性关系是否显著，在 n 个自变量中，只要有一个自变量与因变量的线性关系显著，则 F 检验就能通过，但并不意味着每个自变量与因变量的关系都显著。

回归系数检验的是对每个回归系数分别进行的单独检验，主要检验每个自变量对因变量的影响是否显著。如果某个自变量没有通过检验，就意味着这个自变量对因变量的影响不显著，也就没有必要将该自变量放进回归模型中。

1. 线性关系检验

线性关系检验的是因变量 y 与 k 个自变量之间的关系是否显著，也称为总体显著性检验。线性关系检验的具体步骤如下：

第一步，提出假设。

假设 H_0: $\beta_1 = \beta_2 = \cdots = \beta_k = 0$；

假设 H_1: β_0，β_1，β_2，$\cdots$，β_k 至少有一个不等于 0。

第二步，计算检验的统计量。

$$F = \frac{\text{SSR}/k}{\text{SSE}/(n-k-1)} \sim F(k, n-k^{-1}) \tag{10-9}$$

第三步，确定显著性水平 α，并进行决策。

若 $F > F_\alpha$，拒绝 H_0。若 $F < F_\alpha$，根据计算机输出的结果，可直接利用 P 值做出决策：若 $P < \alpha$，则拒绝原假设；若 $P > \alpha$，则不拒绝原假设。

2. 回归系数检验

回归方程通过线性关系检验后，就可以展开对回归系数的显著性检验。在多元线性分析中，回归系数检验就是对各个回归系数有选择地进行一次或多次检验，即检验多元线性回归模型回归系数 β_i 是否等于 0。如果 $\beta_i = 0$，则回归线是一条水平线，表明因变量 y 的取值不依赖自变量 x，即两个变量之间没有线性关系；如果 $\beta_i \neq 0$，也无法得出两个变量之间存在线性关系的结论，要看这种关系是否具有统计意义上的显著性。

因此，回归系数的显著性检验就是检验回归系数 β_i 是否等于 0。为检验原假设 H_0: $\beta_i = 0$ 是否成立，需要构造用于检验的统计量，为此需要研究回归系数的抽样分布 t 检验。

多元线性回归系数的估计值 $\hat{\beta}_i \sim N(\beta_i, c_{ii}\sigma^2)$，当方差 σ^2 未知时，用 $\hat{\sigma}^2 = \dfrac{1}{n-p-1}\sum_{i=1}^{n}(y_i - \hat{y}_i)^2$ 代替。若回归系数 $\hat{\beta}_i$ 与 0 无显著差异，则检验统计量：

$$t = \frac{\hat{\beta}_i}{\sqrt{c_{ii}}\hat{\sigma}} \sim t(n-p-1) \qquad i = 1, 2, \cdots, p \qquad （10-10）$$

式中：c_{ii} 为矩阵 $(X'X)^{-1}$ 的对角线上的元素。

回归系数检验的具体步骤如下：

第一步，提出假设。

假设 H_0: $\beta_i = 0$（没有线性关系）；

假设 H_1: $\beta_i \neq 0$（有线性关系）。

第二步，计算检验的统计量 t。

第三步，确定显著性水平 α，并进行决策。根据自由度（$n-p-1$）查 t 分布表，若 $|t| > t_{\alpha/2}$，拒绝 H_0；若 $|t| \leq t_{\alpha/2}$，接受 H_1。

10.3　多重共线性及其处理

10.3.1　多重共线性及其所产生的问题

当回归模型中有两个或两个以上的自变量时，这些自变量会提供更多的信息，其中最为常见的是这些自变量之间彼此相关。因此，当回归模型中两个或两个以上自变量彼此相关时，则称为多重共线性（multicollinearity）。当自变量之间存在高度相关关系导致一系列问题，使模型估计失真或难以估计准确时，首先，当自变量之间高度相关时，可能会使回归的结果混乱，甚至把分析引入歧途。比如，线性关系检验（F 检验）表明关系显著时，只是说自变量中至少有一个的线性关系是显著的，并不意味着每个自变量之间的关系都显著；其次，多重共线性可能对回归参数估计值的正负号产生影响，特别是回归参数的正负号与预期的正负号正相反。这是因为自变量之间的自相关可能会产生多余的信息，从而误导对回归系数的解读。

10.3.2　多重共线性的判别

检测多重共线性的方法有很多种，但最简单有效的一种是计算模型中自变量之间的相关系数，可对相关系数进行显著性检验。如果有一个或多个相关系数是显著，就表示模型中所使用的自变量之间相关，存在多重共线性问题。

具体来说，如果出现下列情况，表示存在多重共线性：

（1）模型中各自变量之间显著相关。

（2）当模型的线性关系检验（F 检验）显著时，几乎所有回归系数的 t 检验却不显著。

（3）回归系数的正负号与预期相反。

（4）方差扩大因子（variance inflation factor，VIF）。方差扩大因子类似于相关系数矩阵，通过相关系数矩阵，只能大致看出存不存在多重共线性，但是通过方差扩大因子 VIF 可以度量多重共线性的严重程度。方差扩大因子 VIF 是衡量多元线性回归模型中多重共线性严重程度的一种度量，它表示回归系数估计量的方差与假设自变量间不线性相关时方差的比值，也是解释变量之间存在多重共线性时的方差与不存在多重共线性时的方差之比。VIF 越大，显示共线性越严重。经验判断方法表明：当 $1 <$ VIF < 10，不存在多重共线性；当 $10 \leqslant$ VIF，存在严重多重共线性。方差扩大因子 VIF 是容忍度的倒数，VIF 越大，容忍度就越小，就表示多重共线性就越严重。

导致多重共线性问题产生的原因有很多，可能是经济社会变量相关的共同趋势，也可能是滞后变量的引入，还可能是样本资料的限制，等等。

10.3.3　多重共线性的处理

一旦发现多元回归模型中存在多重共线性问题，就应采取相应措施予以处理。解决多重共线性问题的解决方法有多种，主要常用的如下：

一是通过逐步回归法，排除引起共线性的变量，找出引起多重共线性的解释变量，将一个或多个相关的自变量从模型中剔除，保留的自变量尽量不相关。

二是若要保留所有自变量，则需避免根据统计量 t 对单个参数进行检验，也应将对因变量 y 的估计或预测限定在变量样本数据范围内。

值得注意的是，多重共线性问题主要是对单个回归系数的解释和检验带来麻烦，对于求因变量的置信区间和预测区间一般不会造成影响。在建立多元线性回归模型时，不建议引入过多自变量，除非确有必要。尤其是在社会科学研究中，自变量（解释变量）往往有很多，如果引入的自变量过多且不合适，结果常并不如意。

解决共线性的方法主要如下：将它排除出去，以逐步回归法得到最广泛的应用；差分法，时间序列数据、线性模型：将原模型变换为差分模型；减小参数估计量的方差：岭回归法。

1. 逐步回归法

逐步回归法是目前应用比较广泛的一种共线性检验方法，它的前提假设是自变量之间不存在共线性。它的原理是以 Y 为被解释变量，逐个引入解释变量，构成回归模型，进行模型估计。根据拟合优度的变化决定新引入的变量是否独立。如果拟合优度变化显著，则说明新引入的变量是一个独立解释变量；如果拟合优度变化很不显著，则说明新引入的变量与其他变量之间存在共线性关系。它的运行过程是首先采用向前选择的方式选择第一个变量，若不满足标准则终止选择，按偏相关系数选择下一个。同时，根据向后剔除的标准，考察已经进入方程的变量是否应该剔除，直到没有一个变量满足移出标准，为防止变量重复进入和移出，$F-$ 进入判据必须大于 $F-$ 剔除判据。

2. 岭回归法

岭回归又称脊回归、吉洪诺夫正则化，是一种改良的最小二乘估计方法，通过放弃最小二乘法的无偏性，以损失部分信息、降低精度为代价获得回归系数更为符合实际、更可靠的回归方法。当出现高度共线性时，通常认为岭回归估计的参数比用普通最小二乘法（OLS）估计要好。

3. 主成分回归法

主成分回归是以主成分为自变量进行的回归分析，如果因变量的个数较多，彼此很可能存在多重共线性的问题，观测信息有一定程度上的信息重叠。这时自然希望用较少的几个综合变量来代替原来较多的变量，使这几个综合变量彼此之间互不相关，尽可能地反映原变量的信息，基于这种思想，产生了主成分分析。基本原理是假设数据的数量为 N，因子的数量为 n，首先求解出几个因子的协方差矩阵（$n \times n$），对协方差矩阵的求解特征值、特征向量，选出特征向量的最大的 p 个组成矩阵，再和原本的数据做乘法（$N \times n$），即可得到调整后的数据（$N \times p$），利用调整后的数据因变量 y 进行回归，根据回归因子和选出的特征向量计算最后拟合的公式。

【例 10-1】本例使用表 10-1 数据文件，建立一个以"初始工资""工作经验""受教育年限"等为自变量、"当前工资"为因变量的回归模型。

表 10-1 当前工资影响因素的调查数据表

编 号	性 别	受教育年限	年 龄	工 种	当前工资 / 美元	初始工资 / 美元	工作经验
1	1	15	47	3	57 000	27 000	98
2	1	16	41	1	40 200	18 750	98
3	0	12	70	1	21 450	12 000	98
4	0	8	52	1	21 900	13 200	98
5	1	15	44	1	45 000	21 000	98
6	1	15	41	1	32 100	13 500	98
7	1	15	43	1	36 000	18 750	98
8	0	12	33	1	21 900	9 750	98
9	0	15	53	1	27 900	12 750	98
10	0	12	53	1	24 000	13 500	98
11	0	16	49	1	30 300	16 500	98
12	1	8	33	1	28 350	12 000	98
13	1	15	39	1	27 750	14 250	98
14	0	15	50	1	35 100	16 800	98
15	1	12	37	1	27 300	13 500	97
16	1	12	35	1	40 800	15 000	97
17	1	15	37	1	46 000	14 250	97
18	1	16	43	3	103 750	27 510	97
19	1	12	37	1	42 300	14 250	97
20	0	12	59	1	26 250	11 550	97

第一，散点图。

直观观察自变量与因变量之间的关系是否有线性特点。

（1）按"图形"→"散点"→"简单分布"顺序展开，如图 10-1 所示的对话框。

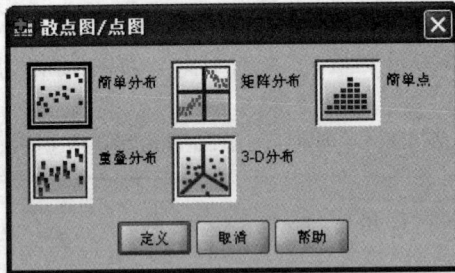

图 10-1　散点图 / 点图窗口

（2）单击"定义"出现图简单散点图对话框，如图 10-2 所示。

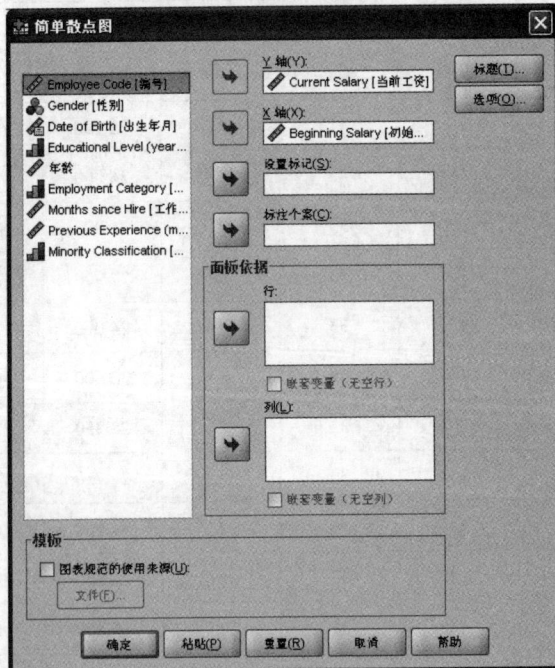

图 10-2　简单散点图窗口

（3）将变量"初始工资""当前工资"依次放入 X 与 Y 轴，单击"确定"按钮。如图 10-3：

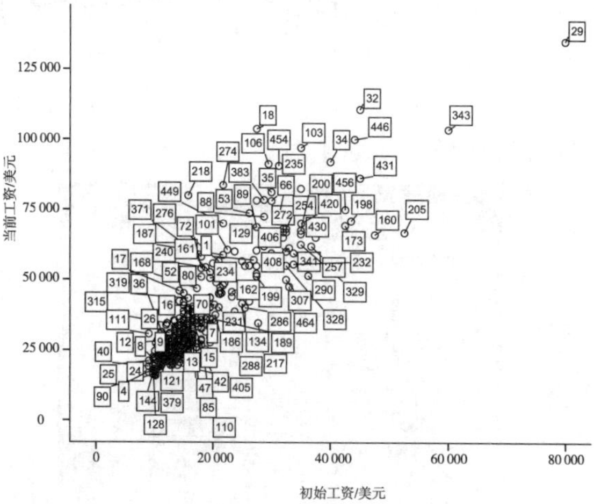

图 10-3 散点图

根据同样操作方法，以"当前工资"为 Y 轴，分别以其他几个自变量为 X 的散点图。

第二，回归模型操作。

（1）按"分析"→"回归"→"线性"顺序展开，选择"当前工资"作为因变量进入因变量（D）框中。选择"初始工资""工作经验""工作时间""受教育年限"变量作为自变量进入自变量（I）框中。在方法（M）框中选择逐步回归法作为分析方式。如图 10-4 所示线性回归主对话框。

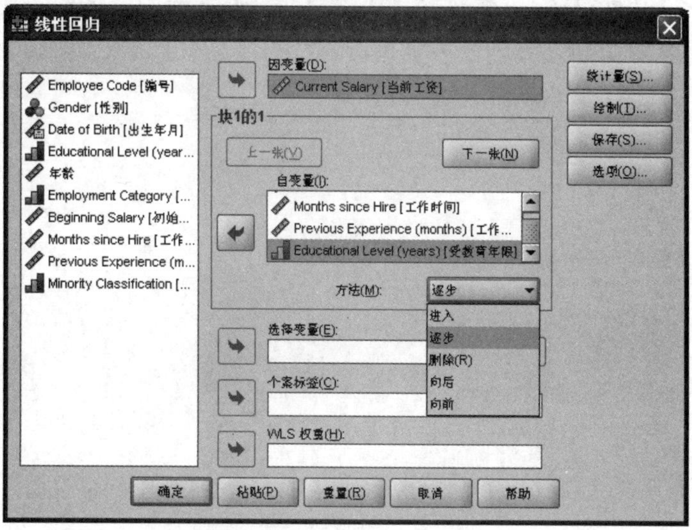

图 10-4 线性回归窗口

（2）单击统计量（S）按钮，在回归系数一栏中选择估计（E）、模型拟合度（M）、共线性诊断（L）；在残差一栏中选择 Durbin-Watson（U）、个案诊断中的离群值（O）参数框中键入 3，表示设置观察量标准差大于等于 3，为奇异值。单击"继续"按钮，返回主对话框（图 10-5）。

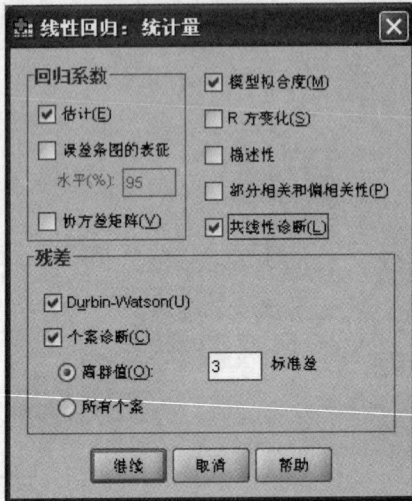

图 10-5　线性回归：统计量窗口

（3）单击保存按钮，打开图 10-6 所示对话框。选择距离一栏中的 Mahalanobis 距离（H）、Cook 距离（K）、杠杆值（G）；选择影响统计量一栏中的标准化 DfBeta（Z）、标准化 DfFit（T）、协方差比率（V），用来确定影响点，单击继续按钮，返回主对话框。

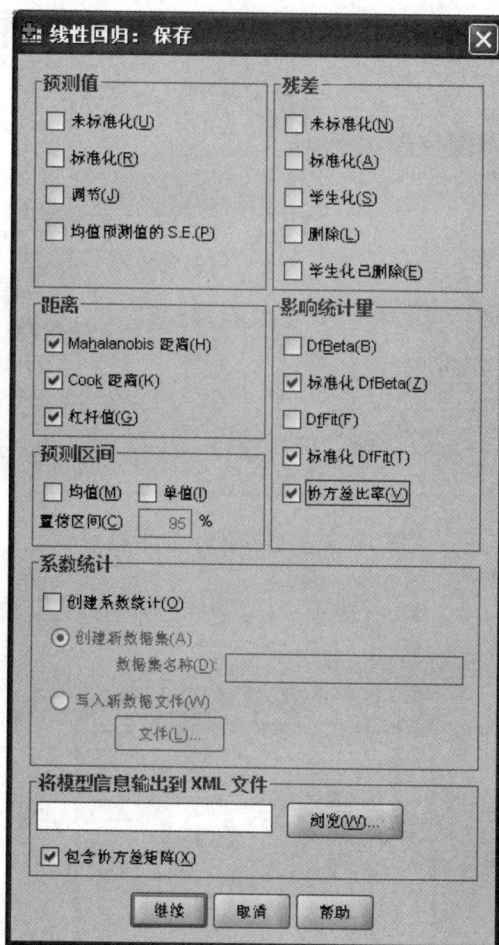

图 10-6　线性回归：保存窗口

（4）从图形上检查模型的线性和方差齐性等，做散点图。单击绘制（T）按钮，打开绘图对话框，将变量 ZPRED 与 ZRESID 分别放入 X、Y 框中；标准化残差图中选择直方图（H）、正态概率图（R）。单击"继续"按钮，返回主对话框（图 10-7）。

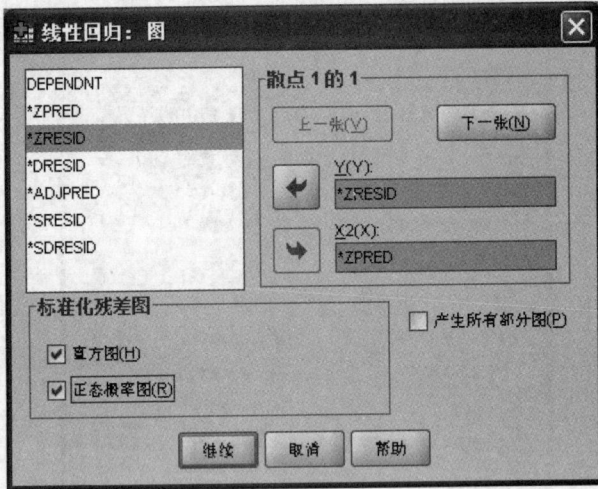

图 10-7　线性回归：图窗口

（5）在主对话框中，单击选项（O）按钮，选择在等式中包含常量（I）。
单击继续按钮，返回主对话框（图 10-8）。

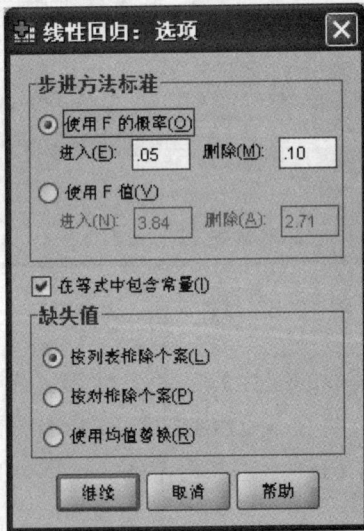

图 10-8　线性回归：选项窗口

提交系统执行结果（表 10-2～表 10-9，图 10-9～图 10-11）。

表 10-2　输入—移出的变量

模　型	输入的变量	移去的变量方法
1	初始工资	步进（准则：F-to-enter 的概率 <=0.050，F-to-remove 的概率 >=0.100）
2	工作经验（月）	步进（准则：F-to-enter 的概率 <=0.050，F-to-remove 的概率 >=0.100）
3	工作时间	步进（准则：F-to-enter 的概率 <=0.050，F-to-remove 的概率 >=0.100）
4	受教育年限（年）	步进（准则：F-to-enter 的概率 <=0.050，F-to-remove 的概率 >=0.100）

表 10-3　拟合过程模型汇总

模　型	R	R^2	调整 R^2	标准估计的误差	Durbin-Watson
1	0.880[a]	0.775	0.774	8 115.356	
2	0.891[b]	0.793	0.793	7 776.652	
3	0.897[c]	0.804	0.803	7 586.187	
4	0.900[d]	0.810	0.809	7 465.139	1.921

a. 预测变量：（常量），初始工资。

b. 预测变量：（常量），初始工资，工作经验（月）。

c. 预测变量：（常量），初始工资，工作经验（月），工作时间。

d. 预测变量：（常量），初始工资，工作经验（月），工作时间，受教育年限（年）。

e. 因变量：当前工资。

表 10-4　方差分析

模　型		平方和	df	均　方	F	Sig.
1	回归	1.068×10^{11}	1	1.068×10^{11}	1 622.118	0.000[a]
	残差	3.109×10^{10}	472	6.586×10^7		
	总计	1.379×10^{11}	473			
2	回归	1.094×10^{11}	2	5.472×10^{10}	904.752	0.000[b]
	残差	2.848×10^{10}	471	6.048×10^7		
	总计	1.379×10^{11}	473			

模　型		平方和	df	均　方	F	Sig.
3	回归	1.109×10^{11}	3	3.696×10^{10}	642.151	0.000^c
	残差	2.705×10^{10}	470	5.755×10^{7}		
	总计	1.379×10^{11}	473			
4	回归	1.118×10^{11}	4	2.794×10^{10}	501.450	0.000^d
	残差	2.614×10^{10}	469	5.573×10^{7}		
	总计	1.379×10^{11}	473			

a. 预测变量：（常量），初始工资。

b. 预测变量：（常量），初始工资，工作经验（月）。

c. 预测变量：（常量），初始工资，工作经验（月），工作时间。

d. 预测变量：（常量），初始工资，工作经验（月），工作时间，受教育年限（年）。

e. 因变量：当前工资。

表 10-5　回归系数分析

模　型		非标准化系数		标准系数	t	Sig.	共线性统计量	
		B	标准误差	试用版			容差	VIF
1	（常量）	1 928.206	58.680		2.170	0.031		
	初始工资	1.909	0.047	0.880	40.276	0.000	1.000	1.000
2	（常量）	3 850.718	900.633		4.276	0.000		
	初始工资	1.923	0.045	0.886	42.283	0.000	0.998	1.002
	工作经验（年）	−22.445	3.422	−0.137	−6.558	0.000	0.998	1.002
3	（常量）	−10 266.629	2 959.838		−3.469	0.001		
	初始工资	1.927	0.044	0.888	43.435	0.000	0.998	1.002
	工作经验（月）	−22.509	3.339	−0.138	−6.742	0.000	0.998	1.002
	工作时间	173.203	34.677	0.102	4.995	0.000	1.000	1.000
4	（常量）	−16 149.671	3 255.470		−4.961	0.000		
	初始工资	1.768	0.059	0.815	30.111	0.000	0.551	1.814
	工作经验（月）	−17.303	3.528	−0.106	−4.904	0.000	0.865	1.156
	工作时间	161.486	34.246	0.095	4.715	0.000	0.992	1.008

模　型		非标准化系数		标准系数	*t*	Sig.	共线性统计量	
		B	标准误差	试用版			容差	VIF
4	受教育年限（年）	669.914	165.596	0.113	4.045	0.000	0.516	1.937

a. 因变量：当前工资。

表 10-6　已排除的变量

模　型		*B*	*t*	Sig.	偏相关	共线性统计量		
						容差	VIF	最小容差
1	工作时间	0.102ª	4.750	0.000	0.214	1.000	1.000	1.000
	工作经验（月）	−0.137ª	−6.558	0.000	−0.289	0.998	1.002	0.998
1	受教育年限（年）	0.172ª	6.356	0.000	0.281	0.599	1.669	0.599
2	工作时间	0.102ᵇ	4.995	0.000	0.225	1.000	1.000	0.998
	受教育年限（年）	0.124ᵇ	4.363	0.000	0.197	0.520	1.923	0.520
3	受教育年限（年）	0.113ᶜ	4.045	0.000	0.184	0.516	1.937	0.516

a. 预测变量：（常量），初始工资。
b. 预测变量：（常量），初始工资，工作经验（月）。
c. 预测变量：（常量），初始工资，工作经验（月），工作时间。
d. 因变量：当前工资。

表 10-7　多重共线性诊断

模　型	维　数	特征值	条件索引	（常量）	方差比例			
					初始工资	工作经验/月	工作时间	受教育年限/年
1	1	1.908	1.000	0.05	0.05			
	2	0.092	4.548	0.95	0.95			
2	1	2.482	1.000	0.02	0.03	0.06		
	2	0.429	2.406	0.04	0.08	0.90		
	3	0.090	5.263	0.94	0.90	0.04		
3	1	3.408	1.000	0.00	0.01	0.03	0.00	
	2	0.461	2.720	0.00	0.03	0.96	0.00	

模　型	维　数	特征值	条件索引	（常量）	方差比例			
					初始工资	工作经验 / 月	工作时间	受教育年限 / 年
3	3	0.124	5.237	0.02	0.93	0.01	0.02	
	4	0.007	21.476	0.98	0.03	0.00	0.97	
4	1	4.351	1.000	0.00	0.00	0.01	0.00	0.00
	2	0.500	2.948	0.00	0.01	0.81	0.00	0.00
	3	0.124	5.915	0.01	0.53	0.01	0.02	0.00
	4	0.018	15.749	0.01	0.45	0.14	0.18	0.87
	5	0.007	25.232	0.97	0.02	0.03	0.79	0.12

a. 因变量：当前工资。

表 10-8　案例奇异值诊断

案例数目	标准残差	当前工资	预测值	残　差
18	6.173	103 750	57 671.26	46 078.744
103	3.348	97 000	72 009.89	24 990.108
106	3.781	91 250	63 026.82	28 223.179
160	−3.194	66 000	89 843.83	−23 843.827
205	−3.965	66 750	96 350.44	−29 600.439
218	6.108	80 000	34 405.27	45 594.728
274	5.113	83 750	45 581.96	38 168.038
449	3.590	70 000	43 200.04	26 799.959
454	3.831	90 625	62 027.14	28 597.858

a. 因变量：当前工资。

表 10-9　残差统计量

	极小值	极大值	均　值	标准偏差	N
预测值	13 354.82	150 076.77	34 419.57	15 372.742	474
标准预测值	−1.370	7.524	0.000	1.000	474

续　表

预测值的标准误差	391.071	3 191.216	721.093	260.806	474
调整的预测值	13 290.94	153 447.97	34 425.45	15 451.094	474
残差	−29 600.439	46 078.746	0.000	7 433.507	474
标准残差	−3.965	6.173	0.000	0.996	474
Student 化残差	−4.089	6.209	0.000	1.004	474
已删除的残差	−31 485.213	46 621.117	−5.882	7 553.608	474
Student 化已删除的残差	−4.160	6.474	0.002	1.016	474
Mahal 的距离	0.300	85.439	3.992	5.306	474
Cook 的距离	0.000	0.223	0.003	0.016	474
居中杠杆值	0.001	0.181	0.008	0.011	474

a. 因变量：当前工资。

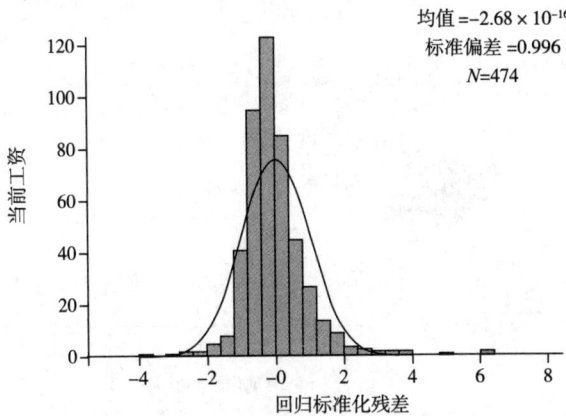

均值 $= -2.68 \times 10^{-16}$
标准偏差 $= 0.996$
$N = 474$

图 10-9　残差分布直方图

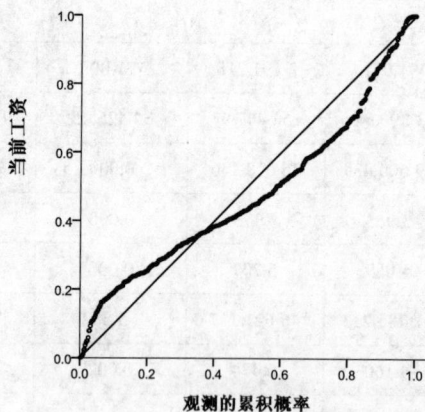

图 10-10　观测量累积概率图

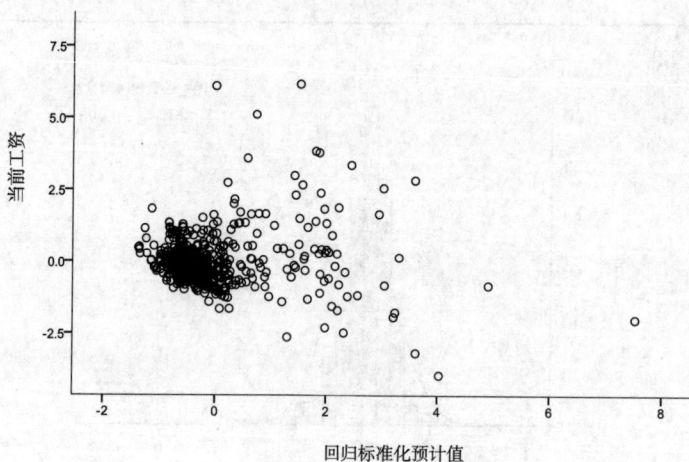

图 10-11　当前工资的预测值与其学生化残差散点图

10.4　利用回归方程进行预测

　　在一元线性回归中已介绍过利用自变量来估计因变量的方法。对于多元线性回归，同样可以利用给定的 k 个自变量，求出因变量 y 的平均值的置信区间和个别值的预测区间。但因多元线性回归的置信区间和预测区间的计算公式复杂，一般求解完全依赖计算机，统计软件如 SPSS、SAS、STATA 等都有现成的回归分析程序，可以直接给出因变量的置信区间和预测区间。

以 SPSS 软件为例，操作步骤如下。

第 1 步：选择【选择】→【回归 – 线性】，进入主对话框。

第 2 步：在将因变量和多个自变量选入，并在【方法】下选择【进入】。

第 3 步：单击【保存】。

在【预测值】下选择【非标准化】（输出点预测值）。

在【预测区间】下选择【均值】【单值】（输出置信区间和预测区间）。

在【置信区间】选择所要求的置信水平（一般为 95%）。

单击【继续】。

单击【确定】。

10.5　哑变量回归

哑变量（dummy variables）也称为虚拟变量，用于将分类变量引入回归模型中。在建立多元回归模型过程中，因变量不但受连续性定量变量的影响，也会受到定性变量的影响。比如，在建立关于收入的多元回归模型中，自变量不仅包括受教育水平等连续性定量变量，还需要考虑性别、职业等定性变量。

在利用多元线性模型进行回归时，如果自变量 X 为连续性变量，那么回归系数 β 可以解释为在其他自变量不变的条件下，X 每变动一个单位，所引起的因变量 Y 的平均变化量；如果自变量 X 为二项变量的离散变量，如是否城市户口（1= 是，0= 否）、性别（1= 男，0= 女），则回归系数 β 可以解释为其他自变量不变的条件下，$X=1$（城市户口）与 $X=0$（非城市户口）相比所引起的因变量 Y 的平均变化量；或者其他自变量不变的条件下，$X=1$（男性）与 $X=0$（女性）相比所引起的因变量 Y 的平均变化量。

需要注意的是，自变量为离散变量并不影响线性回归，而如果因变量是离散变量而非连续变量，就不能用多元线性模型进行回归，而需要用评定模型这类离散选择模型。

10.5.1　截距移动

设有多元线性回归模型为：

$$Y_i = \beta_0 + \beta_1 x_i + \beta_2 D + \varepsilon \tag{10–11}$$

式中：Y_i、x_i 为连续性定量变量；D 为定性变量。当 $D=0$ 或 1 时，上述模型表述为：

$$Y_i = \beta_0 + \beta_1 x_i + \varepsilon \quad (D{=}0) \qquad (10\text{--}12)$$

$$Y_i = \beta_0 + \beta_1 x_i + \beta_2 + \varepsilon \quad (D{=}1) \qquad (10\text{--}13)$$

需要注意的是，定性变量中哪个类别为 0，哪个类别为 1，并不影响检验结果，但一般将取值为 0 所对应的类别称为基础类别（base category）；当定性变量中含有 n 个类别，应引入（n--1）个虚拟变量，否则可能会产生多重共线性问题。

10.5.2 斜率变化

斜率变化即回归系数的变化主要是由于连续性定量变量与定性变量之间的互动（interaction）。

可设有多元线性回归模型为：

$$Y_i = \beta_0 + \beta_1 x_i + \beta_2 D + \beta_3 x_i D + \varepsilon \qquad (10\text{--}14)$$

式中：Y_i、x_i 为连续性定量变量；D 为定性变量。当 $D{=}0$ 或 1 时，上述模型表述为：

$$Y_i = \beta_0 + \beta_1 x_i + \varepsilon \qquad (D{=}0) \qquad (10\text{--}15)$$

$$Y_i = \beta_0 + (\beta_1 + \beta_3)x_i + \beta_2 + \varepsilon \quad (D{=}1) \qquad (10\text{--}16)$$

很明显地，不仅截距发生了变化，斜率也发生了变化。

习 题

（1）简述什么是多元回归，并分别解释多元回归模型、回归方程和估计的回归方程含义。

（2）什么是多重判定系数和调整的多重判定系数？简述其含义和应用。

（3）解释多重共线性，如何判别是否存在多重共线性？

（4）如何处理多重共线性问题？

（5）什么是虚拟变量？

（6）学会利用 SPSS 建立多元回归方程，解释回归系数意义，并检验回归系数的显著性。

（7）学会利用 SPSS 判定和处理多重共线性问题。

（8）学会解释虚拟变量在多元回归中的作用及回归系数的变化含义。

第11章 时间序列预测

开篇案例：

统计应用——预测粮食产量

生活和工作中经常需要做出预测，如预测一只股票的价格走势、预测下一年度的销售额等。研究时间序列的主要目的之一就是进行预测，主要是根据已有的时间序列数据预测未来的变化。时间序列预测的关键是确定已有时间序列的变化模式，并假定这种模式会延续到未来。下面是我国1990—2010年的粮食产量数据（图11-1）及其变化趋势图（表11-1）。

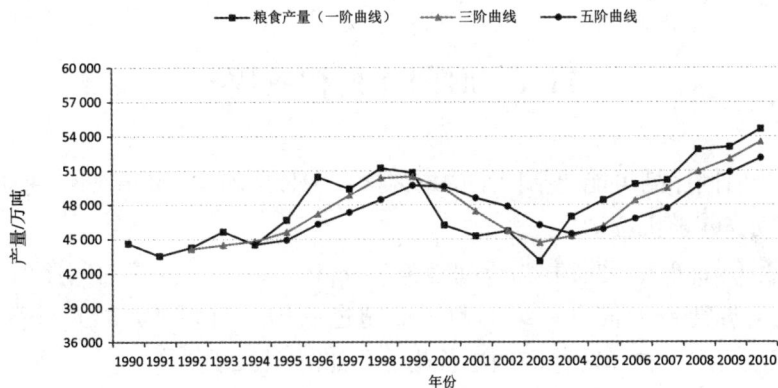

图 11-1　我国 1990—2010 年的粮食产量变化趋势

表 11-1　我国 1990—2010 年的粮食产量

年　份	粮食产量 / 万吨	年　份	粮食产量 / 万吨
1990	44 624.3	2001	45 263.7
1991	43 529.3	2002	45 705.8

年 份	粮食产量 / 万吨	年 份	粮食产量 / 万吨
1992	44 265.8	2003	43 069.5
1993	45 648.8	2004	46 964.9
1994	44 510.1	2005	48 402.2
1995	46 661.8	2006	49 804.2
1996	50 453.5	2007	50 160.3
1997	49 417.1	2008	52 870.9
1998	51 229.5	2009	53 082.1
1999	50 838.6	2010	54 641.0
2000	46 217.8		

根据粮食产量的走势预测以后年度的产量，有几种模型可供选择，如三阶曲线（有两个拐点）、四阶曲线（有三个拐点）、五阶曲线（四个拐点）等。究竟选择什么样的预测方程？如何评价预测模型的好坏？本章将回答这些问题。

11.1 时间序列构成因素

一个时间序列可能包括四个构成因素：①长期趋势；②周期性变动；③季节性变动；④随机波动。

趋势（trend），也被称为长期趋势（secular trend），是指时间序列的长期、连续变动规律或方向，持续时间一般超过一年。例如，美国人口在 1951—2011 年呈现出一种相对稳定的增长趋势，如图 11-2 所示。

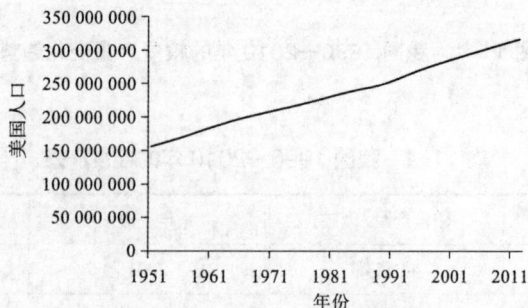

图 11-2 1951—2011 年美国人口

例如，图 11-3 描述了美国年度图书销售额情况。可以看出，销售额从 1992 年至 2008 年不断增长，2008 年后开始下降。

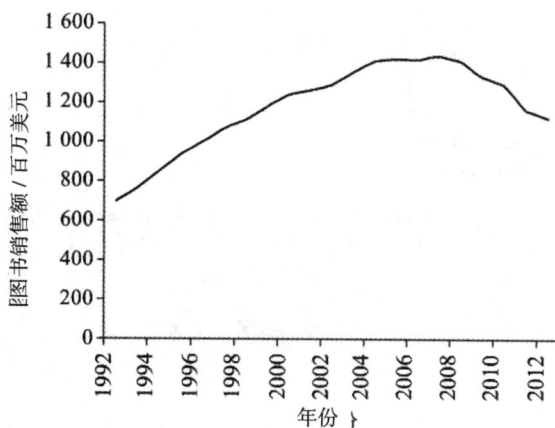

图 11-3　美国年度图书销售额

周期性变动（cyclical variation）是指在几年时间里表现得比较明显的长期波动趋势，通常会带来周期效应。根据定义，周期性变动的持续时间都超过一年。周期性变动的例子有记录经济衰退和通货膨胀的商业周期，长期内产品需求周期，货币金融部门政策的周期。然而，持续、可预测的周期模式在现实中很罕见。因此，我们在实际应用中往往会忽略这类变动。

季节性变动（seasonal variation）是指短时期内发生的周期性变动。根据定义，季节性变动的持续时间一般小于一年。"季节性变动"这个术语可能是指传统的四季，也可能是指在一个月、一周甚至一天时间里呈现出的系统模式。例如，某家餐馆每日的顾客需求就呈现出"季节性"变动模式。图 11-4 形象地描绘了美国每月交通量的季节性波动。从图中可以很容易地看出，美国夏季的交通量大于冬季。

随机波动（random variation）是指时间序列中除长期趋势、季节性变动和周期性变动以外的变动，这种变动是由许多难以预测的不规则变化引起的。随机波动往往掩盖了其他相对比较容易预测的时间序列成分因子。几乎所有时间序列中都存在随机波动，因而本章的目标之一就是向统计人员介绍一些减少随机波动的方法，从而能够描绘并衡量其他时间序列成分因子，以期准确地进行时间序列预测。

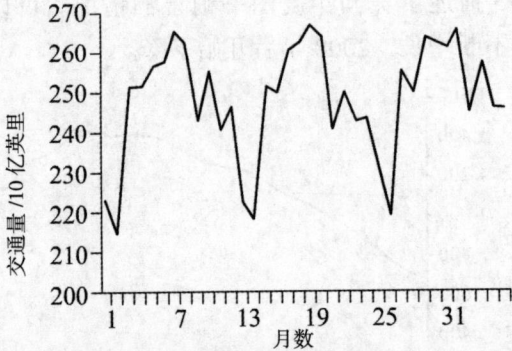

图 11-4　美国交通量

11.2　平滑方法

如果能明确时间序列的成分因子，就能够更好地进行预测，但遗憾的是随机波动的存在加大了这一工作的难度。减少随机波动的最简单的方法之一就是时间序列平滑法。

11.2.1　移动平均法

移动平均法（moving average）是某一时期及其相邻时期内的时间序列数据的算术平均值。例如，若要计算每个时期的三期移动平均值，除第一时期和最后一个时期之外，我们要计算其他每一时期及其相邻两个时期的时间序列数据的平均值；若要计算五期移动平均值，我们要计算指定时期及其前后相邻各两个时期的时间序列数据的平均值。可以根据自身需要，选择计算移动平均值的期数。

【例 11-1】一位拥有五个独立加油站的运营商为了进行销量预测，记录了过去四年内汽油的季度销量（单位：千加仑），数据如表 11-2 所示。分别计算三期移动平均值和五期移动平均值，并绘制出时间序列和移动平均序列的图形。

表 11-2　五个独立加油站的销售记录

时　期	时　间	季　度	汽油销量 / 千加仑
1		1	39
2	第 1 年	2	37
3		3	61
4		4	58
5		1	18
6	第 2 年	2	56
7		3	82
8		4	27
9		1	41
10	第 3 年	2	69
11		3	49
12		4	66
13		1	54
14	第 4 年	2	42
15		3	90
16		4	66

解：为了计算第一个三期移动平均值，我们将第 1、2、3 期的汽油销量加在一起，除以 3，得到第一个移动平均值：

（39+37+61）/3=137/3=45.7

求第二个移动平均值时，以第 4 期的销量 58 替换上式中第 1 期的销量 39，计算得到新的移动平均值为

（37+61+58）/3=156/3=52.0

依此类推，结果如表 11-3 所示。表 11-3 还同时列出了按相同方法计算的五期移动平均值。

表 11-3　移动平均值计算

时　期	汽油销量 / 千加仑	三期移动平均值	五期移动平均值
1	39	—	—
2	37	45.7	—
3	61	52.0	42.6
4	58	45.7	46.0
5	18	44.0	55.0
6	56	52.0	48.2
7	82	55.0	44.8
8	27	50.0	55.0
9	41	45.7	53.6
10	69	53.0	50.4
11	49	61.3	55.8
12	66	56.3	56.0
13	54	54.0	60.2
14	42	62.0	63.6
15	90	66.0	—
16	66	—	—

　　注意，我们需要把移动平均值放在被平均的一组值的中心，这就是我们在计算移动平均值时采用奇数个时期的原因。在本节的后面部分，我们还将讨论偶数个时期的情况。

　　图 11-5 为每个季度汽油销量的线图，图 11-6 则是三期和五期移动平均。

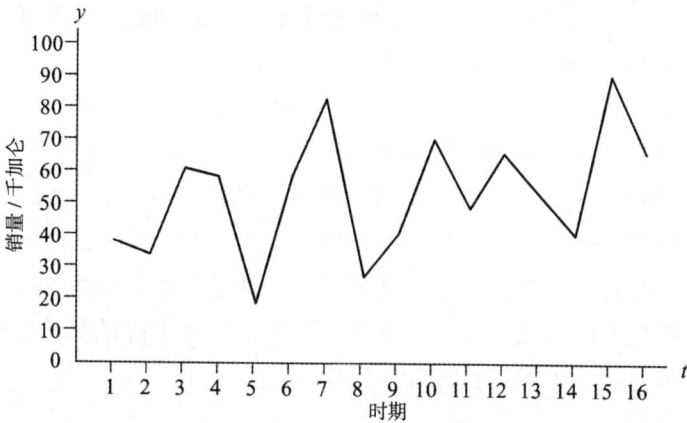

图 11-5 每季度的汽油销量

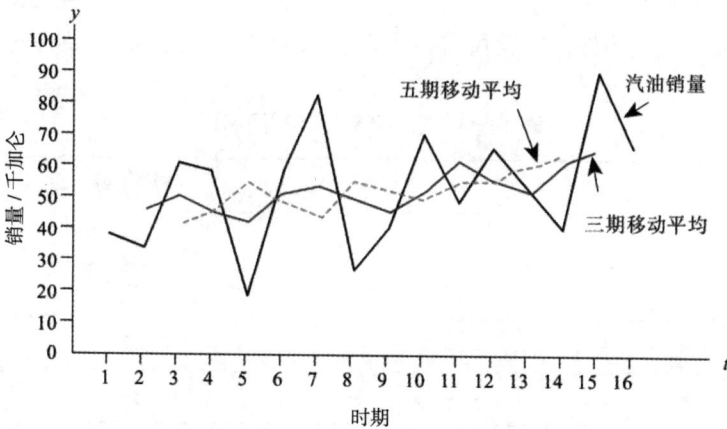

图 11-6 三期和五期移动平均

计算机命令

（1）在一列中输入或导入数据。

（2）点击"数据"→"数据分析"→"移动平均"。

（3）指定"输入区域"（A1 ： A17）。指定"间隔"（3）和"输出区域"（B1）。

（4）删除内容为 N/A 的单元格。

（5）按照前文的说明绘制线图。

解释：为了了解移动平均法是如何剔除某些随机波动的，我们来考察一下图 11-5 和图 11-6。图 11-5 给出了每个季度汽油的销售量，由于存在大量随机波动，因此很难辨别出任何时间序列的成分因子。而在图 11-6 中的三期移动平均可以发现季节性因素，每年的第三季度都是销售高峰期（第 3、7、11

235

和 15 个时期），而每年的第一季度都是销售低谷期（第 5、9 和 13 个时期）。此外，还有一个很小但很清晰的长期增长趋势。

还要注意，图 11–6 中的五期移动平均曲线比三期移动平均曲线光滑。总的来说，我们选择的时期越长，平滑后的时间序列曲线就越光滑。遗憾的是，本例中的曲线过于光滑，五期移动平均曲线中的季节性因素已经变得不明显了，我们仅能看出长期趋势。非常重要的是，我们的目的是使时间序列充分平滑，剔除随机波动，从而揭示出其他成分因子（趋势、周期和季节）。如果平滑不充分，随机波动就会掩盖真正的成分因子；如果平滑过度，在剔除随机波动的同时，其他影响因素将被部分或全部剔除。

11.2.2　中心移动平均

用偶数个时期来计算移动平均值存在的问题是应该把移动平均值放置在图或表中的什么位置。例如，假设我们要计算表 11–4 下时间序列的四期移动平均值：

表 11–4　四期移动平均时间序列

时　期	时间序列
1	15
2	27
3	20
4	14
5	25
6	11

第一个移动平均值是

（15+27+20+14）/4=19.0

然而，因为这个值代表的是第 1、2、3 和 4 个时期，我们应该把它放在第 2 和第 3 个时期之间。第二个移动平均值是

（27+20+14+25）/4=21.5

它必须被放在第 3 和第 4 个时期之间。在第 4 和第 5 个时期之间的移动平均值是

（20+14+25+11）/4=17.5

把移动平均值放在两个时期之间会产生几个问题，其中包括作图方面的困难。把移动平均值置于中心就可以解决这个问题，具体方法是，计算四期移动平均值的两期移动平均值。

因此，第 3 个时期的中心移动平均值是

（19.0+21.5）/2=20.25

第 4 个时期的中心移动平均值是

（21.5+17.5）/2=19.50

表 11-5 总结了以上计算结果：

表 11-5　四期移动平均计算值

时　期	时间序列	四期移动平均值	四期中心移动平均值
1	15	—	—
2	27	—	—
3	20	19.0	20.25
4	14	21.5	19.50
5	25	17.5	—
6	11	—	—

11.2.3　指数平滑法

用移动平均法平滑时间序列存在两个缺陷：第一，我们无法计算第一个和最后一个时期的移动平均值。如果时间序列的观测数据较少，就可能意味着重要信息的损失。第二，移动平均法忽略了大部分时间序列前面时期的信息。举个例子，在例 11-1 的五期移动平均中，第 4 个时期的移动平均值反映了第 2、3、4、5 和 6 个时期的信息，但不受第 1 个时期的值的影响。类似地，第 5 个时期的移动平均值忽略了第 1 和第 2 个时期的信息。指数平滑法（exponential smoothing）则可以解决这些问题。

时间序列的指数平滑法：

$$S_t = wy_t + (1-w)S_{t-1}, t \geq 2 \qquad （11-1）$$

式中：S_t 为第 t 个时期指数平滑后的时间序列；y_t 为第 t 个时期的时间序列；S_{t-1} 为第 $t-1$ 个时期指数平滑后的时间序列；w 为平滑系数，其中 $0 \leq w \leq 1$。

我们首先设

$$S_1 = y_1 \qquad （11-2）$$

则

$$S_2 = wy_2 + (1-w)S_1$$
$$= wy_2 + (1-w)y_1 \qquad (11-3)$$

$$S_3 = wy_3 + (1-w)S_2$$
$$= wy_3 + (1-w)\left[wy_2 + (1-w)y_1\right] \qquad (11-4)$$
$$= wy_3 + w(1-w)y_2 + (1-w)^2 y_1$$

总的来说，我们可以得到

$$S_t = wy_t + w(1-w)y_{t-1} + w(1-w)^2 y_{t-2} + \cdots + (1-w)^{t-1}y_1 \qquad (11-5)$$

上式表明，平滑后的时间序列依赖时间序列中前面各期的所有观测值。平滑系数 w 的选择应以所需的平滑度为依据。一个较小的 w 将产生较大的平滑度，而一个较大的 w 将产生较小的平滑度。图 11-7 给出了同一个时间序列按 $w=0.1$ 和 $w=0.5$ 进行处理的指数平滑序列。

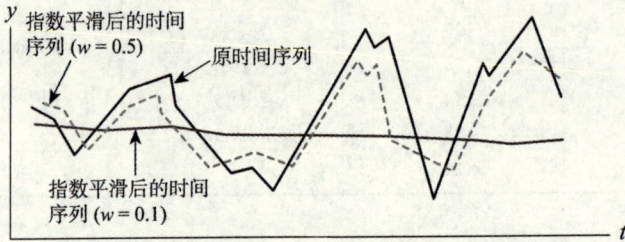

图 11-7 原时间序列和经不同平滑系数平滑后的序列

【例 11-2】分别令 $w=0.2$ 和 $w=0.7$，应用指数平滑方法处理例 11-1 中的数据，并用图形表示其结果。

解：手工计算，用下面的公式计算指数平滑值：

$$S_t = wy_t + (1-w)S_{t-1} \qquad (11-6)$$

$w=0.2$ 和 $w=0.7$ 时的结果如表 11-6 所示：

表 11-6 平滑指数法测算值

时 期	汽油销量 / 千加仑	$w=0.2$ 时的指数平滑值	$w=0.7$ 时的指数平滑值
1	39	39.0	39.0
2	37	38.6	37.6
3	61	43.1	54.0
4	58	46.1	56.8

时　　期	汽油销量 / 千加仑	$w=0.2$ 时的指数平滑值	$w=0.7$ 时的指数平滑值
5	18	40.5	29.6
6	56	43.6	48.1
7	82	51.2	71.8
8	27	46.4	40.4
9	41	45.3	40.8
10	69	50.1	60.6
11	49	49.8	52.5
12	66	53.1	61.9
13	54	53.3	56.4
14	42	51.0	46.3
15	90	58.8	76.9
16	66	60.2	69.3

图 11-8 给出了指数平滑后的时间序列：

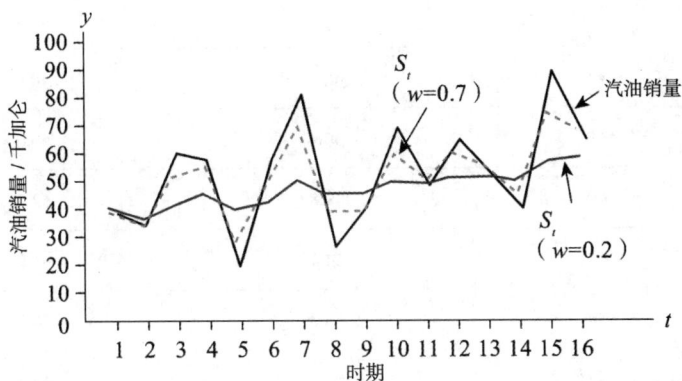

图 11-8　每季度的汽油销量及 $w=0.2$ 和 0.7 时的指数平滑销售量

软件命令：

（1）在任一列中输入或导入数据 。

（2）点击"数据"→"数据分析"→"指数平滑"。

（3）指定"输入区域"（A1 ： A17），"阻尼系数"[即 $1-w$（0.8）] 和"输出区域"（B1）。

若要计算二次平滑时间序列，指定 $1-w$（0.3），"输出区域"为 C1。可以通过修改表格使平滑值能按手工计算的方式显示。点击含有平滑值 58.8 的单元格，把它拖到下面一个单元格（60.2）以显示最后一个单元格（69.3）。如表 11-7 和图 11-9 所示。

表 11-7　平滑指数法测算值

时　期	汽油销量	阻尼系数 =0.8	阻尼系数 =0.3
1	39	39.0	39.0
2	37	38.6	37.6
3	61	43.1	54.0
4	58	46.1	56.8
5	18	40.5	29.6
6	56	43.6	48.1
7	82	51.2	71.8
8	27	46.4	40.4
9	41	45.3	40.8
10	69	50.1	60.6
11	49	49.8	52.5
12	66	53.1	61.9
13	54	53.3	56.4
14	42	51.0	46.3
15	90	58.8	76.9
16	66	60.2	69.3

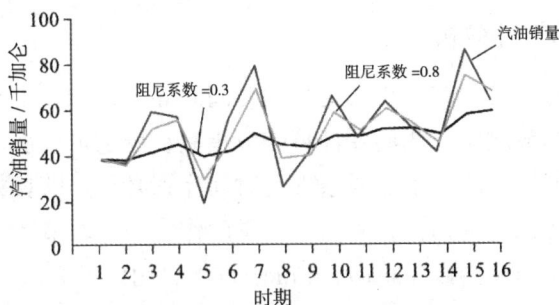

图 11-9　每季度的汽油销量及 w=0.3 和 0.8 时的指数平滑销售量

解释：图 11-8 给出了原始时间序列和指数平滑后的序列。由此可知，w=0.7 时平滑度较小，而 w=0.2 时的平滑度可能又过大。从两个平滑后的序列中都很难观察到利用移动平均法所能观察到的季节特征。使用其他的 w 值（如 w=0.5）也许能得出更令人满意的结果。移动平均法和指数平滑法都是剔除随机波动、发现其他成分因子的相对粗糙的方法。在下一节中，我们将介绍能更精确地衡量这些成分因子的方法。

11.3　长期趋势与季节效应

在上一节中，我们介绍了如何通过平滑时间序列来粗略衡量其成分因子。然而，为了进行预测，通常需要更精确地衡量时间序列的成分因子。

11.3.1　趋势分析

长期趋势可以是线性的，也可以是非线性的。实际上，它可以用各种函数关系来表示。衡量长期趋势的最简单的方法是以时间作为自变量进行回归分析。如果认为长期趋势大致是线性的，那么可以采用的线性模型如下：

$$y=\beta_0+\beta_1 t+\varepsilon \qquad (11-7)$$

如果认为长期趋势是非线性的，那么可以运用多项式模型。例如，二次多项式模型为：

$$y=\beta_0+\beta_1 t+\beta_2 t^2+\varepsilon \qquad (11-8)$$

大部分实际应用都使用线性模型。在本节后面的部分，我们将阐述如何衡量和应用长期趋势。

11.3.2　季节性分析

季节性变动通常发生在一年或更短的时间间隔内，如一个月、一个星期或一天。为了衡量季节效应，我们要计算季节指数，用它可以衡量季节之间的差异程度。计算季节指数的一个必要条件是时间序列必须足够长，使我们可以观测到几个季节的变化。例如，如果以一个季度作为一个季节，那么观测的时间序列至少为 4 年。季节指数（seasonal indexes）可用以下方法计算。

11.3.3　季节指数的计算方法

（1）通过回归分析剔除季节性变动和随机波动的影响，即计算样本回归直线：

$$\hat{y}_t = b_0 + b_1 t \tag{11-9}$$

（2）对于每个时期，计算比值：

$$y_t / \hat{y}_t \tag{11-10}$$

这个比值可以剔除大部分长期趋势。

（3）对于不同的季节，计算第（2）步中比值的平均值。这个过程可以剔除大部分（但通常不可能是全部）随机波动，留下需衡量的季节性特性。

（4）如果有必要，调整第（3）步得到的平均值，使各季节的平均值等于 1。

【例 11-3】旅游业易受季节的影响。对于大部分旅游胜地来说，春季和夏季通常被认为是旅游旺季，而秋季和冬季则是旅游淡季。百慕大群岛的一家旅馆记录了最近五年每个季度的入住率，数据如表 11-8 所示。通过计算季节指数来衡量季节性变动。

表 11-8　近五个季度入住率

年　份	季　度	入住率
2009	1	0.561
	2	0.702
	3	0.800
	4	0.568

年 份	季 度	入住率
2010	1	0.575
	2	0.738
	3	0.868
	4	0.605
2011	1	0.594
	2	0.738
	3	0.729
	4	0.600
2012	1	0.622
	2	0.708
	3	0.806
	4	0.632
2013	1	0.665
	2	0.835
	3	0.873
	4	0.670

解：我们设 y 表示入住率，t 表示时期 1，2，3，…，20。进行回归分析，有

$$\hat{y} = 0.639\ 368 + 0.005\ 246t \tag{11-11}$$

计算每个时期的比值：$y_t / \hat{y}_t$

接下来，整理每个季度的比值，并计算其平均值。如果有必要，调整各平均比值使它们的和等于 4。这个例子不需要做出任何调整。如表 11-9 ～表 11-11 所示。

表 11-9 入住率预测（季度）

年　份	季　度	t	y_t	$\hat{y} = 0.639\,368 + 0.005\,246t$	$\dfrac{y_t}{\hat{y}_t}$
2009	1	1	0.561	0.645	0.870
	2	2	0.702	0.650	1.080
	3	3	0.800	0.655	1.221
	4	4	0.568	0.660	0.860
2010	1	5	0.575	0.666	0.864
	2	6	0.738	0.671	1.100
	3	7	0.868	0.676	1.284
	4	8	0.605	0.681	0.888
2011	1	9	0.594	0.687	0.865
	2	10	0.738	0.692	1.067
	3	11	0.729	0.697	1.046
	4	12	0.600	0.702	0.854
2012	1	13	0.622	0.708	0.879
	2	14	0.708	0.713	0.993
	3	15	0.806	0.718	1.122
	4	16	0.632	0.723	0.874
2013	1	17	0.665	0.729	0.913
	2	18	0.835	0.734	1.138
	3	19	0.873	0.739	1.181
	4	20	0.670	0.744	0.900

表 11-10 入住率指数（年度）

年 份	季 度			
	1	2	3	4
2009	0.870	1.080	1.221	0.860
2010	0.864	1.100	1.284	0.888
2011	0.865	1.067	1.046	0.854
2012	0.879	0.993	1.122	0.874
2013	0.913	1.138	1.181	0.900
平均值	0.878	1.076	1.171	0.875
指数	0.878	1.076	1.171	0.875

表 11-11 季度指数（年度）

季 度	指 数
1	0.878 2
2	1.075 6
3	1.170 9
4	0.875 3

软件命令：

（1）在任一列中按年代顺序输入时间序列，代表季度的编号输入相邻列。

（2）点击"Tools"（工具）→"Data Analysis Plus"（数据分析加载项）和"Seasonal Indexes"（季节指数）。

（3）指定"Input Range"（输入范围）（A1 ： B21）

季节指数表明，在通常情况下，第一季度和第四季度的入住率低于每年的平均值，而第二季度和第三季度的入住率高于每年的平均值。根据 Excel 的计算值（手工计算的值与此相同），我们可以预测第一季度的入住率比年平均值低 12.2%（100%-87.8%），而第二季度和第三季度的入住率比年平均值分别高 7.6% 和 17.1%，第四季度的入住率比年平均值低 12.5%。图 11-10 给出了时间序列曲线和回归趋势线。

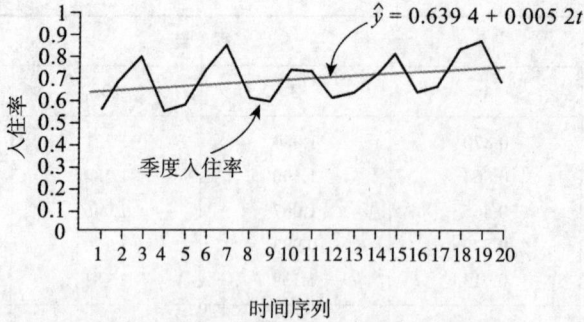

图 11-10 例 11-3 的时间序列和趋势

11.3.4 剔除时间序列的季节效应

季节指数的一个应用是剔除时间序列中的季节性变动，这个过程叫作剔除季节效应（deseasonalizing），其结果被称为季节调整时间序列（seasonally adjusted time series）。这通常使统计人员更容易比较不同季节的时间序列。例如，失业率会随着季节而改变。在冬季，失业率通常会升高，而在春季和夏季失业率通常会降低。季节调整的失业率使经济学家可以确定在过去几个月里失业率是升高还是降低。这个过程非常简单：只要用时间序列除以季节指数就可以。为了说明这一点，我们用 Excel 生成的季节指数剔除了例 11-3 中入住率的季节效应。结果如表 11-12 所示。

表 11-12 季节调整的入住率

年 份	季 度	入住率	季节指数	季节调整的入住率
2009	1	0.561	0.878	0.639
	2	0.702	1.076	0.652
	3	0.800	1.171	0.683
	4	0.568	0.875	0.649
2010	1	0.575	0.878	0.655
	2	0.738	1.076	0.686
	3	0.868	1.171	0.741

年 份	季 度	入住率	季节指数	季节调整的入住率
2010	4	0.605	0.875	0.691
2011	1	0.594	0.878	0.677
	2	0.738	1.076	0.686
	3	0.729	1.171	0.623
	4	0.600	0.875	0.686
2012	1	0.622	0.878	0.708
	2	0.708	1.076	0.658
	3	0.806	1.171	0.688
	4	0.632	0.875	0.722
2013	1	0.665	0.878	0.757
	2	0.835	1.076	0.776
	3	0.873	1.171	0.746
	4	0.670	0.857	0.766

通过剔除入住率的季节效应，我们可以判断入住率是否存在一个"真正的"增长或下降，从而分析导致入住率波动的因素。我们可以很容易地看出，在过去的五年中，入住率有所增长。下一节将阐述如何预测季节指数。

11.4　预测概述

统计人员有许多不同的预测模型可以使用。选择模型时要考虑的一个因素是构成时间序列的成分因子的类型，然而即使这样，通常也有几种不同的方法可供选择。决定应用何种模型的原则之一是选择能使精度最高的模型。最常见的、衡量预测精度的指标是平均绝对误差（mean absolute deviation，MAD）和预测值的误差平方和（sum of squares for errors，SSE）。

平均绝对误差

$$\text{MAD} = \frac{\sum_{i=1}^{n}|y_t - F_t|}{n} \qquad (11-12)$$

式中：y_t 为时间序列在第 t 个时期的实际值；F_t 为时间序列在第 t 个时期的预测值；n 为时期数。

误差平方和

$$\text{SSE} = \sum_{i=1}^{n}(y_t - F_t) \qquad (11-13)$$

平均绝对误差是把时间序列的实际值与预测值之差的绝对值进行平均；而误差平方和是二者差值的平方和。究竟用哪个指标来衡量预测的精度要具体问题具体分析。如果要避免误差太大，就应该使用误差平方和，因为它相比平均绝对误差对较大的误差更不利，反之就用平均绝对误差。

可能最好的方法是利用时间序列中的一部分观测值建立几个互相比较的预测模型，然后预测剩余的时间序列的值，再计算预测值的平均绝对误差或误差平方和。例如，如果我们知道五年间每个月的观测值，就可以先利用前四年的观测值来建立几个预测模型，然后用这些预测模型来预测第五年的值。由于我们已经知道了第五年的真实值，因而可以用平均绝对误差或误差平方和来选择能得到最精确的预测结果的方法。

【例 11-4】用 1976—2009 年的数据来建立三个不同的预测模型，分别用每种模型来预测 2010 年、2011 年、2012 年和 2013 年时间序列的值，这些年的预测值和真实值如表 11-13 所示。试分别用平均绝对误差与误差平方和判断哪一种预测模型最佳。

表 11-13　模型预测值

年　份	时间序列的实际值	模型 1	模型 2	模型 3
2010	129	136	118	130
2011	142	148	141	146
2012	156	150	158	170
2013	183	175	163	180

解：对模型 1 有

$$MAD = \frac{|129-136|+|142-148|+|156-150|+|183-175|}{4}$$

$$= \frac{7+6+6+8}{4} = 6.75$$

$$SSE = (129-136)^2 + (142-148)^2 + (156-150)^2 + (183-175)^2$$

$$= 49 + 36 + 36 + 64 = 185$$

对模型 2 有

$$MAD = \frac{|129-118|+|142-141|+|156-158|+|183-163|}{4}$$

$$= \frac{11+1+2+20}{4} = 8.5$$

$$SSE = (129-118)^2 + (142-141)^2 + (156-158)^2 + (183-163)^2$$

$$= 121 + 1 + 4 + 400 = 526$$

对模型 3 有

$$MAD = \frac{|129-130|+|142-146|+|156-170|+|183-180|}{4}$$

$$= \frac{1+4+14+3}{4} = 5.5$$

$$SSE = (129-130)^2 + (142-146)^2 + (156-170)^2 + (183-180)^2$$

$$= 1 + 16 + 196 + 9 = 222$$

用 MAD 还是用 SSE 来衡量精度，模型 2 均劣于模型 1 和模型 3。如果使用平均绝对误差来衡量，模型 3 最佳，但如果使用误差平方和来衡量，则模型 1 更精确。选择模型 1 还是模型 3 主要取决于我们是偏好一个一直能产生适度预测精度的模型，还是偏好一个与大部分实际值都非常接近但是严重偏离一小部分实际值的模型。

11.5　预测模型

有很多预测方法可供统计人员使用，然而其中许多方法超出了本书的讨论范围。在本章的最后，我们为对预测方法感兴趣的读者提供了三种预测模型。与如何选择正确的统计推断方法类似，时间序列的统计模型的选择要以时间序列的成分因子为依据。

11.5.1　指数平滑预测法

如果时间序列是逐渐变化的，或者没有长期趋势和明显的季节性变动，指数平滑法就是一种有效的预测方法。假设 t 代表最近的一个时期，并且我们计算出了指数平滑值 S_t，那么这个值就是第（$t+1$）时期的预测值，即

$$F_{t+1}=S_t \qquad (11\text{-}14)$$

我们还可以用它来预测未来两期、三期或更多期以后的值：

$$F_{t+2}=S_t \text{ 或 } F_{t+3}=S_t \qquad (11\text{-}15)$$

注意，用这种方法预测两个以及两个以上时期之后的值时，精度会迅速降低。然而，只要所处理的时间序列没有周期变动或季节性变动，我们就可以用指数平滑法对下一期的值进行精度合理的预测。

11.5.2　季节指数预测法

如果时间序列包含季节性变动和长期趋势，我们可以用季节指数和回归方程预测其未来值。

趋势和季节性预测：第 t 时期的预测值是

$$F_t = (b_0 + b_1 t) \times SI_t \qquad (11\text{-}16)$$

式中：F_t 为第 t 时期的预测值；$b_0 + b_1 t$ 为回归方程；SI_t 为第 t 时期的季节指数。

【例 11-5】试预测例 11-3 中酒店下一年的入住率。在计算季节指数的过程中，我们得出了趋势线方程，有

$$\hat{y} = 0.639 + 0.005\,25t \qquad (11\text{-}17)$$

当 $t=21$，22，23 和 24 时，预测的趋势值如表 11-14 所示。

表 11-14　模型预测趋势值

季　度	t	$\hat{y} = 0.639 + 0.005\,25t$
1	21	$0.639+0.005\,25 \times 21=0.749$
2	22	$0.639+0.005\,25 \times 22=0.755$
3	23	$0.639+0.005\,25 \times 23=0.760$
4	24	$0.639+0.005\,25 \times 24=0.765$

我们现在把预测的趋势值和例 11-3 中计算出的季节指数相乘，得到如表 11-15 所示的季节化的预测值。

表 11-15 季节化的预测值

季 度	t	趋势值$\hat{y}_t$	季节指数	预测值F_t
1	21	0.749	0.878	0.749 × 0.878=0.658
2	22	0.755	1.076	0.755 × 1.076=0.812
3	23	0.760	1.171	0.760 × 1.171=0.890
4	24	0.765	0.875	0.765 × 0.875=0.670

解释：我们预测，下一年每个季度的入住率分别是 0.658，0.812，0.890 和 0.670。

11.5.3 自回归模型

前面讨论了自相关，自相关数据的误差不是相互独立的。强自相关的存在意味着模型可能有误，也就意味着除非我们改进回归模型，否则就不可能有合适的拟合度。然而，自相关的存在也使我们可以发展另一种预测方法。如果时间序列没有明显的长期趋势和季节性变动，并且我们认为连续的残差之间存在相关性，那么自回归模型（auto regressive model）可能就是最有效的。

自回归预测模型

$$y_t=\beta_0+\beta_1 y_{t-1}+\varepsilon \qquad (11-18)$$

该模型指出时间序列中连续的值是相关的。我们如往常一样估计系数，那么回归直线可以定义为

$$\hat{y}_t=\beta_0+\beta_1 y_{t-1} \qquad (11-19)$$

【例 11-6】预测消费价格指数的变化。

消费价格指数（CPI）是衡量通货膨胀的一个常用指标。表 11-16 是 1980—2009 年每年 CPI 的增长百分比。请预测下一年 CPI 的变化情况。

表 11-16 CPI 一年的变化情况

年 份	CPI	增长百分比 /%	年 份	CPI	增长百分比 /%
1980	82.4	—	1997	160.5	2.3

年 份	CPI	增长百分比 /%	年 份	CPI	增长百分比 /%
1981	90.9	10.4	1998	163.0	1.5
1982	96.5	6.2	1999	166.6	2.2
1983	99.6	3.2	2000	172.2	3.4
1984	103.9	4.4	2001	177.0	2.8
1985	107.6	3.5	2002	179.9	1.6
1986	109.7	1.9	2003	184.0	2.3
1987	113.6	3.6	2004	188.9	2.7
1988	118.3	4.1	2005	195.3	3.4
1989	123.9	4.8	2006	201.6	3.2
1990	130.7	5.4	2007	207.3	2.9
1991	136.2	4.2	2008	215.2	3.8
1992	140.3	3.0	2009	214.5	−0.3
1993	144.5	3.0	2010	218.1	1.6
1994	148.2	2.6	2011	224.9	3.1
1995	152.4	2.8	2012	229.6	2.1
1996	156.9	2.9			

资料来源：美国劳工统计局。

解：因为我们想计算 1981 年的百分比变化，所以使用 1980 年的 CPI。我们将 1981 年至 2008 年的百分比变化作为自变量，1982 年至 2009 年的百分比变化作为因变量。Excel 计算结果如表 11-17 所示。

表 11-17　Excel 计算结果

	回归系数	标准误	统计量 t	P 值
Intercept	0.017 5	0.004 0	4.41	0.000 1
Change X	0.391 0	0.105 6	3.70	0.000 9

解：回归曲线为 $\hat{y}_t = 0.017\ 5 + 0.391\ 0 y_{t-1}$

因为 2012 年 CPI 的变化率是 2.1%，因而，预测 2013 年 CPI 的变化率：

$\hat{y}_{2013} = 0.017\ 5 + 0.391\ 0 y_{2012}$

=0.017 5+0.391 0×2.1%

=0.84%

即自回归模型预测 2013 年 CPI 的增长率为 0.84%。

【例 11-7】住宅开工数:问题的解。

对数据初步的分析表明,五年内住宅开工数有一个向上增长的趋势,而且住宅开工数随月份而变化。这些成分因子的出现表明,我们应该确定线性趋势和季节指数。Excel 以月份作为自变量、以住宅开工数作为因变量,生成的回归曲线方程为

$$\hat{y} =11.46+0.080\ 8t,\ 其中\ t=1,\ 2,\ \cdots,\ 60$$

季节指数计算如表 11-18 所示:

表 11-18 季节指数计算结果

季 节	指数值
1	0.597 4
2	0.654 8
3	0.980 0
4	1.069 7
5	1.111 0
6	1.191 7
7	1.205 0
8	1.227 6
9	1.096 0
10	1.022 6
11	0.996 0
12	0.848 3

再利用回归方程来预测具有线性趋势的住宅开工数:

$$\hat{y} =11.46+0.080\ 8t,\ 其中\ t=61,\ 62,\ \cdots,\ 72$$

用住宅开工数乘以季节指数就可以得到表 11-19 中的预测值:

表 11-19　季节指数预测值

时　期	月　份	$\hat{y}=11.46+0.08\,08t$	季节指数	预测值
61	1 月	16.39	0.597 4	9.79
62	2 月	16.47	0.654 8	10.79
63	3 月	16.55	0.980 0	16.22
64	4 月	16.63	1.069 7	17.79
65	5 月	16.71	1.111 0	18.57
66	6 月	16.79	1.191 7	20.01
67	7 月	16.87	1.205 0	20.33
68	8 月	16.95	1.227 6	20.81
69	9 月	17.04	1.096 0	18.67
70	10 月	17.12	1.022 6	17.50
71	11 月	17.20	0.996 0	17.13
72	12 月	17.28	0.848 3	14.66

表 11-20 记录了 2006 年住宅开工数的实际值和预测值。图 11-11 中描述了时间序列、趋势线和预测值。

表 11-20　2006 年住宅开工数的实际值和预测值

时　期	月　份	预测值	实际值
61	1 月	9.79	13.3
62	2 月	10.79	10.1
63	3 月	16.22	12.9
64	4 月	17.79	16.0
65	5 月	18.57	18.8
66	6 月	20.01	16.1
67	7 月	20.33	13.7
68	8 月	20.81	15.6
69	9 月	18.67	12.3
70	10 月	17.50	13.3

时　期	月　份	预测值	实际值
71	11 月	17.13	12.2
72	12 月	14.66	12.9

误差的大小用 MAD 和 SSE 衡量。

MAD=42.55

SSE=199.13

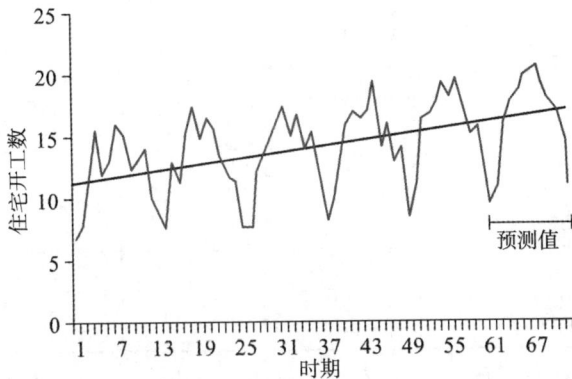

图 11-11　住宅开工率的时间序列、趋势线和预测值

在本章中，我们讨论了经典的时间序列，并把它分解为长期趋势、季节性变动和随机波动等成分因子。移动平均法和指数平滑法可以剔除一部分随机波动，使我们容易看到时间序列的长期趋势和季节特性。长期趋势可以用回归分析来衡量，季节性变动则可以通过季节指数来衡量。本章还介绍了几种预测方法：指数平滑法、季节指数预测法和自回归模型法。

习　题

（1）1990 年，某中心在国内公众中对职业态度做问卷调查，列举了 12 个职业，要求被调查者对声望高低和值得信任程度进行回答。根据回收问卷，按照公众对各职业人数排列，获得了以下数据（表 11-21）。试分析职业的社会声望与值得信任程度相关性（数据来源于赫黎仁等编著的《SPSS 实用统计分析》）。

表 11-21　公众对待 12 种社会职业的评价态度数据表

职　业	社会声望	值得信任程度
科学家	1	1
医生	2	2
政府官员	3	7
中小学教师	4	3
大学教师	5	5
工程师	6	4
新闻记者	7	8
律师	8	6
企业管理员	9	12
银行管理员	10	10
建筑设计师	11	9
会计师	12	11

（2）卫生陶瓷产品是现代建筑中不可缺少的建材。卫生陶瓷产品的用量与建筑面积的竣工有直接关系。为了研究它们之间关系，现收集了一段时间的卫生陶瓷产品的年需求量及各类建筑竣工面积的历史资料（数据来源于赫黎仁等编著的《SPSS 实用统计分析》），如表 11-22 所示。试分析卫生陶瓷产品年需求量与年城镇住宅建筑竣工面积之间的关系。

表 11-22　卫生陶瓷产品年需求量

序　号	卫生陶瓷产品年需求量 /十万件	年城镇住宅建筑竣工面积 /亿平方米	年新增医疗卫生机构面积 /亿平方米	年新增办公楼等建筑面积 /亿平方米
1	4.00	9.00	1.40	2.90
2	6.00	9.00	1.10	2.80
3	4.00	10.00	1.10	3.10
4	3.00	17.00	1.00	4.10
5	5.00	16.00	1.10	5.00

续　表

序　号	卫生陶瓷产品年需求量 /十万件	年城镇住宅建筑竣工面积 /亿平方米	年新增医疗卫生机构面积 /亿平方米	年新增办公楼等 建筑面积 /亿平方米
6	7.00	18.00	1.40	4.50
7	10.00	10.00	0.80	1.80
8	4.00	9.00	0.40	0.60
9	5.00	9.00	0.50	0.80
10	7.00	10.00	0.90	2.10
11	11.00	12.00	1.10	2.10
12	8.00	14.00	2.20	4.00
13	9.00	19.00	2.20	4.00
14	10.00	21.00	2.40	3.60
15	14.00	20.00	2.20	4.20
16	18.00	22.00	2.30	4.60
17	20.00	21.00	2.10	4.00
18	24.00	28.00	2.30	4.30
19	22.00	33.00	2.40	4.70
20	26.00	50.00	2.60	6.00

（3）现在测得变量 X 与 Y 的数据如表 11-23 所示：

表 11-23　11 个研究对象中变量 X 与 Y 的数据值

ID	1	2	3	4	5	6	7	8	9	10	11
X	49.1	50.1	49.2	49.1	49.0	49.5	49.8	49.8	50.3	50.3	51
Y	16.7	17.0	26.9	16.5	16.7	16.9	16.9	17.1	17.2	17.1	17.6

判断变量 X 与 Y 之间是否有线性相关关系？

若线性相关，求出两个变量的回归方程？

比较两者的不同之处。

（4）某研究中心每年的净收益的主要影响因素为该中心每年实际研究费用和研究人员数量，收集近 10 年的数据如下表 11-24 所示：

表 11-24　研究中心研究数据

净收益 / 万元	123.5	124.0	125.7	126.4	127.2	127.4	129.0	130.5	131.9	133
研究费用 / 万元	254	256	273	292	295	296	310	327	345	350
研究人数 / 人	1 610	1 640	1 660	1 700	1 720	1 750	1 780	1 840	1 880	1 990

建立数据文件，求因变量（净收益）对自变量（研究费用）和（研究人数）的现行回归方程，给出分析结果报告。

（5）根据表 11-25，求我国某年度 31 个省、市、自治区的人均食品支出、粮食单价与人均收入，求人均食品支出对粮食单价和人均收入的线性回归方程（数据来源于马庆国主编的《管理统计学》）。

表 11-25　我国某年度 31 个省、市、自治区的人均食品支出、粮食单价与人均收入

地　区	人均食品支出 / 元	每千克粮食单价 / 元	人均月收入 / 元
1	992	0.78	2 512
2	772	0.67	2 008
3	968	1.01	2 139
4	1 267	1.37	3 329
5	874	0.72	2 106
6	638	0.73	1 641
7	621	0.77	1 611
8	711	0.72	1 684
9	654	0.70	1 951
10	540	0.74	1 532
11	644	0.84	1 612
12	767	0.70	1 727
13	723	0.63	2 045
14	763	0.75	1 963
15	1 072	1.21	2 675

地　区	人均食品支出 / 元	每千克粮食单价 / 元	人均月收入 / 元
17	665	0.70	1 683
18	1 234	0.98	2 925
19	576	0.65	1 691
20	733	0.84	1 929
21	968	1.49	2 032
22	717	0.80	1 906
23	716	0.72	1 705
24	627	0.61	1 542
25	829	0.70	1 987
26	1 016	1.04	2 359
26	650	0.78	1 764
27	928	1.01	2 087
28	650	0.83	1 959
29	852	0.72	2 101
30	609	0.68	1 877
31	863	0.98	2 006

（6）某企业生产的一种产品在生产过程中产生的半成品的废品率与它所含的一种化学成分有关。为提高产品质量，公司通过收集一批数据（表 11-26），拟分析此废品率与化学成分含量的关系，作为产品质量改进的依据。

表 11-26　某产品化学成分与废品率

序　号	成　分	废品率	序　号	成　分	废品率
1	34	1.29	9	40	0.43
2	36	1.10	10	41	0.55
3	37	0.73	11	42	0.31
4	38	0.91	12	43	0.43
5	39	0.82	13	43	0.36

序 号	成 分	废品率	序 号	成 分	废品率
6	39	0.70	14	45	0.41
7	39	0.61	15	47	0.42
8	40	0.52	16	48	0.62

（7）为了研究荨麻疹史（1= 有，0= 无）及性别与慢性气管炎（1= 病例，0= 对照）的关系，设计了某调查结果，如表 11-27 所示，试用 logistic 回归分析（数据来源于宇传华主编的《SPSS 与统计分析》）。

表 11-27　慢性气管炎的影响因素

序 号	性 别	荨麻疹史	慢性气管炎	频 数
1	1	1	0	17
2	0	1	0	13
3	1	0	0	153
4	0	0	0	99
5	1	1	1	30
6	0	1	1	20
7	1	0	1	139
8	0	0	1	95

第12章 因子分析

开篇案例:

如何更加合理地安排财政支出?

我国各地区主要财政支出项目包括一般公共服务、国防、公共安全、教育、科学技术、文体传媒、保障就业、医疗卫生、环境保护、社区事务、农林水事务、交通运输、其他支出等。那么,如何根据2019年的数据,对这些变量进行分析,将它们综合为少数几个因子,通过对各地区的每个因子得分的分析了解各地区财政支出情况,为更合理地安排财政支出提出建议呢?

12.1 因子分析概述

12.1.1 因子分析的意义

1. 收集变量中容易出现的问题

在研究实际问题时,人们往往希望尽可能多地收集相关变量,以期能对问题有一个比较全面、完整的把握和认识。例如,对高等学校科研状况的评价研究可能会收集投入科研活动的人数、立项课题数、项目经费、经费支出、结项课题数、发表论文数、发表专著数、获得奖励数等多项指标;学生综合评价研究中可能会收集基础课成绩、学科基础课成绩、专业课成绩等各类课程的成绩以及获得奖学金的次数等。收集这些数据需要投入许多精力,虽然它们能够较为全面、精确地描述事物,但在实际数据建模时,这些变量未必能真正发挥预期的作用,"投入"和"产出"并非呈合理的正比,反而会给统计分析带来许多问题,主要表现在以下几方面。

（1）计算量的问题

如果将收集的变量都参与数据建模，无疑会增加分析过程中的计算工作量。虽然现在的计算技术已得到迅猛发展，但高维变量和海量数据的计算仍是不容忽视的问题。

（2）变量间的相关性问题

收集到的变量之间通常会存在或多或少的相关性。例如，高校科研状况评价中的立项课题数与项目经费、经费支出等存在较高的相关性，学生综合评价研究中的学科基础课成绩与专业课成绩、获得奖学金的次数等也存在较高的相关性。

变量间信息的高度重叠和高度相关会给统计方法的应用设置许多障碍。例如，在多元线性回归分析中，如果众多解释变量间存在较强的相关性，即存在高度的多重共线性，就会给回归方程的参数估计带来许多麻烦，导致回归方程参数不准确甚至模型不可用等。类似的问题还有许多，在此不一一赘述。

2. 因子分析

为解决上述问题，最简单和最直接的解决方案是削减变量个数，但这必然会导致信息丢失和信息不全面等问题的产生。为此，人们希望探索一种更有效的解决方法，既能大幅减少参与数据建模的变量个数，又不会造成信息的大量丢失。因子分析正是这样一种能够有效降低变量维数，并已得到广泛应用的分析方法。因子分析的概念起源于 20 世纪 Karl Pearson 和 Charles Spearmen 等关于智力测验的统计分析。目前，因子分析已成功应用于心理学、医学、气象学、地质学、经济学等领域，相关理论也在不断丰富和完善。

因子分析以最少的信息丢失为前提，将众多的原有变量综合成较少的几个综合指标，即因子。通常，因子有以下几个特点：

（1）因子个数远远少于原有变量的个数。原有变量综合成少数几个因子后，就能参与数据建模，大幅减少分析过程中的计算工作量。

（2）因子能够反映原有变量的绝大部分信息。因子并不是原有变量的简单取舍，而是原有变量重组后的结果，因此不会造成原有变量信息的大量丢失，反而能够代表原有变量的绝大部分信息。

（3）因子之间的线性关系不显著。由原有变量重组出来的因子之间的线性关系较弱，因此因子参与数据建模能够有效地解决变量多重共线性等问题。

（4）因子具有命名解释性。通常，因子分析产生的因子能够通过各种方式最终获得命名解释性。因子的命名解释性有助于对因子分析结果的解释，对因子的进一步应用也有重要意义。例如，对高校科研情况的因子分析中，如果能够得到两个因子，且其中一个因子是对投入科研活动的人数、项目经费、立项课题数等变量的综合，而另一个是对经费支出、结项课题数、发表论文数、获得奖励数等变量的综合，那么该因子分析就是较为理想的。因为这两个因子均有命名解释性，其中一个反映科研投入方面的情况，可命名为科研投入因子，另一个反映科研产出方面的情况，可命名为科研产出因子。

总之，因子分析是研究如何以最少的信息丢失将众多原有变量浓缩成少数几个因子，并使因子具有一定的命名解释性的多元统计分析方法。

12.1.2　因子分析的数学模型和相关概念

因子分析的核心是用较少的互相独立的因子反映原有变量的绝大部分信息。这一思想可以用数学模型表示。设有 p 个原有变量 x_1，x_2，...，x_p，且每个变量（经标准化处理后）的均值为 0，标准差为 1。现将每个原有变量用 k（$k<p$）个因子 f_1，f_2，...，f_k（标准化值）的线性组合表示，则

$$\begin{cases} x_1 = a_{11}f_1 + a_{12}f_2 + a_{13}f_3 + \cdots + a_{1k}f_k + \varepsilon_1 \\ x_2 = a_{21}f_1 + a_{22}f_2 + a_{23}f_3 + \cdots + a_{2k}f_k + \varepsilon_2 \\ x_3 = a_{31}f_1 + a_{32}f_2 + a_{33}f_3 + \cdots + a_{3k}f_k + \varepsilon_3 \\ \vdots \\ x_p = a_{p1}f_1 + a_{p2}f_2 + a_{p3}f_3 + \cdots + a_{pk}f_k + \varepsilon_p \end{cases} \quad (12-1)$$

式（12-1）便是因子分析的数学模型，也可用矩阵的形式表示：

$$X=AF+\varepsilon$$

式中：F 为因子，由于出现在每个原有变量的线性表达式中，又称公共因子 f_j（$j=1$，2，$\cdots$，k），且彼此不相关；A 为因子载荷矩阵；ε 称为特殊因子，表示原有变量不能被因子解释的部分，其均值为 0，独立于 f_j（$j=1, 2, \cdots, k$）。

由因子分析的数学模型可引入几个相关概念。理解这些概念不仅有助于理解因子分析的意义，更利于把握因子与原有变量间的关系，明确因子的重要程度以及评价因子分析的效果。

因子分析中的重要概念有因子载荷、变量共同度、因子的方差贡献等，接下来进行逐一解释。

1. 因子载荷

可以证明，在因子不相关的前提下，因子载荷 a_{ij} 是变量 x_i 与因子 f_j 的相关系数，反映了变量 x_i 与因子 f_j 的相关程度。因子载荷 a_{ij} 的绝对值小于等于 1，绝对值越接近 1，表明因子 f_j 与变量 x_i 的相关性越强。同时，因子载荷 a_{ij} 的平方反映了因子 f_j 对解释变量 x_i 的重要作用和程度。

2. 变量共同度

变量共同度（communality）即变量方差，变量 x_i 的共同度 h_i^2 的数学定义为

$$h_i^2 = \sum_{j=1}^{k} a_{ij}^2 \qquad (12-2)$$

式（12-2）表明，变量 x_i 的共同度是因子载荷矩阵 A 中第 i 行元素的平方和。在变量 x_i 标准化时，由于变量 x_i 的方差可以表示成 $h_i^2 + \varepsilon_i^2$，因此原有变量 x_i 的方差可由两个部分解释：第一部分为变量共同度 h_i^2，是全部因子对变量 x_i 方差解释说明的比例，体现了全部因子对变量 x_i 的解释贡献程度。变量共同度 h_i^2 接近 1，如果用因子全体刻画变量 x_i，则变量 x_i 的信息丢失较少。第二部分为特殊因子 ε_i 的平方，也即特殊因子方差，反映了变量 x_i 方差中不能由因子全体解释说明的部分，ε_i^2 越小，说明变量 x_i 的信息丢失越少。总之，变量 x_i 的共同度刻画了因子全体对变量 x_i 信息解释的程度，是评价变量 x_i 信息丢失程度的重要指标。如果大多数原有变量的变量共同度均较高（高于 0.8），则说明提取的因子能够反映原有变量的大部分（80% 以上）信息，仅有较少的信息丢失，因子分析的效果较好。因此，变量共同度是衡量因子分析效果的重要指标。

3. 因子的方差贡献

因子 f_j 的方差贡献的数学定义为

$$S_j^2 = \sum_{i=1}^{p} a_{ij}^2 \qquad (12-3)$$

式（12-3）表明，因子 f_j 的方差贡献是因子载荷矩阵 A 中第 j 列元素的平方和。因子 f_j 的方差贡献反映了因子 f_j 对原有变量总方差的解释能力。该值越大，说明相应因子越重要。因此，因子的方差贡献和方差贡献率 S_j^2/p 是衡量因子重要性的关键指标。

12.2　因子分析的基本内容

12.2.1　因子分析的基本步骤

围绕浓缩原有变量提取因子的核心目标，因子分析主要涉及以下四大基本步骤。

1. 判断因子分析的前提条件是否满足

因子分析的主要任务之一是对原有变量进行浓缩，即将原有变量中的信息重叠部分提取和综合成因子，最终实现减少变量个数的目的。它要求原有变量之间存在较强的相关关系。这是因为，如果原有变量相互独立，不存在信息重叠，就无法将其综合和浓缩，也就无需进行因子分析。本步骤正是通过各种方法分析原有变量是否存在相关关系，是否适合进行因子分析。

2. 因子提取

将原有变量综合成少数几个因子是因子分析的核心内容。本步骤正是研究如何在样本数据的基础上提取和综合因子。

3. 使因子具有命名解释性

将原有变量综合为少数几个因子后，如果因子的实际含义不清，则不利于进一步的分析。本步骤正是希望通过各种方法使提取出的因子实际含义清晰，使因子具有命名解释性。

4. 计算各观测的因子得分

因子分析的最终目标是减少变量个数，以便在进一步的分析中用较少的因子代替原有变量参与数据建模。本步骤正是通过各种方法计算各观测在各因子上的得分，为进一步的分析奠定基础。

下面将依次对上述基本步骤进行详细讨论。

12.2.2　判断因子分析的前提条件是否满足

因子分析的目的是从众多的原有变量中综合出少数具有代表性的因子，这必定有一个潜在的前提要求，即原有变量之间应具有较强的相关关系。不难理解，如果原有变量之间不存在较强的相关关系，就无法从中综合出反映某些变量共同特性的几个较少的公共因子。因此，在因子分析时，应先对因子分析的条件，即原有变量是否相关进行研究。通常可采用以下几种方法。

1. 计算相关系数矩阵

计算原有变量的简单相关系数矩阵并进行统计检验。观察相关系数矩阵，不难理解，如果相关系数矩阵中的各个变量间大多为弱相关，那么原则上这些变量是不适合进行因子分析的。

2. 计算反映像相关矩阵

反映像相关矩阵（anti-image correlation matrix）是关于负的偏相关系数和抽样充分性测度（measure of sample adequacy，MSA）的矩阵。不难理解，偏相关系数是在控制了其他变量对两变量影响的条件下计算出来的净相关系数。如果原有变量之间确实存在较强的相关以及传递影响，也就是说，如果原有变量中确实能够提取公共因子，那么在控制了这些影响后偏相关系数必然很小。

反映像相关矩阵第 i 行对角线上的元素为变量 x_i 的抽样充分性测度统计量，其数学定义为

$$\text{MSA}_i = \frac{\sum\limits_{j \neq i} r_{ij}^2}{\sum\limits_{j \neq i} r_{ij}^2 + \sum\limits_{j \neq i} p_{ij}^2} \qquad (12\text{-}4)$$

式中：r_{ij} 为变量 x_i 和其他变量 x_j（$i \neq j$）间的简单相关系数；p_{ij} 为变量 x_i 和其他变量 x_j（$i \neq j$）在控制了剩余变量下的偏相关系数。由式（12-4）可知，变量 x_i 的 MSA_i 统计量的取值为 $0 \sim 1$。当它与其他所有变量间的简单相关系数平方和远大于偏相关系数平方和时，MSA_i 的值接近 1。MSA_i 的值越接近 1，意味着变量 x_i 与其他变量间的相关性越强。当它与其他所有变量间的简单相关系数平方和接近 0 时，MSA_i 的值接近 0。MSA_i 的值越接近 0，意味着变量 x_i 与其他变量间的相关性越弱。观察反映像相关矩阵 A，如果反映像相关矩阵中除主对角线元素外，其他大多数元素的绝对值均较小，且对角线上元素的值较接近 1，则说明这些变量的相关性较强，适合进行因子分析。

3. 巴特利特球度检验

巴特利特球度检验以原有变量的相关系数矩阵为出发点，其原假设 H_0 是相关系数矩阵是单位阵，即相关系数矩阵为对角阵（对角元素不为 0，非对角元素均为 0），且主对角元素均为 1。

巴特利特球度检验的检验统计量根据相关系数矩阵的行列式计算得到，且近似服从卡方分布。如果该统计量的观测值比较大，且对应的概率 P 值小于给定的显著性水平 α，则应拒绝原假设，认为相关系数矩阵不太可能是单位阵，原有变量适合做因子分析；反之，如果检验统计量的观测值比较小，且对应的概率 P 值大于给定的显著性水平 α，则不能拒绝原假设，可以认为相关系数矩阵与单位阵无显著差异，原有变量不适合做因子分析。

4. KMO 检验

KMO 检验统计量是用于比较变量间简单相关系数和偏相关系数的指标，数学定义为

$$\text{KMO} = \frac{\sum\limits_{i} \sum\limits_{j \neq i} r_{ij}^2}{\sum\limits_{i} \sum\limits_{j \neq i} r_{ij}^2 + \sum\limits_{i} \sum\limits_{j \neq i} p_{ij}^2} \qquad (12\text{-}5)$$

式中：r_{ij} 为变量 x_i 和变量 x_j 间的简单相关系数；p_{ij} 为变量 x_i 和变量 x_j 间

在控制了剩余变量下的偏相关系数。KMO 将相关系数和偏相关系数矩阵中的所有元素都加入到平方和的计算中。由式（12-5）可知，KMO 统计量的取值为 0～1。当所有变量间的简单相关系数平方和远大于偏相关系数平方和时，KMO 值接近 1。KMO 值越接近 1，意味着变量间的相关性越强，原有变量越适合做因子分析。当所有变量间的简单相关系数平方和接近 0 时，KMO 值接近 0。KMO 值越接近 0，意味着变量间的相关性越弱，原有变量越不适合做因子分析。Kaiser 给出了常用的 KMO 度量标准：0.9 以上表示非常适合；0.8 表示适合；0.7 表示一般；0.6 表示不太适合；0.5 以下表示极不适合。

12.2.3　因子提取和因子载荷矩阵的求解

通过上面的讨论可以知道，因子分析的关键是根据样本数据求解因子载荷矩阵。因子载荷矩阵的求解方法有基于主成分模型的主成分分析法、基于因子分析模型的主轴因子法、极大似然法、最小二乘法 α 因子提取法等。这里仅对在因子分析中占有主要地位且使用最为广泛的主成分分析法做简单讨论。主成分分析法能够为因子分析提供初始解，因子分析是对主成分分析结果的延伸和拓展。主成分分析法通过坐标变换的手段，将原有的 p 个相关变量 x_i 标准化后做线性组合，转换成另一组不相关的变量 y_i，于是

$$\begin{cases} y_1 = \mu_{11}x_1 + \mu_{12}x_2 + \mu_{13}x_3 + \cdots + \mu_{1p}x_p \\ y_2 = \mu_{21}x_1 + \mu_{22}x_2 + \mu_{23}x_3 + \cdots + \mu_{2p}x_p \\ y_3 = \mu_{31}x_1 + \mu_{32}x_2 + \mu_{33}x_3 + \cdots + \mu_{3p}x_p \\ \vdots \\ y_p = \mu_{p1}x_1 + \mu_{p2}x_2 + \mu_{p3}x_3 + \cdots + \mu_{pp}x_p \end{cases} \quad (12\text{-}6)$$

式（12-6）是主成分分析的数学模型。其中，$\mu_{i1}^2 + \mu_{i2}^2 + \mu_{i3}^2 + \cdots + \mu_{ip}^2 = 1$，（$i$=1，2，3，…，$p$）。对式（12-6）中的系数应按照以下原则求解：

（1）y_i 与 y_j（$i \neq j$，i、j=1，2，3，…，p）不相关。

（2）y_1 是 x_1，x_2，x_3，…，x_p 的一切线性组合（系数满足上述方程组）中方差最大的；y_2 是与 y_1 不相关的 x_1，x_2，x_3，…，x_p 的一切线性组合中方差次大的；y_p 是与 y_1，y_2，y_3，…，y_{p-1} 都不相关的 x_1，x_2，x_3，…，x_p 的一切线性组合中方差最小的。

根据上述原则确定的变量 y_1，y_2，y_3，…，y_p 依次称为原有变量 x_1，x_2，x_3，…，x_p 的第 1，2，3，…，p 个主成分。其中 y_1 在总方差中所占比例最大，它体现原有变量 x_1，x_2，x_3，…，x_p 方差的能力最强，其余主成分 y_2，y_3，…，y_p 在总方差中所占比例依次递减，体现原有变量 x_1，x_2，x_3，…，x_p 方差的能

力依次减弱。在主成分分析的实际应用中，一般只选取前面几个方差较大的主成分。这样既减少了变量的数目，又能够用较少的主成分反映原有变量的绝大部分信息。

可见，主成分分析法的核心是通过原有变量的线性组合以及各个主成分的求解来实现变量降维。可从几何意义的角度理解这个核心原理。为易于理解，这里以二维空间来讨论。设两个变量有 x_1，x_2，$\cdots$，x_n 个观测，可将这 n 个观测看成是由 x_1 轴和 x_2 轴构成的二维空间中的 n 个点，如图 12-1 所示。

图 12-1 中，n 个数据点呈带状分布，沿 x_1 和 x_2 轴方向都有较大的离散性。为区分这个点应同时考虑 x_1 和 x_2，仅考虑 x_1 和 x_2 中的一个必然会导致原有变量信息的丢失，无法做到正确区分数据点。现将所有数据点投影到坐标轴 y_1 和 y_2 上，它们与原坐标之间的夹角 θ，如图 12-2 所示。于是 n 个数据点在新坐标轴中的坐标为

$$\begin{cases} y_1 = x_1\cos\theta + x_2\sin\theta \\ y_2 = -x_1\sin\theta + x_2\cos\theta \end{cases} \tag{12-7}$$

由式（12-7）可知，新变量 y_1 和 y_2 的值是原有变量 x_1 和 x_2 线性组合的结果，是对原有变量 x_1 和 x_2 的综合，即分别为第 1 主成分和第 2 主成分。其中的系数可用 μ_{ij}（i, $j=1$, 2）表示 [同式（12-6）]，且满足平方和等于 1 的约束条件。在新的坐标轴中，n 个数据点在 y_1 轴上的离散性较大，在 y_2 轴上的离散性较小，数据点在 y_1 上的方差远大于在 y_2 上的方差。于是，仅考虑第 1 主成分 y_1 就基本能够区分这 n 个数据点。虽然也存在原有变量信息丢失的现象，但整体上并无大碍，并获得了二维空间降为一维空间、两变量减为一变量的"实惠"。

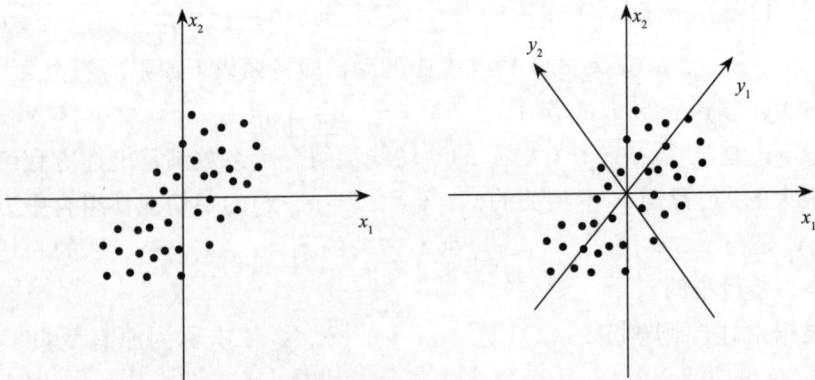

图 12-1 x_1 和 x_2 二维空间中的数据点　　图 12-2 y_1 和 y_2 二维空间中的数据点

基于上述基本原理，主成分数学模型的系数求解步骤归纳如下：

（1）将原有变量数据进行标准化处理。

（2）计算变量的简单相关系数矩阵 R。

（3）求相关系数矩阵 R 的特征值 λ_1，λ_2，λ_3，$\cdots$，λ_p（$\lambda_1 \geq \lambda_2 \geq \lambda_3 \geq \cdots \geq \lambda_p \geq 0$）及对应的单位特征向量 μ_1，μ_2，μ_3，$\cdots$，μ_p。

通过上述步骤，计算 $y_i = \mu_i' x$ 便得到各个主成分。其中的 p 个特征值和对应的特征向量便是因子分析的初始解。现在回到因子分析。因子分析利用上述 p 个特征值和对应的特征向量，并在此基础之上计算因子载荷矩阵：

$$A = \begin{pmatrix} a_{11} & a_{12} & \cdots & a_{1p} \\ a_{21} & a_{22} & \cdots & a_{2p} \\ \vdots & \vdots & & \vdots \\ a_{p1} & a_{p2} & \cdots & a_{pp} \end{pmatrix} = \begin{pmatrix} \mu_{11}\sqrt{\lambda_1} & \mu_{21}\sqrt{\lambda_2} & \cdots & \mu_{p1}\sqrt{\lambda_p} \\ \mu_{12}\sqrt{\lambda_1} & \mu_{22}\sqrt{\lambda_2} & \cdots & \mu_{p2}\sqrt{\lambda_p} \\ \vdots & \vdots & & \vdots \\ \mu_{1p}\sqrt{\lambda_1} & \mu_{2p}\sqrt{\lambda_2} & \cdots & \mu_{pp}\sqrt{\lambda_p} \end{pmatrix} \tag{12-8}$$

由于因子分析的目的是减少变量个数，因此在因子分析的数学模型中，因子数目 k 小于原有变量个数 p。所以在计算因子载荷矩阵时只选取前 k 个特征值和对应的特征向量，得到式（12-9）所示的包含 k 个因子的因子载荷矩阵：

$$A = \begin{pmatrix} a_{11} & a_{12} & \cdots & a_{1k} \\ a_{21} & a_{22} & \cdots & a_{2k} \\ \vdots & \vdots & & \vdots \\ a_{p1} & a_{p2} & \cdots & a_{pk} \end{pmatrix} = \begin{pmatrix} \mu_{11}\sqrt{\lambda_1} & \mu_{21}\sqrt{\lambda_2} & \cdots & \mu_{k1}\sqrt{\lambda_k} \\ \mu_{12}\sqrt{\lambda_1} & \mu_{22}\sqrt{\lambda_2} & \cdots & \mu_{k2}\sqrt{\lambda_k} \\ \vdots & \vdots & & \vdots \\ \mu_{1p}\sqrt{\lambda_1} & \mu_{2p}\sqrt{\lambda_2} & \cdots & \mu_{kp}\sqrt{\lambda_k} \end{pmatrix} \tag{12-9}$$

这里的主要问题是如何确定因子数 k。通常有以下两个标准：

（1）根据特征值 λ_i 确定因子数。这里，特征值 λ_i 等于因子载荷矩阵第 i 列元素的平方和，即第 i 个因子的方差贡献。一般选取特征值大于 1 的因子，即至少应解释 1 个方差。另外，还可绘制特征值的碎石图，如图 12-3 所示，并通过观察碎石图确定因子数。

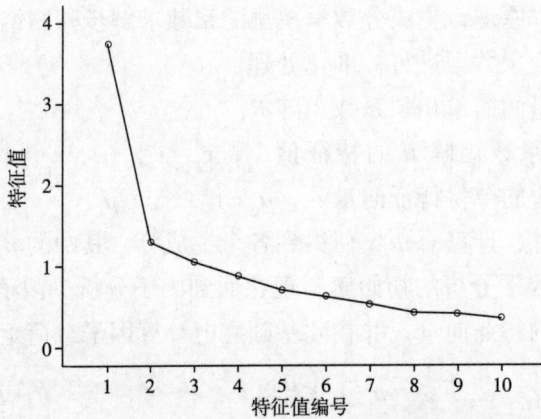

图 12-3　因子分析的碎石图

图 12-3 中的横坐标为特征值编号，纵坐标为各特征值。可以看到，第 1 个特征值较大，很像"陡峭的山坡"，第 2 个特征值次之，第 3 个及以后的特征值都很小，图形很平缓，很像"高山脚下的碎石"。这些"碎石"可以丢弃。因此，确定"山脚"下的特征值编号为因子个数 k。图 12-3 中可尝试选取前两个因子。

（2）根据因子的累计方差贡献率确定因子数。第一个因子的累计方差贡献率定义为

$$a_1 = \frac{S_1^2}{p} = \frac{\lambda_1}{\sum\limits_{j=1}^{p} \lambda_j} \qquad (12\text{-}10)$$

由式（12-10）可知，第一个因子的方差贡献率是它的方差贡献除以总方差贡献（总方差）。由于原有的 p 个变量已经进行了标准化处理（均值为 0，方差为 1），因此总方差为 p。

第二个因子的累计方差贡献率定义为：

$$a_2 = \frac{\left(S_1^2 + S_2^2\right)}{p} = \frac{\left(\lambda_1 + \lambda_2\right)}{\sum\limits_{j=1}^{p} \lambda_j} \qquad (12\text{-}11)$$

于是，前 p 个因子的累计方差贡献率定义为

$$a_k = \frac{\sum\limits_{j=1}^{k} S_j^2}{p} = \frac{\sum\limits_{j=1}^{k} \lambda_j}{\sum\limits_{j=1}^{p} \lambda_j} \qquad (12\text{-}12)$$

根据式（12-12）计算因子的累计方差贡献率。通常选取累计方差贡献率大于 1 时的特征值个数为因子个数 k。

12.2.4 因子的命名

因子的命名解释是因子分析的另一重要问题。观察因子载荷矩阵，如果因子荷载 a_{ij} 的绝对值在第 i 行的多个列上都有较大的取值（通常大于 0.5），则表明原有变量 x_i 与多个因子同时有较强的相关关系。也就是说，原有变量 x_i 的信息需要由多个因子来共同解释。如果因子载荷 a_{ij} 的绝对值在第 j 列的多个行上都有较大的取值，则表明因子 f_j 能够同时解释许多变量的信息。因子 f_j 不能典型代表任何一个原有变量 x_i。在这种情况下，因子 f_j 的实际含义是模糊不清的。在实际分析工作中，人们总是希望对因子的实际含义有比较清楚的认识。为解决这个问题，可通过因子旋转的方式使一个变量只在尽可能少的因子上有比较高的载荷。最理想的状态下，使某个变量 x_i 在某个因子 f_j 上的载荷趋于 1，在其他因子上的载荷趋于 0。这样，因子 f_j 就能够成为某个变量 x_i 的典型代表，于是因子的实际含义也就清楚了。

所谓因子旋转，就是将因子载荷矩阵 A，右乘一个正交矩阵 τ 后得到一个新的矩阵 B。它并不影响变量 x_i 的共同度 h_i^2，却会改变因子 f_j 的方差贡献 S_j^2。因子旋转通过改变坐标轴能够重新分配各个因子解释原始变量方差的比例，使因子更易于理解，如图 12-4 和图 12-5 所示。

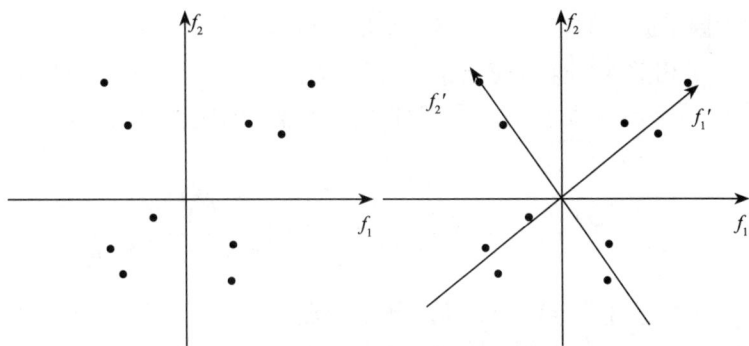

图 12-4　因子载荷图　　　图 12-5　坐标旋转后的因子载荷图

图 12-4 是以两个因子 f_1、f_2 为坐标轴的因子载荷图（基于因子载荷矩阵绘制的散点图）。可以看到，图中的 10 个变量（10 个点）在因子 f_1、f_2 上均有一定的载荷。因此，因子 f_1、f_2 的含义不清。图 12-5 中，坐标旋转后，在新的坐标轴中，10 个变量中的 6 个变量在因子 f_1' 上有较高的载荷，在因子 f_2'

上的载荷几乎为 0，其余 4 个变量在因子 f_2' 上有较高的载荷，在因子 f_1' 上的载荷几乎为 0。此时，因子 f_1'、f_2' 的含义就较为清楚，它们分别是对原有 6 个变量和剩余 4 个变量的综合浓缩。因此，坐标旋转后应尽可能使原有变量点出现在某个坐标轴的附近，同时远离其他坐标轴。在某个坐标轴附近的变量只在该因子上有较高载荷，而在其他因子上有很低的载荷。

因子旋转方式有两种，一种为正交旋转，另一种为斜交旋转。正交旋转是指坐标轴始终保持垂直 90 度角旋转，于是新生成的因子仍可保持不相关性，斜交旋转中坐标中的夹角可以是任意度数，新生成的因子之间不能保证不相关性。在使因子具有命名解释性方面，斜交旋转通常会优于正交旋转，但以不能保持因子的不相关性为代价。因此，实际应用中一般会选用正交旋转方式。这里仅对正交旋转进行简单论述。

正交旋转方式通常有四次方最大法（Quartimax）、方差极大法（Varimax）和等量最大法（Equamax）等。这些旋转方法的目标是一致的，只是策略不同。以方差极大法为例，在方差极大法中，如果只考虑两个因子的正交旋转，因子载荷矩阵 A 右乘一正交矩阵 τ 后的矩阵 B 为：

$$B = \begin{bmatrix} b_{11} & b_{12} \\ b_{21} & b_{22} \\ \vdots & \vdots \\ b_{p1} & b_{p2} \end{bmatrix}$$

为实现因子旋转的目标（一部分变量仅与第 1 个因子相关，另一部分变量与第 2 个因子相关），这里应要求（$b_{11}{}^2$, $b_{21}{}^2$, $b_{31}{}^2$, ..., $b_{p1}{}^2$）和（$b_{12}{}^2$, $b_{22}{}^2$, $b_{32}{}^2$, ..., $b_{p2}{}^2$）两组数据的方差尽可能大，综合考虑应要求式（12–13）最大：

$$G = V_1 + V_2$$

$$= \frac{1}{p^2}\left[p\sum_{i=1}^{p}\left(\frac{b_{i1}^2}{h_i^2}\right)^2 - \left(\sum_{i=1}^{p}\frac{b_{i1}^2}{h_i^2}\right)^2 \right] + \frac{1}{p^2}\left[p\sum_{i=1}^{p}\left(\frac{b_{i2}^2}{h_i^2}\right)^2 - \left(\sum_{i=1}^{p}\frac{b_{i2}^2}{h_i^2}\right)^2 \right] \quad （12–13）$$

于是，可以通过求导数的方法求解出参数。当因子个数大于 2 时，应先逐次对两两因子进行上述旋转，这样需进行 C_k^2 次旋转，然后继续重复下一轮旋转，直至 G 基本不变或达到指定的迭代次数为止。

12.2.5 计算因子得分

因子得分是因子分析的最终体现。在因子分析的实际应用中，当因子确定以后，便可计算每个观测在各因子上的具体取值，这些取值称为因子得分，形成的变量称为因子得分变量。于是，在以后的分析中就可以因子得分变量代替原有变量进行数据建模，或利用因子得分变量对样本进行分类或评价等研究，进而实现降维和简化问题的目的。

计算因子得分的途径是用原有变量描述因子得分变量，第 i 个观测在第 j 个因子上的取值可表示为

$$F_{ji} = \tilde{\omega}_{j1}x_{1i} + \tilde{\omega}_{j2}x_{2i} + \tilde{\omega}_{j3}x_{3i} + \cdots + \tilde{\omega}_{jp}x_{pi}, \quad j = 1,2,3,\cdots,k \qquad (12\text{-}14)$$

式中：x_{1i}，x_{2i}，x_{3i}，…，x_{pi} 分别是第 1，2，3，…，p 个原有变量在第 i 个观测上的取值；$\tilde{\omega}_{j1}, \tilde{\omega}_{j2}, \tilde{\omega}_{j3}, \cdots, \tilde{\omega}_{jp}$ 分别称为第 j 个因子和第 1，2，3，…，p 个原有变量间的因子值系数。可见，因子得分是原有变量线性组合的结果，是各变量值的加权（$\tilde{\omega}_{j1}, \tilde{\omega}_{j2}, \tilde{\omega}_{j3}, \cdots, \tilde{\omega}_{jp}$）平均，权数的大小表示变量对因子得分变量的重要程度。于是

$$F_{j} = \tilde{\omega}_{j1}x_{1} + \tilde{\omega}_{j2}x_{2} + \tilde{\omega}_{j3}x_{3} + \cdots + \tilde{\omega}_{jp}x_{p}, \quad j = 1,2,3,\cdots,k \qquad (12\text{-}15)$$

式（12-15）称为因子得分函数。由于因子个数 k 小于原有变量个数 p，因此式（12-15）中方程的个数少于变量的个数。对因子值系数通常采用最小二乘意义上的回归法进行估计。可将式（12-15）看作因子得分变量 F_{j} 对 p 个原有变量的线性回归方程（其中常数项为 0）。可以证明式（12-15）中回归系数的最小二乘估计满足：

$$W_{j}\boldsymbol{R} = S_{j} \qquad (12\text{-}16)$$

式中：$W_{j} = \left(\tilde{\omega}_{j1}, \tilde{\omega}_{j2}, \tilde{\omega}_{j3}, \cdots, \tilde{\omega}_{jp}\right)$，$\boldsymbol{R}$ 为原有变量的相关系数矩阵，$S_{j} = \left(s_{1j}, s_{2j}, s_{3j}, \cdots, s_{pj}\right)$ 是第 1，2，3，…，p 个变量与第 i 个因子的相关系数，是不可见的，虽然 S_{j} 不可见，但当各因子正交时，有 $S_{j} = A_{j}' = \left(a_{1j}, a_{2j}, a_{3j}, \cdots, a_{pj}\right)$，$a_{1j}, a_{2j}, a_{3j}, \cdots, a_{pj}$ 为第 1，2，3，…，p 个变量在第 j 个因子上的因子载荷。于是

$$W_{j} = A_{j}'\boldsymbol{R}^{-1} \qquad (12\text{-}17)$$

式中：$\boldsymbol{R}^{-1}$ 为相关系数矩阵的逆矩阵。根据式（12-17）可计算出因子得分变量 F_{j} 的因子值系数，再利用式（12-15）可计算出各个观测在第 j 个因子上的因子得分。估计因子得分的方法还有 Bartlett 法、Anderson-Rubin 法等。

12.3 因子分析的基本操作及案例

12.3.1 因子分析的基本操作

因子分析的基本操作步骤如下。

（1）选择菜单：【分析 A】→【降维】→【因子分析（F）】，出现如图 12-6 所示的窗口。

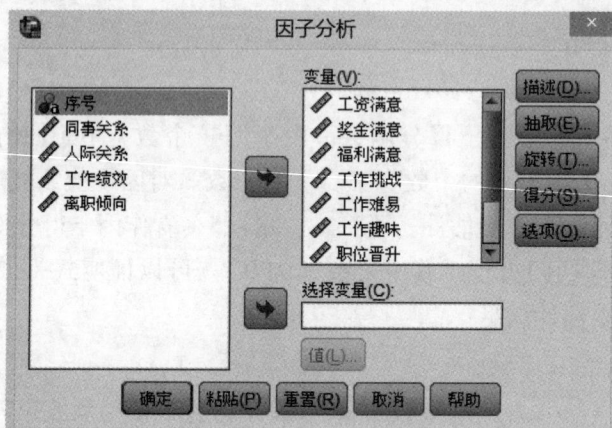

图 12-6 因子分析窗口

（2）选择参与因子分析的变量到【变量（V）】框中。

（3）选择参与因子分析的样本。指定作为条件变量的变量到【选择变量（C）】框中并点击【值（L）】按钮输入变量值，只有满足相应条件的数据才参与因子分析。

（4）在图 12-6 所示的窗口中点击【描述（D）】按钮指定输出结果如图 12-7 所示。【统计量】框中指定输出哪些基本统计量，其中【单变量描述性（U）】表示输出各个变量的基本描述统计量，【原始分析结果（I）】表示输出因子分析的初始解。【相关矩阵】框中指定考察因子分析条件的方法及输出结果，其中【系数（C）】表示输出相关系数矩阵，【显著性水平（S）】表示输出相关系数检验的概率 P 值，【行列式（D）】表示输出变量相关系数矩阵的行列式值，【逆模型（N）】表示输出相关系数矩阵的逆矩阵，与相关系数矩阵的积为单位阵，【反映象（A）】表示输出反映像相关矩阵，【KMO 和 Bartlett 的球形度检验（K）】表示进行巴特利特球度检验和 KMO 检验。

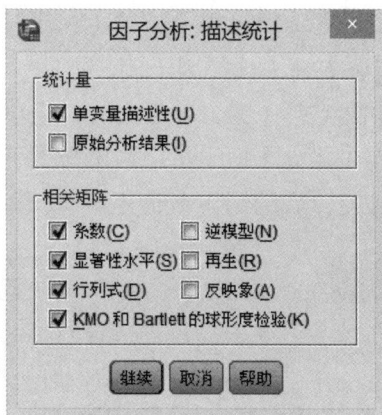

图 12-7　因子分析的描述窗口

（5）在图 12-6 所示的窗口中点击【抽取（E）】按钮指定提取因子的方法，如图 12-8 所示。

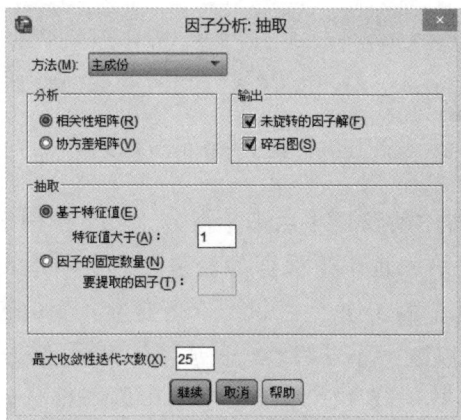

图 12-8　因子分析的抽取窗口

在【方法（M）】框中提供了多种提取因子的方法，其中包括主成分分析法（SPSS 默认的方法）。在【分析】框中指定提取因子的依据，可以是相关系数矩阵，当原有变量存在数量级的差异时，通常选择该选项，也可以是协方差矩阵。在【抽取】框中选择如何确定因子数目，在【特征值大于（A）】框后输入一个特征值（默认值为 1），SPSS 将提取大于该值的特征值，也可在【要提取的因子（T）】框后输入提取因子的个数。在【输出】框中选择输出哪些与

因子提取有关的信息，其中【未旋转的因子解（F）】表示输出未旋转的因子
载荷矩阵，还可以指定输出因子的碎石图。

（6）在图 12-6 所示的窗口中点击【旋转（T）】按钮选择因子旋转方法，
如图 12-9 所示。在【方法】框中选择因子旋转方法，其中【无】表示不旋转
（默认选项）；【最大方差法（V）】为方差极大法，还包括四次方最大法、等量
最大法和斜交旋转法。在【输出】框中指定输出与因子旋转相关的信息，其中
【旋转解（R）】表示输出旋转后的因子载荷矩阵，【载荷图（L）】表示输出旋
转后的因子载荷图。

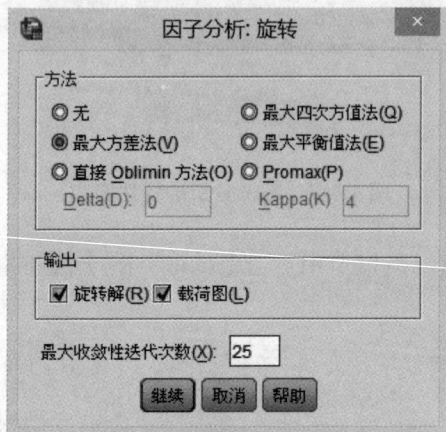

图 12-9　因子分析的旋转窗口

（7）在图 12-6 所示的窗口中点击【得分（S）】按钮选择计算因子得分的
方法，如图 12-10 所示。选中【保存为变量（S）】项，表示将因子得分保存
到 SPSS 变量中，有几个因子便产生几个 SPSS 变量。变量名的形式为 FACn_m，
其中 n 是因子编号，以数字序号的形式表示，m 表示是第几次分析的结果。选
中【显示因子得分系数矩阵（D）】项表示输出因子得分函数中的各因子值系
数。在【方法】框中指定计算因子得分的方法，其中包括回归法等。

（8）在图 12-6 所示的窗口中点击【选项（O）】按钮指定缺失值的处理方
法和因子载荷矩阵的输出方法，如图 12-11 所示。在【缺失值】框中指定如
何处理缺失值，相应方法在前面章节中均已讨论过。在【系数显示格式】框中
指定因子载荷矩阵的输出方式，其中【按大小排序（S）】表示以第一因子得分
的降序输出因子载荷矩阵，在【绝对值如下（A）】框后输入一数值，表示只
输出因子载荷矩阵中绝对值大于该值的因子载荷。

图 12-10　因子分析的得分窗口　　图 12-11　因子分析的选项窗口

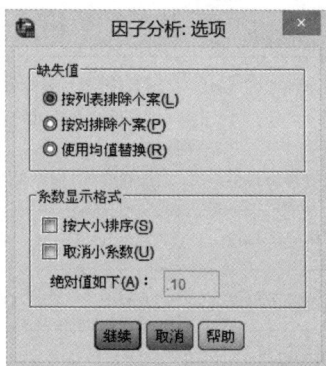

至此完成了因子分析的全部操作，SPSS 将按照用户的指定要求自动进行因子分析，并将结果输出到查看器窗口或将因子得分保存到数据编辑器窗口中。

12.3.2　因子分析的应用举例案例

收集到某年全国 31 个省、直辖市、自治区各类经济单位包括国有经济单位、集体经济单位、联营经济单位、股份制经济单位、外商投资经济单位、港澳台经济单位和其他经济单位的人均年收入数据（数据来源：中国统计网），现对全国各地区人均年收入的差异性和相似性进行研究。具体数据在可供下载的压缩包中，文件名为"各地区年平均收入.sav"。数据中存在的缺失值采用均值替代法处理。

本例中，由于涉及的变量较多，直接进行地区间的比较分析较为烦琐，因此先采用因子分析方法减少变量个数，之后再进行比较和综合评价。

1. 考察原有变量是否适合进行因子分析

先考察收集到的原有变量之间是否存在一定的线性关系，是否适合采用因子分析提取因子。这里，借助变量的相关系数矩阵、反映像相关矩阵、巴特利特球度检验和 KMO 检验方法进行分析。具体操作如图 12-6 和图 12-7 所示。分析结果如表 12-1 ～表 12-2 所示。

表 12-1 是原有变量的相关系数矩阵。可以看到，大部分的相关系数都较高，各变量呈较强的线性关系，能够从中提取公共因子，适合进行因子分析。

表 12-1　原有变量的相关系数矩阵

	国有经济 单位	集体经济 单位	联营经济 单位	股份制 经济单位	外商投资 经济单位	港澳台 经济单位	其他经济 单位
国有经济单位	1.000	0.825	0.595	0.773	0.742	0.786	0.574
集体经济单位	0.825	1.000	0.716	0.740	0.824	0.849	0.654
联营经济单位	0.595	0.716	1.000	0.689	0.598	0.676	0.482
股份制经济单位	0.773	0.740	0.689	1.000	0.765	0.849	0.571
外商投资经济单位	0.742	0.824	0.598	0.765	1.000	0.898	0.698
港澳台经济单位	0.786	0.849	0.676	0.849	0.898	1.000	0.747
其他经济单位	0.574	0.654	0.482	0.571	0.698	0.747	1.000

由表 12-2 可知，巴特利特球度检验统计量的观测值为 182.913，相应的概率 P 值接近 0。如果显著性水平 α 为 0.05，由于概率 P 值小于显著性水平 α，则应拒绝原假设，认为相关系数矩阵与单位阵有显著差异。同时 KMO 值为 0.882，根据 Kaiser 给出的 KMO 度量标准可知原有变量适合进行因子分析。

表 12-2　巴特利特球度检验和 KMO 检验

取样足够度的 KMO 度量	0.882
Bartlett 的球度检验　近似卡方	182.913
df	21
Sig.	0.000

2. 提取因子，进行尝试性分析

根据原有变量的相关系数矩阵，采用主成分分析法提取因子并选取大于 1 的特征值。具体操作如图 12-8 所示，并在图 12-7 所示的窗口中指定输出因子分析的初始解，分析结果如表 12-3 所示。

表 12-3　因子分析中的变量共同度（公因子方差）

	初　始	提　取
国有经济单位	1.000	0.760
集体经济单位	1.000	0.851
联营经济单位	1.000	0.599
股份制经济单位	1.000	0.785
外商投资经济单位	1.000	0.830
港澳台经济单位	1.000	0.913
其他经济单位	1.000	0.592

表 12-3 显示了所有的变量共同度。第一列数据是因子分析初始解下的变量共同度，它表明如果对原有 7 个变量采用主成分分析方法提取 7 个因子，那么原有变量的所有方差都可被解释，变量的共同度均为 1。事实上，因子个数少于原有变量的个数才是因子分析的目标，所以不可全部提取。第二列数据是在按指定提取条件（这里为特征值大于 1）提取因子时的变量共同度。可以看到，港澳台经济单位、集体经济单位、外商投资经济单位、股份制经济单位以及国有经济单位的绝大部分信息（大于 76%）可被因子解释，这些变量的信息丢失较少。

但联营经济单位、其他经济单位两个变量的信息丢失较为严重（超 40%）。因此，本次因子提取的总体效果并不理想。重新指定提取标准，指定提取 2 个因子。分析结果如表 12-4～表 12-6 所示。

表 12-4 是指定提取 2 个因子时的变量共同度。由第二列数据可知，此时所有变量的共同度均较高，各个变量的信息丢失都较少。因此，本次因子提取的总体效果比较理想。

表 12-4　因子分析中的变量共同度（公因子方差）

	初　始	提　取
国有经济单位	1.000	0.767
集体经济单位	1.000	0.854

联营经济单位	1.000	0.813
股份制经济单位	1.000	0.816
外商投资经济单位	1.000	0.855
港澳台经济单位	1.000	0.922
其他经济单位	1.000	0.871

表 12-5 中，第一列是因子编号，以后每三列组成一组，每组中数据项的含义依次是特征值（方差贡献）、方差贡献率和累计方差贡献率。第一组数据项（第二列至第四列）描述了因子分析初始解的情况。可以看到，第 1 个因子的方差贡献为 5.331，解释原有 7 个变量总方差的 76.151%，累计方差贡献率为 76.151%；第 2 个因子的方差贡献为 0.568，解释原有 7 个变量总方差的 8.108%，累计方差贡献率为 84.259%。其余数据含义类似。在初始解中由于提取了 7 个因子，原有变量的总方差均被解释，累计方差贡献率为 100%。表 12-4 的第二列也说明了这点。

表 12-5　因子解释原有变量总方差的情况（解释的总方差）

成　分	初始特征值			抽取平方和载入			旋转平方和载入		
	合　计	方差 /%	累计 /%	合　计	方差 /%	累计 /%	合　计	方差 /%	累计 /%
1	5.331	76.151	76.151	5.331	76.151	76.151	3.168	45.261	45.261
2	0.568	8.108	84.259	0.568	8.108	84.259	2.730	38.997	84.259
3	0.410	5.859	90.117						
4	0.278	3.976	94.094						
5	0.233	3.327	97.421						
6	0.107	1.531	98.951						
7	0.073	1.049	100.000						

第二组数据项（第五列至第七列）描述了因子解的情况。可以看到，由于指定提取 2 个因子，2 个因子共解释了原有变量总方差的 84.259%。总体上，原有变量的信息丢失较少，因子分析效果较理想。

第三组数据项（第八列至第十列）描述了最终因子解的情况。可见，因子旋转后，总的累计方差贡献率没有改变，也就是没有影响原有变量的共同度，但重新分配了各个因子解释原有变量的方差，改变了各因子的方差贡献，使因子更易于解释。

在图 12-12 中，横坐标为特征值编号，纵坐标为特征值。可以看到，第 1 个因子的特征值（方差贡献）很高，对解释原有变量的贡献最大，第 3 个及以后的因子特征值都较小，对解释原有变量的贡献很小，已经成为可忽略的"高山脚下的碎石"，因此提取 2 个因子是合适的。

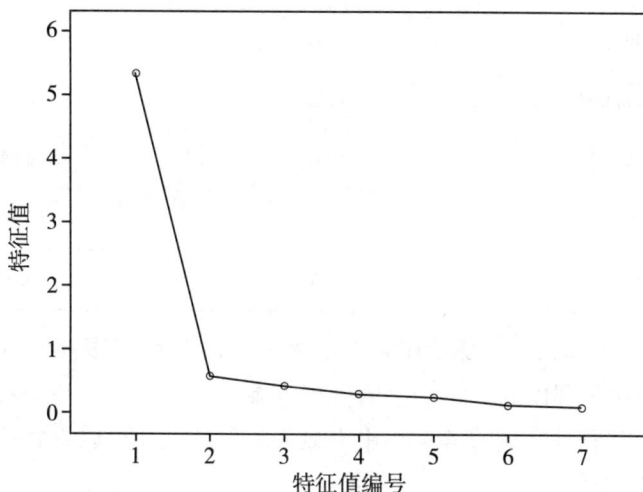

图 12-12 因子分析的碎石图

表 12-6 显示了因子载荷矩阵，是因子分析的核心计算结果。根据该表可以写出本应用案例的因子分析模型。

$$港澳台经济单位 = 0.955f_1 - 0.095f_2$$
$$集体经济单位 = 0.923f_1 + 0.057f_2$$
$$外商投资经济单位 = 0.911f_1 - 0.159f_2$$
$$股份制经济单位 = 0.886f_1 + 0.176f_2$$
$$国有经济单位 = 0.872f_1 + 0.086f_2$$
$$联营经济单位 = 0.774f_1 + 0.462f_2$$
$$其他经济单位 = 0.770f_1 - 0.527f_2$$

表 12-6　因子载荷矩阵——成分矩阵

	成　分	
	1	2
港澳台经济单位	0.955	−0.095
集体经济单位	0.923	0.057
外商投资经济单位	0.911	−0.159
股份制经济单位	0.886	0.176
国有经济单位	0.872	0.086
联营经济单位	0.774	0.462
其他经济单位	0.770	−0.527

由表 12-6 可知，7 个变量在第 1 个因子上的载荷都很高，意味着它们与第 1 个因子的相关程度高，第 1 个因子很重要，第 2 个因子与原有变量的相关性均较小，它对原有变量的解释作用不显著。另外，还可以看到这两个因子的实际含义比较模糊。

3. 因子的命名解释

这里采用方差极大法对因子载荷矩阵实行正交旋转，以使因子具有命名解释性。指定按第 1 个因子载荷降序的顺序输出旋转后的因子载荷，并绘制旋转后的因子载荷图。具体操作如图 12-9 和图 12-11 所示，分析结果如表 12-7 ～表 12-8 所示。

提取方法：主成分。

旋转法：具有 Kaiser 标准化的正交旋转法。

旋转在 3 次迭代后收敛。

由表 12-7 可知，联营经济单位、股份制经济单位、集体经济单位、国有经济单位在第 1 个因子上有较高的载荷，第 1 个因子主要解释了这几个变量，可解释为内部投资经济单位；其他经济单位、外商投资经济单位、港澳台经济单位在第 2 个因子上有较高的载荷，第 2 个因子主要解释了这几个变量，可解释为外来投资经济单位。与旋转前相比，因子含义较清晰。

表 12-7　旋转后的因子载荷矩阵——旋转成分矩阵

	成　分	
	1	2
联营经济单位	0.883	0.180
股份制经济单位	0.773	0.467
集体经济单位	0.720	0.579
国有经济单位	0.702	0.524
其他经济单位	0.213	0.908
外商投资经济单位	0.566	0.731
港澳台经济单位	0.642	0.714

提取方法：主成分。

旋转法：具有 Kaiser 标准化的正交旋转法。

构成得分。

表 12-8 显示了两因子的协方差矩阵。可以看出，两因子没有线性相关性，实现了因子分析的设计目标。由图 12-13 可直观看出，联营经济单位、其他经济单位比较靠近两个因子坐标轴，这表明如果分别用第 1 个因子刻画联营经济单位，用第 2 个因子刻画其他经济单位，信息丢失较少，效果较好，但如果只用一个因子分别刻画其他变量，则效果不太理想。

表 12-8　因子协方差矩阵——成分得分协方差矩阵

成　分	1	2
1	1.000	0.000
2	0.000	1.000

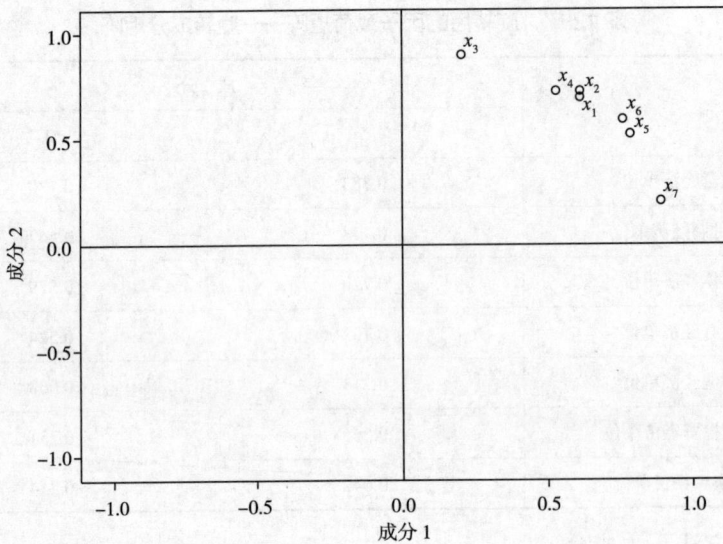

图中 x_1 ~ x_7 分别为国有经济单位、集体经济单位、联营经济单位、股份制经济单位、
外商投资经济单位、港澳台经济单位、其他经济单位。

图 12-13   旋转后的因子载荷图

4. 计算因子得分

这里，采用回归法估计因子得分系数，并输出因子得分系数。具体操作如
图 12-10 所示，具体结果如表 12-9 所示。

表 12-9   因子得分系数矩阵——成分得分系数矩阵

	成　分	
	1	2
国有经济单位	0.223	−0.002
集体经济单位	0.169	0.042
联营经济单位	0.656	−0.504
股份制经济单位	0.331	−0.117
外商投资经济单位	−0.062	0.322
港澳台经济单位	0.020	0.244
其他经济单位	−0.519	0.784

根据表 12-9 可写出以下因子得分函数：

F_1=0.223 国有 +0.169 集体 +0.656 联营 +0.331 股份 −0.062 外商 +0.020 港澳台 −0.519 其他

F_2=−0.002 国有 +0.042 集体 −0.504 联营 −0.117 股份 +0.322 外商 +0.244 港澳台 +0.784 其他

由此可见，计算两个因子得分变量时，联营经济单位和其他经济单位的权重较高，但方向相反，这与因子的实际含义是相吻合的。另外，因子得分的均值为 0。正值表示高于平均水平，负值表示低于平均水平。

5. 各省、直辖市、自治区的综合评价

可利用因子得分变量对地区进行对比研究。首先，绘制两因子得分变量的散点图，如图 12-14 所示。

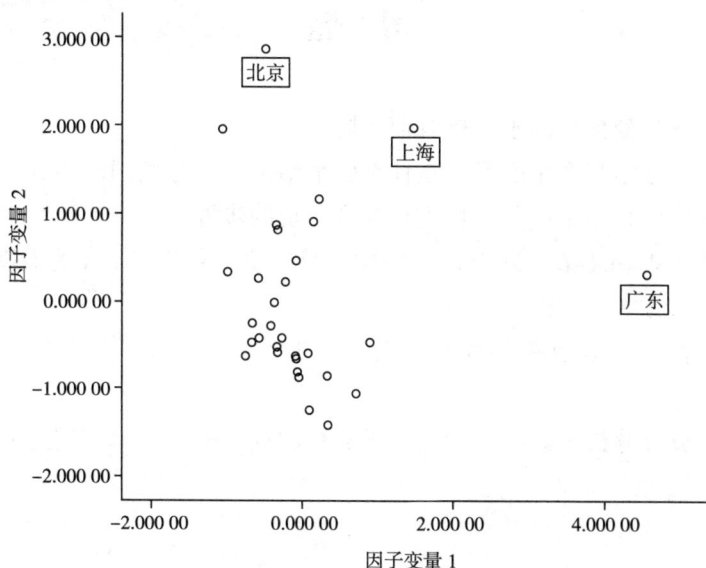

图 12-14　各地区两因子得分变量的散点图

观察图 12-14 可见，北京、上海以及广东是较为特殊的点（省份），其他地区较相似。北京的第 2 因子得分最高，表明外来投资经济单位的人均年收入远远高于其他省份，第 1 因子得分在平均值附近，表明内部投资经济单位的人均年收入与其他地区差异不大，处在平均水平上。上海的两个因子得分均比较高（高于平均水平），因此总体上上海的人均年收入是较高的。广东的第 1 因子得分最高，表明内部投资经济单位的人均年收入远高于其他省市；第 2 因子得分略低于平均值，表明外来投资经济单位的人均年收入与其他地区差异不明显。

其次，对各地区人均年收入进行综合评价。这里采用计算因子加权总分的方法，其中权重的确定是关键。通常的做法是根据实际问题由专家组研究确定。这里仅从单纯的数量上考虑，以两个因子的方差贡献率为权数。于是，计算公式为

$$F = 0.45 / (0.45 + 0.39) F_1 + 0.39 / (0.45 + 0.39) F_2 \qquad (12-18)$$

人均年收入较高的省份有北京、上海、广东、浙江、天津、福建和江苏等，多属经济文化中心或东南沿海地区。人均年收入较低的省份有内蒙古、山西、青海、黑龙江等，多为内陆或西北边远地区。

习　题

（1）主成分分析与因子分析有何不同？

（2）主成分回归产生的背景是什么？请给出主成分回归的步骤。

（3）请给出利用主成分分析进行综合评价的步骤。

（4）证明 $\Sigma=AA+D$，其中 Σ 是原始变量的协方差矩阵。A 为载荷矩阵，D 为特殊因子协方差矩阵。

（5）载荷矩阵 A 有哪些统计意义？这些意义对于因子分析的优劣评价有何作用？

（6）主成分分析的载荷矩阵和因子分析的载荷矩阵有何不同之处？

第13章 聚类分析

开篇案例:

如何对 31 个省份进行归类?

2018 年，我国 31 个省、直辖市和自治区的农村居民家庭平均每人全年消费性支出有食品、衣着、居住、家庭设备及服务、交通和通信、文教娱乐用品及服务、医疗保健、其他商品及服务 8 类。如何根据这 8 类数据对 31 个省、直辖市和自治区进行归类? 这就是本章要解决的问题。

13.1 聚类分析的一般问题

13.1.1 聚类分析的意义

聚类分析是统计学中研究"物以类聚"问题的多元统计分析方法。聚类分析在统计分析的各应用领域有着广泛的应用。

"物以类聚"问题在经济社会研究中十分常见。例如，市场营销中的市场细分和客户细分问题。大型商厦收集了顾客人口特征、消费行为和喜好方面的数据，并希望对这些顾客进行特征分析。这时可从顾客分类入手，根据顾客的年龄、职业、收入、消费金额、消费频率、喜好等方面进行单变量或多变量的顾客分组。这种分组是极为常见的顾客细分方式，但顾客群划分带有明显的主观色彩，需要有丰富的行业经验才能够得到比较合理和理想的顾客细分，否则得到的分组可能无法充分反映和展现顾客的特点。主要表现在，同一顾客细分段中的顾客在某些特征方面并不相似，不同顾客细分段中的顾客在某些特征方面却很相似。因此，这种顾客细分并没有真正起到划分顾客群的作用。解决该问题应从数据自身出发，充分利用数据进行顾客的客观分组，使诸多特征有相似性的顾客被分在同一组内，不相似的顾客能被分到另一些组中。这时便可采用聚类分析方法。

又如，学校里有些学生经常在一起，关系比较密切，而他们与另一些学生很少来往，关系比较疏远。究其原因，可以发现经常在一起的学生，他们在家庭情况、性格、学习成绩、课余爱好等方面有许多共同之处，而关系较疏远的学生在这些方面有较大的差异。研究家庭情况、性格、学习成绩、课余爱好等是否会成为划分学生小群体的主要决定因素，可以从这些方面的数据入手，对数据（学生）进行客观分组，然后比较所得的分组是否与实际分组吻合。对学生的客观分组可采用聚类分析方法。

因此，聚类分析是一种建立分类的多元统计分析方法，它能够将一批观测（或变量）数据根据诸多特征，按照性质上的亲疏程度，在没有先验知识的情况下进行自动分类，产生多个分类结果。同类内部个体特征具有相似性，不同类间个体特征的差异性较大。理解聚类分析的关键是理解何为"没有先验知识"以及"亲疏程度"。

案例 13-1：表 13-1 是同一批客户对经常光顾的五座商厦在购物环境和服务质量两方面的平均评分。现根据这批数据将五座商厦分类。

表 13-1　商厦的客户评价分数

编　号	购物环境	服务质量
A 商厦	73	68
B 商厦	66	64
C 商厦	84	82
D 商厦	91	88
E 商厦	94	90

一般意义上，根据表 13-1 中的数据，若将上述五座商厦分成两类，则 A 商厦和 B 商厦是一类，C 商厦、D 商厦、E 商厦是另一类。若将它们分成三类，则 A 商厦和 B 商厦是一类，D 商厦和 E 商厦为一类，C 商厦自成一类。得到如此分类结果的原因如下：在两方面的评分中，A 商厦和 B 商厦分数较为接近，D 商厦和 E 商厦较为接近。A 商厦和 E 商厦之所以没被分在一起，是因为它们的分数相差较大。可见，这种分类结果是在没有指定任何分类标准下完全由样本数据出发而形成的分类。聚类分析的分类思想与上述分类是一致的。所谓"没有先验知识"，是指没有事先指定分类标准。所谓"亲疏程度"，是指在各变量（特征）取值上的总体差异程度。聚类分析正是基于此实现数据的自动分类的。

13.1.2 聚类分析中"亲疏程度"的度量方法

在聚类分析中，个体之间的"亲疏程度"是极为重要的，它将直接影响最终的聚类结果。

对"亲疏程度"的测度一般有两个角度：第一，个体间的相似程度；第二，个体间的差异程度。衡量个体间的相似程度通常可采用简单相关系数或等级相关系数等。个体间的差异程度通常通过某种距离来测度。

这里重点讨论个体间差异程度的测度方法。

为测度个体间的距离，应先将每个观测数据看成 p 维（p 个聚类变量）空间上的一个点。例如，可将案例 13-1 中的五个商厦看成 $p=2$ 的二维空间上的 5 个点，也就是看成由购物环境和服务质量两个变量构成的二维平面上的 5 个点，并以此定义某种距离，计算出 5 个点彼此间的"亲疏程度"。通常，点与点之间的距离越小，意味着它们越"亲密"，越有可能聚成一类；点与点之间的距离越大，意味着它们越"疏远"，越有可能分别属于不同的类。

个体间距离的定义会受 p 个变量类型的影响。由于变量类型一般有数值型和非数值型之分，个体间距离的定义也有所不同。

1. 数值型变量个体间距离的计算方式

如果所涉及的 p 个变量都是数值型变量，那么个体间距离的定义通常有以下几种。

（1）欧氏距离

两个体（x，y）间的欧氏距离（Euclidean Distance）是两个体 p 个变量值之差的平方和的平方根，数学定义为

$$EUCLID(x,y) = \sqrt{\sum_{i=1}^{p}(x_i - y_i)^2} \tag{13-1}$$

式中：x_i 是个体 x 的第 i 个变量的变量值，y_i 是个体 y 的第 i 个变量的变量值。例如，案例 13-1 中 A 商厦和 B 商厦间的欧氏距离为 $\sqrt{(73-66)^2 + (68-64)^2}$。

（2）平方欧氏距离

两个体（x，y）间的平方欧氏距离（Squared Euclidean Distance）是两个体 p 个变量值之差的平方和，数学定义为

$$SEUCLID(x,y) = \sum_{i=1}^{p}(x_i - y_i)^2 \tag{13-2}$$

式中：x_i 是个体 x 的第 i 个变量的变量值，y_i 是个体 y 的第 i 个变

量的变量值。例如，案例 13-1 中 A 商厦和 B 商厦间的平方欧氏距离为 $(73-66)^2+(68-64)^2$。

（3）切比雪夫距离

两个体 (x, y) 间的切比雪夫（Chebychev）距离是两个体 p 个变量值绝对差的最大值，数学定义为

$$CHEBYCHEV(x,y)=\max|x_i-y_i| \qquad (13-3)$$

式中：x_i 是个体 x 的第 i 个变量的变量值，y_i 是个体 y 的第 i 个变量的变量值。例如，案例 13-1 中 A 商厦和 B 商厦间的切比雪夫距离为 $\max(|73-66|,|68-64|)$。

（4）块距离

两个体 (x, y) 间的块（block）距离是两个体 p 个变量值绝对差的总和，数学定义为

$$BLOCK(x,y)=\sum_{i=1}^{p}|x_i-y_i| \qquad (13-4)$$

式中：x_i 是个体 x 的第 i 个变量的变量值，y_i 是个体 y 的第 i 个变量的变量值。例如，案例 13-1 中 A 商厦和 B 商厦间的块距离为 $|73-66|+|68-64|$。

（5）明考斯基距离

两个体 (x, y) 间的明考斯基（Minkowski）距离是两个体 p 个变量值绝对差 q 次方总和的 q 次方根（q 可以任意指定），数学定义为

$$MINKOWSKI(x,y)=\sqrt[q]{\sum_{i=1}^{p}|x_i-y_i|^q} \qquad (13-5)$$

式中：x_i 是个体 x 的第 i 个变量的变量值，y_i 是个体 y 的第 i 个变量的变量值。例如，案例 13-1 中 A 商厦和 B 商厦间的明考斯基距离为 $\sqrt[q]{|73-66|^q+|68-64|^q}$。

（6）夹角余弦

两个体 (x, y) 间的夹角余弦（Cosine）的数学定义为

$$COSINE(x,y)=\frac{\sum_{i=1}^{p}(x_iy_i)^2}{\sqrt{\left(\sum_{i=1}^{p}x_i^2\right)\left(\sum_{i=1}^{p}y_i^2\right)}} \qquad (13-6)$$

式中：x_i 是个体 x 的第 i 个变量的变量值，y_i 是个体 y 的第 i 个变量的变量值。

例如，案例 13-1 中 A 商厦和 B 商厦间的夹角余弦为 $\dfrac{(73\times66)^2+(68\times64)^2}{\sqrt{(73^2+68^2)\times(66^2+64^2)}}$。

夹角余弦值越大，距离越近。

（7）用户自定义距离

两个体（x，y）间的用户自定义（Customized）距离是两个体 p 个变量值绝对差 q 次方总和的 m 次方根（q，m 任意指定），数学定义为

$$CUSTOMIZED(x,y)=\sqrt[m]{\sum_{i=1}^{p}|x_i-y_i|^q} \tag{13-7}$$

式中：x_i 是个体 x 的第 i 个变量的变量值，y_i 是个体 y 的第 i 个变量的变量值。

例如，案例 13-1 中 A 商厦和 B 商厦间的用户自定义距离为 $\sqrt[m]{|73-66|^q+|68-64|^q}$。

2. 计数变量个体间距离的计算方式

如果所涉及的 p 个变量都是计数的非连续变量，那么个体间距离的定义通常有以下几种。

（1）卡方距离

两个体（x，y）间的卡方（Chi-square）距离是一种加权的欧氏距离，数学定义为

$$CHISQ(x,y)=\sqrt{\sum_{i=1}^{p}\frac{1}{c_i}(Px_i-Py_i)^2} \tag{13-8}$$

式中：Px_i 是个体 x 在第 i 个变量上的频数占所有变量频数之和的百分比；Py_i 是个体 y 在第 i 个变量上的频数占所有变量频数之和的百分比，c_i 为权重，定义为第 i 个变量频数百分比的平均值。

例如，表 13-2 是两名学生的课程学习基本情况和其他相关数据。

表 13-2　两名学生的课程学习情况数据

姓 名	选修课门数 （期望频率） （行百分比）	专业课门数 （期望频率） （行百分比）	得优门数 （期望频率） （行百分比）	行合计
张三	9 （8.5） （9/19=0.47）	6 （6） （6/19=0.32）	4 （4.5） （4/19=0.21）	19

姓　名	选修课门数 （期望频率） （行百分比）	专业课门数 （期望频率） （行百分比）	得优门数 （期望频率） （行百分比）	行合计
李四	8 (8.5) (8/19=0.42)	6 (6) (6/19=0.32)	5 (4.5) (5/19=0.26)	19
列合计	17	12	9	38
平均行百分比	0.445	0.32	0.235	1

根据表 13-2 中的数据，计算张三和李四的卡方距离：

$$\sqrt{\frac{(0.47-0.42)^2}{0.445}+\frac{(0.32-0.32)^2}{0.32}+\frac{(0.21-0.26)^2}{0.235}}=0.128$$

可见，卡方距离较大说明个体间变量取值差异较大。

（2）Phi 方距离

两个体（x，y）间 Phi 方（Phi-square measure）距离的数学定义为

$$PHISQ(x,y)=\sqrt{\frac{\sum_{i=1}^{p}\frac{[x_i-E(x_i)]^2}{E(x_i)}+\sum_{i=1}^{p}\frac{[y_i-E(y_i)]^2}{E(y_i)}}{n}} \tag{13-9}$$

式中：x_i 是个体 x 的第 i 个变量的变量值（频数），y_i 是个体 y 的第 i 个变量的变量值（频数），$E(x_i)$ 和 $E(y_i)$ 分别为期望频数；n 是总频数。例如，用表 13-2 中的数据，计算张三和李四的 Phi 方距离为：

$$\sqrt{\frac{\left[\frac{(9-8.5)^2}{8.5}+\frac{(6-6)^2}{6}+\frac{(4-4.5)^2}{4.5}\right]+\left[\frac{(8-8.5)^2}{8.5}+\frac{(6-6)^2}{6}+\frac{(5-4.5)^2}{4.5}\right]}{38}}=0.067$$

3. 二值变量个体间距离的计算方式

如果所涉及的 p 个变量都是二值变量，那么个体间距离的定义通常有以下几种。

（1）简单匹配系数

简单匹配系数（Simple Matching）是建立在两个体 p 个变量值同时为 0（或 1）和不同时为 0（或 1）的频数表基础之上的。该频数表如表 13-3 所示。

表 13-3　简单匹配系数的频数表

		个体 y	
		1	0
个体 x	1	a	b
	0	c	d

表 13-3 中，a 为两个体同时为 1 的频数，d 为两个体同时为 0 的频数，$a+d$ 反映了两个体的相似程度；b 为个体 x 为 1、个体 y 为 0 的频数；c 为个体 x 为 0、个体 y 为 1 的频数，$b+c$ 反映了两个体的差异程度。在表 13-3 的基础上，简单匹配系数重点考察两个体的差异性，其数学定义为

$$S(x,y) = \frac{b+c}{a+b+c+d} \tag{13-10}$$

由式 13-10 可知，简单匹配系数排除了同时拥有或同时不拥有某特征的频数，反映了两个体间的差异程度。

例如，表 13-4 中是三名病人的临床表现数据。其中，1 表示呈阳性，0 表示呈阴性。

表 13-4　三名病人的临床表现数据

姓　名	发　烧	咳　嗽	检查 1	检查 2	检查 3	检查 4
张三	1	0	1	0	0	0
李四	1	0	1	0	1	0
王五	1	1	0	0	0	0

根据表 13-4 中的数据分析哪两位病人有可能得了相似的疾病，可以分别计算两两病人的简单匹配系数。

张三和李四的简单匹配系数为

$$\frac{0+1}{2+0+1+3} = \frac{1}{6}$$

张三和王五的简单匹配系数为

$$\frac{1+1}{1+1+1+3} = \frac{2}{6}$$

李四和王五的简单匹配系数为

$$\frac{2+1}{1+2+1+2} = \frac{3}{6}$$

可见，由于张三与李四的简单匹配系数最小，因此他们的差异性最小，有可能得的是类似的疾病。

另外，简单匹配系数不会因编码方案的变化而变化，即 0 和 1 的地位是等价的。SPSS 中计算的是 $1-S(x, y)$，即 x 和 y 的相似性。

（2）Jaccard 系数

Jaccard 系数与简单匹配系数有相似之处，也是在表 13-3 的基础上定义的，其数学定义为

$$J(x,y) = \frac{b+c}{a+b+c} \qquad\qquad (13-11)$$

由式 13-11 可知，Jaccard 系数也排除了同时拥有或同时不拥有某特征的频数，反映了两个体间的差异程度，但它忽略了两个体同时为 0 的频数。这种处理在医学研究上较为常见，因为通常阴性对研究的意义不大。

例如，用表 13-4 中的数据计算张三和李四的 Jaccard 系数为

$$\frac{0+1}{2+0+1} = \frac{1}{3}$$

张三和王五的简单匹配系数为

$$\frac{1+1}{1+1+1} = \frac{2}{3}$$

李四和王五的简单匹配系数为

$$\frac{2+1}{1+2+1} = \frac{3}{4}$$

可见，张三与李四的 Jaccard 系数最小，有可能得的是类似的疾病。

另外，Jaccard 系数会因编码方案的变化而变化，即 0 和 1 的地位是不等价的。SPSS 中计算的是 $1-J(x, y)$，即 x 和 y 的相似性.

13.1.3　聚类分析的几点说明

应用聚类分析方法进行分析时应注意以下几点。

1. 所选择的变量应迎合聚类分析

目标聚类分析是在所选变量的基础上对样本数据进行分类，因此分类结果是各个变量综合计量的结果。在选择参与聚类分析的变量时，应注意所选变量是否迎合聚类的分析目标。

例如，如果希望依照学校的科研情况对高校进行分类，那么可以选择参加科研的人数、年投入经费、立项课题数、支出经费、科研成果数、获奖数等变

量，而不应选择在校学生人数、校园面积、年用水量等变量。因为它们不能迎合聚类的分析目标，分类的结果也就无法真实地反映科研分类的情况。

2. 各变量的变量值不应有数量级上的差异

聚类分析是以各种距离来度量个体间的"亲疏程度"的。从上述各种距离的定义看，数量级将对距离产生较大的影响，从而影响最终的聚类结果。

例如，表 13-5 是高校科研方面的三个观测数据。

表 13-5 高校科研的三个样本数据

学 校	参加科研人数 / 人	投入经费 / 元	立项课题数 / 项
1	410	4 380 000	19
2	336	1 730 000	21
3	490	220 000	8

如果投入经费分别以"元"和"10 万元"为计量单位，计算两两个体间的欧氏距离，结果如表 13-6 所示。

表 13-6 三个高校科研情况的距离矩阵

	样本的欧式距离	
	元	10 万元
（1,2）	265 000	74.07
（1,3）	416 000	80.86
（2,3）	151 000	154.56

由表 13-6 可知，以"元"为计量单位时，学校 2 和学校 3 的距离最近，关系最"密切"。其次是学校 1 和学校 2，学校 1 和学校 3 的距离最远，关系最"疏远"。这里，投入经费起了决定作用。当以"10 万元"为计量单位时，学校 1 和学校 2 的距离最近，关系最"密切"。其次是学校 1 和学校 3，学校 2 和学校 3 的距离最远，关系最"疏远"。这里，参加科研人数起了决定作用。由此可见，变量的数量级对距离有较大影响，会影响最终的聚类结果。为解决上述问题，在聚类分析之前应先消除数量级对聚类的影响。消除数量级影响的方法较多，其中标准化处理是最常用的方法之一。

3. 各变量间不应有较强的线性相关关系

聚类分析是以各种距离来度量个体间的"亲疏程度"的。从各种距离的定义看，所选择的每个变量都会在距离中做出"贡献"。如果所选变量之间存在较强的线性关系，能够相互替代，那么计算距离时，同类变量将重复"贡献"，在距离中占有较高的权重，从而使最终的聚类结果偏向该类变量。

常见的聚类方法有层次聚类和 K–Means 聚类。

13.2 层次聚类

13.2.1 层次聚类的两种类型和两种方式

层次聚类又称系统聚类，是指聚类过程是按照一定层次进行的。层次聚类有两种类型，分别是 Q 型聚类和 R 型聚类，层次聚类的聚类方式又分两种，分别是凝聚方式聚类和分解方式聚类。

1. Q 型聚类

Q 型聚类是对观测进行聚类，它使具有相似特征的观测聚集在一起，使差异性大的观测分离开来。

2. R 型聚类

R 型聚类是对变量进行聚类，它使差异性大的变量分离开来，使具有相似性的变量聚集在一起。可在相似变量中选择少数具有代表性的变量参与其他分析，实现减少变量个数和变量降维的目的。

3. 凝聚方式聚类

凝聚方式聚类的过程：先让每个观测个体自成一类，然后按照某种方法度量所有个体间的"亲疏程度"，并将其中最"亲密"的个体聚成一小类，形成 n-1 个类，接下来再次度量剩余观测个体和小类间的"亲疏程度"，并将当前最亲密的个体或小类再聚成一类，重复上述过程。不断将所有个体和小类聚集成越来越大的类，直至所有个体聚到一起，形成一个最大的类为止。可见，在凝聚方式聚类过程中，随着聚类的进行，n 类内的"亲密"程度在逐渐降低。对于 n 个观测个体而言，通过 n-1 步可凝聚成一大类。

4. 分解方式聚类

分解方式聚类的过程：先将所有观测个体看作一大类，然后按照某种方法度量所有个体间的"亲疏程度"，将大类中彼此间最"疏远"的个体分离出去，形成两类（其中一类只有一个个体），接下来再次度量类中剩余个体间的"亲疏程度"，并将类中最"疏远"的个体再分离出去，重复上述过程，不断进行类分解，直到所有个体都自成一类为止。可见，在分解方式聚类过程中，随着聚类的进行，n 类内的"亲密"程度在逐渐增强。包含 n 个观测个体的大类通过 $n-1$ 步可分解成 n 个个体。

SPSS 中的层次聚类采用的是凝聚方式。

由此可见，层次聚类法中，度量数据之间的"亲疏程度"是极为关键的。那么，如何衡量数据间的"亲疏程度"呢？这涉及两个方面的问题：一是如何度量个体间的"亲疏程度"，二是如何度量个体与小类、小类与小类之间的"亲疏程度"。测度个体间"亲疏程度"的方法在前面已经讨论过，这里将重点讨论如何测度个体与小类、小类与小类间的"亲疏程度"。

13.2.2 个体与小类、小类与小类间"亲疏程度"的度量方法

SPSS 中提供了多种度量个体与小类、小类与小类间"亲疏程度"的方法。与个体间"亲疏程度"的测度方法类似，应先定义个体与小类、小类与小类的距离。距离小的关系"亲密"，距离大的关系"疏远"。这里的距离是在个体间距离的基础上定义的，常见的距离有以下几种。

1. 最近邻距离

个体与小类间的最近邻（Nearest Neighbor）距离是该个体与小类中每个个体距离的最小值。例如，表 13-7 是五座商厦两两个体间欧氏距离的矩阵。

表 13-7　五座商厦个体间欧氏距离的矩阵——近似矩阵

案　例	Euclidean 距离				
	1：A 商厦	2：B 商厦	3：C 商厦	4：D 商厦	5：E 商厦
1：A 商厦	0.000	8.062	17.804	26.907	30.414
2：B 商厦	8.062	0.000	25.456	34.655	38.210
3：C 商厦	17.804	25.456	0.000	9.220	12.806
4：D 商厦	26.907	34.655	9.220	0.000	3.606
5：E 商厦	30.414	38.210	12.806	3.606	0.000

由表 13-7 可知，D 商厦和 E 商厦的距离最小，为 3.606，在层次聚类中将先聚到一起形成一个小类。于是 A，B，C 商厦与该小类（D，E）的最近邻距离依次为 26.907，34.655，9.220。

2. 最远邻距离

个体与小类间的最远邻（Farthest Neighbor）距离是该个体与小类中每个个体距离的最大值。

例如，由表 13–7 可知 A，B，C 商厦与（D，E）小类的最远邻距离依次为 30.414，38.210，12.806。

3. 组间平均链锁距离

个体与小类间的组间平均链锁（Between–groups Linkage）距离是该个体与小类中每个个体距离的平均值。例如，由表 13–7 可知，A，B，C 商厦与（D，E）小类的组间平均链锁距离分别为（26.907+30.414）÷2，（34.655+38.210）÷2，（9.220+12.806）÷2。可见，组间平均链锁法利用了个体与小类的所有距离的信息，克服了最近邻距离或最远邻距离中距离易受极端值影响的弱点。

4. 组内平均链锁距离

个体与小类间的组内平均链锁（Within Groups Linkage）距离是该个体与小类中每个个体距离以及小类内各个体间距离的平均值。例如，由表 13–7 可知，A，B，C 商厦与（D，E）小类的组间平均链锁距离分别为（26.907+30.414+3.606）÷3，（34.655+38.210+3.606）÷3，（9.220+12.806+3.606）÷3。可见，组内平均链锁法中的距离是所有距离的平均值。与组间平均链锁法相比，它在聚类的每一步都考虑了小类内部差异性的变化。

5. 重心距离

个体与小类间的重心（Centroid）距离是该个体与小类的重心点的距离。小类的重心点通常是由小类中所有观测在各个变量上的均值确定的数据点。个体 k 与重心点的距离定义为

$$D(k,r) = \frac{n_p}{n_r}D(k,p) + \frac{n_q}{n_r}D(k,q) - \frac{n_p}{n_r}\frac{n_q}{n_r}D(p,q) \qquad （13–12）$$

式中：r 是由 p，q 两个体或已有小类合并成的一个类，n 为样本量。

例如，由表 13–7 可知，A 商厦与（D，E）小类的重心距离为

$$D(A,(D,E)) = \frac{1}{2}D(A,D) + \frac{1}{2}D(A,E) - \frac{1}{2} \times \frac{1}{2}D(D,E)$$

$$= \frac{1}{2} \times 26.907 + \frac{1}{2} \times 30.414 - \frac{1}{4} \times 3.606 = 27.759$$

可见，重心距离也较充分地利用了所涉及的距离信息，同时考虑了小类内的样本量。

6. 离差平方和法

离差平方和法是由 Ward 提出的，因此也称 Ward 方法（Ward's Method）。离差平方和聚类的原则：聚类过程中使小类内离差平方和增加最小的两小类应先合并为一类。

例如，有 A，B，C 三个小类。如果 A，B 小类内的离差平方和小于 A，C 或 B，C 小类内的离差平方和，那么 A，B 应先合并为一小类。

因此，离差平方和法聚类的基本步骤是先各个体自成一类，然后逐渐凝聚成小类。随着小类的不断凝聚，类的离差平方和必然不断增大。应选择使类内离差平方和增加最小的两类凝聚，直到所有个体合并成一类为止。

13.2.3 层次聚类的基本操作

这里以案例 13-1 为例，讨论 SPSS 层次聚类分析的操作和结果。

层次聚类分析的基本操作步骤如下。

（1）选择菜单：【分析（A）】→【分类（F）】→【系统聚类（H）】出现如图 13-1 所示的窗口。

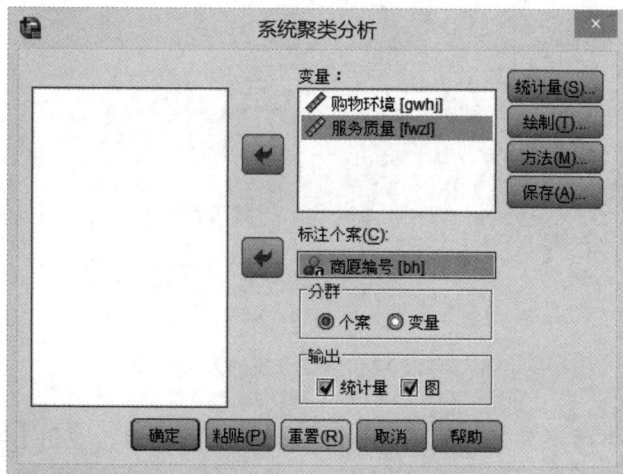

图 13-1 层次聚类分析窗口

（2）选择参与层次聚类分析的变量到【变量】框中。

（3）选择一个字符串型变量作为标记变量到【标注个案（C）】框中，它将大大增强聚类分析结果的可读性。

（4）在【分群】框中选择聚类类型。其中，【个案】表示进行 Q 型聚类（默认类型），【变量】表示进行 R 型聚类。

（5）在【输出】框中选择输出内容。其中，【统计量】表示输出聚类分析的相关统计量，【图】表示输出聚类分析的相关图形。

（6）在图 13-1 所示的窗口中点击【方法（M）】按钮指定距离的计算方法，窗口如图 13-2 所示。【度量标准】框中给出的是不同变量类型下观测个体距离的计算方式。其中,【区间(N)】框中的方法适用于数值型变量,【计数(T)】框中的方法适用于计数变量,【二分类(B)】框中的方法适用于二值变量。【聚类方法(M)】框中给出的是计算个体与小类、小类与小类间距离的方法。最近邻元素和最远邻元素依次对应最近邻距离和最远邻距离,组间联接和组内联接对应组间平均链锁距离和组内平均链锁距离等。

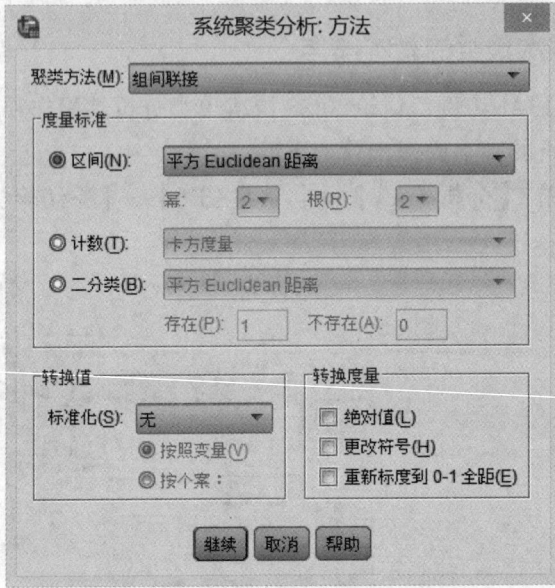

图 13-2　层次聚类分析的方法窗口

（7）如果参与聚类分析的变量存在数量级上的差异,应在【转换值】框中的【标准化(S)】选项中选择消除数量级差的方法,并指定处理是针对变量的还是针对观测的。【按照变量(V)】表示针对变量,适用于 Q 型聚类分析。【按个案】表示针对观测,适用于 R 型聚类分析。

消除数量级差的方法如下。

无:表示不进行任何处理。

Z 得分:表示计算 Z 分数。它将各变量值减去均值后除以标准差。标准化后的 Z 分数平均值为 0,标准差为 1。

全距从 -1 到 1:表示将各变量值除以全距,处理以后的变量值的范围为 -1 ～ 1。该方法适用于变量值中有负值的变量。

全距从 0 到 1:表示将各变量值减去最小值后除以全距,处理以后的变量值的范围为 0 ～ 1 之间。

1 的最大量：表示将各变量值除以最大值，处理以后的变量值的最大值为 1。

均值为 1：表示将各变量值除以均值。

标准差为 1：表示将各变量值除以标准差。

（8）在图 13-1 所示的窗口中点击【统计量 S】按钮指定输出哪些统计量。窗口如图 13-3 所示。【合并进程表（A）】表示输出聚类分析的凝聚状态表（如表 13-8 所示），【相似性矩阵（P）】表示输出个体间的距离矩阵（表 13-7）。【聚类成员】框中，【无（N）】表示不输出各观测的所属类，【单一方案（S）】表示指定输出当分成 k 类时各观测的所属类，是单一解；【方案范围（R）】表示指定输出当分成 $m \sim n$ 类（$m \leqslant n$）时各观测的所属类。表 13-9 表示的是多个解。

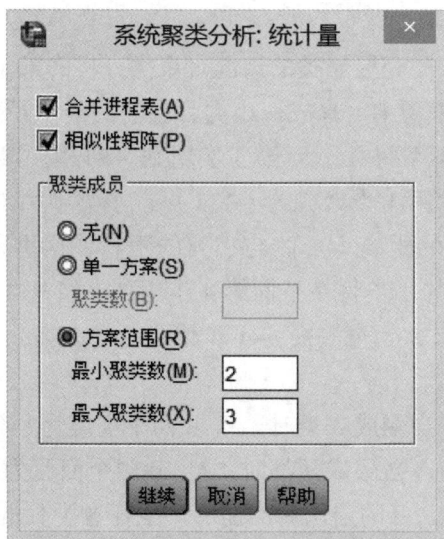

图 13-3 层次聚类分析的统计量窗口

表 13-8 层次聚类分析中的凝聚状态表——聚类表

阶	群集组合		系 数	首次出现阶群集		下一阶
	群集 1	群集 2		群集 1	群集 2	
1	4	5	3.606	0	0	3
2	1	2	8.062	0	0	4
3	3	4	11.013	0	1	4
4	1	3	28.908	2	3	0

表 13-9　层次聚类分析中的类成员——群集成员

案　例	3 个群集	2 个群集
1：A 商厦	1	1
2：B 商厦	1	1
3：C 商厦	2	2
4：D 商厦	3	2
5：E 商厦	3	2

表 13-8 中，第一列表示聚类分析的第几步；第二列、第三列表示本步聚类中哪两个观测个体或小类聚成一类；第四列是个体距离或小类距离；第五列、第六列表示本步聚类中参与聚类的是个体还是小类，0 表示个体（样本），非 0 表示由第几步聚类生成的小类参与本步聚类；第七列表示本步聚类的结果将在以下第几步中用到。

表 13-8 显示了五座商厦聚类的情况。聚类分析的第 1 步中，4 号观测（商厦 D）与 5 号观测（商厦 E）聚成一小类，它们的个体距离（这里采用欧氏距离）是 3.606，这个小类将在下面第 3 步用到。同理，聚类分析的第 3 步中，3 号观测（C 商厦）与第 1 步聚成的小类（以该小类中第 1 个观测号 4 为标记）又聚成一小类，它们的距离（个体与小类的距离，这里采用组间平均链锁距离）是 11.013，形成的小类将在下面第 4 步用到。经过 4 步聚类过程，5 个样本最后聚了一大类。n 个观测需 $n-1$ 步聚成一个大类，第 k 步完成时可形成"$n-k$"个类。

由表 13-9 可知，当聚成 3 类时，A，B 两个商厦为一类，C 商厦自成一类，D，E 两个商厦为一类。当聚成两类时，A，B 两个商厦为一类；C，D，E 三个商厦为一类。可见，SPSS 的层次聚类能够产生任意类数的分类结果。

（9）在图 13-1 所示的窗口中点击【绘制 T】按钮指定输出哪种聚类分析图，窗口如图 13-4 所示。【树状图（D）】选项表示输出聚类分析树形图，如图 13-5 所示。在【冰柱】框中指定输出冰柱图，如图 13-6 所示，其中【所有聚类（A）】表示输出聚类分析过程每步的冰柱图，【聚类的指定全距（S）】表示只输出某些步的冰柱图，输入从第几步开始，到第几步结束，中间间隔几步。在【方向】框中指定如何显示冰柱图，其中【垂直（V）】表示纵向显示，【水平（H）】表示横向水平显示。

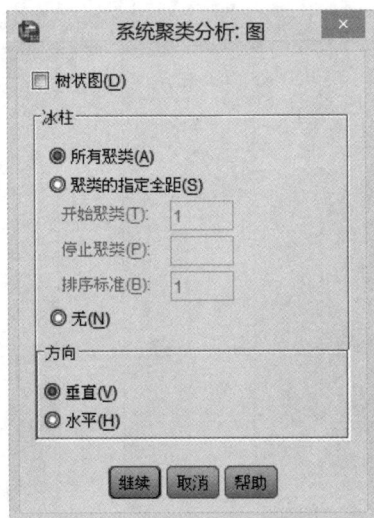

图 13-4　层次聚类分析的绘制窗口

　　图 13-5 中，树形图以躺倒树的形式展现了聚类分析中每一次类合并的情况。SPSS 自动将各类间的距离映射到 0 ~ 25 之间，并将凝聚过程近似地显示在图上。由图 13-5 可知，D 商厦与 E 商厦的距离最近，首先合并成一类；其次合并的是 A 商厦和 B 商厦，它们间的距离大于 D,E 商厦间的距离；再次是 C 商厦与 D 商厦、E 商厦合并，最后所有个体聚成一类。此时，类间的距离已经非常大了。树形图只是粗略地展现聚类分析的过程，如果样本量较大且个体或小类间的距离相差较小，那么在图形上就较难分辨凝聚的每步过程了，此时应借助凝聚状态表。

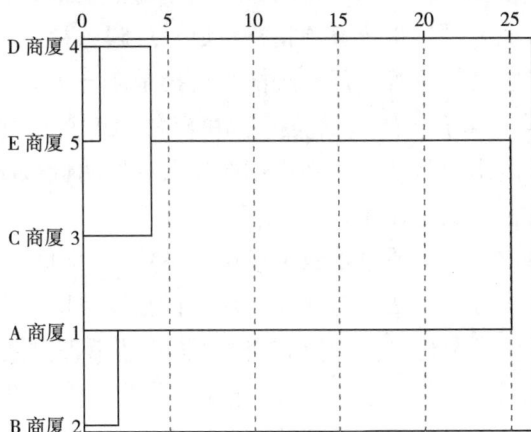

图 13-5　层次聚类分析的树形图

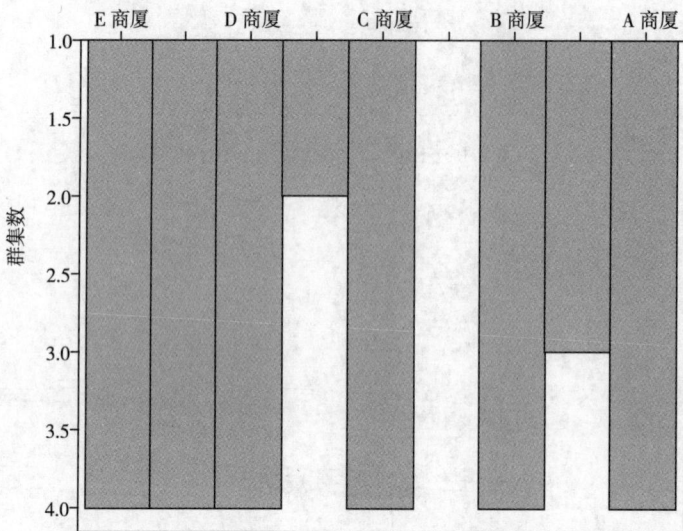

图 13-6　层次聚类分析的冰柱图

13.2.4　层次聚类的应用举例

1. 31 个省、直辖市、自治区小康和现代化指数的层次聚类分析

案例 13-2：利用 2001 年全国 31 个省、直辖市、自治区（不包括香港、澳门、台湾地区，下同）各类小康和现代化指数的数据，对地区进行聚类分析。该份数据中包括六类指数，分别是综合指数、社会结构指数、经济与技术发展指数、人口素质指数、生活质量指数、法制与治安指数。其中，社会结构指数由第三产业从业人员比重等五项指标组成，反映了社会化、城市化、非农化、外向型经济和智力投资等方面；经济与科技是实现小康和现代化的经济基础和知识创新手段，经济与技术发展指数由人均 GDP 等七项指标组成，反映了综合经济的投入产出、就业率、知识创新投入和发明创造能力等方面；文化科技素质对实现目标起决定作用，人口素质指数由人口自然增长率、专业技术人员等六项指标组成；生活质量指数由恩格尔系数等六项指标组成，反映了生活现代化和电气化等方面；法制与治安是现代化建设的稳定机制，法制与治安指数由刑事案件、治安案件、律师数和交通事故死亡率四项指标组成，是个逆向指标。现对 31 个省、直辖市、自治区进行分类。（资料来源：朱庆芳《全国各省市区全面小康社会目标实现程度的综合评价》）

这里利用 SPSS 层次聚类的 Q 型聚类对 31 个省、直辖市、自治区进行分类分析。其中，个体距离采用平方欧氏距离，类间距离采用组间平均链锁距

离，由于数据不存在数量级上的差异，因此无须进行标准化处理。生成的聚类分析树形图如图 13-7 所示，其他结果略去。

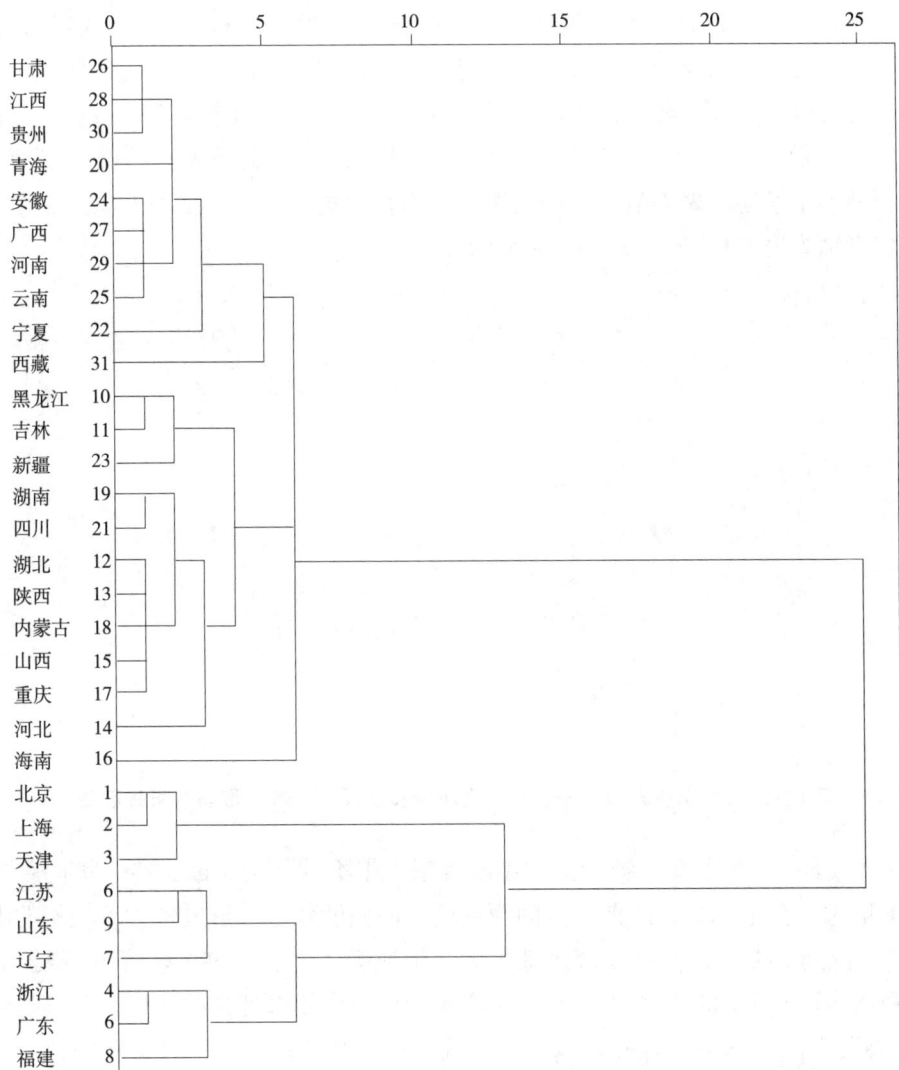

图 13-7　31 个省、直辖市、自治区小康和现代化指数的层次聚类分析结果

由图 13-7 可知，甘肃、江西、贵州的相似性较高，较早聚成了一类；安徽、广西、河南、云南的相似性较高，较早聚成了一类；黑龙江、吉林的相似性较高，较早聚成了一类；湖南、四川的相似性较高，较早聚成了一类；湖北、陕西、内蒙古、山西、重庆的相似性较高，较早聚成了一类；北京、上海的相似性较高，较早聚成了一类；浙江、广东的相似性较高，较早聚成了一

类。如果聚成 3 类，则北京、上海、天津为一类（第 1 类），江苏、山东、辽宁、浙江、广东、福建为一类（第 2 类），其余省份为一类（第 3 类）。

确定聚类数目是聚类分析的关键。SPSS 层次聚类分析将所有可能的聚类解全部输出应如何确定分类数目呢？对此，并没有统一的唯一正确的标准，但可以考虑以下方面：各类的重心间距离应较大，各类所包含的个体数目不应过多，分类数目应符合分析目的，等等。另外，还可以利用碎石图这个辅助工具帮助确定最终的聚类数目。碎石图中的横轴为类间距离，从凝聚状态表中获得，纵轴为聚类数目，如图 13-8 所示。

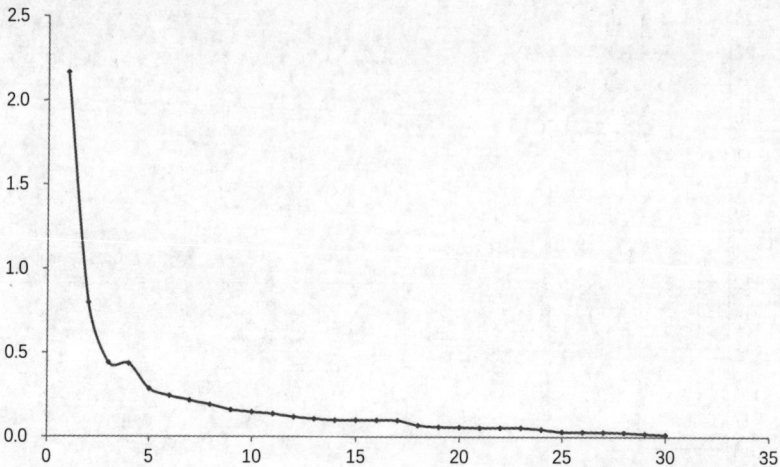

图 13-8　31 个省、直辖市、自治区小康和现代化指数的聚类分析碎石图

观察图 13-8 可知，随着类的不断凝聚、聚类数目的不断减少，类间距离逐渐增大。在聚成 3 类之前，类间距离增大的幅度较小，形成极为"陡峭的山峰"，但到 3 类后，类间距离迅速增大，形成极为"平坦的碎石路"。根据类间距离小形成类的相似性大，类间距离大形成类的相似性小的原则，可以找到"山脚"下的"拐点"碎石，以它作为确定分类数目的参考。在本例中，可以考虑聚成 3 类或 4 类。

聚类分析并没有到此结束，还需分析各类的特征。可对各类的各个指标分别进行描述统计，结果如表 13-10 所示。

表 13-10　31 个省、直辖市、自治区小康和现代化指数聚类分析的各类特征——描述统计

平均数联结法（组间）	N	极小值	极大值	均　值	标准差
1. 综合指数	3	87.90	93.20	91.133 3	2.832 27
社会结构	3	93.40	100.00	96.166 7	3.405 11
经济与技术发展	3	88.70	94.70	92.033 3	3.055 01
人口素质	3	98.00	112.00	106.133 3	7.270 03
生活质量	3	90.00	97.40	94.266 7	3.827 97
法制与治安	3	55.50	62.70	58.566 7	3.716 63
有效的 N（列表状态）	3				
2. 综合指数	6	71.70	80.90	76.383 3	3.691 84
社会结构	6	70.80	90.40	83.650 0	7.082 87
经济与技术发展	6	65.70	86.90	75.200 0	8.997 78
人口素质	6	65.90	93.10	77.016 7	9.904 43
生活质量	6	68.10	86.60	77.216 7	7.871 32
法制与治安	6	58.00	77.20	66.533 3	8.361 50
有效的 N（列表状态）	6				
3. 综合指数	22	50.90	70.10	60.477 3	5.387 10
社会结构	22	51.60	81.10	67.368 2	7.382 95
经济与技术发展	22	31.50	57.20	44.563 6	6.795 70
人口素质	22	56.00	85.80	69.904 5	8.782 10
生活质量	22	29.90	67.60	52.531 8	8.392 82
法制与治安	22	61.60	100.00	75.913 6	9.172 80
有效的 N（列表状态）	22				

由表 13-10 可知，共聚成了 3 类。第 1 类有 3 个省、直辖市，其综合指数、社会结构指数、经济与技术发展指数、人口素质指数、生活质量指数均名列三类之首，法制与治安指数最低，各项指数都是最优的；第 2 类有 6 个省、直辖市，6 个指数均位于第二，各项指数均处于中游水平；第 3 类有 22 个省、直辖市、自治区，其法制与治安指数最高，其余各项指数均最低，各项指数均处于下游。在本例中，第 3 类的样本量偏多，不利于进一步区分该类内地区间的差异，可通过增加分类数目的方法解决该问题。

2. 裁判打分的层次聚类分析

案例 13-3：收集到某场比赛中意大利、韩国、罗马尼亚、法国、中国、美国、俄罗斯裁判员以及热心观众分别给 300 名运动员平均打分的数据，分析各国裁判员的打分标准是否有相似性。

这里，采用 SPSS 层次聚类的变量聚类，即 R 型聚类分析。其中，变量个体距离采用平方欧氏距离，类间距离采用组间平均链锁距离，由于数据不存在

数量级上的差异，无须进行标准化处理。生成的聚类分析冰柱图如图 13-9 所示，其他结果略去。

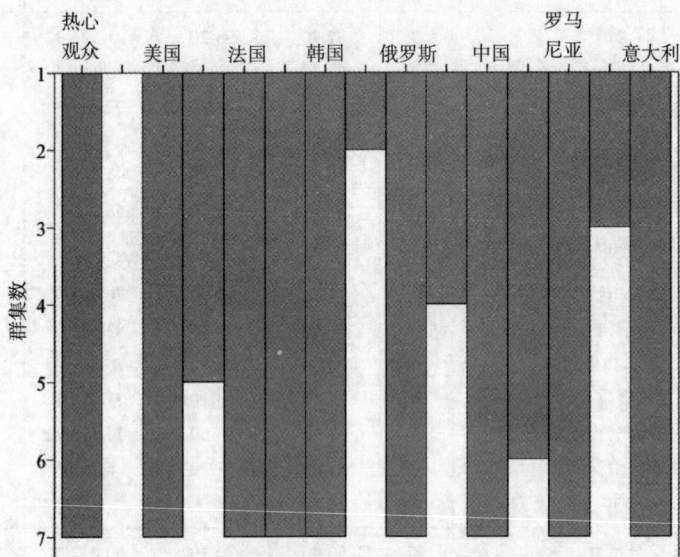

图 13-9　各国裁判员打分的 R 型聚类分析冰柱图

　　由图 13-9 可知，法国裁判员和韩国裁判员的打分相似性最强，其次是中国和罗马尼亚。如果将裁判打分分成 3 类，则热心观众自成一类（第 1 类），美国、法国、韩国为一类（第 2 类），俄罗斯、中国、罗马尼亚、意大利为一类（第 3 类）。对此，可通过计算变量相关系数矩阵加以验证。如果要从上述裁判打分中选出 3 个具有代表性的裁判分数，则应选择热心观众，从美国、法国和韩国中选一名，从俄罗斯、中国、罗马尼亚、意大利中选一名。具体选择哪个国家的裁判打分可分别计算它们的复相关系数，并选择复相关系数最高的作为代表。第 1 类的各复相关系数分别为：美国与（法国、韩国）为 0.93；法国与（美国、韩国）为 0.944；韩国与（美国、法国）为 0.949；因此，可选择韩国。第 2 类的各复相关系数分别为：俄罗斯与（中国、罗马尼亚、意大利）为 0.951；中国与（俄罗斯、罗马尼亚、意大利）为 0.945；罗马尼亚与（俄罗斯、中国、意大利）为 0.948；意大利与（俄罗斯、中国、罗马尼亚）为 0.929；因此，可选择俄罗斯作为代表。

　　总之，层次聚类分析能够得到多个分类解。从层次聚类分析的过程可以看出，层次聚类分析的每一步都要重新计算各个距离。在大样本情况下，层次聚类分析方法对计算机的性能要求比较高，需占用较多的 CPU 时间和内存，可能会出现等待时间过长等问题。

13.3　K-Means 聚类

虽然层次聚类能够得到多个分类解，但其执行效率并不十分理想，K-Means 聚类则能有效地解决该问题。

13.3.1　聚类分析的核心步骤

K-Means 聚类也称快速聚类，它仍将数据看成 p 维空间上的点，以距离作为测度个体"亲疏程度"的指标，并以牺牲多个解为代价换得高执行效率。K-Means 聚类分析的核心步骤如下。

第一步，指定聚类数目 K。

在 K-Means 聚类中，先要求用户自行给出需要聚成多少类，最终也只能输出关于它的唯一解。这点不同于层次聚类。

第二步，确定 K 个初始类中心点。

在指定了聚类数目 K 后，需要指定这 K 个类的初始类中心点。SPSS 中初始类中心点的指定方式有两种：第一，用户指定方式。用户应事先准备好一个存有 K 个观测的 SPSS 数据文件，这 K 个观测将作为 K 个类的初始类中心点。第二，系统指定方式。SPSS 系统会根据样本数据的具体情况选择 K 个有一定代表性的观测作为初始类中心点。它们往往是彼此间距离最远者。在初始类中心点的选择上，虽然用户的可选择性比较大，但也应根据实际工作的需要和以往的经验，指定比较合理的初始类中心点，否则，就应增加迭代次数，以保证最终聚类结果的合理性和准确性。

第三步，根据距离最近原则进行分类。

依次计算每个数据点到 K 个类中心点的欧氏距离，并按照与 K 个类中心点距离最短的原则将所有观测分派到 K 个分类中。

第四步，重新确定 K 个类中心点。

重新确定 K 个类中心点的原则是，依次计算各类中各个变量的均值，并以均值点作为 K 个类的中心点，完成一次迭代。

第五步，判断是否已经满足终止聚类分析的条件。

聚类分析终止的条件有两个：第一，迭代次数。当目前的迭代次数等于指定的迭代次数（SPSS 默认为 10）时，终止聚类。第二，类中心点偏移程度。新确定的类中心点距上次迭代所形成的类中心点的最大偏移量小于指定的量（SPSS 默认为 0.02）时，终止聚类。通过适当增加迭代次数或合理调整类中心点偏移量的判定标准，能够有效克服初始类中心点指定时有可能存在的偏差，提高聚类分析的准确性。

上述两个条件中任意一个满足则结束聚类，如果均不满足，则回到第三步。可见，与层次聚类不同，K-Means 快速聚类是一个反复迭代的分类过程。在聚类过程中，观测所属的类会不断调整，直至最终达到稳定为止。

13.3.2　K-Means 聚类分析的应用举例

1. 31 个省、直辖市、自治区小康和现代化指数的 K-Means 聚类分析

仍利用案例 13-2 中关于 2001 年全国 31 个省、直辖市、自治区各类小康和现代化指数的数据对地区进行 K-Means 聚类分析，要求分成 3 类，初始类中心点由 SPSS 自行确定。

SPSS 的 K-Means 聚类分析的基本操作步骤如下。

（1）选择菜单：【分析（A）】→【分类（F）】→【K-均值聚类（K）】出现如图 13-10 所示的窗口。

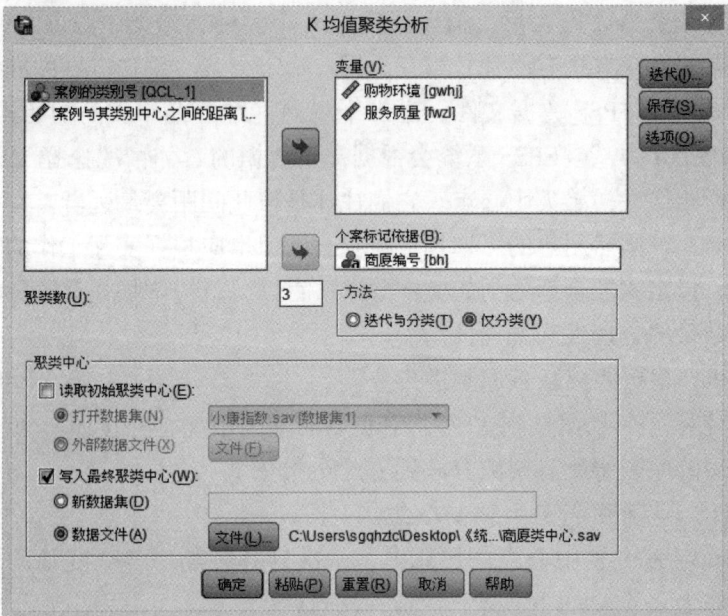

图 13-10　K-Means 聚类分析窗口

（2）选定参与 K-Means 聚类的变量到【变量（V）】框中。

（3）选择一个字符串型变量作为标记变量到【个案标记依据（B）】框中。标记变量将大大增强聚类分析结果的可读性。

（4）在【聚类数（U）】框中输入聚类数目，该数应小于样本量。

（5）如果用户自行指定初始类中心点，则选中【读取初始聚类中心（E）】选项，并给出初始类中心点的 SPSS 数据文件名或数据集名，该数据文件中的变量名应与当前数据编辑器窗口中的变量名一致，且应设一个名为 Cluster 的变量存放类编号，否则，本步可略。

（6）在【方法】框中指定聚类过程是否调整类中心点。其中，【迭代与分类（T）】表示在聚类分析的每一步都重新确定类中心点，SPSS 默认【仅分类（Y）】表示聚类分析过程中类中心点始终为初始类中心点，此时仅进行一次迭代。

（7）在图 13-10 所示的窗口中点击【迭代（I）】按钮，确定终止聚类的条件，窗口如图 13-11 所示。在【最大迭代次数（M）】框后输入最大迭代次数，在【收敛性标准（C）】框后输入类中心点的最大偏移量阈值。另外，【使用运行均值（U）】选中该项表示每当一个观测被分派到一类时，便立即重新计算新的类中心点，此时类中心点与观测分派的前后顺序有关，不选中该项表示只有当完成了所有观测的类分派后才计算类中心点，该方式可节省运算时间。通常不选该选项。

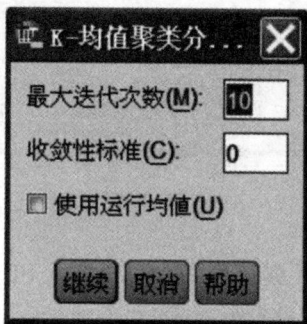

图 13-11 聚类分析的迭代窗口

（8）在图 13-10 所示的窗口中点击【保存（S）】按钮，将聚类分析的部分结果以 SPSS 变量的形式保存到数据编辑器窗口中，窗口如图 13-12 所示。其中，【聚类成员（C）】表示保存观测所属类的类号，还可以保存观测距各自类中心点的距离，可通过该距离评价聚类的效果。

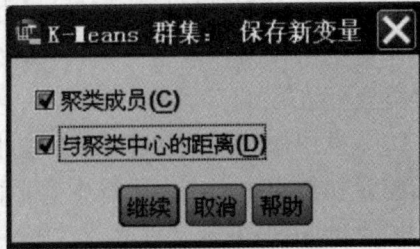

图 13-12 聚类分析的保存窗口

在图 13-10 所示的窗口中点击【选项（O）】按钮，确定输出哪些相关分析结果和缺失值的处理方式，窗口如图 13-13 所示。在【统计量】框中，【初始聚类中心（I）】表示输出初始类中心点；【ANOVA 表（A）】表示以聚类分析产生的类为控制变量，以聚类变量为观测变量进行单因素方差分析并输出各个变量的方差分析表；【每个个案的聚类信息（C）】表示输出样本观测的分类信息及距所属类中心点的距离。

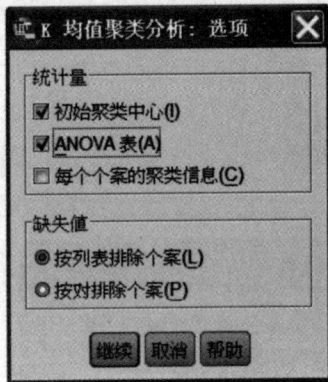

图 13-13　聚类分析的选项窗口

至此完成了 K-Means 聚类分析的全部操作，SPSS 将根据用户指定要求自动进行聚类分析，并将结果输出到查看器窗口或保存到数据编辑器窗口中。案例分析结果如表 13-11～表 13-15 所示。

表 13-11 展示了 3 个类的初始类中心点的情况。3 个初始类中心点的数据分别是（79.20，90.40，86.90，65.90，86.50，59.40）、（92.30，95.10，92.70，112.00，95.40，57.50）、（51.10，61.90，31.50，56.00，41.00，75.60）。可见，第 2 类各指数均是最优的，第 1 类次之，第 3 类各指数最不理想。

表 13-11 31 个省、直辖市、自治区小康和现代化指数的 K-Means 聚类分析结果（初始类中心）

	聚 类		
	1	2	3
综合指数	79.20	92.30	51.10
社会结构	90.40	95.10	61.90
经济与技术发展	86.90	92.70	31.50
人口素质	65.90	112.00	56.00
生活质量	86.50	95.40	41.00
法制与治安	59.40	57.50	75.60

表 13-12 展示了 3 个类中心点每次迭代时的偏移情况。由表 13-12 可知，第 1 次迭代后，3 个类的中心点分别偏移了 24.387，6.307，23.579，第 1 类中心点偏移最大，第 2 次迭代后 3 个类的中心点的偏移均小于指定的判定标准（0.02），聚类分析结束。

表 13-12 31 个省、直辖市、自治区小康和现代化指数的 K-Means 聚类分析结果（迭代历史）

迭 代	聚类中心内的更改		
	1	2	3
1	24.387	6.307	23.579
2	0.000	0.000	0.000

表 13-13 展示了 3 个类的最终类中心点的情况。3 个最终类中心点的数据分别是（75.49，82.86，72.41，77.74，75.84，67.17）、（91.13，96.17，92.03，106.13，94.27，58.57）、（60.02，66.86，44.03，69.32，51.81，76.15）。可见，第 2 类各指数均是最优的，第 1 类次之，第 3 类各指数最不理想。

表 13-13 31 个省、直辖市、自治区小康和现代化指数的 K-Means 聚类分析结果（最终聚类中心）

	聚 类		
	1	2	3
综合指数	75.49	91.13	60.02
社会结构	82.86	96.17	66.86
经济与技术发展	72.41	92.03	44.03
人口素质	77.74	106.13	69.32
生活质量	75.84	94.27	51.81
法制与治安	67.17	58.57	76.15

表 13-14 展示了 3 个类的类成员情况。第 1 类（中游水平）有 7 个省份；第 2 类（上游水平）有 3 个省份；第 3 类（下游水平）有 21 个省份。这里没有输出详细分类结果。

表 13-14 31 个省、直辖市、自治区小康和现代化指数的 K-Means 聚类分析结果（每个聚类中的案例数）

聚 类	案例数
1	7.000
2	3.000
3	21.000
有效	31.000
缺失	0.000

表 13-15 展示了各指数（聚类变量）在不同类的均值比较情况，各数据项的含义依次为组间方差、组间自由度、组内方差、组内自由度、统计量的观测值以及对应的概率 P 值。该表显示各指数的总体均值在 3 类中有显著差异。应注意这里的单因素方差分析并非用于对各总体均值的对比而需关注 F 值。F 值大表明组间差大，组内差小，说明将数据聚成当前的 K 个类是合理的。

表13-15 31个省、直辖市、自治区小康和现代化指数的K-Means聚类分析结果(ANOVA)

	聚 类		误 差		F	Sig.
	均 方	df	均 方	df		
综合指数	1 633.823	2	22.518	28	72.556	0.000
社会结构	1 539.872	2	47.312	28	32.547	0.000
经济与技术发展	4 381.296	2	56.760	28	77.190	0.000
人口素质	1 817.856	2	74.363	28	24.446	0.000
生活质量	3 315.174	2	59.276	28	55.928	0.000
法制与治安	530.188	2	76.284	28	6.950	0.004

K-Means 聚类分析的结果与层次聚类分析相比略有差异,黑龙江省从下游省份中分离出来,被划入了中游省份。这是由两种聚类方法思路上的差异造成的。在 K-Means 聚类分析中,黑龙江省距中游类中心点的距离小于与下游类中心点的距离,因此被归入中游类。在层次聚类分析过程中,黑龙江省所在的小类与其他小类的距离小于与中游小类的距离,因此没能被凝聚在中游类中。可见,层次聚类分析中观测所属类一旦确定就不会再改变,K-Means 聚类分析中观测的类归属则会不断调整。

2. 五座商厦总体评价的 K-Means 聚类分析

根据案例 13-1 的五座商厦购物环境和服务质量的顾客评分数据,利用 K-Means 聚类分析方法按照优秀、良好、合格的总体水平将它们分类。

这里仍然采用 K-Means 聚类分析方法,但由于要求按照优秀、良好、合格的总体水平分类,因此需要用户自行指定与之对应的 3 个类中心,而且不应在聚类过程中重新调整类中心点,即不应进行迭代。用户指定的初始类中心应事先存储在 SPSS 数据文件中。本例的初始类中心数据如表 13-16 所示。

表 13-16 初始类中心数据

Cluster_	gwhj	fwzl
1	95	95
2	85	85
3	65	65

其中,第一行为 SPSS 的变量名,应与原始数据的变量名相吻合。第一列存储类编号,变量名必须设为 Cluster_。另外,分别以 95,85 和 65 作为优秀、良好与合格的标准。具体操作窗口如图 13-14 所示。注意应选择【仅分类(Y)】选项。

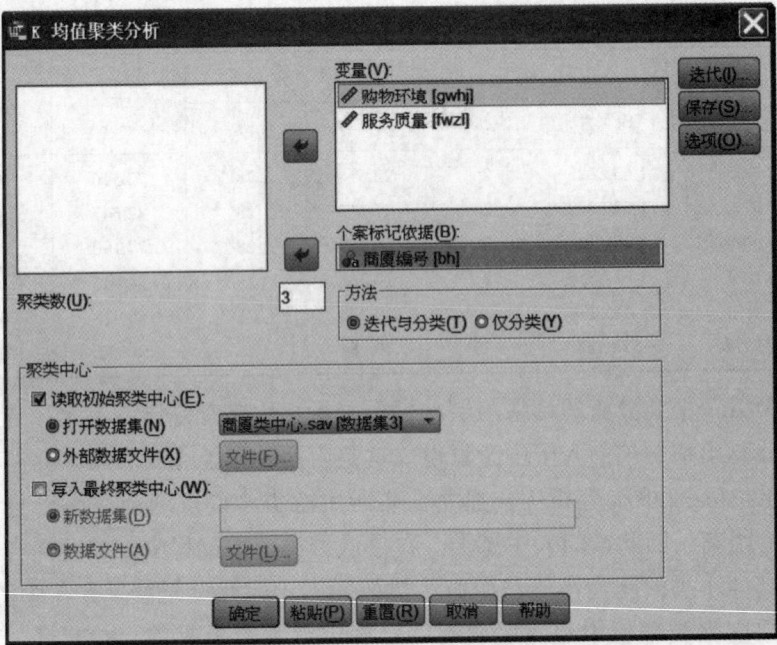

图 13-14 五座商厦的 K-Means 聚类分析窗口

分析结果发现：E 商厦属优秀类，A，B 商厦属良好类；C，D 商厦属合格类。虽然该结论与前面（D，E）为一类的结果不一致，但符合研究要求，结论是可理解的。

习　题

（1）试说明当变量存在数量级上的差异时，进行层次聚类分析为什么要对数据进行标准化处理。

（2）试说明变量之间的高度相关性是否会对层次聚类分析结果造成影响以及原因。

（3）试说明 K-Means 聚类分析的基本步骤，相对于层次聚类，它有怎样的特点。

（4）某家具公司对购买家具的顾客的偏好情况进行调查，主要调查对家具样式、图案、颜色三方面的偏好情况，获得 10 位顾客的数据资料，请对该 10 位顾客做聚类分析。调查指标如表 13-17 所示。

X_1（喜欢的式样）：老式记为 1，新式记为 2。

X_2（喜欢的图案）：素式记为 1，格子式记为 2，花式记为 3。

X_3（喜欢的颜色）：蓝色记为 1，黄色记为 2，红色记为 3。

表 13-17　顾客购买家具偏好调查

顾客序号	式　样	图　案	颜　色
1	1	3	1
2	1	2	2
3	2	3	3
4	2	2	3
5	1	1	1
6	1	1	2
7	1	2	1
8	2	2	2
9	2	3	3
10	2	3	3

（5）某运动队对 13 名运动员的生理状况和心理状况进行评估，获得的数据如表 13-18 所示。请利用生理分与心理分对 13 名运动员进行类别划分。

表 13-18　运动员的生理状况和心理状况评估

运动员编号	生理分	心理分
1	8.00	7.00
2	6.00	6.00
3	7.00	8.00
4	4.00	3.00
5	9.00	3.00
6	4.00	2.00
7	3.00	4.00
8	4.00	4.00
9	6.00	6.00

运动员编号	生理分	心理分
10	3.00	3.00
11	4.00	5.00
12	8.00	2.00
13	8.00	7.00

（6）表 13-19 列出了 11 个国家出生率和死亡率的指标，请用快速聚类法将 11 个国家划分为 2 类。

表 13-19 不同国家出生率和死亡率数据

单位：‰

序 号	国 别	出生率	死亡率
1	中国	19	8
2	日本	10	8
3	法国	13	11
4	德国	10	11
5	意大利	10	10
6	俄罗斯	11	13
7	英国	13	11
8	美国	16	9
10	智利	24	7
11	印度	29	10

（7）浙江省杭州市 1986—2020 年的固定资产投资、就业总数和 GDP 的数据如表 13-20 所示。数值来源取值为 1 表示该观测量的数据来源于《统计年鉴》，取值为 0 表示对该年份的估计值。根据 GDP 与固定资产投资和就业总数之间的关系，将 1986—2020 年的 35 年分成三个年份，1 表示就业拉动型经济发展模式，2 表示投资拉动型经济发展模式，3 表示人力资本拉动型经济发展模式。请根据表 13-20 的数据进行判别分析，并判断 2011—2020 年分别属于哪种经济发展模式。

表 13-20 杭州市 1986—2020 年经济指标与就业数据

年　份	数值来源	分段年份	GDP/ 万元	固定资产投资 / 万元	就业总数 / 万人
1986	1	1	1 053 589	182 398	347.9
1987	1	1	1 260 162	200 516	347.2
1988	1	1	1 525 427	205 967	357.4
1989	1	1	1 662 945	202 131	360.2
1990	1	1	1 896 216	229 214	363.5
1991	1	1	2 279 545	255 696	382.3
1992	1	1	2 900 690	384 136	385.5
1993	1	1	4 247 094	825 382	393.2
1994	1	1	5 855 239	1 059 437	421.2
1995	1	1	7 620 055	1 566 280	422.6
1996	1	2	9 066 133	1 819 333	420.3
1997	1	2	10 363 299	2 139 012	420.1
1998	1	2	11 348 899	2 681 740	417.1
1999	1	2	12 252 795	3 233 609	414.2
2000	1	2	13 825 616	3 766 473	408.11
2001	1	2	15 680 138	4 634 929	413.18
2002	1	3	17 818 302	5 623 366	441.14
2003	1	3	20 997 744	8 952 090	450.59
2004	1	3	25 431 796	11 081 993	477.63
2005	1	3	29 438 430	12 777 972	481.1
2006	1	3	34 434 972	13 734 482	512.21
2007	1	3	41 040 117	15 837 775	533.09
2008	1	3	47 889 748	18 822 936	569.15
2009	1	3	50 875 529	21 951 706	597.47
2010	1	3	59 491 687	26 518 839	626.33
2011	0	3	45 388 917	18 499 098	563.61
2012	0	3	47 556 507	19 433 837	573.23

年　份	数值来源	分段年份	GDP/万元	固定资产投资／万元	就业总数／万人
2013	0	3	49 724 097	20 368 575	582.85
2014	0	3	51 891 687	21 303 314	592.48
2015	0	3	54 059 278	22 238 053	602.1
2016	0	3	56 226 868	23 172 791	611.72
2017	0	3	58 394 458	24 107 530	621.34
2018	0	3	60 562 048	25 042 268	630.97
2019	0	3	62 729 638	25 977 007	640.59
2020	0	3	64 897 228	26 911 745	650.21

第 14 章　统计指数

14.1　统计指数的概念与作用

14.1.1　统计指数的概念

统计指数的含义有广义和狭义之分。

广义的指数：凡是能说明现象数量差异（变动）程度的相对数都可称之为指数，如动态相对数、比较相对数、计划完成程度等。我国 2010 年钢产量为 9 535.99 万 t，2012 年为 10 124.06 万 t，2012 年钢产量为 2010 年的 106.17%；1995 年我国国内生产总值为 58 478.1 亿元，1996 年为 68 593.8 亿元，1996 年国内生产总值为 1995 年的 117.3%。这里 106.17% 是反映钢产量单项事物变动的，117.3% 是反映国内生产总值复杂现象综合变动的，我们把这类相对数都叫指数。

狭义的指数：用来反映由许多不能直接相加的和不能直接对比的要素所组成的复杂现象在不同期间的数量综合差异（变动）程度的特殊相对数。比如，零售物价指数是说明全部零售商品价格（各商品价格不能直接相加）总变动的相对数；工业产品产量指数是说明一定范围内全部工业产品产量（各商品的产量不能直接相加）总变动的相对数等。

14.1.2　广义指数的主要分类

（1）指数按其反映对象的范围不同，分为个体指数和总指数。

个体指数：反映单个事物或现象在不同时期上的变动程度。下面举例说明。

个体物量指数：$k_q = q_1/q_0$；

个体成本指数：$k_z = z_1/z_0$；

个体物价指数：$k_p = p_1/p_0$。

上述式中，q 代表产量或销售量，z 代表单位成本，p 代表产品或商品价格；下标 1 代表报告期，下标 0 代表基期；k 代表个体指数。

总指数：说明多种事物或现象在不同时期上的综合变动程度的相对数，如几种产品的产量总指数 k_q、全部商品物价总指数 k_p 等。

（2）指数按其所反映现象的内容性质不同，分为数量指标指数和质量指标指数。

数量指标指数：反映数量指标变动（或差异）程度的相对数，如产品产量指数、职工人数指数等。

质量指标指数：反映质量（或说明生产经营中所取得的效益状态、工作质量）指标变动（或差异）程度的相对数，如价格指数、劳动生产率指数、单位成本指数等。

（3）在指数数列中，指数按其采用的基期不同，分为定基指数和环比指数。

指数数列：为了反映现象在长时间内不断变动的情况，所以通常是每间隔一段时间就编制一次指数，这样就形成了一个指数序列。例如，我国每年都计算工农业产品物量指数、国民经济发展状况的国内生产总值指数，这就形成了在时间上前后衔接的指数数列。

定基指数：在指数数列中，如果各期指数都以某一固定时期为基期，这种指数称定基指数。

环比指数：如果各期指数都以其前一期为基期，则为环比指数。

14.1.3　统计指数的作用

（1）综合反映现象总体的变动方向和变动程度。这些组成现象总体的个别事物不能直接相加或不能直接对比，通过编制统计指数可以使它们过渡到可以相加、可以对比，从而综合反映现象总体的变动方向和变动程度。

（2）分析现象总体变动中各个因素的影响方向和影响程度。许多社会经济现象都是复杂现象，其变动要受多种因素影响。通过编制各种因素指数，可以分析各因素影响的方向和影响程度。比如，分别编制销售量指数和价格指数，分析它们对销售额的影响方向和影响程度；分别编制产量指数和单位产品成本指数，分析它们对总成本的影响方向和影响程度。另外，还可以利用指数法，分析总平均指标变动中各个因素的影响作用。比如，全体职工平均工资水平的变动不仅取决于各组职工工资水平的变动，还取决于各组人数占总人数比重变动的影响。

（3）分析研究社会经济现象在长时间内的发展变化趋势。利用连续编制的动态指数数列，可以进行长时间的现象发展趋势分析和比较分析。

（4）对社会经济现象进行综合评价和测定。许多经济现象都可以运用统计指数进行综合评定，以便对某种经济现象的水平做出综合的数量判断。例如，用综合经济指数法评价一个地区或单位经济效益的高低；用平均数指数法评价和测定技术进步的程度，及其在经济增长中的作用等。

14.2　统计指数的编制

总指数的编制可以从两个角度进行，即平均法和综合法。

14.2.1　平均法

1. 平均法指数的概念

平均法指数：利用平均法编制总指数的方法是将个体指数加权平均。按平均法编制的总指数称为平均法指数。

平均法指数的编制特点：先求得个体指数，后对个体指数平均得到总指数。

2. 平均法要解决的问题

平均方法的选择：从理论上讲，应根据指数的特性来选择平均方法，现实中较普遍的方法有加权算术平均法和加权调和平均法。

代表单位的空间选择：指数计算中如果很难取得全面资料，就根据具体情况选择代表规格品，如物量或物价指数中的代表规格品、股市价格指数中代表公司的选择等，都需要根据事物的具体情况来定。

权数标志的确定：选择能代表被研究事物重要程度的标志为权数。在物量指数和物价指数编制中，都以商品的价值量为权数，如商品销售额、产品产值、生产成本等。这些价值量标志都是两个构成因子的乘积，即质量因子 p 和数量因子 q 的乘积 pq。在指数的编制中，我们把数量指标指数中的数量因子和质量指标指数中的质量因子称为指数化因素。比如，价格指数中的价格因素、成本指数中的单位成本、物量指数中的销售量和生产指数中的产量等都是指数化因素。而权数都是两因子的乘积 pq，它是包括指数化因子在内的价值量指标，是可以相加汇总的标志值。

权数的时间选择：不论是数量因子、质量因子，还是两者乘积构成的价值量标志值，都存在基期和报告期的数值，不同时期的两因子组合所构成的价值量数值都可以作为权数使用。那么，选择哪个时期更好呢？

3. 平均法指数的编制

（1）实际权数平均法指数

在算术平均法指数的编制中，其指数化因素选择基期数值；在调和平均法指数的编制中，其指数化因素选择报告期数值。

按上述原则，以物价和物量指数为例，可得到如下平均数指数的计算式。

①加权算术平均法指数

物量总指数：

$$\overline{k_q} = \frac{\sum k_q q_0 p_0}{\sum q_0 p_0}$$ （14-1）

其中，$k_q = \dfrac{q_1}{q_0}$ 为数量指标的个体指数，p 代表价格，q 代表产量或销售量，$p_0 q_0$ 为基期销售额。

物价总指数：

$$\overline{k_p} = \frac{\sum k_p q_0 p_0}{\sum q_0 p_0}$$ （14-2）

其中，$k_p = \dfrac{p_1}{p_0}$，其余各符号代表的意义同上。

（2）加权调和平均法指数

物价总指数：

$$\overline{k_q} = \frac{\sum q_1 p_1}{\dfrac{1}{k_q} q_1 p_1}$$ （14-3）

物量总指数：

$$\overline{k_p} = \frac{\sum q_1 p_1}{\dfrac{1}{k_p} q_1 p_1}$$ （14-4）

【例 14-1】已知某商店四种主要商品的价格个体指数和销售量个体指数及有关销售额资料如表 14-1 所示。求四种商品销售量的加权算术平均法指数。

表 14-1　主要商品个体指数及销售额资料

商品名称	个体物价指数($k_p=p_1/p_0$)/%	个体物量指数 ($k_q=q_1/q_0$) /%	销售额 / 元	
			基期 (p_0q_0)	报告期 (p_1q_1)
甲	125.00	120.00	7 600	11 400.0
乙	110.00	110.00	1 200	1 452.0
丙	90.00	150.00	1 600	2 160.0
丁	105.00	90.00	1 500	1 417.5
合计	--	--	11 900	16 429.5

四种商品销售量的加权算术平均法指数为

$$\overline{k_q} = \frac{\sum k_q p_0 q_0}{\sum p_0 q_0}$$

$$= \frac{120\% \times 7\,600 + 110\% \times 1\,200 + 150\% \times 1\,600 + 90\% \times 1\,500}{11\,900} = 119.24\%$$

计算表明，四种商品销售量报告期比基期平均增长 19.24%。

四种商品物价的加权调和平均法指数为：

$$\overline{k_q} = \frac{\sum q_1 p_1}{\sum \frac{1}{k_q} q_1 p_1} = \frac{16\,429.5}{\frac{11\,400}{125\%} + \frac{1\,452}{110\%} + \frac{2\,160}{90\%} + \frac{1\,417.5}{105\%}} = 115.78\%$$

计算表明，四种商品价格报告期比基期平均上升 15.78% 。

（2）固定权数平均法指数

在国内外统计工作中往往采用经济发展比较稳定的某一时期的代表规格品的价值总量作为固定权数（ W ），该权数一经确定就可以在相对较长的时间（1～5 年）内使用，这就大大减少了工作量。

固定权数资料可以根据有关的普查资料或抽样调查资料调整计算确定。其形式有固定加权算术平均法指数和固定加权调和平均法指数两种。物价指数与物量指数公式如下。

①固定加权算术平均法指数

物价指数：

$$\overline{k_p} = \frac{\sum k_p w}{\sum w} \tag{14-5}$$

物量指数：

$$\overline{k_q} = \frac{\sum k_q w}{\sum w}$$

（14-6）

②固定加权调和平均法指数

物价指数：

$$\overline{k_p} = \frac{\sum w}{\sum \frac{1}{k_p} w}$$

（14-7）

物量指数：

$$\overline{k_q} = \frac{\sum w}{\sum \frac{1}{k_q} w}$$

（14-8）

采用固定权数平均法指数的优点：可以避免每次编制指数权数资料来源的困难，也便于前后不同时期的比较。

14.2.2 综合法

根据客观现象之间的内在联系，先确定与研究现象有关的同度量因素，把不能直接相加的现象数值转化为可以直接加总的价值形态总量，再将两个不同时期的总量指标进行综合对比得到相应的相对指标，以测定所研究现象数量的变动程度。

同度量因素：把不能直接相加的指标过渡为可以相加计算指标的因素。例如，各种商品销售量的实物形态不同，不能直接相加，但抛开商品的使用价值，各种商品都是社会劳动成果，都有一定的价值及货币表现价格，借助商品的价格就可以将商品的销售量转化为销售额，而销售额是可以加总的，商品价格就起到了同度量因素的作用。

1. 数量指标综合指数

根据数量指标编制的综合指数，它是在包含两个因素的综合指数中，固定质量指标因素，只观察数量指标因素变化情况。

（1）以基期价格（p_0）为同度量因素物量总指数公式为

$$\overline{k_q} = \frac{\sum q_1 p_0}{\sum q_0 p_0}$$

（14-9）

式中：$\sum q_1 p_0$ 为以基期价格计算的报告期产值，$\sum q_0 p_0$ 为基期实际产值。

（2）以报告期价格（p_1）为同度量因素物量总指数公式为

$$\overline{k_q} = \frac{\sum q_1 p_1}{\sum q_0 p_1} \qquad (14-10)$$

式中：$\sum q_1 p_1$ 为报告期实际产值，$\sum q_0 p_1$ 为报告期价格计算的基期产值。

（3）以特定价格（P_n）为同度量因素，采用某一固定时期，以特定价格（P_n）作为同度量因素。其公式为

$$\overline{k_q} = \frac{\sum q_1 p_n}{\sum q_0 p_n} \qquad (14-11)$$

现以工业产品产量指数为例，说明数量指标综合指数的编制方法。

设某工业企业三种产品的产量及价格资料如表 14-2 所示。

表 14-2　某企业三种产品的产量与价格资料

产品名称	计量单位	产　量			价格 / 元		
		基期（q_0）	报告期（q_1）	个体指数（$k_q=q_1/q_0$）	基期（p_0）	报告期（p_1）	个体指数（$k_p=p_1/p_0$）
甲	件	1 000	1 150	1.15	100	100	1.00
乙	kg	2 000	2 100	1.05	55	50	0.91
丙	台	400	500	1.25	200	250	1.25

表 14-2 中的计算结果表明，甲产品的产量增长 15%，乙产品产量增长 5%，丙产品的产量增长 25%。三种产品产量的增长程度是不同的，不能反映三种产品产量总的变动程度。为综合说明三种产品产量总的变动程度，应计算产量总指数。

在计算三种产品产量总指数时，由于产品的实物形态不同，不能直接相加综合计算，必须根据经济现象之间的联系，借助同度量因素把产量的实物形态过渡为以货币表现的价值形态。即

$$产品产量（q）\times 产品价格（p）= 产值（pq） \qquad (14-12)$$

通过产值这个价值总量指标来综合不同形态的产品产量，而后就两个时期的产值对比反映产品产量的综合变动。但为了单纯考察产量的变动，在计算产值指标时，还必须把作为同度量因素的价格固定在同一个时期，以消除价格因素变动的影响，即基期和报告期的产值都以同一价格来计算。现以表 14-2 的资料分别计算如下。

以基期价格为同度量因素，将表中有关数据代入式（14-9）计算产品产量综合指数为：

$$\overline{k_q} = \frac{\sum q_1 p_0}{\sum q_0 p_0} = \frac{(1\ 150 \times 100 + 2\ 100 \times 55 + 500 \times 200)}{(1\ 000 \times 100 + 2\ 000 \times 55 + 400 \times 200)} = \frac{330\ 500}{290\ 000} = 113.97\%$$

式中，分子与分母之差为 $\sum q_1 p_0 - \sum q_0 p_0 = 330\ 500 - 290\ 000 = 40\ 500$（元）。

计算结果说明，三种产品产量报告期比基期增长了 13.97%，由于产品产量的增长，产值增加了 40 500 元。

以报告期价格为同度量因素，将表 14-2 的有关资料代入式（14-10）报告期价格为同度量因素的产品产量综合指数是

$$\overline{k_q} = \frac{\sum q_1 p_1}{\sum q_0 p_1} = \frac{1150 \times 100 + 2100 \times 50 + 500 \times 250}{1000 \times 100 + 2000 \times 50 + 400 \times 250} = 115\%$$

计算结果表明，三种产品产量报告期比基期增长了 15%，由于产品产量的增长，产值增加了 45 000 元。

由以上的计算可以发现，使用不同时期价格作为同度量因素所计算的产品产量指数是不等的。应该选用哪个时期的价格作为同度量因素呢？现做如下分析说明．

式（14-9）以基期价格作为同度量因素，是假定在价格没有发生变动的情况下，表明产品产量总的变动程度。这个公式的优点是只反映产品数量的变动，不包括产品价格变动的影响。局限性是在计算分子分母差额时，容易偏离实际。而式（14-9）中 $\sum q_1 p_0$ 是报告期产量按基期价格计算的产值，这就有可能偏离报告期价格的实际情况，或者说在 $\sum q_1 p_0 - \sum q_0 p_0$ 中，缺少了基期与报告期价格不一致的产品价值的份额。

式（14-10）是以报告期价格为权数，避免了用基期价格偏离报告期实际的缺陷。但此式存在的问题是，由于采用了报告期价格为权数，把价格从 p_0 到 p_1 的这种变动影响带到指数中去了，因而它不但反映了产量变动，而且通过 p_1 对产量的权数作用，使式（14-10）中包含有价格变动的影响。

从理论上看，上述分析的两个公式都是成立的，它们都是在一定假定条件下反映产量变动程度的。但联系到实际应用，就编制产品产量指数的目的而言，应只反映产品产量的变化，不应同时反映价格的变动，因而编制产品产量指数时，应将作为同度量因素的价格固定在基期。

由此可以得出，编制数量指标综合指数的一般原则，即编制数量指标指数时应以基期的质量指标作为同度量因素。

2. 质量指标综合指数

根据质量指标编制的综合指数，它是在包含两个因素的综合指数中固定数量指标因素，只观察质量指标因素变化情况。

（1）以基期销售量（q_0）为同度量因素的物价总指数

$$\overline{k_p} = \frac{\sum p_1 q_0}{\sum p_0 q_0} \qquad （14-13）$$

（2）以报告期销售量（q_1）为同度量因素的物价总指数

$$\overline{k_p} = \frac{\sum p_1 q_1}{\sum p_0 q_1} \qquad （14-14）$$

（3）以某一特定时期销售量（q_n）为同度量因素的物价总指数

$$\overline{k_p} = \frac{\sum p_1 q_n}{\sum p_0 q_n} \qquad （14-15）$$

下面仍用表 14-2 的资料，以工业产品价格指数为例，说明质量指标综合指数的编制方法。

以基期产量为同度量因素，现把表中的资料代入式（14-13），得

$$\overline{k_p} = \frac{\sum p_1 q_0}{\sum p_0 q_0} = \frac{100 \times 1000 + 50 \times 2000 + 250 \times 400}{100 \times 1000 + 55 \times 2000 + 200 \times 400} = 103.4\%$$

$$\sum p_1 q_0 - \sum p_0 q_0 = 300\,000 - 290\,000 = 10\,000（元）$$

计算结果表明，三种产品价格报告期比基期综合提高了 3.4%，分子与分母之差说明由于价格提高使产值增加 10 000 元。

以报告期产量为同度量因素，现仍使用表 14-2 中的资料计算价格综合指数，把有关资料代入式（14-14），得

$$\overline{k_p} = \frac{\sum p_1 q_1}{\sum p_0 q_1} = \frac{100 \times 1150 + 50 \times 2\,100 + 250 \times 500}{100 \times 1150 + 55 \times 2\,100 + 200 \times 500} = 104.39\%$$

计算结果表明，报告期生产的三种产品价格综合起来比基期提高了 4.39%。分子与分母的差额为 345 000-330 500=14 500（元），说明由于价格提高产值增长 14 500 元。

上述两个综合价格指数的计算结果不同，问题在于计算价格指数时用了不同时期的产量。现分析如下：

式（14-13）计算得出的结果 103.4% 是按基期产量计算的，它说明假定在产量未发生变化的情况下，产品价格变动的综合程度。它只反映价格的变化，不包含有产量变化的影响。其分子与分母的差额说明基期产品按报告期价格计

算的产值比基期实际产值增加（或减少）的数额。这个数额缺乏实际意义。

式（14–14）计算得出的结果 104.39% 是按报告期产量计算的，它说明在报告期产量的基础上，产品价格综合变动的程度。与式（14–13）比较，多了一个因素的影响，即在它反映价格变动的同时包含有产量变动的因素在内。其分子与分母之差反映的是生产报告期的产品由于价格的变动而增加或减少的产值。这个差额有现实经济意义。

综合上述分析，编制价格综合指数时，选用哪一个时期的产量作为同度量因素，要根据分析研究的目的来决定。①如果只是为了反映产品价格总的变动方向，用基期产量作为同度量因素为好，因为它不包含产量因素变化的影响；②如果不仅是为了反映产品价格的总变动程度，还要分析由于价格变化带来的实际经济效益，就要用报告期产量作为同度量因素才能满足要求。

需要注意的是，在不否定指数合理性的前提下，为保证统计标准和历史数据的一致性及学习和考核的一致性，在编制产品价格指数时，一般将作为同度量因素的产量固定在报告期。

14.2.3 常用的综合指数

在指数理论的发展与完善过程中，还先后产生了一些编制综合指数的其他方法，这些方法直接影响了现代指数，对指数的编制有重要意义。常用的方法如下。

1. 拉氏指数

拉氏指数由德国学者拉斯贝尔斯于 1864 年提出，他主张不论数量指标指数还是质量指标指数，都把同度量因素（权数）固定在基期来计算指数。拉氏物量指数和价格指数的公式如下。

物量指数：

$$\overline{k_q} = \frac{\sum q_1 p_0}{\sum q_0 p_0} \tag{14–16}$$

价格指数：

$$\overline{k_p} = \frac{\sum p_1 q_0}{\sum p_0 q_0} \tag{14–17}$$

2. 派氏指数

派氏指数由德国统计学家派许于 1874 年提出，他主张不论数量指数还是质量指数，都把同度量因素（权数）固定在报告期来计算。公式如下。

物量指数：

$$\overline{k_q} = \frac{\sum q_1 p_1}{\sum q_0 p_1} \tag{14-18}$$

价格指数：

$$\overline{k_p} = \frac{\sum p_1 q_1}{\sum p_0 q_1} \tag{14-19}$$

注：派氏指数把同度量因素固定在报告期，其目的是表明在报告期物量（物价）条件下物价（物量）的综合变动。

【例 14-2】据表 14-3 中的资料计算综合指数。

表 14-3　综合指数计算表

商品名称	单　位	销售量（q）		价格（p）		销 售 额			
		q_0	q_1	p_0	p_1	$p_0 q_0$	$p_1 q_1$	$p_1 q_0$	$p_0 q_1$
甲	件	950	1 140	8	10.0	7 600	11 400	9 500	9 120
乙	台	200	220	6	6.6	1 200	1 452	1 320	1 320
丙	t	80	120	20	18.0	1 600	2 160	1 440	2 400
丁	m	50	45	30	31.5	1 500	1 417.5	1 575	1 350
合计	—	—	—	—	—	11 900	16 429.5	13 835	14 190

（1）物量指数

为了说明销售量的变动，用汇总后的销售总额进行综合对比，并把价格固定下来，由此得到物量指数。

拉氏物量指数：

$$\overline{k_q} = \frac{\sum q_1 p_0}{\sum q_0 p_0} = 119.24\% \tag{14-20}$$

派氏物量指数：

$$\overline{k_q} = \frac{\sum q_1 p_1}{\sum q_0 p_1} = 118.75\% \tag{14-21}$$

（2）价格指数

为了说明价格的变动，用销售总额进行对比时，就必须把同度量因素销售量固定在某一时期，由此得到物价指数。

拉氏价格指数：

$$\overline{k_p} = \frac{\sum p_1 q_0}{\sum p_0 q_0} = \frac{13835}{11900} = 116.26\%$$

派氏价格指数：

$$\overline{k_p} = \frac{\sum p_1 q_1}{\sum p_0 q_1} = \frac{16429.5}{14190} = 115.78\%$$

在资料完全相同的条件下应用拉氏指数和派氏指数的计算结果不同，拉氏指数主要受基期产品结构的影响，派氏指数主要受报告期产品结构的影响。

3. 其他综合指数简介

19 世纪后期，特别是派氏指数产生之后，从同一资料出发，分别采用拉氏和派氏指数公式来计算同类指数时，会得到不同的结果，这就使人们产生了偏误的认识。为了消除"偏误"，人们做了许多尝试，并不断提出新的指数计算公式，现就影响较大并延续至今的两种指数介绍如下。

（1）M-E 式指数

1887 年由英国经济学家马歇尔（Marshall，1842—1924）提出，被英国统计学家艾奇沃斯（Edgeworth，1845—1926）所推广的指数公式，故被称为马歇尔—艾奇沃斯指数公式。该公式所采用的同度量因素是拉氏权数和派氏权数的平均值，其形式为

物量指数：

$$\overline{k_q} = \frac{\sum q_1 \left(\dfrac{p_1 + p_0}{2}\right)}{\sum q_0 \left(\dfrac{p_1 + p_0}{2}\right)} = \frac{\sum p_0 q_1 + \sum p_1 q_1}{\sum p_0 q_0 + \sum p_1 q_0} \tag{14-22}$$

物价指数：

$$\overline{k_p} = \frac{\sum p_1 \left(\dfrac{q_1 + q_0}{2}\right)}{\sum p_0 \left(\dfrac{q_1 + q_0}{2}\right)} = \frac{\sum p_1 q_0 + \sum p_1 q_1}{\sum p_0 q_0 + \sum p_0 q_1} \tag{14-23}$$

马歇尔—艾奇沃斯指数公式的分子是拉氏指数的分子和派氏指数的分子之和，其分母则是拉氏和派氏两种指数分母之和。马歇尔—艾奇沃斯指数是对拉氏指数和派氏指数折中的办法之一，但失去了拉氏指数和派氏指数的经济意义。

（2）F 式指数

1911 年由美国统计学家费暄（Fisher，1867—1947）提出了交叉计算公式，即拉氏与派氏公式的几何平均公式。

物量指数：

$$\overline{k_q} = \sqrt{\frac{\sum q_1 p_0}{\sum q_0 p_0} \times \frac{\sum q_1 p_1}{\sum q_0 p_1}} \tag{14-24}$$

物价指数：

$$\overline{k_p} = \frac{\sum p_1 q_0}{\sum p_0 q_0} \times \frac{\sum p_1 q_1}{\sum p_0 q_1}$$ （14–25）

F 式指数同样是对拉氏指数和派氏指数的一种折衷方法，同样缺乏明确的经济意义。

注意：①实际工作中用平均法和综合法计算指数，这两种方法的应用条件不同，平均法是采用抽样资料，综合法通常采用全面资料计算。②综合指数分子与分母之差说明由于价格或物量变动带来价值总量指标的增减额；平均法指数特别是采用固定权数的平均法指数只具有相对数的意义，分子与分母之差都不具有指数化因素对价值总量指标增减的影响等经济内容。

4. 同度量因素的确定原则

同度量因素的选择归纳起来要解决以下两个问题：

（1）用什么因素作为同度量因素

同度量因素应从各种经济关系式出发，选择与指数化因素有经济关系并且能将不能同度量的现象过渡为可以同度量现象的因素作为同度量因素。

比如，从商品销售额（pq）= 商品销售量（q）× 商品销售价格（p）这一经济关系式出发，计算商品销售价格指数时以商品销售量为同度量因素，计算商品销售量指数时以商品销售价格为同度量因素。

（2）把同度量因素固定在哪个时期

在不否定各类指数的合理性的前提下，同度量因素选择的一般原则如下：数量指标指数应以基期的质量指标作为同度量因素；质量指标指数应以报告期的数量指标作为同度量因素。

14.2.4　经济生活中常用的指数简介

1. 商品零售物价总指数

商品零售物价指数是反映城乡商品零售价格变动趋势的一种经济指数，它从一个侧面对上述经济活动进行观察和分析。

商品零售物价指数采用加权算术平均公式计算。每年根据住户调查资料调整一次权数。每种商品的个体指数采用代表规格品的平均价格计算，其加权算术平均法指数公式为：

$$\overline{k_p} = \sum k_p \frac{w}{\sum w}$$ （14–26）

式中：$k_p = \dfrac{p_1}{p_0}$ 为各种代表规格品个体物价指数，$\dfrac{w}{\sum w}$ 为各种代表规格品所代表的商品零售额的比重（固定权数）。

我国编制商品零售物价指数时，全国统一规定了商品分类。全部商品分为十四大类，分别是食品类、饮料烟酒类、服装鞋帽类、纺织品类、中西药品类、化妆品类、书报杂志类、文体用品类、日用品类、家用电器类、首饰类、燃料类、建材类、机电类。每个大类又分为若干中类，每个中类又分为若干小类，每个小类又包括若干商品。各大类、中类、小类中各部分零售额比重之和均等于 100%。这样，各小类的加权平均法指数便是中类的指数，各中类的加权平均法指数便是大类的指数，各大类的加权平均法指数就是总指数，即商品零售物价指数。

【例 14-3】现以表 14-4 中的资料为例介绍商品零售物价指数的编制与计算过程。具体计算步骤如下：

（1）计算各代表规格品的个体指数。

比如，粳米的个体物价指数为

$$k_p = \frac{p_1}{p_0} = \frac{2.80}{2.60} = 107.69\%$$

（2）各个体指数乘以权数，加总计算得到各小类指数。

比如，细粮的小类指数为

$$\overline{k_p} = \sum k_p \frac{w}{\sum w} = 107.69\% \times 0.8 + 110\% \times 0.2 = 108.15\%$$

（3）各小类指数乘以相应的权数，加总计算得到各中类指数。

比如，粮食中类指数为

$$\overline{k_p} = \sum k_p \frac{w}{\sum w} = 108.15\% \times 0.96 + 105.31\% \times 0.04 = 108.04\%$$

（4）各中类指数乘以相应的权数，加总计算得到各大类指数，如食品大类指数为

$$108.04\% \times 0.14 + 103.4\% \times 0.04 + 97.6\% \times 0.25$$
$$+92.4\% \times 0.15 + 154\% \times 0.1 + 100.7\% \times 0.01 + 94\% \times 0.05$$
$$+103.2\% \times 0.01 + 101.6\% \times 0.06 + 101.3\% \times 0.19$$
$$=105.02\%$$

（5）各大类指数乘相应的权数，加总计算得到总指数，即该市商品零售物价指数 101.01%。

表 14-4 某市商品零售物价指数计算表

类别及品名	规格等级牌号	计量单位	平均价 / 元		权数 /%	基数为 100	
			基 期	报 告		指 数	加权数
甲	乙	丙	（1）	（2）	（3）	（4）=（2）/（1）	（5）=（4）×（3）
总指数					100	101.01	
食品类					<25>	105.02	26.26
粮食					（14）	108.04	15.13
（1）细粮					96	108.15	103.82
	粳米	kg	2.60		80	107.69	86.15
	籼米	kg	2.00		20	110.00	22.00
（2）粗粮					4	105.31	4.21
	赤豆	kg	4.80		60	104.17	62.5
	绿豆	kg	5.70		40	107.02	42.81
油脂					（4）	103.4	4.14
肉禽蛋					（25）	97.6	24.4
水产品					（15）	92.4	13.86
鲜菜					（10）	154.0	15.4
干菜					（1）	100.7	1.01
鲜果					（5）	94.0	4.70
干果					（1）	103.2	1.03
其他食品					（6）	101.6	6.1
饮食业					（19）	101.3	19.25
饮料烟酒类					（15）	100.5	15.07
服装鞋帽类					（10）	102.0	1.20
纺织品类					（3）	100.4	3.01
中西药品类					（5）	104.2	5.21
化妆品类					（5）	102.2	5.11
书报杂志类					（1）	112.0	1.12
文体用品类					（3）	99.3	2.98
日用品类					（12）	100.7	12.08
家用电器类					（10）	94.6	9.46
首饰类					（2）	93.3	1.87
燃料类					（1）	103.5	1.06
建材类					（3）	98.7	2.91
机电类					（5）	92.8	4.64

2. 工业生产指数

工业生产指数是直接利用工业产品产量计算代表产品的个体产量指数，然后以工业增加值作为权数，经加权平均来计算工业总体的发展速度，多以基期

的增加值 p_0q_0 为权数，或采用各工业部门增加值在全部工业增加值应占的比重固定作为权数的办法。其计算公式为

$$\overline{k_q} = \sum k_q \frac{w}{\sum w} \qquad (14\text{--}27)$$

式中：k_q 为工业部门产量指数，w 为部门增加值所占比重（固定权数）。

3. 居民消费价格指数

居民消费价格指数编制目的：观察居民生活消费品及服务项目价格的变动对城乡居民生活的影响，对各级部门掌握居民消费价格状况和研究并制定居民消费价格政策、工资政策以及测定通货膨胀等具有重要的现实意义。

居民消费价格指数构成：由居民用于日常生活消费的全部商品和服务项目所构成，具体包括食品、衣着、家庭设备及用品、医疗保健、交通和通信、娱乐教育和文化用品、居住、服务项目等 8 大类商品及服务项目。每个大类又分为若干中类，每个中类又分为若干小类，每个小类又包括若干商品。目前，国家统计局规定的统计调查消费品和服务项目有 325 种，各地可以根据实际情况适当增加调查品种，但增选商品不得超过 45 种。

居民消费价格指数的编制与零售物价指数的计算公式相同，但两者也有区别，主要表现在以下几方面：

（1）编制的角度不同

零售物价指数是从商品卖方的角度出发，着眼于零售市场，观察零售商品的平均价格水平及其对社会经济的影响；居民消费价格指数是从商品买方的角度出发，着眼于居民生活，观察居民生活消费品及服务项目价格的变动对城乡居民生活的影响。

（2）包括范围不同

它主要体现在两者所包括的项目和具体商品的不同上。零售物价指数分为十四大类，它既包括生活消费品，又包括建筑装潢材料和机电产品等，但它不包括非商品形态的服务项目。居民消费品价格指数分为八大类，它既包括生活消费品，又包括服务项目。

权的确定：编制居民消费价格指数的类权数与大部分商品和服务项目的权数是根据住户调查中居民的实际消费构成计算。

4. 零售物价指数和居民消费价格指数的应用

（1）反映通货膨胀

$$\text{通货膨胀率} = \frac{\left(\begin{array}{c}\text{报告期居民消}\\\text{费价格指数}\end{array}\right) - \left(\begin{array}{c}\text{基期居民消}\\\text{费价格指数}\end{array}\right)}{\text{基期居民消费价格指数}} \times 100\% \qquad （14-28）$$

如果通货膨胀率大于，则说明通货膨胀；如果通货膨胀率小于，则说明通货紧缩。

（2）可用于反映货币购买力变动

$$\text{货币购买力指数} = \frac{1}{\text{居民消费价格指数}} \times 100\% \qquad （14-29）$$

因为货币购买力的变动与消费品和劳务价格的变动呈反比例关系，所以居民消费价格指数的倒数就是货币购买力指数。

（3）反映消费品和服务项目的价格变动对职工的实际工资的影响

$$\text{职工实际工资指数} = \frac{\text{职工平均工资指数}}{\text{居民消费价格指数}} \times 100\% \qquad （14-30）$$

上式说明职工在不同时期得到的货币工资额实际能够买到的消费品和服务项目在数量上的增减变化。

（4）用作其他经济时间序列的紧缩因子

如果将居民消费价格指数对工资、个人消费支出、零售额以及投资额等进行调整后，这些经济时间序列值就不再受通货膨胀因素的影响。

例如，某公司在 1989 年 1 月 1 日以 10% 的利息投资了 100 000 元，其计算结果如表 14-5 所示。其中，投资额被消费价格指数除，从中可以发现其投资的名义价值虽然增长了 10%，但是其购买力的增长大大减少了。表 14-5 中第（4）栏的时间序列值已消除了通货膨胀因素对其的影响。

时间序列值的通货紧缩：

$$（4）=（3）/（2）$$

表 14-5　计算结果

年　份	城市居民消费价格指数 （1982=100）	每年底的投资值 / 元 （按现行价格计算）	每年底的投资值 / 元 （按 1982 年不变价格计算）
（1）	（2）	（3）	（4）

年　份	城市居民消费价格指数 （1982=100）	每年底的投资值／元 （按现行价格计算）	每年底的投资值／元 （按 1982 年不变价格计算）
1989	107.6	110 000	102 230
1990	109.6	121 000	110 401
1991	113.6	133 100	117 165
1992	118.3	146 410	123 762
1993	124.0	161 051	129 880
1994	130.7	177 156	135 544

14.3　指数体系与因素分析

14.3.1　总量指标的因素分析

复杂现象的存在和变动往往受到两个或多个因素的影响。指数因素分析法就是依据指数体系分析各影响因素的变动对现象总变动的影响方向和影响程度。

1. 确定影响因素的指标体系

复杂现象及其构成在静态上的数量关系往往可以用指标体系来表现。例如，

$$商品销售额 = 商品销售量 \times 商品销售价格 \qquad （14-31）$$

$$产品总成本 = 产品产量 \times 产品单位成本 \qquad （14-32）$$

该类指标体系为因素分析提供了确定影响因素的依据。

2. 影响因素构成的指数体系

指标体系在动态上表现的等式关系就构成了各指标指数之间的有机系统。例如，

$$商品销售额指数 = 商品销售量指数 \times 商品销售价格指数 \qquad （14-33）$$

$$产品总成本指数 = 产品产量指数 \times 产品单位成本指数 \qquad （14-34）$$

总指数是个体指数的期望值，即：

$$E(x \cdot y) = E(x) \cdot E(y|x) \qquad （14-35）$$

即两个因子乘积的平均数变动程度（总量指标指数）等于某因子单独变动

的指数乘以在该因子已变动的前提下另一因子的变动指数。所以在指数体系中，两因素指数需要一个采用 L 式指数，另一个采用 P 式指数。例如，

$$K(pq)=Kp \times K(q|p) \qquad (14-36)$$

$$K(pq)=Kq \times K(p|q) \qquad (14-37)$$

商品销售额指数可以表示为

$$\frac{\sum p_1 q_1}{\sum p_0 q_0} = \frac{\sum p_0 q_1}{\sum p_0 q_0} \times \frac{\sum p_1 q_1}{\sum p_0 q_1} \qquad (14-38)$$

3. 总量指标因素分析体系

指数体系中，每一指数的分子和分母之差正表明指数化因子的变动对总量指标影响的绝对量，各绝对量之间的关系式就是传统的因素分析体系。比如，L 式销售量指数的分子与分母之差为

$$\sum p_0 q_1 - \sum p_0 q_0 = \sum (q_1 - q_0) p_0 \qquad (14-39)$$

它是假定价格不变的前提下纯粹由于销售量变动而引起的销售额的变动结果。P 式物价指数的分子与分母之差为

$$\sum p_1 q_1 - \sum p_0 q_1 = \sum (p_1 - p_0) q_1 \qquad (14-40)$$

它是在销售量已变化到报告期（在现实的商品结构）的条件下，价格变化所引起的销售额的变动数量。

【例 14-4】现以表 14-6 中的资料为例说明总量指标的分析方法。

表 14-6　某厂产品产量和成本资料

产品名称	单　位	产量 / 万件		单位成本 / 元		总成本 / 万元		
		q_0	q_1	z_0	z_1	$z_0 q_0$	$z_1 q_1$	$z_0 q_1$
甲	m	65	40	8	9.5	520	380	320
乙	台	50	75	6	4.2	300	315	450
合计	—	—	—	—	—	820	695	770

分析：①该厂总成本的变动情况；②总成本变动受哪些因素的影响？③分析各因素变动对总成本变动的贡献。

从表 14-6 中可知报告期总成本为 695 万元，基期总成本为 820 万元。

$$总成本指数 = \frac{\sum z_1 q_1}{\sum z_0 q_0} = \frac{695}{820} = 84.76\%$$

总成本变动额 $= \sum z_1 q_1 - \sum z_0 q_0 = 695 - 820 = -125$（万元）

这说明报告期总成本比基期降低 15.24%，减少 125 万元。

总成本变动受产量和单位成本两个因素的变动影响，故可依据下列指数体系来分析总成本降低的影响因素：

$$总成本指数 = 产品产量指数 \times 产品单位成本指数 = \frac{\sum z_1 q_1}{\sum z_0 q_0} = \frac{\sum z_0 q_1}{\sum z_0 q_0} \times \frac{\sum z_1 q_1}{\sum z_0 q_1}$$

（14–41）

代入表 14–6 中的数据计算，得

$$\frac{695}{820} = \frac{770}{820} \times \frac{695}{770} \quad 即：84.76\% = 93.90\% \times 90.26\%$$

该厂报告期总成本比基期降低 15.24%，是产量降低 6.1% 和单位成本降低 9.74% 共同影响的结果。各项分子与分母之差为

$$\left(\sum z_1 q_1 - \sum z_0 q_0 \right) = \left(\sum z_0 q_1 - \sum z_0 q_0 \right) + \left(\sum z_1 q_1 - \sum z_0 q_1 \right)$$

（14–42）

代入表 14–6 数据计算，得

695 – 820 = （770 – 820）+（695 – 770） 即：–125 =（–50）+（–75）

这说明总成本报告期比基期减少 125 万元，是由于产量降低使总成本减少 50 万元，由于单位成本降低使总成本减少 75 万元。

14.3.2 平均指标的因素分析

分析各组水平数 x 与总体的单位结构值 $f / \sum f$ 的变动对平均指标 X 产生的影响。

同度量因素的确定参照综合指数一般原则。

规定各组水平值 x 为与质量指标相似的数值，以总体的单位结构值 $f / \sum f$ 为数量指标相似的数值。

1. 平均指标分解的指数体系

$$\frac{\dfrac{\sum x_1 f_1}{\sum f_1}}{\dfrac{\sum x_0 f_0}{\sum f_0}} = \frac{\dfrac{\sum x_0 f_1}{\sum f_1}}{\dfrac{\sum x_0 f_0}{\sum f_0}} \times \frac{\dfrac{\sum x_1 f_1}{\sum f_1}}{\dfrac{\sum x_0 f_1}{\sum f_1}}$$

（14–43）

叫可变组成指数，它综合反映各组平均水平和总体的单位结构两个因素影响平均指标变动的指数。

$$\frac{\sum x_0 f_1}{\sum f_1} \div \frac{\sum x_0 f_0}{\sum f_0}$$

（14–44）

式（14-44）为结构影响指数，它把两个时期的各组平均水平固定，以纯粹反映单位结构变动对总平均指标变动的影响程度。

$$\frac{\sum x_1 f_1}{\sum f_1} \div \frac{\sum x_0 f_1}{\sum f_1} \qquad (14\text{-}45)$$

式（14-45）为固定构成指数，把两个时期的总体单位结构固定起来，单纯表明各组平均水平的变动对总平均指标变动的影响程度。

2. 各项指数的分子与分母之差的因素分析体系

$$\frac{\sum x_1 f_1}{\sum f_1} - \frac{\sum x_0 f_0}{\sum f_0} = \left(\frac{\sum x_0 f_1}{\sum f_1} - \frac{\sum x_0 f_0}{\sum f_0} \right) + \left(\frac{\sum x_1 f_1}{\sum f_1} - \frac{\sum x_0 f_1}{\sum f_1} \right) \qquad (14\text{-}46)$$

【例 14-5】现以表 14-7 为例说明平均指标因素分析法。

表 14-7 平均指标因素分析表

车 间	职工人数／人		月平均工资／元		工资总额／元		
	基期（f_0）	报告期（f_1）	基期（x_0）	报告期（x_1）	基期 $x_0 f_0$	报告期 $x_1 f_1$	$x_0 f_1$
甲车间	72	66	705	780	50 760	51 480	46 530
乙车间	30	74	420	465	12 600	34 410	31 080
合 计	102	140	621.18	613.5	63 360	85 890	77 610

分析：①总平均工资的变动情况。②平均工资降低由哪些原因引起？③各因素的影响程度多大？

分析：表 14-7 中甲、乙两车间月平均工资均有不同程度的上升，对总的月平均工资起着提高的作用。而总的月平均工资仍然有所降低，原因在于高工资的甲车间人数比重由 70.59% 下降至 47.14%，低工资的乙车间人数比重由 29.41% 上升至 52.86%，即职工人数总体结构变化对总平均工资的影响。采用指数因素分析如下。

可变组成指数：

$$\frac{\sum x_1 f_1}{\sum f_1} \div \frac{\sum x_0 f_0}{\sum f_0} = \frac{x_1}{x_0} = \frac{613.50}{621.18} = 98.76\%$$

$$\frac{\sum x_1 f_1}{\sum f_1} - \frac{\sum x_0 f_0}{\sum f_0} = x_1 - x_0 = 613.5 - 621.18 = -7.68$$

从上面的计算可知，两车间报告期的月平均工资是基期平均工资的 98.76%，平均每个工人减少工资 7.68 元。

结构影响指数：

$$\frac{\dfrac{\sum x_0 f_1}{\sum f_1}}{\dfrac{\sum x_0 f_0}{\sum f_0}} = \frac{\dfrac{77610}{140}}{\dfrac{63360}{102}} = \frac{554.36}{621.18} = 89.24\%$$

$$\frac{\sum x_0 f_1}{\sum f_1} - \frac{\sum x_0 f_0}{\sum f_0} = \frac{77610}{140} - \frac{63360}{102} = 554.36 - 621.18 = -66.82$$

上面的计算表明，由于各车间工人的结构发生变动，总平均工资报告期比基期降低了 10.76%，平均每人减少工资 66.82 元。

固定构成指数：

$$\frac{\dfrac{\sum x_1 f_1}{\sum f_1}}{\dfrac{\sum x_0 f_1}{\sum f_1}} = \frac{\dfrac{85\,890}{140}}{\dfrac{77\,610}{140}} = \frac{613.5}{554.36} = 110.67\%$$

$$\frac{\sum x_1 f_1}{\sum f_1} - \frac{\sum x_0 f_1}{\sum f_1} = \frac{85\,890}{140} - \frac{77\,610}{140} = 613.5 - 554.36 = 59.14$$

上面的计算表明，由于各车间平均工资的变动，总平均工资报告期比基期上升了 10.67%，平均每人增加工资 59.14 元。

综合以上计算结果，平均工资指数体系如下：

$$98.76\% = 89.24\% \times 110.67\%$$

$$-7.68 = (-66.82) + 59.14$$

计算结果表明，该厂全体职工月平均工资报告期比基期下降 1.24%，减少了 7.68 元，原因是职工总体结构变化使之下降 10.67%，减少 66.82 元，两车间平均工资水平变化使之上升 10.67%，增加 59.14 元。

14.3.3 多因素分析

当现象由三个或三个以上因素构成时，测定这些因素对该现象的影响程度和影响的绝对额，即为多因素分析。

1. 多因素分析中的影响因素及其确定

多因素构成的指标体系是由两个因素的体系扩展而成的。

例如，

$$总产值 = 总产量 \times 产品价格 \tag{14-47}$$

各因素指标还可以细分，如

$$总产量 = 工人数 \times 工人劳动生产率 \qquad (14-48)$$

有三因素体系为

$$总产值 = 工人数 \times 工人劳动生产率 \times 产品价格 \qquad (14-49)$$

2. 多因素分析应尽量遵守的原则

因素间的排列顺序和分析的结果完全取决于两因素的排列顺序。

确定多因素排列顺序时，应以排列之后具有独立意义为依据，即各相邻因素合并后成为更高层意义上的影响因素，且能在不改变排列顺序的情况下，通过各种组合方式使多因素返回到两因素体系的形式。

多因素分析中，各因素的排列顺序不能随意确定，更不能随意改变其排列顺序。一般遵循数量指标在前、质量指标在后的原则，中间指标与左右指标结合形成有经济意义的各类指标后，仍然是数量指标在前、质量指标在后的形式。

多因素分析的方法：对多因素构成的体系进行分析时，运用连环替代逐步分析，以求得各因素的影响方向和程度，即分析第一个因素时，把其余因素都固定在基期；分析第二个因素时，将已分析过的第一个因素固定在报告期，其余未分析过的因素都固定在基期，依此类推。

这样利用指数体系分析的方法，就需要确定各因素指数的子项和母项资料，具体方法如下例。

【例 14-6】现根据某企业产品产量及原材料消耗资料（表 14-8）说明多因素分析法。

表 14-8　某企业产品产量及原材料消耗资料

品　名	产量 / 万件		每件消耗 /kg		原料单价 / 元		原材料消耗额 / 万元			
	q_0	q_1	m_0	m_1	p_0	p_1	$q_0 m_0 p_0$	$q_1 m_1 p_1$	$q_1 m_0 p_0$	$q_1 m_1 p_0$
A	0.60	0.62	3.6	3.2	22	25	47.52	49.6	49.104	43.648
B	1.05	1.52	2.8	2.6	18	19	52.92	75.088	76.608	71.136
合计	—	—	—	—	—	—	100.44	124.688	125.712	114.784

可按原材料消耗额 = 产量 $q \times$ 原材料单耗 $m \times$ 原材料单价 $p = \dfrac{\sum q_1 m_1 p_1}{\sum q_0 m_0 p_0}$

$$= \frac{\sum q_1 m_0 p_0}{\sum q_0 m_0 p_0} \times \frac{\sum q_1 m_1 p_0}{\sum q_1 m_0 p_0} \times \frac{\sum q_1 m_1 p_1}{\sum q_1 m_1 p_0}$$ 指标体系来确定影响因素。分别计算各因素

的指数，并建立指数体系逐项进行分析如下。

将指数体系中各指数的分子与分母之差构成各因素影响程度的分析体系为

$$\sum q_1 m_1 p_1 - \sum q_0 m_0 p_0 = \left(\sum q_1 m_0 p_0 - \sum q_0 m_0 p_0 \right)$$
$$+ \left(\sum q_1 m_1 p_0 - \sum q_1 m_0 p_0 \right) + \left(\sum q_1 m_1 p_1 - \sum q_1 m_1 p_0 \right)$$

原材料消耗指数：

$$\frac{\sum q_1 m_1 p_1}{\sum q_0 m_0 p_0} = \frac{124.688}{100.44} = 124.14\%$$

$$\sum q_1 m_1 p_1 - \sum q_0 m_0 p_0 = 124.688 - 100.44 = 24.248 (万元)$$

各产品产量总指数：

$$\frac{\sum q_1 m_0 p_0}{\sum q_0 m_0 p_0} = \frac{125.712}{100.44} = 125.16\%$$

$$\sum q_1 m_0 p_0 - \sum q_0 m_0 p_0 = 125.712 - 100.44 = 25.272 (万元)$$

原材料单耗总指数：

$$\frac{\sum q_1 m_1 p_0}{\sum q_1 m_0 p_0} = \frac{114.784}{125.712} = 91.31\%$$

$$\sum q_1 m_1 p_0 - \sum q_1 m_0 p_0 = 114.784 - 125.712 = -10.928 (万元)$$

原材料价格总指数：

$$\frac{\sum q_1 m_1 p_1}{\sum q_1 m_1 p_0} = \frac{124.688}{114.784} = 108.63\%$$

$$\sum q_1 m_1 p_1 - \sum q_1 m_1 p_0 = 124.688 - 114.784 = 9.904 (万元)$$

将上列计算结果构成指数体系式为：

$$124.14\% = 125.16\% \times 91.31\% \times 108.63\%$$

计算各指数的分子与分母之差，得分析体系为

$$24.248 = 25.272 + (-10.928) + 9.904$$

计算结果表明，报告期原材料消耗额比基期增长 24.14%，多消耗 24.248 万元，是由于产量增长 25.16% 而增加原材料消耗 25.272 万元，原材料单耗下降 8.69% 而减少原材料消耗 10.928 万元，原材料单价上升 8.63% 而增加原材料消耗 9.904 万元三个因素共同影响的结果。

习　题

（1）什么是统计指数？它有何作用？

（2）什么叫同度量因素？其作用是什么？确定同度量因素的一般原则是什么？

（3）有人认为，编制综合指数，把一个因素固定起来测定另一个因素的变动影响程度是有假定性的。这个说法对吗？为什么？

（4）什么是指数体系？它有何作用？

（5）综合指数与平均指数有何联系与区别？

（6）某市 1999 年第一季度社会商品零售额为 36 200 万元，第四季度为 35 650 万元，零售物价下跌 0.5%，试计算该市社会商品零售额指数、零售价格指数和零售量指数，以及由于零售物价下跌居民少支出的金额。

（7）某厂三种产品的产量情况如表 14-9 所示。

表 14-9　某厂三种产品的产量情况

产品	计量单位	出厂价格 / 元		产量	
		基期	报告期	基期	报告期
A	件	8	8.5	13 500	15 000
B	个	10	11	11 000	10 200
C	kg	6	5	4 000	4 800

试分析出厂价格和产量的变动对总产值的影响。

（8）某地区三种水果的销售情况如表 14-10 所示。

表 14-10　某地区三种水果的销售情况

水果品种	本月销售额 / 万元	本月比上月价格增减 /%
苹果	68	−10
草莓	12	12
橘子	50	2

试计算该地区三种水果的价格指数及由于价格变动对居民开支的影响。

（9）某公司下属三个厂生产某种产品的情况如表 14-11 所示。

表 14-11　某公司下属三个厂生产某种产品的情况

	单位产品成本 / 元		产量 /t	
	上 月	本 月	上 月	本 月
一厂	960	952	4 650	4 930
二厂	1 010	1 015	3 000	3 200
三厂	1 120	1 080	1 650	2 000

根据表 14-11 中的资料计算可变组成指数、固定构成指数和结构影响指数，并分析单位成本水平和产量结构变动对总成本的影响。

附录　常用数理统计表

附录 -1　标准正态分布函数 $\Phi(x) = \dfrac{1}{\sqrt{2\pi}} \displaystyle\int_{-\infty}^{x} e^{-\frac{u^2}{2}} du$ 数值表

x	0.00	0.01	0.02	0.03	0.04	0.05	0.06	0.07	0.08	0.09
0.0	0.500 0	0.504 0	0.508 0	0.512 0	0.516 0	0.519 9	0.523 9	0.527 9	0.531 9	0.535 9
0.1	0.539 8	0.543 8	0.547 8	0.551 7	0.555 7	0.559 6	0.563 6	0.567 5	0.571 4	0.575 3
0.2	0.579 3	0.583 2	0.587 1	0.591 0	0.594 8	0.598 7	0.602 6	0.606 4	0.610 3	0.614 1
0.3	0.617 9	0.621 7	0.625 5	0.629 3	0.633 1	0.636 8	0.640 6	0.644 3	0.648 0	0.651 7
0.4	0.655 4	0.659 1	0.662 8	0.666 4	0.670 0	0.673 6	0.677 2	0.680 8	0.684 4	0.687 9
0.5	0.691 5	0.695 0	0.698 5	0.701 9	0.705 4	0.708 8	0.712 3	0.715 7	0.719 0	0.722 4
0.6	0.725 7	0.729 1	0.732 4	0.735 7	0.738 9	0.742 2	0.745 4	0.748 5	0.751 7	0.754 9
0.7	0.758 0	0.761 1	0.764 2	0.767 3	0.770 3	0.773 4	0.776 4	0.779 4	0.782 3	0.785 2
0.8	0.788 1	0.791 0	0.793 9	0.796 7	0.799 5	0.802 3	0.805 1	0.807 8	0.810 6	0.813 3
0.9	0.815 9	0.818 6	0.821 2	0.823 8	0.826 4	0.828 9	0.831 5	0.834 0	0.836 5	0.838 9
1.0	0.841 3	0.843 8	0.846 1	0.848 5	0.850 8	0.853 1	0.855 4	0.857 7	0.859 9	0.862 1
1.1	0.864 3	0.866 5	0.868 6	0.870 8	0.872 9	0.874 9	0.877 0	0.879 0	0.881 0	0.883 0
1.2	0.884 9	0.886 9	0.888 8	0.890 7	0.892 5	0.894 4	0.896 2	0.898 0	0.899 7	0.901 5
1.3	0.903 2	0.904 9	0.906 6	0.908 2	0.909 9	0.911 5	0.913 1	0.914 7	0.916 2	0.917 7
1.4	0.919 2	0.920 7	0.922 2	0.923 6	0.925 1	0.926 5	0.927 8	0.929 2	0.930 6	0.931 9
1.5	0.993 2	0.934 5	0.935 7	0.937 0	0.938 2	0.939 4	0.940 6	0.941 8	0.943 0	0.944 1
1.6	0.945 2	0.946 5	0.947 4	0.948 4	0.949 5	0.950 5	0.951 5	0.952 5	0.953 5	0.954 5
1.7	0.955 4	0.956 4	0.957 3	0.958 2	0.959 1	0.959 9	0.960 8	0.961 6	0.962 5	0.963 3
1.8	0.964 1	0.964 8	0.965 6	0.966 4	0.967 1	0.967 8	0.968 6	0.969 3	0.970 0	0.970 6
1.9	0.971 2	0.971 9	0.972 6	0.973 2	0.973 8	0.974 4	0.975 0	0.975 6	0.976 2	0.976 7
2.0	0.977 2	0.977 8	0.978 3	0.978 8	0.979 3	0.979 8	0.980 3	0.980 8	0.981 2	0.981 7
2.1	0.982 1	0.982 6	0.983 0	0.983 4	0.983 8	0.984 2	0.986 4	0.985 0	0.985 4	0.985 7
2.2	0.986 1	0.986 4	0.986 8	0.987 1	0.987 4	0.987 8	0.988 1	0.988 4	0.988 7	0.989 0
2.3	0.989 3	0.989 6	0.989 8	0.990 0	0.990 4	0.990 6	0.990 9	0.991 1	0.991 3	0.991 6
2.4	0.991 8	0.992 0	0.992 2	0.992 5	0.992 7	0.992 9	0.993 1	0.993 2	0.993 4	0.993 6

x	0.00	0.01	0.02	0.03	0.04	0.05	0.06	0.07	0.08	0.09
2.5	0.993 8	0.994 0	0.994 1	0.994 3	0.994 5	0.994 6	0.994 8	0.994 0	0.995 1	0.995 2
2.6	0.995 3	0.995 5	0.995 6	0.995 7	0.995 9	0.996 0	0.996 1	0.996 2	0.996 3	0.996 4
2.7	0.996 5	0.996 6	0.996 7	0.996 8	0.996 9	0.997 0	0.997 1	0.997 2	0.997 3	0.997 4
2.8	0.997 4	0.997 5	0.997 6	0.997 7	0.997 7	0.997 8	0.997 9	0.997 9	0.998 0	0.998 1
2.9	0.998 1	0.998 2	0.998 2	0.998 3	0.998 4	0.998 4	0.998 5	0.998 5	0.998 6	0.998 6
3.0	0.998 7	0.998 7	0.998 7	0.998 8	0.998 8	0.998 9	0.998 9	0.998 9	0.999 0	0.999 0
3.1	0.999 0	0.999 1	0.999 1	0.999 1	0.999 2	0.999 2	0.999 2	0.999 2	0.999 3	0.999 3
3.2	0.999 3	0.999 3	0.999 4	0.999 4	0.999 4	0.999 4	0.999 4	0.999 5	0.999 5	0.999 5
3.3	0.999 5	0.999 5	0.999 5	0.999 6	0.999 6	0.999 6	0.999 6	0.999 6	0.999 6	0.999 7
3.4	0.999 7	0.999 7	0.999 7	0.999 7	0.999 7	0.999 7	0.999 7	0.999 7	0.999 7	0.999 8
3.5	0.9998	0.999 8	0.9998	0.9998	0.9998	0.9998	0.9998	0.9998	0.9998	0.9998
3.6	0.999 8	0.9998	0.999 9	0.999 9	0.999 9	0.999 9	0.999 9	0.999 9	0.999 9	0.999 9

附录 -2　对应于概率 $P(\chi^2 > \chi_\alpha^2) = \alpha$ 及自由度 k 的 χ_α^2 的数值表

$\dfrac{\alpha}{k}$	概率值												
	0.995	0.99	0.975	0.95	0.90	0.75	0.50	0.25	0.10	0.05	0.025	0.01	0.005
1	$0.0^4 4$	$0.0^3 2$	0.001	0.004	0.016	0.102	0.455	1.32	2.71	3.84	5.02	6.64	7.88
2	0.010	0.020	0.051	0.103	0.211	0.575	1.39	2.77	4.61	5.99	7.38	9.21	10.6
3	0.072	0.115	0.216	0.352	0.584	1.21	2.37	4.11	6.25	7.82	9.35	11.3	12.8
4	0.207	0.297	0.484	0.711	1.06	1.92	3.36	5.39	7.78	9.49	11.1	13.3	14.9
5	0.412	0.554	0.831	1.15	1.61	2.67	4.35	6.63	9.24	11.1	12.8	15.1	16.7
6	0.676	0.872	1.24	1.64	2.20	3.45	5.35	7.84	10.6	12.6	14.4	16.8	18.5
7	0.989	1.24	1.69	2.17	2.83	4.25	6.35	9.04	12.0	14.1	16.0	18.5	20.3
8	1.34	1.65	2.18	2.73	3.49	5.07	7.34	10.2	13.4	15.5	17.5	20.1	22.0
9	1.73	2.09	2.70	3.33	4.17	5.90	8.34	11.4	14.7	16.9	19.0	21.7	23.6
10	2.16	2.56	3.25	3.94	4.87	6.74	9.34	12.5	16.0	18.3	20.5	23.2	25.2
11	2.60	3.05	3.82	4.57	5.58	7.58	10.3	13.7	17.3	19.7	21.9	24.7	26.8
12	3.07	3.57	4.40	5.23	6.30	8.44	11.3	14.8	18.5	21.0	23.3	26.2	28.3
13	3.57	4.11	5.01	5.89	7.04	9.30	12.3	16.0	19.8	22.4	24.7	27.7	29.8
14	4.07	4.66	5.63	6.57	7.79	10.2	13.3	17.1	21.1	23.7	26.1	29.1	31.3
15	4.60	5.23	6.26	7.26	8.55	11.0	14.3	18.2	22.3	25.0	27.5	30.6	32.8
16	5.14	5.81	6.91	7.96	9.31	11.9	15.3	19.4	23.5	26.3	28.8	32.0	34.3
17	5.70	6.41	7.56	8.67	10.1	12.8	16.3	20.5	24.8	27.6	30.2	33.4	35.7
18	6.26	7.02	8.23	9.39	10.9	13.7	17.3	21.6	26.0	28.9	31.5	34.8	37.2
19	6.84	7.63	8.91	10.1	11.7	14.6	18.3	22.7	27.2	30.1	32.9	36.2	38.6
20	7.43	8.26	9.59	10.9	12.4	15.5	19.3	23.8	28.4	31.4	34.2	37.6	40.0
21	8.03	8.90	10.3	11.6	13.2	16.3	20.3	24.9	29.6	32.7	35.5	38.9	41.4
22	8.64	9.54	11.0	12.3	14.0	17.2	21.3	26.0	30.8	33.9	36.8	40.3	42.8
23	9.26	10.2	11.7	13.1	14.8	18.1	22.3	27.1	32.0	35.2	38.1	41.6	44.2
24	9.89	10.9	12.4	13.8	15.7	19.0	23.3	28.2	33.2	36.4	39.4	43.0	45.6
25	10.5	11.5	13.1	14.6	16.5	19.9	24.3	29.3	34.4	37.7	40.6	44.3	46.9
26	11.2	12.2	13.8	15.4	17.3	20.8	25.3	30.4	35.6	38.9	41.9	45.6	48.3
27	11.8	12.9	14.6	16.2	18.1	21.7	26.3	31.5	36.7	40.1	43.2	47.0	49.6
28	12.5	13.6	15.3	16.9	18.9	22.7	27.3	32.6	37.9	41.3	44.5	48.3	51.0
29	13.1	14.3	16.0	17.7	19.8	23.6	28.3	33.7	39.1	42.6	45.7	49.6	52.3
30	13.8	15.0	16.8	18.5	20.6	24.5	29.3	34.8	40.3	43.8	47.0	50.9	53.7
40	20.7	22.2	24.4	26.5	29.1	33.7	39.3	45.6	51.8	55.8	59.3	63.7	66.8
50	28.0	29.7	32.4	34.8	37.7	42.9	49.3	56.3	63.2	67.5	71.4	76.2	79.5
60	33.5	37.5	40.5	43.2	46.5	52.3	59.3	67.0	74.4	79.1	83.3	88.4	92.0

附录 −3　对应概率 $P(t \geqslant t_\alpha) = \alpha$ 及自由度 k 的 t_α 的数值表

α k	0.45	0.40	0.35	0.30	0.25	0.20	0.15	0.10	0.05	0.025	0.01	0.005
1	0.158	0.325	0.510	0.727	1.000	1.376	1.963	3.08	6.31	12.71	31.8	63.7
2	142	289	445	617	0.816	1.061	1.386	1.886	2.92	4.30	6.96	9.92
3	137	277	424	584	765	0.978	1.250	1.638	2.35	3.18	4.54	5.84
4	134	271	414	569	741	941	1.910	1.533	2.13	2.78	3.75	4.60
5	132	267	408	559	727	920	1.156	1.476	2.02	2.57	3.36	4.03
6	131	265	404	553	718	906	1.134	1.440	1.943	2.45	3.14	3.71
7	130	263	402	549	711	896	1.119	1.415	1.895	2.36	3.00	3.50
8	130	262	399	546	706	889	1.108	1.397	1.860	2.31	2.90	3.36
9	129	261	398	543	703	883	1.100	1.383	1.833	2.26	2.82	3.25
10	129	260	397	542	700	879	1.093	1.372	1.812	2.23	2.76	3.17
11	129	260	396	540	697	876	1.088	1.363	1.796	2.20	2.72	3.11
12	128	259	395	539	695	873	1.083	1.356	1.782	2.18	2.68	3.06
13	128	259	394	538	694	870	1.079	1.350	1.771	2.16	2.65	3.01
14	128	258	393	537	692	868	1.076	1.345	1.761	2.14	2.62	2.98
15	128	258	393	536	691	866	1.074	1.341	1.753	2.13	2.60	2.95
16	128	258	392	535	690	865	1.071	1.337	1.746	2.12	2.58	2.92
17	128	257	392	534	689	863	1.069	1.333	1.770	2.11	2.57	2.90
18	127	257	392	534	688	862	1.067	1.330	1.734	2.10	2.55	2.88
19	127	257	391	533	688	861	1.066	1.328	1.729	2.09	2.54	2.86
20	127	257	391	533	687	860	1.064	1.325	1.725	2.09	2.53	2.85
21	127	257	391	532	686	859	1.063	1.323	1.721	2.08	2.52	2.83
22	127	256	390	532	686	858	1.061	1.321	1.717	2.07	2.51	2.82
23	127	256	390	532	685	858	1.060	1.319	1.714	2.07	2.50	2.81
24	127	256	390	531	685	857	1.059	1.318	1.711	2.06	2.49	2.80
25	127	256	390	531	684	856	1.058	1.316	1.708	2.06	2.48	2.79
26	127	256	390	531	684	856	1.058	1.315	1.706	2.06	2.48	2.78
27	127	256	389	531	684	855	1.057	1.314	1.703	2.05	2.47	2.77
28	127	256	389	530	683	855	1.056	1.313	1.701	2.05	2.47	2.76
29	127	256	389	530	683	854	1.055	1.311	1.699	2.04	2.46	2.76
30	127	256	389	530	683	854	0.055	1.310	1.697	2.04	2.46	2.75
40	126	255	388	529	681	851	0.050	1.303	1.684	2.02	2.42	2.70
60	126	254	387	527	679	848	0.046	1.296	1.671	2.00	2.39	2.66
120	126	254	386	526	677	845	1.041	1.289	1.658	1.980	2.36	2.62
∞	0.126	0.253	0.385	0.524	0.674	0.842	1.036	1.282	1.645	1.960	2.33	2.58

附录 -4　对应概率 $P(F \geqslant F_\alpha) = \alpha$ 及自由度 (k_1, k_2) 的 F_α 的数值表（ $\alpha = 0.05$ ）

k_2 \ k_1	1	2	3	4	5	6	7	8	9	10	12	15	20	24	30	40	60	120	∞
1	161.4	199.5	215.7	224.6	230.2	234.0	236.8	238.9	240.5	241.9	243.9	245.9	248.0	249.1	250.1	251.1	252.2	253.3	254.3
2	18.51	19.00	19.16	19.25	19.30	19.33	19.35	19.37	19.38	19.40	19.41	19.43	19.45	19.45	19.46	19.47	19.48	19.49	19.50
3	10.13	9.55	9.28	9.12	9.01	8.94	8.89	8.85	8.81	8.79	8.74	8.70	8.66	8.64	8.62	8.59	8.57	8.55	8.53
4	7.71	6.94	6.59	6.39	6.26	6.16	6.09	6.04	6.00	5.96	5.91	5.86	5.80	5.77	5.75	5.72	5.69	5.66	5.63
5	6.61	5.79	5.41	5.19	5.05	4.95	4.88	4.82	4.77	4.74	4.68	4.62	4.56	4.53	4.50	4.46	4.43	4.40	4.36
6	5.99	5.14	4.76	4.53	4.39	4.28	4.21	4.15	4.10	4.06	4.00	3.94	3.87	3.84	3.81	3.77	3.74	3.70	3.67
7	5.59	4.74	4.35	4.12	3.97	3.87	3.79	3.73	3.68	3.64	3.57	3.51	3.44	3.41	3.38	3.34	3.30	3.27	3.23
8	5.32	4.46	4.07	3.84	3.69	3.58	3.50	3.44	3.39	3.35	3.28	3.22	3.15	3.12	3.08	3.04	3.01	2.97	2.93
9	5.12	4.26	3.86	3.63	3.48	3.37	3.29	3.23	3.18	3.14	3.07	3.01	2.94	2.90	2.86	2.83	2.79	2.75	2.71
10	4.96	4.10	3.71	3.48	3.33	3.22	3.14	3.07	3.02	2.98	2.91	2.85	2.77	32.74	2.70	2.66	2.62	2.58	2.54
11	4.84	3.98	3.59	3.36	3.20	3.09	3.01	2.95	2.90	2.85	2.79	2.72	2.65	2.61	2.57	2.53	2.49	2.45	2.40
12	4.75	3.89	3.49	3.26	3.11	3.00	2.91	2.85	2.80	2.75	2.69	2.62	2.54	2.51	2.47	2.43	2.38	2.34	2.30
13	4.67	3.81	3.41	3.18	3.03	2.92	2.83	2.77	2.71	2.67	2.60	2.53	2.46	2.42	2.38	2.34	2.30	2.25	2.21
14	4.60	3.74	3.34	3.11	2.96	2.85	2.76	2.70	2.65	2.6	2.53	2.46	2.39	2.35	2.31	2.27	2.22	2.18	2.13
15	4.54	3.68	3.29	3.06	2.90	2.79	2.71	2.64	2.59	2.54	2.48	2.40	2.33	2.29	2.25	2.20	2.16	2.11	2.07
16	4.49	3.63	3.24	3.01	2.85	2.74	2.66	2.59	2.54	2.49	2.42	2.35	2.28	2.24	2.19	2.15	2.11	2.06	2.01
17	4.45	3.59	3.20	2.96	2.81	2.70	2.61	2.55	2.49	2.45	2.38	2.31	2.23	2.19	2.15	2.10	2.06	2.01	1.96
18	4.41	3.55	3.16	2.93	2.77	2.66	2.58	2.51	2.46	2.41	2.34	2.27	2.19	2.15	2.11	2.06	2.02	1.97	1.92
19	4.38	3.52	3.13	2.90	2.74	2.63	2.54	2.48	2.42	2.38	2.31	2.23	2.16	2.11	2.07	2.03	1.98	1.93	1.88
20	4.35	3.49	3.10	2.87	2.71	2.60	2.51	2.45	2.39	2.35	2.28	2.20	2.12	2.08	2.04	1.99	1.95	1.90	1.84
21	4.32	3.47	3.07	2.84	2.68	2.57	2.49	2.42	2.37	2.32	2.25	2.18	2.10	2.05	2.01	1.96	1.92	1.87	1.81
22	4.30	3.44	3.05	2.82	2.66	2.55	2.46	2.40	2.34	2.30	2.23	2.15	2.07	2.03	1.98	1.94	1.89	1.84	1.78
23	4.28	3.42	3.03	2.80	2.64	2.53	2.44	2.37	2.32	2.27	2.20	2.13	2.05	2.01	1.96	1.91	1.86	1.81	1.76
24	4.26	3.40	3.01	2.78	2.62	2.51	2.42	2.36	2.30	2.25	2.18	2.11	2.03	1.98	1.94	1.89	1.84	1.79	1.73
25	4.24	3.39	2.99	2.76	2.60	2.49	2.40	2.34	2.28	2.24	2.16	2.09	2.01	1.96	1.92	1.87	1.82	1.77	1.71
26	4.23	3.37	2.98	2.74	2.59	2.47	2.39	2.32	2.27	2.22	2.15	2.07	1.99	1.95	1.90	1.85	1.80	1.75	1.69
27	4.21	3.35	2.96	2.73	2.57	2.46	2.37	2.31	2.25	2.20	2.13	2.06	1.97	1.93	1.88	1.84	1.79	1.73	1.67
28	4.20	3.34	2.95	2.71	2.56	2.45	2.36	2.29	2.24	2.19	2.12	2.04	1.96	1.91	1.87	1.82	1.77	1.71	1.65
29	4.18	3.33	2.93	2.70	2.55	2.43	2.35	2.28	2.22	2.18	2.10	2.03	1.94	1.90	1.85	1.81	1.75	1.70	1.64
30	4.17	3.32	2.92	2.69	2.53	2.42	2.33	2.27	2.21	2.16	2.09	2.01	1.93	1.89	1.84	1.79	1.74	1.68	1.62
40	4.08	3.23	2.84	2.61	2.45	2.34	2.25	2.18	2.12	2.08	2.00	1.92	1.84	1.79	1.74	1.69	1.64	1.58	1.51
60	4.00	3.15	2.76	2.53	2.37	2.25	2.17	2.10	2.04	1.99	1.92	1.84	1.75	1.70	1.65	1.59	1.53	1.47	1.39
120	3.92	3.07	2.68	2.45	2.29	2.17	2.09	2.02	1.96	1.91	1.83	1.75	1.66	1.61	1.55	1.50	1.43	1.35	1.25
∞	3.84	3.00	2.60	2.37	2.21	2.10	2.01	1.94	1.88	1.83	1.75	1.67	1.57	1.52	1.46	1.39	1.32	1.22	1.00

附录 -5 对应概率 $P(F \geqslant F_\alpha) = \alpha$ 及自由度 (k_1, k_2) 的 F_α 的数值表（ $\alpha = 0.025$ ）

k_2 \ k_1	1	2	3	4	5	6	7	8	9	10	12	15	20	24	30	40	60	120	∞
1	647.8	799.5	864.2	899.6	921.8	937.1	948.2	956.7	963.3	968.6	976.7	984.9	993.1	997.2	1 001	1 006	1 010	1 014	1 018
2	38.51	39.00	39.17	39.25	39.30	39.33	39.36	39.37	39.39	39.40	39.41	39.43	39.45	39.46	39.46	39.47	39.48	39.49	39.50
3	17.44	16.04	15.44	15.10	14.88	14.73	14.62	14.54	14.47	14.42	44.34	14.25	14.17	14.12	14.08	14.04	13.99	13.95	13.90
4	12.22	10.65	9.98	9.60	9.36	9.20	9.07	8.98	8.90	8.84	8.75	8.66	8.56	8.51	8.46	8.41	8.36	8.31	8.26
5	10.01	8.43	7.76	7.39	7.15	6.98	6.85	6.76	6.68	6.62	6.52	6.43	6.31	6.28	6.23	6.18	6.12	6.07	6.02
6	8.81	7.26	6.60	6.23	5.99	5.82	5.70	5.60	5.52	5.46	5.37	5.27	5.17	5.12	5.07	5.01	4.96	4.90	4.85
7	8.07	6.54	5.89	5.52	5.29	5.12	4.99	4.90	4.80	4.76	4.67	4.57	4.47	4.42	6.36	4.31	4.25	4.20	4.14
8	7.57	6.06	5.42	5.05	4.82	4.65	4.53	4.43	4.36	4.30	4.20	4.10	4.00	3.95	3.89	3.84	3.78	3.73	3.67
9	7.21	5.71	5.08	4.72	4.48	4.32	4.20	4.10	4.03	3.96	3.87	3.77	3.67	3.61	3.56	3.51	3.45	3.39	3.33
10	6.94	5.46	4.83	4.47	4.24	4.07	3.95	3.85	3.78	3.72	3.62	3.52	3.42	3.37	3.31	3.26	3.20	3.14	3.08
11	6.72	5.26	4.63	4.28	4.04	3.88	3.76	3.66	3.59	3.53	3.43	3.33	3.23	3.17	3.12	3.06	3.00	2.94	2.88
12	6.55	5.10	4.47	4.12	3.89	3.73	3.61	3.51	3.44	3.37	3.28	3.18	3.07	3.02	2.96	2.91	2.85	2.79	2.72
13	6.41	4.97	4.35	4.00	3.77	3.60	3.48	3.39	3.31	3.25	3.15	3.05	2.95	2.89	2.84	2.78	2.72	2.66	2.60
14	6.30	4.86	4.24	3.89	3.66	3.50	3.38	3.29	3.21	3.15	3.05	2.95	2.84	2.79	2.73	2.67	2.61	2.55	2.49
15	6.20	4.77	4.15	3.80	3.58	3.41	3.29	3.20	3.12	3.06	2.96	2.86	2.76	2.70	2.64	2.59	2.52	2.46	2.40
16	6.12	4.69	4.08	3.73	3.50	3.34	3.22	3.12	3.05	2.99	2.89	2.79	2.68	2.63	2.57	2.51	2.45	2.38	2.32
17	6.04	4.62	4.01	3.66	3.44	3.28	3.16	3.06	2.98	2.92	2.82	2.72	2.62	2.56	2.50	2.44	2.38	2.32	2.25
18	5.98	4.56	3.95	3.61	3.38	3.22	3.10	3.01	2.93	2.87	2.77	2.67	2.56	2.50	2.44	2.38	2.32	2.66	2.19
19	5.92	4.51	3.90	3.56	3.33	3.17	3.05	2.96	2.88	2.80	2.72	2.62	2.51	2.45	2.39	2.33	2.27	2.20	2.13
20	5.87	4.46	3.86	3.51	3.29	3.13	3.01	2.91	2.84	2.77	2.68	2.57	2.46	2.41	2.35	2.29	2.22	2.16	2.09
21	5.83	4.42	3.82	3.48	3.25	3.09	2.97	2.87	2.80	2.73	2.64	2.53	2.42	2.37	2.31	2.25	2.18	2.11	2.04
22	5.79	4.38	3.78	3.44	3.22	3.05	2.93	2.84	2.76	2.70	2.60	2.50	2.39	2.33	2.27	2.21	2.14	2.08	2.00
23	5.75	4.35	3.75	3.41	3.18	3.02	2.90	2.81	2.73	2.67	2.57	2.47	2.36	2.30	2.24	2.18	2.11	2.04	1.97
24	5.72	4.32	3.72	3.38	3.15	2.99	2.87	2.78	2.70	2.64	2.54	2.44	2.33	2.27	2.21	2.15	2.08	2.01	1.94
25	5.69	4.29	3.69	3.35	3.13	2.97	2.85	2.75	2.68	2.61	2.51	2.41	2.30	2.24	2.18	2.12	2.05	1.98	1.91
26	5.66	4.27	3.67	3.33	3.10	2.94	2.82	2.73	2.65	2.59	2.49	2.39	2.28	2.22	2.16	2.09	2.03	1.95	1.88
27	5.63	4.24	3.65	3.31	3.08	2.92	2.80	2.71	2.63	2.57	2.47	2.36	2.28	2.19	2.13	2.07	2.00	1.93	1.85
28	5.61	4.22	3.63	3.29	3.06	2.90	2.78	2.69	2.61	2.55	2.45	2.34	2.23	2.17	2.11	2.05	1.98	1.91	1.83
29	5.59	4.20	3.61	3.27	3.04	2.88	2.76	2.67	2.59	2.53	2.43	2.32	2.21	2.15	2.09	2.03	1.96	1.89	1.81
30	5.57	4.18	3.59	3.25	3.03	2.87	2.75	2.65	2.57	2.51	2.41	2.31	2.20	2.14	2.07	2.01	1.94	1.87	1.79
40	5.42	4.05	3.46	3.13	2.90	2.74	2.62	2.53	2.45	2.39	2.29	2.18	2.07	2.01	1.94	1.88	1.80	1.72	1.64
60	5.29	3.93	3.34	3.01	2.79	2.63	2.51	2.41	2.33	2.27	2.17	2.06	1.94	1.88	1.82	1.74	1.67	1.58	1.48
120	5.15	3.80	3.23	2.89	2.67	2.52	2.39	2.30	2.22	2.16	2.05	1.94	1.82	1.76	1.69	1.61	1.53	1.43	1.31
∞	5.02	3.69	3.12	2.79	2.57	2.41	2.29	2.19	2.11	2.05	1.94	1.83	1.71	1.64	1.57	1.48	1.39	1.27	1.00

附录 -6　对应概率 $P(F \geq F_\alpha) = \alpha$ 及自由度 (k_1, k_2) 的 F_α 的数值表（$\alpha = 0.025$）

k_2 \ k_1	1	2	3	4	5	6	7	8	9	10	12	15	20	24	30	40	60	120	∞
1	4 052	4 999.5	5 403	5 625	5 764	5 859	5 928	5 982	6 022	6 156	6 106	6 157	6 209	6 235	6 261	6 287	6 313	6 339	6 366
2	98.50	99.00	99.17	99.25	99.30	99.33	99.36	99.37	99.39	99.40	99.42	99.43	99.45	99.46	99.47	99.47	99.48	99.49	99.50
3	34.12	30.82	29.46	28.71	28.24	27.91	27.67	27.49	27.35	27.23	27.05	26.87	26.69	26.60	26.50	26.41	26.32	26.22	26.13
4	21.20	18.00	16.69	15.98	15.52	15.21	14.98	14.80	14.66	14.55	14.37	14.20	14.02	13.93	13.84	13.75	13.65	13.56	13.46
5	16.26	13.27	12.06	11.39	10.97	10.67	10.46	10.29	10.16	10.05	9.89	9.72	9.55	9.47	9.38	9.29	9.20	9.11	9.02
6	13.75	10.92	9.78	9.15	8.75	8.47	8.26	8.10	7.98	7.87	7.72	7.56	7.40	7.31	7.23	7.14	7.06	6.97	6.88
7	12.25	9.55	8.45	7.85	7.46	7.19	6.99	6.84	6.72	6.62	6.47	6.31	6.16	6.07	5.99	5.91	5.82	5.74	5.65
8	11.26	8.65	7.59	7.01	6.63	6.37	6.18	6.03	5.91	5.81	5.67	5.52	5.36	5.28	5.20	5.12	5.03	4.95	4.86
9	10.56	8.02	6.99	6.42	6.06	5.80	5.61	5.47	5.35	5.26	5.11	4.96	4.81	4.73	4.65	4.57	4.48	4.40	4.31
10	10.04	7.56	6.55	5.99	5.64	5.39	5.20	5.06	4.94	4.85	4.71	4.56	4.41	4.33	4.25	4.17	4.08	4.00	3.91
11	9.65	7.21	6.22	5.67	5.32	5.07	4.89	4.74	4.63	4.54	4.40	4.25	4.10	4.02	3.94	3.86	3.78	3.69	3.60
12	9.33	6.93	5.95	5.41	5.06	4.82	4.64	4.50	4.39	4.30	4.16	4.01	3.86	3.78	3.70	3.62	3.54	3.45	3.36
13	9.07	6.70	5.74	5.21	4.86	4.62	4.44	4.30	4.19	4.10	3.96	3.82	3.66	3.59	3.51	3.43	3.34	3.25	3.17
14	8.86	6.51	5.56	5.04	4.69	4.46	4.28	4.14	4.03	3.94	3.80	3.66	3.51	3.43	3.35	3.27	3.18	3.09	3.00
15	8.68	6.36	5.42	4.89	4.56	4.32	4.14	4.00	3.89	3.80	3.67	3.52	3.37	3.29	3.21	3.13	3.05	2.96	2.87
16	8.53	6.23	5.29	4.77	4.44	4.20	4.03	3.89	3.78	3.69	3.55	3.41	3.26	3.18	3.10	3.02	2.93	2.84	2.75
17	8.40	6.11	5.18	4.67	4.34	4.10	3.93	3.79	3.68	6.59	3.46	3.31	3.16	3.08	3.00	2.92	2.83	2.75	2.65
18	8.29	6.01	5.09	4.58	4.25	4.01	3.84	3.71	3.60	3.51	3.37	3.23	3.08	3.00	2.92	2.84	2.75	2.66	2.57
19	8.18	5.93	5.01	4.50	4.17	3.94	3.77	3.63	3.52	3.43	3.30	3.15	3.00	2.92	2.84	2.76	2.67	2.58	2.49
20	8.10	5.85	4.94	4.43	4.10	3.87	3.70	3.56	3.46	3.37	3.23	3.09	2.94	2.86	2.78	2.69	2.61	2.52	2.42
21	8.02	5.78	4.87	4.37	4.04	3.81	3.64	3.51	3.40	3.31	3.17	3.03	2.88	2.80	2.72	2.64	2.55	2.46	2.36
22	7.95	5.72	4.82	4.31	3.99	3.76	3.59	3.45	3.35	3.26	3.12	3.98	2.83	2.75	2.67	2.58	2.50	2.40	2.31
23	7.88	5.66	4.76	4.26	3.94	3.71	3.54	3.41	3.30	3.21	3.07	3.93	2.78	2.70	2.62	2.54	2.45	2.35	2.26
24	7.82	5.61	4.72	4.22	3.90	3.67	3.50	3.36	3.26	3.17	3.03	3.89	2.74	2.66	2.58	2.49	2.40	2.31	2.21
25	7.77	5.57	4.68	4.18	3.85	3.63	3.46	3.32	3.22	3.13	2.99	3.85	2.70	2.62	2.54	2.45	2.36	2.27	2.17
26	7.72	5.53	4.64	4.14	3.82	3.59	3.42	3.29	3.18	3.09	2.96	2.81	2.66	2.58	2.50	2.42	2.33	2.23	2.13
27	7.68	5.49	4.60	4.11	3.78	3.56	3.39	3.26	3.15	3.06	2.93	2.78	2.63	2.55	2.47	2.38	2.29	2.20	2.10
28	7.64	5.45	4.57	4.07	3.75	3.53	3.36	3.23	3.12	3.03	2.90	2.75	2.60	2.52	2.44	2.35	2.26	2.17	2.06
29	7.60	5.42	4.54	4.04	3.73	3.50	3.33	3.20	3.09	3.00	2.87	2.73	2.57	2.49	2.41	2.33	2.26	2.14	2.03
30	7.56	5.39	4.51	4.02	3.70	3.47	3.30	3.17	3.07	2.98	2.84	2.70	2.55	2.47	2.39	2.30	2.21	2.11	2.01
40	7.31	5.18	4.31	3.83	3.51	3.29	3.12	2.99	2.89	2.80	2.66	2.52	2.37	2.29	2.20	2.11	2.02	1.92	1.80
60	7.08	4.98	4.13	3.65	3.34	3.12	2.95	2.82	2.72	2.63	2.50	2.35	2.20	2.12	2.03	1.94	1.84	1.73	1.60
120	6.85	4.79	3.95	3.48	3.17	2.96	2.79	2.66	2.56	2.47	2.34	2.19	2.03	1.95	1.86	1.76	1.66	1.53	1.38
∞	6.63	4.61	3.78	3.32	3.02	2.80	2.64	2.51	2.41	2.32	2.18	2.04	1.88	1.79	1.70	1.59	1.47	1.32	1.00

附录 –7 　对应概率 $P(F \geqslant F_\alpha) = \alpha$ 及自由度 (k_1, k_2) 的 F_α 的数值表（$\alpha = 0.005$）

k_2 \ k_1	1	2	3	4	5	6	7	8	9	10	12	15	20	24	30	40	60	120	∞
1	16211	20 000	21 615	22 500	23 056	23 437	23 715	23 925	24 091	24 224	24 426	24 630	24 836	24 940	25 044	25 148	25 253	25 359	25 465
2	198.5	199	199.2	199.2	199.3	199.3	199.4	199.4	199.4	199.4	199.4	199.4	199.4	199.5	199.5	199.5	199.5	199.5	199.5
3	55.55	49.80	47.47	46.19	45.39	44.84	44.43	44.13	43.88	43.69	43.39	43.08	42.78	42.62	42.47	42.31	42.15	41.99	41.83
4	31.33	26.28	24.26	23.65	22.46	21.97	21.62	21.35	21.14	20.97	20.70	20.44	20.17	20.03	19.89	19.75	19.61	19.47	19.32
5	22.78	18.31	16.53	15.56	14.94	14.51	14.20	13.96	13.77	13.62	13.38	13.15	12.90	12.78	12.66	12.53	12.40	12.27	12.14
6	18.63	14.54	12.92	12.03	11.46	11.07	10.79	10.57	10.39	10.25	10.03	9.51	9.59	9.47	9.36	9.24	9.12	9.00	8.88
7	16.24	12.42	10.88	10.05	9.52	9.16	8.88	8.68	8.51	8.38	8.18	7.97	7.75	7.65	7.53	7.42	7.31	7.19	7.08
8	14.69	11.04	9.60	8.81	8.30	7.95	7.69	7.50	7.34	7.21	7.01	6.81	6.61	6.50	6.40	6.69	6.18	6.06	5.95
9	13.61	10.11	8.72	7.96	7.47	7.13	6.88	6.69	6.54	6.42	6.23	6.03	5.83	5.73	5.62	5.52	5.41	5.30	5.19
10	12.83	9.43	8.08	7.34	6.87	6.54	6.30	6.12	5.97	5.85	5.66	5.47	5.27	5.17	5.07	4.97	4.86	4.75	4.64
11	12.23	8.91	7.60	6.88	6.42	6.10	5.86	5.68	5.54	5.42	5.24	4.05	4.86	4.76	4.65	4.55	4.44	4.34	4.23
12	11.75	8.51	7.23	6.52	6.07	5.76	5.52	5.35	5.20	5.09	4.91	4.72	4.53	4.43	4.33	4.23	4.12	4.01	3.90
13	11.37	8.19	6.93	6.23	5.79	5.48	5.25	5.08	4.94	4.82	4.64	4.46	4.27	4.17	4.07	3.97	3.87	3.76	3.65
14	11.06	7.92	6.68	6.00	5.56	5.26	5.03	4.86	4.72	4.60	4.43	4.25	4.06	3.96	3.86	3.76	3.66	3.55	3.44
15	10.80	7.70	6.48	5.80	5.37	5.07	4.85	4.67	4.54	4.42	4.25	4.07	3.88	3.79	3.69	3.58	3.48	3.37	3.26
16	10.58	7.51	6.30	5.64	5.21	4.91	4.69	4.52	4.38	4.27	4.10	3.92	3.73	3.64	3.54	3.44	3.33	3.22	3.11
17	10.38	7.35	6.16	5.50	5.07	4.78	4.56	4.39	4.25	4.14	3.97	3.79	3.61	3.51	3.41	3.31	3.21	3.10	2.98
18	10.22	7.21	6.03	5.37	4.96	4.66	4.44	4.28	4.14	4.03	3.86	3.68	3.50	3.40	3.30	3.20	3.10	2.99	2.87
19	10.07	7.09	5.92	5.27	4.85	4.56	4.34	4.18	4.04	3.93	3.76	3.59	3.40	3.31	3.21	3.11	3.00	2.89	2.78
20	9.94	6.99	5.82	5.17	4.76	4.47	4.26	4.09	3.96	3.85	3.68	3.50	3.32	3.22	3.12	3.02	2.92	2.81	2.69
21	9.83	6.89	5.73	5.09	4.68	4.39	4.18	4.01	3.88	3.77	3.60	3.43	3.24	3.15	3.05	2.95	2.84	2.73	2.61
22	9.73	6.81	5.65	5.09	4.61	4.32	4.11	3.94	3.81	3.70	3.54	3.36	3.18	3.08	2.98	2.88	2.77	2.66	2.55
23	9.63	6.73	5.58	4.95	4.54	4.26	4.05	3.88	3.75	3.64	3.47	3.30	3.12	3.02	2.92	2.82	2.71	2.60	2.48
24	9.55	6.66	5.52	4.89	4.49	4.20	3.99	3.83	3.69	3.59	3.42	3.25	3.06	2.97	2.87	2.77	2.66	2.55	2.43
25	9.48	6.60	5.46	4.84	4.43	4.15	3.94	3.78	3.64	3.54	3.37	3.20	3.01	2.92	2.82	2.72	2.61	2.50	2.38
26	9.41	6.54	5.41	4.79	4.38	4.10	3.89	3.73	3.60	3.49	3.33	3.15	2.97	2.87	2.77	2.67	2.56	2.45	2.33
27	9.34	6.49	5.36	4.74	4.34	4.06	3.85	3.69	3.56	3.45	3.28	3.11	2.93	2.83	2.73	2.63	2.52	2.41	2.29
28	9.28	6.44	5.32	4.70	4.30	4.02	3.81	3.65	3.52	3.41	3.25	3.07	2.89	2.79	2.69	2.59	2.48	2.37	2.25
29	9.23	6.40	5.28	4.66	4.26	3.98	3.77	3.61	3.48	3.38	3.21	3.04	2.86	2.76	2.66	2.56	2.45	2.33	2.21
30	9.18	6.35	5.24	4.62	4.23	3.95	3.74	3.58	3.45	3.34	3.18	3.01	2.82	2.73	2.63	2.52	2.42	2.30	2.18
40	8.83	6.07	4.98	4.37	3.99	3.71	3.51	3.35	3.22	3.12	2.95	2.78	2.60	2.50	2.40	2.30	2.18	2.06	1.93
60	8.49	5.79	4.73	4.14	3.76	3.49	3.29	3.13	3.01	2.90	2.74	2.57	2.39	2.29	2.19	2.08	1.96	1.83	1.69
120	8.18	5.54	4.50	3.92	3.55	3.28	3.09	2.93	2.81	2.71	2.54	2.37	2.19	2.09	1.98	1.87	1.75	1.61	1.43
∞	7.88	5.30	4.28	3.72	3.35	3.09	2.90	2.74	2.62	2.52	2.36	2.19	2.00	1.90	1.79	1.67	1.53	1.36	1.00

参考文献

[1] 贾俊平, 何晓群, 金勇进. 统计学 [M]. 7 版. 北京 : 中国人民大学出版社, 2018.

[2] 薛薇. 统计分析与 SPSS 应用 [M]. 5 版. 北京 : 中国人民大学出版社, 2017.

[3] 沈渊. SPSS17.0(中文版) 统计分析及应用实验教程 [M]. 杭州 : 浙江大学出版社, 2013.

[4] 陈珍珍, 罗乐勤, 黄良文. 统计学 [M]. 5 版. 厦门 : 厦门大学出版社, 2013.

[5] 孔里明, 陈践. 统计学基础 [M]. 北京 : 中国人民大学出版社, 2011.

[6] 马海军. 管理统计学 [M]. 北京 : 北京大学出版社, 2011.

[7] 王济平. SPSS 简明操作教程 [M]. 武汉 : 湖北科技出版社, 2012.

[8] MCCLAVE J T, BENSON P G, SINCICH T. Statistics for bussiness and economics[M]. 13th ed. New York: Pearson, 2018.

[9] TUFTE E R. The visual display of quantitative information[M]. 2nd ed. New York: Graphics Pr, 2001.